근대 건강담론과 신체 자료집 (5)

이 저서는 2021년 대한민국 교육부와 한국연구재단의 지원을 받아 수행된 연구임
(NRF-2021S1A5B8096434)

신체정치 자료총서 5
근대 건강담론과 신체 자료집 (5)

초판 1쇄 발행 2023년 12월 18일

엮은이 | 청암대학교 재일코리안연구소
발행인 | 윤관백
발행처 | 선인

등 록 | 제5-77호(1998.11.4)
주 소 | 서울시 양천구 남부순환로 48길 1
전 화 | 02)718-6252/6257
팩 스 | 02)718-6253
E-mail | suninbook@naver.com

정가 45,000원
ISBN 979-11-6068-852-8 94900
      979-11-6068-319-6 (세트)

· 잘못된 책은 바꿔 드립니다.

신체정치 자료총서 5

근대 건강담론과 신체 자료집 (5)

청암대학교 재일코리안연구소 편

선인

▌자료집을 내면서 ▐

　청암대 재일코리안연구소에서 기획한 『근대 건강담론과 신체 자료집』 총 6권 가운데 5권을 출판한다. 이번 자료집도 "핵심 자료를 추려 주제 의식을 명료하게 하며 일반 독자도 재미있게 읽을 수 있는 자료집을 낸다"라는 원칙을 그대로 지켰다. 또한, 4권까지 이어왔던 체계도 일관되게 관철했다. 이번 자료집은 1936년부터 1940년까지를 대상으로 했다. 이전 자료집과 마찬가지로 이 시기의 잡지, 신문, 교과서 등에 실린 건강 담론과 이미지 자료 가운데 사료적 가치가 높은 것을 선별하여 입체화했다.

　이번 자료집은 전시체제기를 담고 있다는 점에서 이전과 차별성이 있다. 전시체제기로 들어서는 1930년대 후반에 일제는 '체위향상'을 위한 여러 정책을 시행했다. 이 시기에 일제는 황민화정책을 펼치면서 국체명징, 내선일체, 인고단련을 '조선교육의 3대강령'으로 내세웠다. 여기서 인고단련이란 '단련주의' 교육을 뜻하며 일제의 '체위향상' 정책을 반영한 것이었다. 그러나 일제가 내세운 '체위향상'이란 개인의 행복을 위한 것이 아니었음을 주의해야 한다. 전쟁을 위해 '인적 자원'의 질을 개선하고 양을 늘리겠다는 속셈이었을 따름이다. '체위향상'에는 군사주의적인 성격이 짙게 배어있었다.

　1부에서는 지금까지의 자료집 체계를 그대로 유지하면서 '매체 속의 신체 담론'을 소개했다. 교과서에 실린 위생과 건강 관련 이미지 자료는 매우 신선하다. 교과서에 실린 삽화는 함축적인 사료이다. 1부의 여러 기사 가운데 학생과 지원병 등의 신체검사 관련 내용은 매우 중요한 내용을 담고 있어 특히 신경을 써야 한다. 「해충신세타령」 시리즈와 「나는 빈대입니다」, 「나는 파리입니다」는 해학적이어서 재미있게 읽을 수 있다. 또한, 호르몬과 폐결핵 등의 기사에서는 당대의 '의학 상식'이 유통되는 과정을 알 수 있게 한다. 특히, 「반도 의학계 대관」은 의학사와 약학사 연구에서 빠뜨릴 수 없는 자료이다.

　2부 『조선급만주』(朝鮮及滿洲)에 나타난 위생과 신체관'은 읽기 힘든 옛 일본 문장을 본 연구진이 오랜 시간을 두고 번역하고 교열한 내용이다. 그동안 여러 연구자로부터 2부는 좋은 평가를 받았다. 무엇보다도 힘들게 번역한 것을 헤아려 주었기 때문이다. 『조선급만주』는 의학지식 또는 의학상식이 일본인을 통해 조선에 유통되는 과정을 보여준다는 점에서도 중요하다. 늘 그렇듯이 이번 자료집(5) 2부에서도 장티푸스, 콜레라, 페스트, 결핵 등의 전염병 정보를 눈여겨보아야 한다. 특히, 「경성의학부의 일면」(1)(2)(5), 「경성의전의 전망」(1)(2)(3), 「경성 적십자 병원의 일면」, 「경성 의료계 전망」(1)(2)(3)은 의학사 연구에서 꼭 참고해야 할 자료라고 판단된다. 「근대적 독가스전에 대한 도시민의 각오와 준비」(1)(2)는 중일전쟁 뒤에 방공훈련을 강화는 상황과 관계가 깊다는 것을 염두에 두어야 한다. 『조선급만주』는 1941년 1월까지 발행했기 때문에 이번 5권에서 마지막으로 소개한다.

3부에서는 의약품 광고에 담긴 시대상의 전개와 신체정치의 내용을 살핀다. 중일전쟁 뒤에 일제는 식민지 조선을 병영국가처럼 만들면서 국민의 일상생활을 '전시형'으로 재편했다. 이 자료집 3부에서 병정놀이하는 어린이, 근육질과 남성성의 강조, '몸뻬부대'와 '산업전사' 등의 이미지를 보면, 군사화한 신체 이미지를 폭넓게 유통시켰음을 알 수 있다. 수많은 의약품 가운데 사료적 가치가 높고 광고사에서도 크게 참고해야만 할 광고를 가려냈다. 주제별·시기별로 광고를 배치하여 일목요연하게 정리한 것은 높게 평가할 수 있다. 매우 많은 시간과 노력을 기울였음을 일반 독자들도 한눈에 알 수 있을 것이다. 특히 『경성일보』를 포함한 신문 전체와 잡지에 실린 광고까지 포괄하고 있다는 것은 매우 놀라운 일이다. 다만, 잡지에 실린 광고를 여기에 다 싣지 못한 것은 좀 아쉽다.

논문과 저술 집필 등 여려 연구 활동을 활발하게 진행하면서도 귀중한 시간을 할애하여 세심하게 자료집을 만들어준 최재성, 황익구, 성주현, 최규진 연구원의 노고에 감사드린다. 우리 자료집이 의학사와 약학사를 비롯한 학문 연구에 조금이라도 보탬이 되기를 바랄 뿐이다.

청암대학교 재일코리안연구소 소장
김인덕

▌목차 ▌

자료집을 내면서   5

1부   매체 속의 신체 담론

Ⅰ. 의료와 신체관   11
   1. 교과서   11
   2. 신문   15
   3. 잡지   38

Ⅱ. 위생과 청결   48
   1. 교과서   48
   2. 신문   56
   3. 잡지   77

Ⅲ. 건강, 체육 담론   117
   1. 교과서   117
   2. 신문   119
   3. 잡지   139

2부 『조선급만주』에 나타난 위생과 신체관

145

3부 광고에 담긴 의료와 신체 이미지

1. 고통받는 신체   285
2. 의료기   294
3. 구충·살충제   298
4. 화류병(성병) 약 광고   307
5. 뇌 건강   316
6. 자양강장제와 신체 이미지   327
7. 전염병   344
8. 위생과 신체   352
9. 부인병 의약품   362
10. 피부병 약과 발모제   368
11. 눈병·귓병·콧병   384
12. 소화기 질병과 의약품   399
13. 호흡기 질병과 의약품   412
14. 신경통과 근육통   419
15. 인삼·녹용·웅담   428

1부
매체 속의 신체 담론

Ⅰ. 의료와 신체관

1. 교과서

조선총독부, 『초등수신 권1』, 조선서적인쇄주식회사, 1939년 번각발행.

12. 몸을 깨끗이 하라

〈13쪽〉

조선총독부, 『초등수신 권2』, 조선서적인쇄주식회사, 1939년 번각발행.

8. 몸을 깨끗이

세이키치의 학교에서는 선생님께서 가끔 학생의 신체 검사를 하십니다. 선생님께서는 모두가 손톱을 길게 기르거나 손가락 사이에 때가 끼어 있거나 하지는 않는지를 살펴보십니다. 종이나 손수건을 가지고 있는지도 조사하십니다. 또 '이를 닦도록 하세요'라고 말씀하시고 이를 닦는 방법도 가르쳐 주셨습니다. 그리고 손이나 발이 더러운 사람이 있으면 '깨끗하게 씻으세요'라고 말씀하십니다. 그러나 세이키치 군은 항상 몸을 깨끗이 하고 있어서 아직 한 번도 선생님께 주의를 받은 적이 없습니다. 〈19~22쪽〉

조선총독부, 『초등수신 권3』, 조선서적인쇄주식회사, 1939년 번각발행.

7. 몸을 튼튼하게

반 노부토모는 항상 건강에 주의를 해서 나이가 많이 들 때까지 학문을 계속했기 때문에 좋은 책을 많이 편찬할 수 있었습니다.

노부토모는 항상 자세에 주의를 하였습니다. 아침에 일어났을 때와 밤에 잠잘 때는 자세를 바르게 해서 앉고, 몸에 기운이 찰 때까지 조용히 깊은숨을 들이마시거나 내뱉거나 하였습니다. 하루종일 책상을 향해 공부를 하더라도 자세를 흐트리지 않았습니다. 또 노부토모는 옷차림을 주의하고 마음을 다잡는 일을 열심히 하였습니다. 한여름에 자칫하면 마음이 풀릴 것 같은 때에는 천장에 칼을 달아두고 칼끝이 머리 위를 스칠 듯이 해서 책을 읽었습니다. 또 겨울에 추운 날에도 난로를 사용하지 않았습니다. 집안사람들이 걱정해서 난로를 사용하도록 권해도 "마음을 다잡을 수가 없기 때문에"라고 하고 듣지 않았습니다.

노부토모는 아침에 일찍 일어났습니다. 그래서 세수를 할 때는 차가운 물로 머리를 식혔습니다. 집안사람들에게 "닭이 울 때 일어나는 것이 어려우면 동틀 무렵에는 반드시 일어나자"고 말하고 일찍 일어나기를 권했기 때문에 집안에 일찍 일어나기 습관이 붙었습니다.

노부토모는 아침 저녁에 정원에 나가서 활을 당겼습니다. 또 칼날을 망가뜨린 칼을 잡고 여러 번 휘둘렀습니다. 이렇게 해서 더울 때도 추울 때도 하루도 운동을 그만둔 적이 없었습니다.

노부토모는 이렇게 신체를 단련했기 때문에 나이가 들어서도 쇠약해지지 않고 많은 책을 편찬하여 세상에 남겼습니다.

약보다 양생 〈23~26쪽〉

조선총독부, 『보통학교 국어독본 권6』, 조선서적인쇄주식회사, 1937년 번각발행.

16. 손발톱과 이

손발톱이 길면 손발톱 안쪽에 때가 끼어서 더러워질 뿐만 아니라, 때 속에 섞여 있는 세균이 입이나 피부 속으로 들어가 병을 일으키는 경우가 있습니다. 또한 생각지도 못한 상처가 생기기도 하고 다른 사람에게 상처를 주는 경우도 있습니다.

치아를 닦지 않으면 더러워집니다. 충치가 생기는 것은 대부분은 치아를 깨끗이 하지 않기 때문입니다. 치아가 튼튼하지 않으면 음식물을 제대로 씹지 못하게 되므로 소화가 나빠지고 게다가 음식물을 맛있게 먹을 수도 없습니다.

그렇기 때문에 손발톱은 짧게 자르고 치아는 아침에 일어났을 때와 밤에 자기 전에 잘 닦고 식사 후에는 입을 잘 헹구는 것이 좋습니다. 〈65~67쪽〉

2. 신문

세브란스치과연구실 김철용, 「치과에서 본 우리네 건강문제①」, 『조선일보』, 1936년 2월 15일.

사람마다 몸을 튼튼히 하고자 하면 신선한 공기를 호흡한다든가, 일광욕을 한다든가 또는 적당한 음식을 먹고 적당한 운동을 하여야만 된다는 것은, 이미 오늘의 필자가 말하지 않아도 잘 아실 줄로 믿습니다. 부귀 빈천을 물론하고 우리가 살아가려면 먼저 먹어야 할 것입니다. 따라서 우리가 먹은 음식물은 우리의 입과 위와 장, 세 군데에서 소화작용을 하게 되니 즉 입은 소화시키는 데, 제일 먼저 씹는 데에서 시작되는 것입니다. 마치 자동차에 휘발유를 집어넣을 때에 그 구멍에 고장이 생겼다면 아무리 바퀴를 굴리려 하여도 안 구른 것과 같이 우리의 입도 그와 꼭 마찬가지로 언제든지 한결같이 잘 저작해서 위와 장으로 보내야 할 것입니다. 서양의 유명한 의사 풀비춰는 말하기를 입 가운데 있는 물건은 조금 씹어 넘기지 말고 여러 번 여러 번 씹어서 침과 섞어서 마치 꿀이나 미음처럼 되었을 때에 넘기라 하였습니다. 즉 다시 말하면 단단한 물건은 우리의 치아로 인하여 곱게 씹고 또한 침의 작용으로 잘 섞어서 먼저 플렛춰[1]가 말한 바와 같이 꿀이나 미음과 같은 정도로 되었을 때에 비로소 우리의 위로 보내면 위에서는 그다지 큰 노력도 없이 위액과 더불어 충분히 소화시키게 됩니다. 즉 입 안에서 충분히 씹고 맛을 알게 됨은 위액의 분비를 완성하게 하는 의미로서 가장 중요한 것입니다.

그러기에 플렛춰가 말한바 음식물을 입에서 잘 씹을수록 위액을 다량 분비하고 따라서 위로부터 장으로 보내서 우리의 전신을 순환하는 피가 되고, 살이 되어 튼튼한 몸을 갖게 하는 것입니다. 특별히 근일에 여러 방면 의사의 연구 발표에 의하면 우리의 침 가운데는 살균작용이 심하여 신체를 보호한다는 학설도 있느니만큼 우리는 될 수 있는 대로 음식물을 잘 씹어서 많은 침으로부터 위에 보내면 여러 가지 소화기의 질병도 소멸하게 될 것입니다. 그런고로 우리가 음식물을 잘 씹지 못한다면 위액의 분비도 잘 되지 못할뿐더러 따라서 소화작용이 불충분하게 될 것은 사실입니다. 그중에도 입 안에 충치가 있다든지 혹은 치조 농루증(너리병)[2]이 있어서 이가 흔들흔들한다든지 또는 이가 몇 개 없다든지 하면 역시 이상에 말씀드린 귀중한 소화작용을 원만히 못 할 것입니다. 원래 사람은 원시적 즉, 2~3천 년 전 석기시

---

1) 앞에서는 '풀비춰'라고 했으나, 뒤에서는 '플렛춰'로 반복 표기하여 '플렛춰'가 맞는 것으로 보임.
2) 치조 농루증(齒槽膿漏症): 치조골 부위에 염증이 생기는 병증.

대에 생활할 때는 풀이나 나무뿌리나 나무껍질이나 과실이나 고기만 먹을 때는 도무지 충치를 구경할 수 없었으나 시대가 점점 변하고 문명한 사람으로 된 오늘에는 놀랍게도 95%(백 명 가운데 아흔다섯 명)이라는 다대수를 갖게 된 것입니다. 그러면 어찌하여 그와 같은 숫자가 되었다는 것을 생각해 보면 그의 가장 중요한 원인이 첫째 문명한 나라의 사람일수록 생활 정도가 높고 음식물의 요리법이 진보된 동시에 간식을 자주 하게 되고, 충분한 영양분을 섭취하기 어렵게 되어서 치아가 약하게 되므로 신체도 약해지는 현상이 많습니다. 가까운 예를 들면 도회지 사람이 농촌 사람보다 충치가 많다는 것은 사실입니다. 그러기 때문에 음식물 선택이 가장 필요하고 따라서 신체를 건강히 하고 정신을 깨끗이 하려면 반드시 튼튼한 치아를 가져야 할 것입니다. 그런고로 치아를 튼튼히 가지려면 다음에 말씀드릴 주의 몇 가지를 노소를 물론하고 그대로 실행하셔야 할 것입니다. 필자는 이제 맨 처음 태생기(胎生期)로부터 노년기까지 일곱 기로 나눠 주의할 점을 간단히 말씀드리고 끝으로 충치와 풍치 예방 방법과 치열 교정에 대하여 말씀드리려 합니다.

세브란스치과연구실 김철용, 「치과에서 본 우리네 건강문제②」, 『조선일보』, 1936년 2월 16일.

1. 태생기에 대한 주의

대개 태아의 발육은 임신한 지 40일경이 되면 생하는 것이니 그때에 어머니되시는 이의 섭생법이란 참으로 어려운 것입니다. 특별히 임신한 지 6~7개월경이 되면 태아의 발육이 날로 날로 변해짐을 따라 그중에도 치아와 골(骨)조직을 만드는 칼슘을 태아에게 빼앗기므로 적어도 하루에 칼슘 0.68그램 분량은 잡수셔야 할 것입니다. 즉 칼슘에 속한 음식물의 예를 들면 우유, 계란, 배추, 과실 등이요, 그 외에 염류 즉 인(燐) 성분을 많이 섭취하시게 하고, 그 외에 간유 등을 많이 잡수시게 할 것입니다.

2. 포유기(哺乳期)에 대한 주의

출생 후 약 1개년이 되기까지는 대개 어머니의 젖으로 충분히 영양이 되는데 참으로 이 시기에는 발육이 왕성해집니다. 독일의 뢰저 박사는 말하기를 젖먹을 때 즉 포유기가 길면 길수록 그 아이의 골조직이며 이는 더욱 튼튼해진다 하였습니다.

그러나 그 아래로 동생이 생기거나 또는 어머니 되는 이의 건강 상태가 원만치 못하면 도저히 어려울 것입니다. 따라서 주의해야 할 것은, 늘 입안을 청결히 해줄 것인데, 대개 100배쯤 되는 붕산수나 150배쯤 되는 식염수로 젖먹인 전후에 입안을 소독한 탈지면에 묻혀서 씻어주면 좋을 것이요, 유방도 역시 젖먹이기 전후에 씻을 것입니다.

3. 유년기에 주의

이때에는 벌써 아래위에 10개씩을 가진 유치를 갖게 되었으니 가장 주의해야 할 것입니다. 하여간 이 시기에 음식물 섭취를 힘있게 규칙적으로 사용한다 하면 치아가 들어있는 턱뼈라든지 입 주위에 있는 근육 발육이 잘되어 제아무리 굳은 것이라도 잘 씹게 될 것입니다. 역시 이때 주의시킬 것은 이상 말씀드린 태생기의 어머니가 많이 섭취하여 하는 칼슘, 인, 비타민 같은 것을 많이 섭취하도록 해야 할 것입니다. 그리고 이때 즉 만 6세가 되면 제일 구석 어금니가 한 개씩 나오게 되는데 일평생을 두고 갈지 않는 이이니만큼 일층 주의해서 충치가 안 되도록 할 것이며 이로부터는 유치가 영구치로 변하게 되므로 적어도 3개월이나 6개월에 한 번씩 전문 의사에게 진찰을 맡기는 것이 좋을 듯합니다.

4. 소년기에 대한 주의

이때는 즉 새로 난 영구치에 관한 주의가 되겠으니 유치와 달라서 일평생을 같이 살아갈 중책을 가진 것이니만큼 더욱 주의 안 하면 안 될 것입니다. 즉 이때에 충치되는 율이 통계적으로 보면 제일 많습니다. 왜 그러냐 하면 일반 가정에서도 잘 아시는 바와 같이 이맘때가 되면 한참 자라는 힘이 많으므로 늘 영양이 부족될 적이 많습니다. 역시 주의할 것은 이상에 말씀한 거와 같으나 특별히 이 닦는 법을 교육해야 할 것입니다.

세브란스치과연구실 김철용, 「치과에서 본 우리네 건강문제③」, 『조선일보』, 1936년 2월 18일.

5. 청년기에 대한 주의

이 시기는 성장을 완전히 했다 할 만한 때이니 소년기에 불충분하였더라도 이 시기에 충분한 음식물 즉 단백질이 많이 포함된 음식물이라든지 비타민D 그 외에 인성분 등을 많이 섭취한다면 소년기에 불충분하였던 것도 어느덧 회복해질 수 있습니다. 특별히 이 시기에는 지치(智齒, 사랑니) 발생 곤란으로 몇 번씩 지치 주위부가 부었다든가 또는 나자마자 벌레가 먹었다든가 혹은 수평 지치라든가 하여 많은 고통을 당하는 예가 적지 않습니다. 심하면 골수염이나 골막염 등으로, 나중에는 예도 있으니만큼 극히 주의해서 그런 병에 걸리지 않도록 해야 할 것입니다. 또한 이 시기를 당하면 폐결핵 환자가 제일 많이 발생되느니만큼 모든 것에 주의해야 할 것입니다.

6. 장년기에 대한 주의

이 시기에는 완전히 성숙하였다고 볼 수 있으나 이미 불완전하게 성숙했다 하더라도 그 약점을 잘 알아서 운동과 기타의 제반 주의를 해야 할 것입니다. 어느 때에나 주의해야만 하지만 이 시기에 제일 많은 병은 치조 농루증 즉 너리병에 걸리기 쉬우니 필자가 병원에서 통계를 보더라도 놀랄 만큼 우리 조선 사람은 거의 70%(백에 일흔)를 점령하고 있습니다. 설령 충치가 없더라도 1연에 1차나 혹은 2차씩 전문 의사에게 진찰받는 것이 좋습니다. 따라서 모든 기관이 쇠퇴해 가기 쉬우므로 더구나 소화기의 제1문인 입안에 대하여 더욱 주의해야 할 것입니다.

7. 노년기에 대한 주의

노년기에는 대부분 동맥 경화증이 생기기 쉽고 치아 주위 조직에 혈행이 잘 되지 못한 예가 많으므로 아무쪼록 치아를 충분히 사용하여 만약 발치한 곳이 있으면 적당히 입치(入齒)하여 저작에 장해가 없도록 하는 것이 나머지 생을 더욱 길게 할 것입니다.

이상 말씀드린 7기에 대한 주의는 그만해두고 끝으로 우리가 반드시 실행해야만 할 몇 가지 예방법을 말씀하고 이 글을 끝막음하려 합니다.

세브란스치과연구실 김철용, 「치과에서 본 우리네 건강문제④」, 『조선일보』, 1936년 2월 19일.

대개 우리가 늘 입안을 깨끗하게 잘 닦는 것은 언제든지 우리의 머리에 기억해 둘 것이며 하루에 적어도 두 번씩 닦을 것이니 아침에 닦는 것은 물론이요, 밤에 자기 전에 닦는다는 것은 가장 이상적이라 할 수 있습니다. 우리가 밥을 먹고 날 때마다 늘 닦았으면 더욱 좋겠으나 아마 그것은 참으로 어려울 것입니다. 그러면 이를 닦을 때 치아의 것보다도 이와 이 사이를 잘 닦아야 하고 어금니 복판을 할 수 있는 대로 잘 닦아서 음식물의 나머지가 끼어 있지 않도록 해야만 할 것입니다. 만일 이와 이 사이에 있는 음식물이 잘 빠지지 않을 경우에는 이쑤시개를 쓴다든가 가장 이상적으로는 깨끗한 면주실로 잘 뽑아내서 양치질을 말갛게 해야 할 것입니다. 그 외에 시중에서 발매하는 과산화수소로 10배나 혹은 20배의 물로 희석하여 양치하는 것이 좋으며, 그 외에 붕산 혹은 명반 등을 200배가 400배의 물로 희석하여 양치하는 것이 좋습니다. 그 외에 우리나라 사람은 아직도 손가락으로 소금을 사용하는 분이 많으신데, 소금을 사용하더라도 될 수 있는 대로 잇몸을 자극하지 않을 정도로 너무 굵은 것도 말고, 너무 고운 것도 말고, 중으로 만들어서 반드시 칫솔을 사용하는 것이 좋습니다. 그 외에 시에서 파는 것은 모두 적당하게 제조한 것이니만큼 어느 것이든지 좋습니다. 솔은 대개 털에 따라서 또한 제조한 회사에 따라서 모두 다르나 가장 이상적으로 쓸만한 것은 이를 닦을 때 입안에서 자유로 움직일 수 있을 만한 것으로 잇몸를 너무 찌르지 않고 거죽의 이도 잘 닦아야 하지만 특별히 속으로 잘 닦을 만한 것을 구하면 되겠습니다. 또한 매일은 너무 어려운 일이나 가끔 끓는 물에 집어넣어 소독한다든지 혹은 일광에 쏘여서 잘 말려두면 조금도 해가 없이 또한 따라서 이 모든 점이 충치와 풍치를 예방하는 데 가장 긴요한 점이라고 볼 수 있습니다. 그 외에 치열을 교정한다 함은 이미 풍치로 하여 불규칙하게 된 치아를 바로잡는다는 것이 아니요. 또한 발치한 뒤에 오래도록 입치하지 못해 치열이 불규칙하게 된 것을 바로잡는다는 것이 아니라, 먼저 말씀한 소년기에 즉 유치가 영구치로 교환할 시기를 알지 못하고 일찍 뽑아준다든가 혹은 늦게 뽑아서 영구치가 일정한 자리에 나지 못한 것을 교정하는 법이니 즉 남아는 13세 내지 16세까지 할 것이며, 여아는 대개 12세로부터 15세까지 행할 것이니 모두 시기가 늦으면 본 위치에 복구하기 어려운 만큼 늘 부모 되시는 분은 자녀의 치아를 주의해주셔야 할뿐더러 외관상 용모를 살펴서 조금이라도 의심된 점이 있으면 주저하지 마시고 곧 그 방면 전문의사에게 문의하여 나중에 후회가 없도록 하시는 것이 좋을까 합니다.

「여성 호르몬이 생하는 위대한 여성미를 보라」, 『동아일보』, 1936년 3월 20일.

원래 인간의 신체는, 성장기를 지나서 약간 월일을 경과하면 노쇠현상이 생기는 것이거니와, 이것은 연령에 따르는 것이 아닙니다. 연소한 이라도 살이 거칠고 잔주름이 생겨서 늙어 보이는 사람도 있고, 또 중년기를 지나도 젊음을 유지하는 사람이 있습니다.

이것은 호르몬 분비가 왕성하고 아니함을 따라서 지배되는 것입니다. 여성 호르몬은 난소로부터 산출되는 것으로 이 난소는 부인에게는 극히 필요한 중심기관입니다. 부인의 풍만 염려(艶麗)한 육체, 고운 피부, 칠(漆)같은 흑발, 모두 여성미는 난소에서 분비되는 여성 호르몬의 절대한 은혜인 것입니다.

젊었을 때는 호르몬의 분비가 왕성하지만, 노령에 달하면, 호르몬 분비 기관의 기능이 점차로 쇠하는 고로, 나아가서는 여성의 지극한 보배라 할 만한 아름다운 용모가 이울고, 피부는 늘어지며, 백발이 늘고 하는 등 전체적으로 여성미가 잃어져 가는 것입니다.

특히 일단 부인병에 걸리면 호르몬 분비 작용이 쇠하여 혈색은 나빠지고 백 가지의 미용술을 시술할지라도, 얼굴의 잔주름이 감출 수 없이 됩니다.

중장탕은 난소 기타 분비 기관의 고른 조절을 도와서 여성 호르몬 분비를 비상히 활발하게 하여 전신의 세포 기능을 왕성하게 하여, 잠재한 병의 뿌리를 제거하고, 신선한 혈액을 길러서 언제든지 젊은 건강 상태를 보존하여, 혈색이 윤택한 참말 아름다움을 소생케 합니(다.)[3]

---

3) 원문에는 '다.'가 누락되었음.

「이것을 읽지 않으면 가을에 탈모할 겁니다. 탈모는 생리적 자연 현상이 아니오 불섭생에서 옵니다」,『동아일보』, 1936년 7월 25일.

옛날에는 머리가 검고 숱이 많아야 여자의 열 가지 흉을 가린다고 했고, 삼단 같은 머리를 전반같이[4] 땋아서 늘였다면 얼마나 그 처녀의 아름다운 것을 칭송하는 것입니다. 그만큼 여자의 머리는 생명과 같아서 머리가 적으면 비관을 하던 것이 오늘에는 신여성이나 구여성이나 머리쪽이 어떻게 작아졌는지 조그만 송편만한 것을 붙이고 다니는데 아무리 머리 적은 것을 원하여 머리를 쳐낸대도 누구나 머리통이 엉성하게 되어 머리가 되어간다면 비관 않을 사람 없을 것입니다.

실상 생각하면 머리쪽이 송편만 하다면 머리통도 엉성해야 옳지마는 그렇게 되면 그것도 비관하는 조건에 하나 드는 것이니까 머리 빠지는 데도 주의해야 합니다.

가을바람이 선들선들 불기 시작하면 얼레빗 등에 얽혀 나오는 머리가 듬부럭해서 옛날 같으면 통곡할 노릇입니다. 이런 탈모를 방지하자면 여름 동안에 주의해야 하나니 가을이 되면 머리는 으레 빠지는 것으로 생각해서 부주의하는 것은 잘못입니다.

영양 장애로부터

가을철에 탈모되는 이유 중에 중요한 원인이 있으니 영양상 장해에서 일어나는 것입니다. 누구든지 여름 탄다고 해서 여름에는 밥맛이 없어서 거의 먹지 않고도 지내는 이가 있어서 심한 정도에 이르면 영양 상태가 쇠약해져서 말할 수 없이 됩니다.

특히 덥다고 밥은 안 먹고 얼음만 많이 먹고 한여름을 지내게 되면 위장을 상하게 해서 그 결과 영양이 부족해지는 것은 어쩔 수 없는 결과일 것이요, 따라서 영양 부족해지면 모발의 발육이 불완전한 것은 불가피입니다. 그러므로 덥다고 얼음을 밥 먹듯이 먹고서 위장을 상하게 하지 말고, 또 밥맛이 없다고 삼시 밥 먹는 것을 결하지 않도록 무리로라도 먹도록 힘써야 합니다.

잠 부족으로부터

둘째 이유로는 잠을 잘 못 자는 것이 원인이 됩니다. 여름날 밤에는 누구든지 밤 9시부터 그 이튿날 아침까지 단잠을 자기가 어려우니 물 것이 있는 데다가 무더워 자다가도 몇 번씩 깨서 부채질을 하면서 자지 못하는 것이 보통이니 될 수만 있으면 머리 빠지는 것을 위해서뿐 아니라 몸의 건강을 위해서라도 될 수 있으면 잠을 잘 자도록 힘써야 합니다.

수면 부족이 얼마나 몸에 영향하느냐는 것은 더 말할 것이 없거니와 하룻밤 밤새도록 잠 못 자고 걱정을 하고 아침에 일어나면 머리가 현저히 세는 예가 있는 것을 보아도 알 수 있는 일

---

4) 전반같다: 머리를 땋아 늘여 그 머리채가 숱이 많고 치렁치렁하다.

이요, 또 잠이 부족하면 원기가 없어지고 얼굴에 윤택이 없어진 것을 보아도 알 수 있나니, 누구든지 잠 부족하게 잔 사람은 한번 보아도 알 수가 있을 만큼 잠은 우리 신체에 영향을 주는 것이요, 더구나 탈모에 관계가 있는 것입니다.

　살이 거칠어지면

　최후의 이유로는 여름에 해수욕하고 여행하는 까닭에 바닷물, 강한 자외선, 땀 때문에 모근이 거칠어져서 탈모를 하게 되는 일이 있으니 해수욕을 한 후에는 아무리 모자를 쓰고 했어도 반드시 맑은 물에 머리를 감고 적당한 기름을 바를 것이요, 또 땀에 머리가 젖지 않도록 자주 감아야 합니다.

「생수와 건강 : 소량은 세포위축 과량도 위장장애 인체에 알맞은 섭취량은 갈증 안 나는 정도」, 『동아일보』, 1936년 8월 8일.

　더운 여름뿐 아니라 우리들 인간에게 물은 절대로 필요한 것이다. 대체 이 물은 신체의 성분으로서 중요한 부분을 점하여 대인에는 대범 60%는 수분이며 특히 혈액 중에 다량으로 존재하여 그 78%는 수분이다. 그런데 이 물에 대한 지식이 없는 까닭에 덮어놓고 필요 이상으로 다량을 마시느니, 그렇다고 하면 물을 마시면 안 된다는 생각에서 목이 말라도 꾹 참고 물을 먹지 아니한 까닭에 드디어 병을 일으킨 사람도 상당히 있는 모양.

　일반으로 조선인은 생수를 많이 섭취하는데 산명수려한 탓에 물이 맑아 그대로 음용해도 좋은 탓도 있거니와 과학적으로 말하면 우리는 대개 채식을 하는 관계로부터이다. 채식하는 까닭에 칼륨염을 다량으로 섭취하고, 칼륨염을 다량으로 섭취하면 생리적으로 나트륨을 다량으로 배설한다. 그러므로 항상 나트륨의 부족을 초래하여 생리적으로 또 식염을 요구한다. 그리하여 식염을 다량으로 섭취하면 수분을 다량으로 필요하는 것이다. 더구나 조선 음식은 맵고 짠 양념을 많이 쓰는 탓도 탓이리라.

　그러면 조선인은 얼마만한 수분을 필요로 하느냐 하면, 대체 대인 1일 평균 1,500 내지 2,000그램이라고 한다. 그러나 과격한 운동 혹은 노동을 하는 경우에는 그 이상 필요로 한다. 또 하절을 동절에 비하여 500그램 이상을 더 섭취할 필요가 있다고 한다.

　우리들이 섭취하는 1일의 먹는 것 중에는 대체 1,000그램의 수분을 품고 있다. 기타, 우리의 일상 숭늉을 마시는고로 상당히 다량의 수분을 섭취하고 있는 셈이 된다.

　그러나 수분의 섭취량이 적어서 체내의 수분이 일정한 양에서 감소되는 때에는 장애를 초래하는 것이다. 즉 수분이 결핍하고 호흡 발한(發汗)에 의한 수분 증산(蒸散)이 감소되면 식욕 부진이 되고, 혹은 구토를 일으킨다. 신체 내의 수분이 급격히 현저하게 농축되어 드디어 사망하는 수도 있다. 예를 들면 하제(下劑)를 다량으로 사용하거나 혹은 콜레라의 경우, 설사 구토 등을 하는 것은 그 예이다. 또 동물에 건조식을 주어 수분을 주지 않는 경우에는 혈액, 근육, 각 장기, 신경 및 뼈에 이르기까지 그 수분의 감소를 보며 또 혈관 및 심장의 내막에 염증의 징후를 보이고 세포, 특히 내장의 세포는 일반으로 위축한다.

그리하여 또 반대로 일정량 이상의 수분을 섭취하면 혈액량을 증가하여 혈압을 강하게 하여 혹은 부종이 되는 수가 있다. 또 특수한 질병, 예를 들면 신장, 심장, 각기(脚氣) 등의 병이 있는 사람으로 부종을 일으키게 되는 경우에 다량의 수분을 취하는 것은 이들 질병을 더욱 험악하게 하는 것이다. 또 건강인이라도 과잉의 물을 음용[5]하면 위장을 해하며 설사를 일으키는 경우도 많다.

하여간 수분은 이것을 다량으로 음용하는 것도, 또 극도로 소량을 음용하는 것도 모두 신체에 해를 미치는 것으로 그 음용량은 각자가 다르나 갈증을 깨닫지 않는 정도로 음용하면 좋은 것이다.

「학생신체검사규정을 전면적 대혁■[6] 체위향상을 ■■[7]로!」, 『조선일보』, 1937년 4월 1일.

전 사회의 행복을 좌우하는 청소년의 보건과 체력 향상의 문제는 사회 각 방면에서 열심히 제창되고 있는데 학무국에서도 이 점에 유의하여 금년부터는 입학시험에 신체검사를 중히 할 것을 지시한 바도 있었거니와 다시 이것을 한층 엄격히 하기 위하여 학교생도 아동의 신체검사규정을 개정, 4월 1일부터 실시키로 되었다. 이에 관한 학무국장 담화로 발표된 바에 의하면, 현행 학교의 생도아동신체검사규정은 1921년 문부성령에 준거하여 제정된 것을 이래 15개년간 실시해 온 것인데, 이것을 전면적으로 개정하여 4월 1일부터 실시케 된 것으로 규정은 4월 1일 관보에 부령으로 발포케 된다.[8] 개정의 주요점은

1. 신체검사 시행의 취지 목적을 명확히 할 것. 종래 학교에서는 매년 1회씩 신체검사를 해왔으나 단순히 형식에만 그치지 않고 한층 신중히 하여 아동, 학생들의 보건과 체력의 향상을 위하여 적극적으로 하도록 해야 한다는 것

2. 체격의 측정과 함께 건강의 진단과 검사를 중요시하여 특히 양호 보호를 필요하는 자의

---

5) 원문에는 飯用이라 되어 있으나 飮用이 맞음.
6) 마지막 글자가 절반 잘려서 알 수 없으나, 글자 모양으로 보아 '大革正'인 듯함.
7) 두 글자 사이가 잘려서 정확히 알 수 없으나, 글자 모양으로 보아 '目標'인 듯함.
8) 1937년 4월 1일 조선총독부관보 호외를 통해 같은 날 조선총독부령 제45호로써 '학교신체검사규정'이 발포되고, 발포일부터 시행되었다. 아울러 그 이전의 '학교생도아동신체검사규정'은 폐지되었다.

발견에 유의케 할 것. 신체검사를 하되 각 개인의 건강상태에 주의하여 양호 또는 보호를 필요한 자를 지적하여 건강체로 인도토록 할 것

3. 신체검사 후의 처리방법으로서 각종의 보호 양호 시설의 실시를 장려할 것. 특히 허약한 아동이 많을 때에는 양호 학급을 설치한다든가 또는 정기적으로 보건약을 복용케 한다든가, 태양등(太陽燈) 등의 설비를 한다든가 각종의 시설을 하도록 할 것

4. 학교 직원, 용인 등의 신체검사에 대한 것 등이고, 그 외에 중요한 것은 종래 ■■■교에 대해서는 ■■■■ 생도 아동의 신체검사 ■■■■[9] 않을 수 있음이라는 규정이 있어 신체검사를 하지 않을 수 있었으나 금번의 개정규정에 의하면, 학교라는 명칭을 가진 것이면 일률적으로 실시키로 되었는데, 이 점은 학교사정을 보아 당국에서 신체검사를 하지 않아도 좋으리라는 인정이 있으면 피할 수도 있기도 하다. 그러나 금후는 새 규정에 의하여 적극적으로 신체검사를 시행하여 청소년의 보건을 향상시키게 되었다.

「가정-없어도 넉넉히 살 수 있는 신체의 여러 부분 목이 막혀도 살길이 있으되 없으면 죽는 것은 심장뿐이다」, 『동아일보』, 1938년 4월 14일.

옛날부터 거짓말을 하면 귀신이 혀를 잘라간다고 하였습니다.

그러나 사람이 일생을 통해서 거짓말을 한 번도 아니 한다고 단언할 수 없는 일입니다.

흔히 여자들이 도저히 피할 수 없는 욕되는 경우를 당할 때 혀를 깨물어 죽는 일이 얼마든지 있었던 것인데, 정말 혀를 깨물거나 잘라 버리면 죽겠느냐는 것을 의학상으로 말씀할 수 없거니와 하여튼 외과 수술 의사의 증명으로는 사람의 신체의 어떤 부분을 잘라 없이 해도 살 수 있다는 것입니다. 대개 어떠한 부분을 없이 해도 살 수 있는가?

30세를 지나면 혓바닥에 암이 생기는 일이 있습니다. 이런 경우에 버려두면 암 때문에 사람이 죽어버리니까 벙어리가 될지언정 죽지 않는 것이니까 잘라버리는 것이 지당합니다.

어떤 이는 말하기를 약으로 암을 고쳤다고 하는[10] 이가 있는데 이것은 절대로 불가능한 일입니다.

암병이 약으로 치료가 되었다면 그것은 다른 병을 잘못 진찰하였던 것에 불과합니다.

그러면 위암에 걸리면 반드시 죽는 것이냐 하면 살길이 있습니다. 위를 잘라버리면 그만이니 위를 잘라도 생명에는 관계가 없습니다. 다시 말하면 식도의 말단과 십이지장을 한데 꿰

---

9) 매일신보 기사와 대조하면, 종래는 사립학교에 신체검사 면제규정이 있었는데, 이를 삭제했다는 내용이다.

10) 원문에는 오식으로 '약 암을 고쳤다고 하으로는'으로 되어 있음.

어 매면 된다는 것입니다.

흔히 생각하기를 위가 없으면 먹은 것이 소화되지 못해서 죽는 것으로 알고 있지만 그것은 잘못 알고 하는 소리입니다. 위는 음식물의 창고가 되는 것이지 소화하는 곳은 아닙니다.

소화 흡수는 소장에서 하는 것입니다. 위를 없이 하고 잘 주의만 하면 5년이나 10년은 살 수 있는 것입니다.

미국 시카고시에 사는 한 노동자가 기계에 끼었는데 이 사람은 야채를 많이 먹고 창자에 가스가 많이 생겨 있었으므로 갑자기 만난 충동으로 해서 창자가 파열하였답니다. 그래서 의사가 파열된 데를 절단하고 다시 이어서 살게 하였다고 합니다. 창자는 20척이나 되는 것이니까 일부를 절단한대도 죽는 것은 아닙니다.

오늘의 의학으로 보아서는 항문에 만일 악성 병이 생긴다면 옆으로 새로이 항문을 낼 수가 있는 것입니다. 신장은 결핵에 걸리는 것인데 이것은 양편에 하나씩 있는 것이므로 한편은 없이 한 대도 살 수 있는 것입니다.

또 담낭 속에는 돌이 모여서 황달 병이 되기 쉬우니 전신이 누렇게 되기도 하고 몹시 아프기도 한데 이것은 하나밖에 없는 것이지만 잘라버려도 상관없는 것입니다.

여자의 자궁에도 난소에 병이 들면 잘라버린대도 아무 일 없는 것입니다.

작년에 철의 폐(鐵肺)[11]로 유명한 스미스 군도 폐가 거의 없이도 아직 살고 있는 사실이 있으며, 폐병에 걸리면 늑막강에 공기를 넣으면 되는데 폐병은 폐에 항상 공기가 출입해서 운동을 하고 있으면 치료할 수가 없지만, 공기가 들어가는 것을 제한하게 되면 폐병은 치료가 되는 것입니다. 예를 들면 한편의 늑막강에 공기를 넣으면 폐는 위축해서 목으로 들어가는 공기는 다른 편 폐로만 들어가니까 병든 폐는 폐로서의 역할을 하지 않습니다. 이같이 휴지 상태에 있는 폐는 병의 진행도 정지를 해서 치료가 되는 것입니다. 폐가 낳으면 먼저 늑막강에 넣은 공기를 쏟아버리게 하면 관계가 없습니다.

폐가 반만 남으면 죽지 않을까 하는 걱정도 있지만 폐는 그 용적의 6분의 1만 있으면 살 수 있는 것이니까 반만 남아도 아무 걱정 없는 것입니다.

한 가지 걱정은 폐가 완전해도 목이 막히면 죽는 것이니 성대가 있는 근처는 몹시 좁아서 여기에 병이 생기면 호흡이 곤란해서 위태한 경우가 있습니다.

예를 들면 편도선 비대나 인후암 등으로 호흡 곤란이 되면 응급으로는 흉골 위에다가 구멍을 뚫기만 하면 호흡에는 별일 없이 됩니다.

미국 어떤 의학 박사는 43세 되는 후두암 환자의 인후를 수술해서 공기 길을 막고 흉골에 구멍을 냈는데 그 후 29년간을 살아 있었다고 합니다.

---

11) 철분이 쌓여 있는 폐.

또 수년 전에는 목의 성대를 수술해서 성대를 없이 하고 그 뒤에 고무제 인공 성대를 달아 놓은 조그만 상자를 넣어 두었는데 보통 이야기를 하는 데는 조금도 거리낌이 없었답니다.

근년에 이르러는 뇌의 수술을 하게까지 되었으니 이같이 외과의 진보는 어디까지든지 진보될지 상상할 수 없을 만큼 진보가 될 것이나 심장 수술만은 아직도 불가능합니다.

이상에 말한 여러 가지 어려운 수술이라는 것은 의사의 숙련과 기술을 기다리겠지만 하여튼 사람의 몸은 여간한 부분을 없이한대도 살 수가 있다는 것만은 확실합니다만 심장만은 없으면 1분간이라도 살 수 없을 것입니다.

이같이 생각해 본다면 사람의 생명을 유지하는 최소한도로는 두 눈, 혓바닥, 인후, 폐의 일부분, 위, 창자 일부분, 신장 한 개, 담낭, 자궁, 난소 등이 불필요한 것이라고 됩니다.

(광고)「시력을 보호하라 청명한 가을날에 안질을 주의하라 계절의 영향으로 악화되기 쉽다」, 『동아일보』, 1938년 11월 8일.

무더운 여름이 지나가고 어느덧 가을바람이 산들산들 불기 시작했습니다. 들에는 황금빛 오곡이 가을바람에 물결치고, 청초한 가을꽃들이 청춘의 심정을 어수선 산란히 하여 산으로, 들로 이끌고 있습니다.

지구상 어느 곳을 찾아보아도 찾을 수 없는, 조선의 가을 하늘! "코발트" 색의 아름다운 하늘! 유럽 화가들의 동경의 대상인 조선의 가을 하늘, 젊은이들은 맑은 하늘을 찾아 나갑니다.

고요한 밤에는 아름다운 샛별들이 속삭입니다. 가을 버러지가 구슬프게 웁니다.

이러한 가을에 젊은 사람들은, 동무의 손을 잡고 산으로, 들로 거닐며, 동무를 얻지 못한 사람은 서글픈 심정을 억제하지 못하여 자연히 발길이 밖으로 향합니다.

고요한 밤에는 등화가친의 호기라 독서에 열중하시는 분도 많습니다.

이러한 좋은 시절은 또한 동시에 눈에 가장 위험한 계절입니다. 밖에서는 자외선이 여름보다 오히려 강렬해서 눈에 많은 자극을 줍니다. 특히 우리 조선의 가을 하늘은 프랑스의 일부분을 제한 외에 세계에도 유(類)가 없다시피 아름답습니다만, 그만큼 자외선의 힘이 강렬합니다. 이것은 신체 전체에는 퍽 유리하나 눈의 보건에 주의하지 않으면 여러 가지 안질을 초래하는 조건이 됩니다.

추야 장 긴 긴 밤에 등 밑에서 독서하실 때도 적당한 조명과 단정한 자세가 필요합니다. 불충분한 조명 아래서 장시간 독서하시면 시신경이 피로하여 눈이 아프고 충혈이 되어 근시안의 원인이 됩니다. 특히 5, 60촉광의 전등 밑에서 너무 작은 활자를 보시는 것은 좋지 못합니다.

영화도 눈에는 상당히 과대한 부담입니다. 선회하는 화면과 "타이틀"과의 교착, 번쩍번쩍

비치는 은막의 반사광선, 시각의 불안정 등에서 생기는 눈의 피로는 여러 가지 안질을 일으키는 원인이 됩니다.

희미한 등불 밑에서 바느질을 하시는 것도 눈에 큰 영향이 있습니다. 더구나 조선에서는 전등도 ■수를 낮추고 심한 데는 석유 등잔이나 기름불 밑에서 늦도록 바느질을 하시는 부인이 많이 계십니다만 이러한 일은 가장 눈을 피로 시키기 쉽고, 흰자위에 충혈을 일으키기 쉽습니다.

이러한 여러 가지, 원인으로 말미암아, 가을에는 여러 안질이 발생합니다. 따라서 특히 가을에는 눈의 위생에 주의를 게을리하지 말고, 늘 눈을 휴양시키도록 하시지 않으면 안 됩니다.

안과 약 스마일(スマイル)은 강렬한 살균력과 우수한 소염 수렴작용을 겸비한 고급 안과 약으로, 피로로 인하여 일어나는 염증, 충혈을 신속히 회복시키며, 강렬한 자외선의 해독으로부터, 눈을 보호하며 시력을 안전하게 합니다. 그 약 작용은 결막염, 트라코마, 안정 피로, 안 충혈 등에 대단 효력이 있고, 눈꼽낀 데, 눈이 부은 때, 스마일을 쓰시면 씻은 듯 부신 듯 눈이 시원해집니다. 눈을 과히 혹사하시는 분은 늘 상비약으로 가지고 다니십시오.

정가 25전, 45전 총대리점 동경시 일본교구 본정 주식회사 옥치상점(진체 동경 72번)

「예사로 알면 큰일 입에서 냄새 나는 증, 남이 꺼리는 것뿐 아니라 원인되는 병이 더 무서워」,
『조선일보』, 1938년 12월 8일.

입에서 냄새가 몹시 나는 사람이 있는데 그 원인이 여러 가지입니다.

제일 많은 원인은 치석이 많이 붙어 있는 것인데, 치석이란 것은 침 가운데 있는 석회가 이에 붙어 있는 여러 음식 찌꺼기와 합해서 누렇고 검은 돌같이 단단한 것이 생기는 것을 이름입니다.

이 치석이 제일 많이 붙어 있는 데는 아랫니 안쪽과 위어금니 바깥쪽입니다. 치석은 음식 찌꺼기가 뭉친 것이기 때문에 그것이 썩느라고 자연 고약한 냄새를 풍기는 것입니다.

또는 치석이 생기면 그 주위로 돌아가며 이뿌리가 상하고 따라서 고름과 잇몸에 껍데기가 벗어져 그것이 썩느라고 악취를 발합니다.

또는 이뿌리에서도 악취가 납니다. 악취도 아주 몹시 나는 것은 이뿌리에 있는 신경이 죽어서 그것이 썩기 때문입니다.

만약 그리고 이 신경에 있는 수강(髓腔)[12]과 구강 사이가 통해있지 않으니 썩어진 신경의

---

12) '골수 공간'의 이전 말.

찌꺼기와 그밖에 여러 가지 부패한 물질이 사람 몸에 들어가서 치막염이나 골막염을 일으키는 수가 있습니다. 치막염은 혹 고름이 드는 수도 있으므로 냄새가 납니다.

골막염이 되었을 때도 여러 가지 썩은 물질과 고름 때문에 냄새가 납니다.

또는 이의 윗도리는 전부 삭아 떨어지고 이뿌리만 남았을 때도 냄새가 납니다. 치은염[13] 가운데도 매독의 치료라든지 하제(下劑)로 수은 약을 썼기 때문에 일어나는 요독성 치은염이나 요독성 구내염은 아주 지독한 악취를 발합니다.

그밖에 냄새가 지독한 것은 치조농루[14]입니다. 이 병에 걸린 환자는 두어 자 밖에서 이야기해도 냄새가 납니다.

그다음에는 해박은 이, 금을 씌운 이 등이 꼭 들어맞지 않는 경우엔 음식이 그 끼워서 썩기 때문에 치은염을 일으켜서 냄새가 납니다.

또는 직접 이 병이 드는 것이 아니고 입에서 냄새나는 경우가 있는데, 이것은 요독증에 많습니다.

즉 입에서 오줌 냄새가 납니다. 괴혈병도 이뿌리에 궤양이 생겨서 특수한 냄새가 납니다.

이같이 입냄새라고 하더라도 그렇게 소홀히 보지 못할 여러 가지 원인이 있습니다. 따라서 입냄새를 없이하려면 그 원인을 찾아서 치료하지 않으면 안 됩니다.

입에서 냄새나는 것은, 단지 다른 사람에게 불유쾌한 감을 준다는 것만 싫은 것이 아니라, 부패한 물질을 자꾸 생기기 때문에, 이것이 몸에 들어가 류머티즘이라든지 신장, 심장병을 일으키는 수가 있으니 무서운 것입니다.

아주 건강한 사람의 입에서는 약간의 향기를 가지고 있습니다. 만약 고약한 냄새가 나면 몸에 어디든지 병이 있는 증거입니다.

즉 구강, 비강, 인후, 식도, 위장, 기관, 폐, 신장 등 어디에든지 병이 있는 까닭입니다.

구강의 위생으로는 단단한 음식물을 충분히 씹는 것이 좋습니다. 그 까닭에 치아, 치근, 그밖에 씹는 데 관계되는 모든 기관이 혈행이 좋고 치아는 씹는 것 때문에 깨끗해지고 치경(齒瞠)[15]은 마찰이 되어서 강해지고, 치석이 붙는 것과 충치와 치은염의 발생을 막습니다.

아침과 저녁으로 두 번씩 비교적 치약도 부드러운 것으로 닦아야 하며 늘 깨끗이 하기를 잊지 말아야 합니다.

---

13) 잇몸에 생기는 염증.
14) 잇몸에서 피나 고름이 나오는 질환.
15) 치경(齒莖, 이뿌리를 둘러싸고 있는 연한 근육)의 오기로 보임.

「신체검사에는 어떤 것을 보나 얼굴에 흠집만 있어도 점수가 깎인다 전염병 있으면 입학은 단념할 일 눈과 콧병은 미리 고쳐둘 일」, 『조선일보』, 1939년 2월 26일.

이제 앞으로 한 달도 남지 않아 각 소학교 중학교들에서 입학시험이 야단일 것입니다. 금년의 신체 검사의 총점수는 400끗이랍니다.

이 400끗을 채우는 사람도 있고, 못 채우는 사람도 있을 것입니다. 여기 외과의 정구충 박사가 입학할 아동을 둔 각 가정의 어머니들에게 보내는 주의를 소개합니다.

소학교 입학 아동

소학교 입학 아동은 대부분이 신체 검사를 해보면, 영양불량에 걸려 있습니다.

이것은 아직까지도 우리네 가정에서 얼마나 아동들의 식사에 대하여 등한한지를 말하는 것입니다.

영양이 좋다는 것은 결코 부잣집 아이들이 늘 고기반찬만 먹는다고 해서 되는 것이 아닙니다.

오히려 넉넉한 집 아이들이 영양이 나쁜 편이 많은데, 이것은 주로 그 어머니가 아이들에게 될 수 있는 대로 여러 가지 비타민이라든지를 잘 생각해서 먹이지 않고 아이들이 제 먹고 싶은 대로 편식하기 때문입니다.

그러므로 각 가정에서는 아이들의 음식을 늘 주의하고 연구해서 영양을 섭취하도록 하는 것이 어머니의 의무일 것입니다.

눈에 트라코마가 있으면 물론 고쳐주어야 합니다. 또 근시라든가 난시일 경우에는 속히 적당한 안경을 맞춰 씌워야 합니다.

그렇지 않으면 눈 때문에 늘 머리가 아프거나 공부에 염증을 내기 쉽습니다.

코에는 비용증(鼻茸症)[16]이란 것이 제일 많은데, 이것은 콧속에 살이나 뼈가 나오는 것인데, 이것을 고치지 않고 두면 아이에게도 해로울 뿐만 아니라 신체검사에 물론 끗수를 깎입니다.

편도선. 이것은 코와 목 사이에 나는 것인데 이것이 있으면 코가 늘 막혀서 입으로 숨을 쉬니까 늘 입을 헤-하고 벌리고 있으니 먼저 외모가 똑똑해 보이지 않습니다.

그리고 감기가 잘 드는 것은 말할 것도 없고요.

피부병. 대개 가려운 증세라든가 옴, 습진, 백선 등인데 백선은 머리에 나면 털뿌리를 먹어버립니다.

치아. 충치가 참 많습니다. 더구나 학령아동은 한창 이를 갈 때이니까 충치가 있으면 고쳐주고 늘 깨끗이 해주십시오.

---

16) 鼻茸(はなたけ): 콧구멍에 생기는 종양.

이밖에 내과적으로는 늑막염, 폐렴, 감기 등이 흔한데 물론 이런 병이 있다고 입학을 시키지 않는 것은 아니나 건강한 아이보다 점수를 깎일 것은 물론이 아닙니까.

그리고 기생충이 많습니다. 이런 것은 미리 대변을 검사해서 없이 해 보내십시오.

중학교 입학생

중학생도 대체로 소학교 아동과 비슷하지만, 특히 좀 다른 것은 소학생의 경우보다도 중학생은 병은 없더라도 사지백체가 건전해야 할 것입니다.

그것은 중학교에선 교련이나 유도나, 격검이나 이런 것을 세우는데 사지백체가 완전치 못하고는 재미 적을 게 아닙니까.

그리고 전염될 만한 질병을 가졌거든 처음부터 단념하고 먼저 병부터 고쳐주어야 합니다.

어떤 사람은 보면 심지어 문둥병자까지 감추고 시험을 보는 수가 있는데, 이런 것은 도덕상으로 보아 좋지 못한 일입니다.

어쨌든 중학교에선 기형은 재미 적은데, 가령 건강엔 아무러한 영향이 없더라도 겉으로 무슨 혹이 붙었다든지, 외눈이라든지, 얼굴에 붉은 기미가 하나 가득하다든지 하면 이런 것도 몇 점 내지 몇십 점씩 깎으니까요.

색맹 같은 것은 중학교에선 관계 없으나 전문학교에 가서 의과, 공과 같은 것엔 지장이 있습니다.

어쨌든 신체의 속으로나 겉으로나 점수를 빼앗기지 않을 만치 튼튼하고 완전해야 신체검사에 합격을 하겠지요.

의학박사 정구충씨 담

「자세를 똑바로 가집시다 건강과 자세관계 많은 지식과 인격과 덕성을 담는 그릇이 크고 튼튼하지 못하면 깨진다」, 『동아일보』, 1939년 5월 1일.

사람의 자세가 좋고 나쁜 것으로 건강상 큰 영향이 있다는 것은 더 말할 필요가 없습니다.

근자에 일반적으로 체위가 저하되어 간다는 말이 많습니다. 체위가 저하된다는 것은 일조일석에 되는 일이 아니요, 오랫동안 무엇으로나 원인이 있어서 차차로 저하가 된 것이니 그렇게 간단하게 향상시킬 수는 없는 일입니다. 체위가 저하된다는 것은, 몸이 약하다든가 체격이 나쁘다든가 해서 간단히 말하지만, 이는 대단 복잡한 문제입니다. 키는 작고 다른 사람과 같지 않더라도 건강상 다른 아무런 결함이나 장애가 없이 튼튼한 사람도 있고 키가 크고 체중도 많고 흉위도 다른 사람 이상이라 해도 어딘지 모르게 고장, 결함이 있어서 앓기를 잘하는 사람도 있어 체위를 결정하기에 곤란한 사람도 있습니다.

원래 체위라고 하는 말의 해석에도 여러 가지 이론이 있습니다.

예를 들면 체위라는 것은 신체의 위치를 말하는 것으로 앉으면 앉은 위치, 서면 서는 위치, 드러누우면 누운 위치를 말하는 사람도 있습니다.

그러나 이것은 너무 글자에 구속을 받은 해석이요, 결국 체위라는 것은 신체의 총괄적 종합적 혹은 전체적 표현이니 소위 건강 상태를 보이는 것이라고 해석하는 것이 가장 적당할 것입니다.

그러하면 이제 체위 즉 건강 상태를 좌우하는 것은 어떤 것이 있느냐 하면 이것은 대단 복잡다단한 여러 가지 까닭이 많이 있겠지마는, 그중에 가장 밀접한 관계를 가진 것은 자세입니다.

그럼에도 불구하고 이 자세에 대하여는 누구든지 관심을 갖지 않은 것 같습니다.

똑바로 있어야 할 것이 구부러진다면 고장이 생길 것은 말하지 않아도 알 수 있는 것입니다.

이 문제는 어떤 의사의 주의를 받는 것보다도 집안 사람들이 각각 인식을 해서 여기에 대한 주의를 게을리 말아야 할 것입니다.

부모나 아동의 보호자가 자세에 대하여 인식이 깊으면 체위 향상에 큰 도움이 될 것은 의심없는 일이니까 이제 전혀 무관심하게 생각하는 자세에 대하여 두세 가지 말씀을 각 가정의 원조를 받을 수밖에 없을 것입니다.

지식이나 지능이나 인격이나 덕성을 양적(量的)이라 하면, 이것을 담고 보호하는 그릇 즉 몸은 될 수 있는 대로 튼튼한 것이라야 하겠습니다. 지식과 지능과 인격이 많으면 많을수록 담겨[17]있는 그릇이 튼튼해야지 약하면 쉽사리 깨질 것입니다.

더구나 이런 인격과 지식과 덕성이 한없이 발전되어 나간다면 여기 응하여 넉넉히 받아 용납할 수 있는 그릇으로 한없이 크고 튼튼해야 할 것입니다.

다시 말하면 무한으로 포용하고 부담할 수 있도록 그릇이 튼튼해야 할 것입니다.

그릇이 커야 하고 모양이 정돈된 동시에 구조가 완전해야 합니다.

이것을 주택에 비교한다면 기초 공사나 주춧돌, 기둥, 지붕이 완전하다면 천재지변에도 충분히 견딜 수가 있고, 싼 집들처럼 자주자주 수선할 필요도 없습니다. 특히 사람의 몸은 다른 그릇과는 다른 유기적인 고로 가장 귀중한 생활 기능을 맡은 내장 기관, 골격, 피부, 근육, 신경 등 대단 미묘하게 구성된 것이요, 따라서 이 구조 즉 자세 형태가 정상이 못되면 각자의 기능은 당연히 지장 없이 발휘할 수 없는, 생활력이 약한, 능률이 오르지 못하는 병적 상태로 될 것입니다. 이런 점으로 봐서 건강을 유지하는 데는 어디까지든지 자세가 발라야 할 것이요, 건강이 제일이라는 것을 여실하게 말하자면 당연히 바른 자세를 말하지 않을 수 없습니다.

---

17) 원문에는 '감격잇는'으로 되어 있음.

그렇다면 바르지 못한 자세에는 어떠한 것이 있느냐? 불구나 병적으로 자세가 나쁜 것은 두어 두고라도 몸이 좌우 어떤 편으로나 기울어지고, 가슴이 우그러지고, 그렇지 않으면 새가슴이요, 척추가 구부러지고, 어깨 좌우가 어디로든지 기울어지고, 배가 나오고, 궁둥이가 나오고, X형 다리나 O형 다리나 편평족이나 안짱다리 등이니 이것 중에 한두 가지 소유자는 열이면 7, 8은 되는 모양이요, 이것을 남녀별로 한다면 남자가 적고 여자 중에 부정 자세가 더 많은 경향입니다.

이 자세에 대한 인식이 부족한 대로 나간다면 한 사람도 남기지 않고 전혀 부정 자세만 될 것입니다.

「자세를 똑바로 가집시다 건강과 자세관계(하) 몸이 바르지 못한 사람은 남보기에 병적으로 보입니다」, 『동아일보』, 1939년 5월 2일.

외국인은 자세 불량한 사람이 별로 없어서 외국에서 돌아온 사람의 말을 들으면, 5, 6정이나 떨어져 있는 데서 벌써 동양 사람이라는 것을 알게 되고 특히 조선 사람의 자세는 알 수가 있다고 합니다. 물론 키가 작고 체격이 크지 못한 것으로 알 수 있겠지만 특별히 자세가 바르지 못한 것은 외국 사람과 비교해 볼 때 알 수 있는 것입니다.

이러하면 건강상 장래 큰 문제라 않을 수 없고 전체적으로 큰 경계를 할 필요가 있습니다.

그러면 똑바른 자세의 가치와 불량 자세의 장애를 생각해 보면 대체 위생상으로, 경제상으로, 사교상으로 미학상으로 네 가지 구별을 할 수 있습니다.

정상 자세를 가진 사람은 건강한 사람인 동시에 작업 능률을 높일 수가 있고 또 불안이 없는 조화가 되고 쾌활하고 구김살이 없는 낙천적인 기품을 가진 의지가 강한 사람입니다.

이와 반대로 불량 자세자는 정신과 신체가 보기에 병적이요, 특히 내장 제 기관은 위치의 정상을 잃고 또 정상이라 해도 압박을 받아서 여러 가지 기능 장애를 일으키게 됩니다.

불량 자세가 되는 원인으로서는 선천적과 후천적으로 나눌 수 있으니 선천적으로는 유전 소질로 올라갈 수밖에 없으니까 이 문제를 후일로 하고라도 후천적 문제에 대하여 생각해 보면 이것은 주로 생활 환경에서 나오는 것입니다.

먼 원인으로는 임신 출산으로부터 시작할 수 있고 육아법으로는 영양, 옷 입히는 법, 앉는 법, 누이는 법, 학교나 가정에 있을 때 공부하는 자세와 집에서 일을 도울 때, 앉았을 때, 아이 볼 때, 무엇을 들고 걸음 걸을 때, 그 외에 의식주에 관한 일상생활에서 걸음 걸을 때의 무의식 중에 되는 자세와 학교 가방을 메고 다니는 데와 자전거 타고, 잠잘 때 베개의 고저와 드러눕는 위치 등 수를 셀 수 없는 여러 가지 원인이 있습니다.

우리가 걸음을 걸을 때는 사람마다 각각 버릇이 있기도 하지만 참 좋지 못한 자세로 걸어다니게 되는데 특히 여자들의 걸음이 더하지 않은가 합니다.

전혀 자세에 대하여 관심을 갖지 아니하니까 비판할 여지도 없는 것 같습니다. 바른 자세로 걸음 걷는 것은 어떠냐 하면 머리는 눈의 수평선에 두어야 하고, 몸을 펴고 하지의 관절을 충분히 펴고 좀 반동적인 듯한 보조로 발끝은 똑바로 놓고 발꿈치를 자칫 드는 듯이 선뜻선뜻 걸어야 합니다. 이외에 직업적으로 자세 습관이 이상한 자세를 만들게 됩니다. 벌써 그 사람의 버릇과 몸 가지는 자세를 보면 그 사람의 직업이 무엇인지를 알 수 있을 만큼 직업에 따라 자세가 다릅니다.

또 병후의 쇠약과 살이 없는 사람과 뼈가 굵지 못한 사람도 부주의하면 불량 자세가 됩니다.

이러한 불량 자세에 대한 방법으로는 근본적으로 생각할 필요가 있습니다.

아동의 몸은 벌써 발육이 끝난 어른과는 다릅니다. 저항력이 박약한 발육 시기에 있는 아동이므로 용이하게 불량 자세가 되기 쉽고 동시에 당분 섭취를 많이 하는 고로 뼈의 발육이 방해되는 고로 불량 자세가 쉬운 것입니다.

그 대신 교정하기도 쉬운 일이요, 따라서 이 불량 자세를 예방하고 교정해서 정상 자세를 만드는 것은 아동기 청년기에 있다고 할 수 있습니다.

양재하, 「조선인의 체위 현황과 그 향상책 선천적 체질은 우수 사회적 조건과 현대적 수련의 결여」, 『동아일보』, 1940년 1월 1일.

1

이 과제는 먼저 다각적으로 엄밀한 성찰을 다한 후에 종합적인 대책을 말하여야 할 것이므로 그것을 문외자가 능히 다 할 수 없는 일이다. 다만 우리의 현실을 관찰할 때에 전반적으로 체위가 너무 저열하니 이만한 향상책이라도 긴요하다는 범론(汎論)을 구태여 주저하지 않는 것뿐이다. 그러므로 이 글은 극히 상식적 대안이라는 것을 거듭 말하여 둔다.

무릇 생을 희구하는 자는 그 생존을 위해 필요한 신체의 건강을 유지하여야 하겠고, 다시 좀더 의의 있는 생을 욕구하는 자는 역시 그 생존을 위해 필요한 신체가 강장하도록 발전시켜가야 할 것이니 긍정적 세계관을 가진 사람이면 그 누구를 막론하고 강건한 신체의 소유가 생존의 제1 조건이 된다. 그러니 여기서 생의 선악을 결정하려는 것은 벌써 군말이 되고 어떻게 하면 완전한 신체를 획득하여 갈 수 있을까 하는 것이 남은 과제로 될 것이다.

2

오늘 조선인의 체위를 말하기 전에 잠시 지난날 조선인의 체위를 더듬어보면 우리 선인의 신체가 단연 오늘 우리의 것보다 훨씬 강장했던 것을 발견할 수 있다. 이것은 결코 한가지 회고적 감상의 잠꼬대가 아니다. 저 한인(漢人)들이 이 땅을 가리켜 가로되 대인국(大人國), 불사국(不死國) 혹은 군자국이라 하였고, 또 이땅 사람을 말하기를 대궁인(大弓人)[동이(東夷)라 함은 즉 동궁인(東弓人)을 말함]이라 하여 항상 삼한의 강(强)을 일러 왔다. 치우(蚩尤), 황제(黃帝)의 탁록 전투에서 벌써 청구족(靑邱族)의 동철액(銅鐵額)을 빛내었고, 고구려가 대륙에 웅거하였을 때에 한(漢)·위(魏)가 감히 넘나들지 못하였을 뿐 아니라, 수의 양제가 을지문덕에게, 당의 태종이 연개소문에게 격퇴된 것은 사적이 증좌하는 바다. 그 후 신라가 반도를 통일했고, 고구려의 후계인 발해가 남북 만주를 통일하여 대당 항쟁을 지속하였고, 금(金)나라 인(人)이 송을 석권한 것은 문제 외로 해도, 신라의 뒤를 이은 고려가 거란(몽골, 원)에 저항하여 귀주성 대첩을 가져온 것 등은 이 땅의 선민(先民)들이 얼마나 활·창·칼·총 등의 무예의 뛰어났던 것을 가히 알 수 있다. 물론 이것은 원시적인 수렵, 전투의 기능이 발달되었던 것이고 그것으로써 곧 선민들의 체위가 모두 우수하였다고는 할 수 없으되 그 반면에 일부 특수 계급의 사람들이나마 그만큼 강건한 신체를 소유하였던 것을 말하는 것이다.

3

한걸음 내려와서 고려말, 이조 초에만 해도 최영 장군의 북공(北攻)이라든지 세종조의 육진 개척 등은 그대로 모두 무용전이 된다. 중세에 와서도 소위 양반이라는 기원이 문, 무 양반에 뛰쳐 나고 남대, 집평을 지낸 자의 영예를 호칭한 데 있거늘 근세에 와서 소위 양반이라는 자 숙신(肅愼) 씨의 석노(石弩) 호시(楛矢)는 꿈속에 구경도 못하였을 뿐 아니라, 삼척 동자의 상노(桑弩) 봉시(蓬矢)에도 전율하게 되었으니 이 대체 무슨 까닭이었을까. 거기에는 여러 가지 근거가 있다. 국가, 사회, 개인적으로 발생시킨 퇴폐적 요소가 많다. 이것을 일일이 지적할 수 없으나 요컨대 중세 이후에 노장학 사상을 그릇되게 수입했고, 유불교의 사상에 그만 정신적 아편을 먹은 데서 비롯되었다 할 수 있다. 더구나 이조의 거의 전 기간을 통해서 정주학을 지나치게 숭상하는 바람에 그 아편의 침윤은 더욱 심하여 사회와 개인이 그만 조로(早老), 요절하고 말았다. 한 사람이 신체를 연마하여 육체의 미와 조화된 율동을 가져와야 할 것이거늘 개인은 이것을 잊었고, 국가는 무(武)에 속한 부문의 도기(道技)는 조금도 권장하지 않았으니 모든 것이 초현실적이요, 소극적으로 신체의 유지와 발전도 기약할 수 없고 점점 퇴영적 체세(體勢)를 가져오게 되었다. 그래도 각자의 신체로 하여금 발전적인 조장책을 가하지 못하였다면 자연 성장에 맡겼어야 할 것이거늘 저절로 성장하는 신체조차 마저 철쇄에 붙들어 매고 말았으니 전래의 체위가 유지하지 못하였던 것은 당연한 일이다.

4

자체를 하는 단연 운동이라고는 조금도 없는 위에 연령별, 성별, 계급별로써 유아, 소년, 청년을 부자연스럽게 또는 비위생적으로 구속만 시켜 왔는데, 그래도 오늘에 와서, 아니 신체육 운동을 수입한 지 불과 4반세기에 세계 제패를 하는 선수가 속출하는 것은 일종의 기적이라 할 것이다. 이곳 선천적으로 우리의 체질이 우수하다는 것의 한 표현이라고도 할 수 있으니 비록 누백 년간 체위 향상에 관심이 없었으되 망건 줄만 조르고 안방에서 우리 안치를 살던 동안에도 대궁인의 체질이 발휘못한 채로 전승되었던 까닭이라 할 것이다. 그렇다면 우리가 앞으로 조선인의 체위 향상을 말할 때에는 먼저 우리가 잊어버렸던, 선민들이 가졌던 체위를 먼저 회복해 놓고서 그 위에 현대적 수련을 쌓아가야 할 것이 당면한 순서라고 말할 수도 있을 것이(다.)[18]

5

이 체위의 향상은 작금에 와서 더욱 절실히 요구되고 있다. 환경이 자못 비상하니 더욱 강인한 신체를 요하는 것이요, 각 부문마다 인적 자원의 고갈을 보고 있으니 그 함양이 급하게 되었다. 그러나 이 체위 향상은 그다지 단순한 문제가 아니다. 병든 사람이 양약을 먹으면 그 병이 낫는다든지 운동 부족한 사람이 적당한 운동을 하면 그만이라는 것과 같이 그다지 쉬운 공식으로만 취급할 수는 없다. 그저 체위를 향상시킨다고 해서 운동만 장려하면 그것은 너무 근시안의 방안이다. 운동 아니라도 과로의 축적을 가진 대다수의 사람이 있고, 또 위생 시설만 많이 해도 의약 이상의 영양을 요구하는 사람이 있다면 거기서 체위 향상을 기대할 수 없다. 무엇보다도 먼저 일반의 생활 수준이 어느 한도로 확보되어 체위를 유지하게끔 해놓고서 운동도 장려하고 위생 시설도 확충하여야만 비로소 체위 향상을 꾀할 수 있으리니 오늘 우리들의 체위가 저열하니 그저 무예만을 장려하자는 것이 필자의 본의는 아니고 따라서 이 문제를 여기서 중대하게 취급하는 소이다. (표 생략)

양재하, 「조선인의 체위 현황과 그 향상책(2) 평균 수명이 과단 유유아의 사망률은 세계 제1위」, 『동아일보』, 1940년 1월 4일.

1

체위의 향상책을 말하기 전에 먼저 현재 체위 여하를 보는 것이 순서이겠으나 여기에 대한

---

18) 원문에는 괄호 안 '다.' 부분이 생략되었음.

조사가 극히 소루하기 때문에 체격, 체질, 체력 등에 빙고(憑考)할만한 재료가 적다. 전반적으로 위생시설이 불비하여 조선인 전체에 대한 체위 통계가 없음은 물론 종래 학교 교육에서도 지덕육을 편중하던 관계로 학동의 체위조차 그 전모를 알 길이 없다. 작년에 와서 인적자원의 함양, 혹은 전력 증강론이 대두하여 이 방면의 조사를 개시하였으되 아직 그 집계도 얻지 못하였다. 그러므로 여기서는 조선 체위의 일면을 엿볼 수 있는 한 간접적 통계를 드는 데 그치려 한다.

2

첫째로 우리는 조선 아동의 사망률이 너무 높은 데 놀라지 않을 수 없다. 다음 통계가 보여주는 바와 같이 10세 미만의 아동은 30% 내외가 사망한다. 다시 5세 이하의 사망률은 더 높아진다. 이것을 각국의 유아 사망률과 비교한다면 그 차위(差違)는 너무 현격하다. 네덜란드의 3%에 비하면 10배나 되니 영예롭지 못한 세계 제1위를 또 하나 차지하였다. 여기에 또 사산을 더하면 더욱 고율로 되고 실제의 사산 및 유아 사망률은 신고되지 않은 것이 적지 않을 것이므로 그 실제 수치는 더욱 고율일 것이 추단된다. 그러니 조선인은 출생, 벌써 생의 출발부터가 극히 위험하고 불건전한 상태에 놓여 있어서 한 사람으로서 성장한다는 것은 그저 자연 도태에서 이긴 자에만 가능하다 할 수 있다. 여기에 모성 보호와 유유아 구호의 온갖 사회적 시설이 요구되고 있다.

3

다음으로 소학 및 중학교 재학 아동, 생도에 대해 실시한 신체 검사표 중에서 신장, 체중, 흉위를 보면 남녀 소학, 중학을 통하여 일본인 생도에 비하면 조선인 생도가 신장은 막상막하로 그다지 떨어지지 않으나 체중과 흉위는 훨씬 떨어진다. 그것도 최하급으로부터 상승할수록 점점 떨어진다. 체중과 흉위가 저열한 것은 그만큼 체위가 저열하다는 것이요, 또 연급이 높을수록 그 발전에 비례하지 않는다는 것은 환경이 후생 상태가 못 된다는 것을 표현하는 것이 아니랴. 앞 회에 게재한 조선인 청년단 제위를 보아도 체중, 흉위 등 여러 가지 점으로 아주 저열하고 근로 청년의 체위는 조선인 취학자의 발육에도 떨어지며 조선인 취학자는 또 일본인 학생 아동의 발육 평균에 비해서 또 떨어진다.

4

끝으로 조선인의 평균 수명을 보면 남자 32세, 여자 35세로 되어 인도를 제외하고는 세계에서 가장 저위에 속한다. 일본인에 비해도 10세나 평균 여명(餘命)이 짧다. 영국, 뉴질랜드 사람들은 한번 사람으로 출생하기만 하면 60, 70세까지 생존하여 인간의 수명을 다 누리게 되고, 인간 70이 당연한 것으로 되었다 다음 표(생략) 중의 조선인 평균 수명은 전 조선의 것이 아니고, 경성부 주민의 출생, 사망 상태를 본 것이므로 농촌의 그 실수와 총합하여 평균 여명을 본다면, 더욱 저위로 떨어질는지도 모른다. 이같이 평균 여명이 짧은 것은 앞에 적은 바와 같이 아동 사망률이 높기 때문에, 총평균에서 그같이 저위로 되는 관계도 있으나 성년 자의 생명도 다른 나라 사람들에 비해 너무 떨어진다. 혹은 말하리라, 장생한다고 반드시 체 위가 우수하다 할 수 없을 것이며, 또 포류(蒲柳)의 체질을 가지고서도 장생하는 사람이 있다는 것을… 그러나 평균 여명이 짧다는 것은 조로, 조사(早死)하는 자가 많다는 것이요, 조로, 조사는 그만큼 신체가 건강하지 못하다는 것을 말하는 것이니, 이 생명표 하나만 가지고서도 우리의 체위가 어떠하다는 것을 짐작할 수 있는 일이다. 그러면 어째서 조선인의 생명이 그 같이 반생밖에 안 될까. 이곳 우리의 생활이 신체의 발전은 고사하고 유지조차 하지 못하는 까닭이다. (표 생략)

「지원병 훈련생 전형 신체검사 총평 조선군의부 고교 중좌 담」, 『조선일보』, 1940년 7월 19일.

조선군 군의부 대교(大橋)[19] 군의(軍醫) 중좌는 18일 오전에 조선군 담당 기자단과 만나서 금년도 특별지원병 지원자의 체격검사에 대한 결과를 다음과 같이 이야기하고, 지도 계급의 주의가 있기를 간절히 부탁하였다.

금년도 특별지원병 지원자 8만여 명 가운데서 각 도로부터 적격자라고 추천한 4천여 명에 대하여 실시한 신체검사의 성적은 일반으로 대개 좋아서 그야말로 각 도의 선발자인 것만큼 그 대부분이 검사하여 합격하였다.

그러나 지원자를 전반적으로 관찰하고 혹은 불합격자를 자세히 검토하면 다음과 같은 공통된 결함이 있다. 그러므로 장래에 이 점에 관하여 지도자와 개인이 모두 더욱 주의하여서 조선 청년의 체위 향상에 힘써주기를 간절히 바란다.

▲ 일반으로 신장이 높은 대신에 근육의 발육[특히 상지(上肢), 가슴 등의 근육]이 이에 병행되지 않고 체중이 가벼우며 흉곽의 발육이 불충분한 사람이 비교적 많다.

▲ 지원자는 일반으로 자세가 나쁘고 구간(軀幹)[20]이 약간 앞으로 숙여져(척추 뒤가 굽었다) 그 때문에 흉곽이 편평 압축된 사람이 비교적 많다. 이것은 조선사람의 전통인 기거의 악

---

19) 기사 제목에는 고교(古橋)로 표기되어 있음.
20) 몸통.

습[준거(蹲踞)[21]]에 관계된 바가 많다고 생각된다.

▲ 장관(腸管) 기생충으로 영양 상태가 좋지 못하여 안색에 생기가 적은 사람이 많았다.

▲ 각 도에 따라 다르지만, 트라코마에 걸린 환자가 꽤 많아서 병이 그냥 계속되고 있는 사람은 이 때문에 드디어 불합격된 사람도 있었다. 병에 걸린 사람은 일찍이 치료하고 전염 예방에 관하여는 특히 주의하기를 바란다.

▲ 지원자 가운데서 폐디스토마에 걸린 사람이 세 명이 있는 것을 발견하였다. 이 병은 조선 각 도에 만연한 지방병인데 예방 대책에 따라 점점 감소되고 있는 터이겠으나 이번 지원병 성적으로 볼 때에는 아직 다수한 환자가 있는 것을 알 수 있다.

▲ 지원병 가운데 최근에 병에 걸린 것으로 볼 수 있는 화류병 환자 열아홉 명이 있는 것은 유감되는 바이다. 심한 것은 화류병이 무엇인지도 모르는 사람도 있었다. 그리고 지원자는 모두 합격자가 되려는 열렬한 희망을 가진 나머지 그 가운데는 한쪽 눈이 봉사이며 안경으로 고칠 수 없는 시력이 현저히 나쁜 사람과 귀가 나빠서 말을 듣지 못하는 사람군 혹은 상하지의 관절이 굳어지고 손가락과 발가락이 모자라거나 굳어 붙어서 분명히 병대에서 견딜 수 없는 신체의 이상자이면서도 극력 이것을 숨기고 도의 추천자에 섞여 들어있는 사람이 있었다. 그 의기는 양해할 수 있으며 또한 동정도 하는 바이나 신성한 육군 신체검사에 합격되지 않을 것은 명백한 일이다. 장래 주의를 바라는 바이다.

---

21) 쪼그리고 앉는 것. 주저앉음.

3. 잡지

문인주, 「호르몬의 생리」, 『여성』 1권 1호, 1936년 4월.

 아픔에서 사람을 해방시키고 병으로 인한 죽음을 피하여 자연적인 죽음을 인도하는 것이 의학의 가장 큰 목적이겠다. 그 목적을 위하여 수많은 방법이 생각되었으나 완전하다고 할 것은 거의 없는 현상이다. 이럴 즈음에 등장한 것이 호르몬이다. 신경계와 아울러 호르몬이 우리 신체를 조제(調制)하고 있음을 알게 되고, 또 이것에 이상이 생길 때 우리 몸도 이상이 생기고, 따라서 이것을 잘 이용함으로써 여러 가지 병을 고칠 수 있다는 것을 알게 되었다.

 그러면 호르몬이란? 호르몬 선이라는 특수한 기관에서 산출되는 어떤 화학적 물질이다. 이것이 직접 혈액 중에 이동하여 혈액을 통하여 다른 여러 가지 기관의 활동을 고무(鼓舞)하는 것이다. 고환(睾丸), 난소(卵巢), 부신(副腎), 췌장(膵臟), 흉선(胸線), 갑상선(甲狀腺), 뇌하수체(腦下垂體), 송과선(松科腺) 등 〈26〉이 호르몬 선이다. 기타 요새는 비장(脾臟), 타액선(唾液腺), 피부(皮膚)까지도 일종이 호르몬을 산출한다고 한다.

 고환으로부터 산출되는 남성 호르몬이 혈액 중에 들어가기 시작하면 소위 사춘기를 당하는 것이요, 여러 가지 변화가 생기게 된다. 목소리가 달라지며 수염도 나게 되고 여러 점에서 남성답게 된다. 정신적으로도 이성을 사모 동경하게 되며, 이성에 관심을 두게 되고 몸맵시도 보려고 한다. 여자에게 있어서도 그러하다.

 난소 호르몬이 들어가기 시작하면 월경이 있게 된다. 젖이 부어오르고 몸에는 지방질이 붙게 되어 몸 전체가 둥글한 맛을 보여주게 된다. 이리하여 여자에게 독특한 부드러운 몸맵시를 보여주게 된다. 제아무리 여걸일지라도 호르몬의 장난을 이길 수 없다. 부드러운 그러한 육체를 가지지 않을 수 없다. 이리하여 산산한 바람만 불어도 부질없이 마음이 심란하고 자신도 모르는 사이에 남성을 가장 이상적인 대상을 마음속에 그리고 너무나 감상적으로 된다. 로맨틱한 문학 속에 잠겨버리는 것도 이런 때에 일어나는 하나의 생리적 현상이라고도 할 수 있는 것이다.

 호르몬은 호르몬선 속에 늘 간직되어 있으며 혈행(血行)에 들어간 것은 나중에 요중(尿中)으로도 다소가 나오게 된다. 이 점을 이용하여 동물의 호르몬 선 혹은 요중으로부터 호르몬 제제(制劑)를 인공적으로 만들어 치료에 쓰는 것이다. 난소가 시원치 못하면 자궁의 발육도 나쁘고 임신도 잘할 수 없고 여자로서의 완전을 바랄 수 없다. 이런 때에 난소 호르몬제를 주면 차츰 자궁의 발달도 잘 되어서 여러 가지 신경적인 증상도 없어지고 쾌활한 정신을 가지게 되며 여자로서 할 바를 할 수 있게끔 되는 것이다.

호르몬선은 서로서로 밀접한 관계를 가지고 있다. 특히 난소, 고환 같은 것은 노쇠 혹은 성생활의 과도 등에 의하여 변화가 생기면 다른 선에까지 영향을 미친다. 4, 50세가 된 월경이 없어지려고 하는 여자에 있어서는 여러 가지기 정신상의 이상이 오고 늘 불안과 우수에 쌓여 있게 된다. 난소 호르몬 분비가 중지됨으로 오는 여러 변화이다. 여자로서 말기를 짓는다. 최후의 발작이라고나 할까.

그러나 남자는 90세가 되어도 성호르몬은 산출된다. 죽을 때까지 남자로서의 행세를 할 수 있을 것이다. 생식선은 우리들의 활동에 원동력이 되어 있다고 할 수 있다. 건전한 생식선이 존재하지 않으면 정신상으로나 육체상으로나 하나 구실을 할 수 없다. 우리들은 성 문제를 쉬쉬하기 전에 진실한 태도로 재인식하지 않으면 안 된다.

고래의 영웅호걸은 모두가 다 성적으로 완전한 사람들이었을 것이다. 성적 결함자는 사회적으로도 이렇다 할 활동을 할 수 없을 것이다. 여기 성호르몬의 의의가 숨어 있는 것이다. 그러므로 옛날부터 호르몬에 대한 관심이 매우 컸던 것이다. 남자가 전제적이었던 관계로 남성 호르몬에 관심이 집중되었던 것을 볼 수 있다. 권세 있고 돈 있는 사람들은 닥쳐오는 늙음을 막을 길이 없어 허둥지둥 헤맸던 것이다.

옛날 중국에서는 12세 이하의 동자(童子)의 오줌을 발열 농후케 하여 이것을 음용하는 습관이 있었으며, 불로장생의 방법이라고 생각해 왔었다고 한다. 〈32〉

조선에서도 동자 오줌을 보양의 목적에 사용한 일이 있었던 듯하다. 최근 1929년 오줌 중에서 성호르몬을 추출한 한 사실로 보아도 어느 정도의 효과가 있었을는지도 모르겠다. 12세 이하보다 17, 8세 때의 오줌 중에 가장 많이 포함되어 있다고 한다. 만일 성호르몬 선을 거세한다면 남자는 남성다운 늠름한 풍채와 성격을 잊어버리고 목소리조차 가늘어진다. 여자도 여자다운 육체를 보여주지 못하게 된다. 동물 실험에서도 이러한 관계를 엿볼 수 있으니 수탉의 고환을 떼버리면 그 독특한 계관(鷄冠)이 위축해진다. 이때 다시 고환을 이식하거나 고환 엑스를 먹이면 계관이 다시 커지기 시작하며, 웅학(雄鶴)으로서의 성격을 회복하게 된다.

기타 갑상선도 육체에 큰 영향을 주며, 더 나아가 성격의 변화까지도 초래하게 된다. 여자에 있어 월경, 임신 시에는 흥분하기 쉽고 때로 무집도적(無執道的)인 행위를 볼 수 있음도 내분비적 이상이 큰 역할을 하고 있다.

호르몬은 최신 과학적으로 여러 방면으로부터 검토되기 시작하였다. 임상의(臨床醫)들도 다투어 이 제제를 사용하고 있다. 그러나 호르몬이란 육체 정신에 미치는 영향이 클 뿐 아니라 호르몬 상호관계도 매우 복잡하므로 금일은 아직 어두운 밤중이라고 할 수밖에 없다. 〈41〉

한소제, 「'호르몬'의 작용과 일상생활」, 『여성』 2권 9호, 1937년 9월.

1.

신문이나 잡지를 들여다보면 호르몬이란 말을 많이 보게 되는데, 그러면 호르몬이란 무슨 말이냐 하면 내분비선의 작용을 말하는 것이다. 그러면 이 내분비 작용이란 무엇이며, 이것이 우리 심신에 미치는 영향은 어떠한가? 여기에 대해서 간단히 적어보려고 합니다.

호르몬 할 것 같으면 직감적으로 생각되기를 혹 남녀 생식선에 대한 무엇을 의미하는 것이 아닌가? 이렇게 상상하는 이들도 계실는지 모를 것이며, 비교적 인텔리 계급에 속하는 분 중에서도 여기에 대한 그릇된 인식을 가지고 있는 분을 볼 때가 있습니다.

2.

호르몬의 정의 : 호르몬이라 하는 것은 사람 몸의 내분비 기관에서 산출하는 내분비를 가리켜서 하는 말인데, 희랍 말에 '흘마오'라는 어원에서 시작된 것입니다. 그 뜻은 각성, 흥분, 자극 등의 의미입니다. 그 후 영국의 대생리학자 스탈링 씨가 이를 호르몬이라 명명하여 오늘까지 이 말로 통용이 되고 있습니다. 내분비의 기관과 그 작용을 말씀하면 대략 다음과 같습니다.

우리 신체 조직의 미묘한 그 작용을 살필 때 첫째로 신경계의 조절, 둘째로 화학적 조절 등을 말하지 않을 수 없습니다. 호르몬 할 것 같으면 신체의 작용을 자극하는 물질을 가리켜 하는 말같이 생각하기 쉬우나, 의학상으로 말할 때는 신체의 작용을 자극하는 외에 또 이를 억제하는 물질도 있음을 알게 되었으므로 이것을 호르몬이라고 하며, 이 내분비란 즉 외분비에 대조적 명명이라 할 수 있습니다. 즉 타액선(唾液腺), 위선(胃腺), 장선(腸腺), 간장(肝臟) 같은 기관에서 각기 타액, 위액, 장액, 담즙이란 것을 배출하는 것을 외분비라고 할 수 있는 반면에 갑상선, 부신과 같은 해부학상 그 배설관이 미상(未詳) 중에 있는 기관으로서 산출물을 혈역과 임파(淋巴)로 보내는 것을 내분비라고 하나, 그중에서 동일한 기관으로서 내외분비 양작용을 겸하여 있는 췌장(膵臟) 섭호선(攝護腺)도 잊어서는 안 되겠습니다.

그러면 한 걸음 더 나아가 신체 발육을 촉진시키며 물질대사의 조절과 소화액의 분비를 촉진함과 같은 즉 그 적극적 작용이 있으며, 다시 신체에 있는 유해물을 파괴시켜 무해 해독케 하는 소극적 작용이 있다. 이 두 가지 작용에 조절이 제대로 되어 있으면 완전한 건강체가 될 것이며, 그 어느 한 가지 작용이 지나치고 혹은 부족이 있을 때는 즉 신체의 질병을 일으키는 것이 될 것입니다. 이제 각 기관의 작용을 극히 간단하게 기록해서 대강 참작하시고 참고되신다면 다행으로 생각하겠습니다.

1. 갑상선

이 선은 경부 전면후두(頸部前面喉頭)에 갑상연골(甲狀軟骨) 양쪽에 있는 기관으로서 보통은 표면상 잘 알 수 없 〈84〉 으니, 병적인 때에는 많이 커지므로 얼른 보아 누구나 다 알 수 있습니다. 즉 선 세포의 조직이 비대하며 증식하게 되기 때문에 경부 전면에 무슨 큰 주머니가 매달린 것처럼 됩니다.

그 생리적 작용은 갑상선 호르몬은 산출하는 것이며, 이 호르몬을 신체의 물질대사 기능이 떨어지는 것이든지, 모발이 빠지는 것 또는 생식기 발달의 불량 등을 보게 됩니다. 선천적 크레틴병 즉 난쟁이 같은 사람의 발육 불량의 원인이 여기 있는 것입니다. 이와 반대로 갑상선 기능이 과하여 호르몬 산출이 증가할 때는 바세도씨 병을 일으켜 순환기, 호흡기, 소화기, 피부, 생식기 등 전신에 미치는 장해는 실로 큰 것이며, 심지어 신경 정신 상쾌에까지 이상을 일으키는 것입니다. 갑상선을 아주 없애거나 그 호르몬 산출이 너무 많을 때는 대강 위에서 말한 것과 같거니와, 그 기능이 다소 감퇴하여 호르몬 산출이 감소할 때는 점액수종(粘液水腫)을 나게 합니다.

2. 부갑상선(上皮小體)

이 선은 갑상선 부근이니, 혹은 그 내부에 있는 작은 것으로서 보통 사람에게는 갑상선 뒤에 붙어 있는 것이다. 이 선의 기능이 불완전할 때는 테다니라고 하는 경련증이 생기며 칼슘 신진대사와 해독작용에 고장이 일어납니다.

3. 뇌하수체

이 기관은 뇌 아래 있는 작은 것을 전엽, 후엽의 둘로 되어 있다. 여기 기능 장애가 있을 때는 신체의 성장발육이 저해되며, 골격이 발육하지 못하고 신장이 작으며 더욱 생식선 발육이 불충분하여 정액 산출이 없어지고 성욕이 감퇴하며 여자는 불감증이 생깁니다. 이와 반대로 그 기능이 병적으로 과하게 될 때는 비상 성장을 하게 되어 거인이 됩니다.

노상에서 이와 같은 거인을 둘러싸고 이상하게 떠드는 것은 병객을 위로하는 자의 태도가 아닙니다. 그 외에도 두수족(頭手足), 지두(指頭), 설첨(舌尖) 일반적으로 신체 말단부에 어울리지 않은 성장 비대증을 일으키는 아크로 매가리라는 증세도 있습니다.

4. 송과선

해부학상으로 보면 대뇌 뒤에 있는 선으로, 본래 이 선의 내분비물은 생식선 그중에서도 특별히 고환에 대하여 억제 작용이 있다. 그러므로 이 기증에 변화가 있을 때는 더구나 남아에게 있어서는 심신조숙현상(心身早熟現象)을 일으킵니다. 대개 7, 8세까지 이 선은 연일 발육하여 커지며 그 작용도 왕성해지지마는 7, 8세 이후가 되면 한 번 커졌던 이 송과선이 다시 작아지면서 생식선은 그 기능이 왕성하게 됩니다. 사춘기 발동기가 되면 생식선에 기능이 증진됨에 따라 비로소 남성과 여성의 본능이 발현하게 되는 것입니다.

즉 이 송과선이란 어린이를 어린이답게 하는 내분비선이라고 해도 과언이 아니겠습니다. 고로 만일 어려서 이때 병이 있게 된다면 생식선 그중에도 고환에 대한 억제 작용이 없어지게 되니, 조기 발육 성장하여 때아닌 아이 몸으로서 어른이 되고 마는 것입니다. 이 외에 흉선도 송과선과 같은 내분비 작용이 있음을 말하여 둡니다.

5. 생식선

정자와 난(卵) 두 종류의 생식세포를 만드는 고환하고, 난소도 역시 생식세포를 만드는 외에 내분비 작용을 하는데, 그 내분비물로 인하여 남성은 남자답게 여자는 여자다운 기상을 환기케 하는 것입니다.

고로 어린 남아에게서 거세한다면 사춘기 발동기가 되어도 남자다운 성격이나 체격을 발로치 않게 되며, 여자로서 노년 전에 혹 무슨 병으로 난소적출 수술 같은 것을 하게 될 때는 역시 여성다운 점을 잃어버리고서 변하여 남성에 가까운 심신의 상태로 변하게 됩니다. 〈85〉

이선근, 「소아의 체질 이상에 대하여」, 『가정지우』 21호, 1939년 6월.

체질(體質)이라는 것은 평범한 말로 해석하면 '건강하다', '약하다' 또는 '감기에 걸리기 쉽다'든지 혹은 '살이 오르지 않는다' 등과 같은 것을 말합니다.

체질에 대하여는 여러 가지 학설이 있으니, 가장 옛날부터 전해온 것이 다혈질(多血質), 담즙질(膽汁質) 또는 점액질(粘液質) 등으로 전부를 체액(體液)의 성질에 따라서 분류한 시대가 있었고, 그 후에는 강건질(强健質), 노채질(癆瘵質), 졸중질(卒中質)이라 하여 수척(瘦瘠)한 사람은 노채질 현재 말하면 폐결핵(肺結核)에 걸리기 쉬운 체질이요, 비만(肥滿)한 사람은 졸중질 또는 중풍질(中風質)이라 하여 뇌일혈(腦溢血)에 걸리기 쉬운 체질을 말합니다. 또 근대에 와서 어떠한 학자는 호흡기형(呼吸器型), 소화기형(消化器型), 근육형(筋肉型), 뇌형(腦型)과 혼합형(混合型) 등으로 분류하는 이도 있다.

좌우간 체질 이상과 건강 체질을 비교할 때 이상체질(異常體質)이라 하는 것은 글자와 같이 심상한 체질이 아니라 함은 가장 쉽게 말하면 즉 우리의 신체 각 기관의 기능 관계가 조화되지 못함을 이름이오. 심상한 체질이라 함은 각 기관의 기능이 조화되어 있다는 것을 말함이니, 즉 내분비물질(內分泌物質)인 '호르몬'의 양이 각각 평형상태(平衡狀態)를 가지고 있다는 것이다.

다시 예를 들어 말하면 우리가 잘 아는 바와 같이 어떠한 사람은 옻나무(漆木)에 가까이 간다든지 혹은 칠그릇(漆器)에 접촉하면 피부염(皮膚炎)을 일으키는 일이 있다. 그러나 이 사람이 그다지 약하지도 않고 질병을 가진 사람도 아니다. 다만 옻(漆)에 대하여 비상한 과민성(過敏性)을 가지고 있는 것이오. 또 네 발(四足) 탄다고 하여 소고기(牛肉) 같은 네 발 가진 짐승성의 고기를 먹으면 전신에 두드러기(蕁〈33〉麻疹)가 돋는 사람이 있으니, 이와 같은 사람은 위장이 약하지는 않으나 소고기에 대하여 체질 이상을 가진 것이고, 또 어린이들이 계란(鷄卵)을 먹으면 순식간에 전신에 두드러기가 발생하는 어린이도 있고 심지어 설탕을 먹으면 두드러기가 나타나는 어린이를 본 일이 있다. 이와 같은 것을 우리는 해석할 때에 체질 이상이라고 볼 수밖에 없는 것이다.

그뿐 아니라 근대에 와서 세균학(細菌學)이 발달하여 흥미있는 이야기가 있으니, 질병의 원인을 세균이라고 하기 시작하자 세균학자 코호가 콜레라균(虎列剌菌)을 발표했을 때 유명한 위생학자(衛生學者) 펫텐코헬이라는 사람은 절대로 콜레라의 원인이 균(菌)이 아니라고 논쟁하던 끝에 순전히 배양(培養)한 콜레라균을 자기와 자기의 고제(高弟) 엠메리히와 같이 먹어본 결과 펫텐코헬 씨는 사소한 설사(泄瀉)를 보았을 뿐이오. 엠메리히 씨는 진정한 콜레라로 발병되어 백방으로 치료한 효과가 있어 겨우 생명을 건졌다고 한다. 이것을 생각해 볼 때 같은 균을 먹었음에도 불구하고 어떠한 발병치 아니하고 어떤 사람은 진정한 콜레라로 발병되었다는 것은 역시 체질 이상으로 해석할 수밖에 없는 것이다.

위에 말씀한 바와 같이 체질 이상에 따라 각종 질병에 대하여 큰 관계가 있는 것은 물론이요, 특별히 소아는 발육 도중에 있어 체질 이상이란 특수한 의미가 있는 것이므로 유아(乳兒)에 주의하시는 분은 먼저 자기 아동의 체질을 자세히 이해하여 평소의 주의가 필요한 것이므로 주로 소아의 체질 이상에 대하여 약술해 볼까 한다.

소아의 이상체질에는 여러 가지가 있으나 보통 부르는 것은

1. 삼출성 체질(滲出性體質)[22]
2. 흉선임파성 체질(胸線淋巴性體質)
3. 신경관절성 체질(神經關節性體質)
4. 무력성 체질(無力性體質)
5. 경련성 체질(痙攣性體質)

1. 삼술성 체질(滲出性體質)
삼출성 체질이라 함은 선병질(腺病質)에서 분류되어 독립한 체질이니, 먼저 선병이라는 것

---

22) (しんしゅつせいたいしつ):「腺病質せんびょうしつ」와 같음.

은 이상체질에 대하여 말하면 보통 선병질이라 하면 우리는 즉시 결핵(結核)에 걸리기 쉬운 체질을 연상한다. 즉 경부 임파선(頸部淋巴腺)이 붓고 몸은 수척하며 피부의 혈색이 창백하고 배부(背部)에 털이 많이 나고 편도선(扁桃腺)이 비대(肥大)하고 감모(感冒)에 걸리기 쉬우며 위장이 약하고 소화불량을 일으키기 쉽고 기타 눈, 코, 귀 등에 가다루성 병(加答兒性病)을 일으키며, 특별히 폐(肺)나 경부 임파선(頸部淋巴腺) 또는 기타 신체 각부에 결핵성 변화를 일으키는 체질을 말한다. 그러나 삼출성 체질이라는 것은 선병질 중에서 비결핵성(非結核性)의 선병질을 이름이요, 이 체질이 소아에게 가장 많음으로 비교적 그 증상을 자세히 말해 볼까 한다.

갑. 자태(姿態)

자태라고 하는 것은 사람의 체모 또는 자질(姿質)이라고 하다고 하며, 자태에는 두 가지 종류가 있다. 즉 첫째는 보기에 허약하여 피부는 곱고 성질이 과민하여 학교 성적은 대개 우량하여 과민성 선병질(過敏性 腺病質)에 일치하고, 둘째는 비만(肥滿)하〈34〉여 건강하게 보이나 지방질(脂肪質)과 수분(水分)이 많아서 근육은 이완(弛緩)[23]되어 긴장성(緊張性)이 없으므로 마치 솜 송이를 만지는 것과 같으며 성질은 지둔(遲鈍)하고 학교 성적은 대개 불량하니 이것은 지둔성 선병질(遲鈍性 腺病質)에 일치되는 것이다.

을. 피부(皮膚)와 점막(粘膜)의 증후
(가) 지루(脂漏) : 이 증상은 가장 속히 나타나는 것으로 출생 직후에는 아무렇지 않으나 1, 2주일을 경과하면 앞머리와 이마 또는 미간(眉間)에 황갈색(黃褐色)의 딱지(痂皮)가 앉기 시작한다. 이것을 제거하면 그 부분은 적색(赤色)으로 수분(水分)이 삼출(滲出)[24]하고 이것을 그대로 두면 또다시 딱지가 앉으며 무리하게 떼어내면 결국 습진(濕疹)이 되고 만다.
(나) 유가(乳痂) : 지루(脂漏)보다 다소 늦게 발생하는 것인데, 볼(頰部)에 둥그스름한 붉은 부분을 이름이니, 보기에 건강한 피부 같으나 자세히 보면 피부보다 다소 융기(隆起)하여 무수한 발진(發疹)이 집합한 것을 알 수 있으며, 가려움증이 심함으로 손으로 긁든지 또는 옷으로 비벼서 진물이 나면 차차로 퍼져서 눈, 코, 귀의 주위까지 만연하여 안면(顔面) 전부가 습진(濕疹)에 묻히게 된다.
(다) 습란(濕爛) : 이것은 피부의 주름살(皺襞) 잡힌 데가 짓무르는 것(糜爛)을 이름이니,

---

23) 원문은 '시완(弛緩)'으로 되어 있다.
24) 원문은 '침출(滲出)'로 되어 있다.

겨드랑(腋窩), 무릎, 자개미(股間)[25], 외음부(外陰部) 기타 주름 잡히기 쉬운 데가 짓무르는 것을 말함이다.

(라) 양진(痒疹) : 이것은 만 1년생부터 7, 8세까지 나타나는 것이니, 젖먹이 때(哺乳兒期)에는 대개 요부(腰部)에 생기며 처음에는 벼룩(蚤)에게 물린 것 같으나 점점 퍼져서 약진(藥疹)처럼 되고 가려움증이 심하여 긁어서 세균이 전염되면 완가진(腕痂疹) 또는 습진(濕疹) 같은 것을 일으키며 좀처럼 치료되지 않는다.

(마) 지도상 설(地圖狀舌) : 혀의 점막상피(舌粘膜上皮) 중에 수분이 많이 분비됨으로 인하여 이곳저곳에 부어올라 흰빛(白色)을 띤 지도와 같은 현상을 볼 수 있으니, 이것은 매일 그 형체가 변화하여 마치 지도와 근사하므로 지도상 설(地圖狀舌)이라고 한다.

(바) 인두(咽頭) : 인두의 증후는 항상 가다루 증상(加答兒症狀)[26]이 있어 년중 감기에 자주 걸리며 편도선(扁桃腺)이 커지며 호흡이 곤란한 어린이도 있고, 잘 때에 입으로 숨을 쉬는 어린이도 있으며, 코를 고는 일이 많다.

(서) 후두(喉頭) : 인두와 같이 항상 가다루 증상(加答兒症狀)이 있어서 목이 쉬고 기침 소리가 개 짖는 소리와 같이 컹컹 우린다.

(아) 기관(氣管) 및 기관지(氣管枝) : 기관과 기관지에도 가다루(加答兒) 증상이 항상 떠나지 않아서 기침하기 쉽고 목에서 가르릉 소리는 소리가 난다.

병. 임파장치(淋巴裝置)의 징후(徵候)

임파장치의 증상(症狀)으로 말하면 신체 각부의 임파선 종창(腫脹)을 이름이니, 즉 경부 임파선(頸部淋巴腺), 항부 임파선(項部淋巴腺), 악하 임파선(顎下淋巴腺), 〈35〉 기관지 임파선(氣管支淋巴腺), 기타 각 내장과 각처의 임파선이 종창(腫脹)되는 것이다. 그중에서도 대표적이라고 할만한 것은 경부 임파선인데, 보통 경부 임파선이 부었으면 이것을 결핵성 임파선염으로 오해하는 사람이 많은 것 같으나 결코 그렇지 않으니, 다음에 결핵성(結核性)과 삼출성(滲出性) 임파선염(淋巴腺炎)의 간단한 구별 방법을 말하면

(가) 임파선(淋巴腺)의 대소에 의한 구별 : 결핵성인 경우에는 대단히 커져서 호두(胡挑)만한 것도 있으나 삼출성의 것은 은행(銀杏)보다 더 커지는 일이 없으므로 은행보다 커졌으면 대개 결핵성으로 생각할 것이요, 작을 때의 구별은 좀처럼 못한다.

(나) 유착(癒着)의 유무 : 결핵성인 것은 임파선이 서로 유착하여 큰 덩어리가 되나 삼출성의 경우에는 결코 유합(癒合)하지 않는다. 그러므로 반드시 결핵성이요 삼출성이 아니다.

---

25) 사타구니.
26) 카타르(catarrh)는 코, 목, 가슴에 점액이 쌓여 점막에 염증이 생겼을 때 발생하는 증상.

(다) 화농(化膿) : 결핵성인 것은 점점 부어서 이것이 진행되면 고름(化膿)이 들어 터지는
　　수가 있으나 삼출성의 것은 결코 고름이 들지 않는다. 그러므로 고름이 들어 있으면
　　결코 삼출성이 아니고 결핵성이나 단순성 임파선염(單純性 淋巴腺炎)이라고 생각할
　　것이다.

2. 흉선 임파체질(胸線淋巴體質)

　흉선 임파체질이라는 것은 흉선이 특별히 비대(肥大)한 아동을 말함이니, 외관상 건전해
보이면서도 하등의 원인이 없이 급사(急死)하는 일이 종종 있다. 이러한 어린이를 해부(解剖)
해 보면 아무 장기(臟器)에도 변화가 없고 다만 흉선(胸線)이 비대(肥大)할 뿐이니, 이 체질의
증상을 열거하면 다음과 같다.

(가) 자태(姿態) : 침출성 체질과 같이 보기에 피부와 근육이 이완(弛緩)하고 살이 찐 것 같
　　으나 단단하지 못하고 피부가 창백(蒼白)하다.
(나) 체격(體格) : 체격은 작은 어린이가 많으나 도리어 보통 이상으로 큰 어린이도 있다.
　　또 특별히 뛰어나게 크다든지 유난히 작은 어린이도 있다.
(다) 신체의 발육 장해(障害) : 남자로서 여자와 같은 외모를 가진 어린이도 있고, 여자로서
　　남자와 같은 체격을 가진 어린이도 있으며, 남녀를 막론하고 생식기(生殖器)는 심히
　　작은 것은 보통이다.
(라) 기형(畸形) : 선천성 고관절 탈구(先天性股關節脫臼), 언청이(兎唇), 서혜탈장(鼠蹊脫
　　腸), 육손이(多指) 등이 있다.

3. 신경 관절성 체질(神經關節性體質)

삼출성 체질의 다음으로 많은 것이니, 그 증상은 열거하면

(가) 열(熱) : 아무 이유 없이 원인불명의 신열이 종종 난다. 감기 같지도 않으면서 37도 5, 6분
　　내지 38도의 열이 나서 한 달 이상 지속하여 왕왕 결핵과 구별치 못하는 경우이다.
(나) 피부 : 안색의 변화가 심하여 창백해졌다 붉어졌다 하기 쉽고, 손가락(手指)은 궐냉(厥
　　冷)하여 동상에 걸리기 쉽고 겨울에도 수족에 땀이 잘 난 〈36〉 다.
(다) 순환기계(循環器系) : 사소한 감동(感動)에 의하여 심계 항진(心悸亢進)[27]이 심하고 맥
　　박(脈搏)이 일정치 못하여 쓰러지는 일이 많다.
(라) 호흡기계(呼吸器系) : 해수(咳嗽)가 심하여 백일해(百日咳)를 의심할만한 경우도 있으
　　며, 재채기가 심하다.

---

27) 두근거림.

(마) 소화기계(消化器系) : 아무 원인 없이 식욕부진(소위 신경성 식욕부진), 설사(泄瀉), 구토(嘔吐) 등을 일으키며, 심하면 6, 7년간 계속하는 어린이도 있다.

(바) 비뇨생식기계(泌尿生殖器系) : 가장 많은 것은 야뇨증(夜尿症―밤에 오줌 싸는 것)이요, 이외에 오줌 누는 횟수가 잦은 어린이가 많다.

(사) 신경계(神經系) : 두통, 신경통은 물론 야경증(夜驚症)이 많고 밤에 자다가 깜짝깜짝 놀란다.

4. 무력성 체질(無力性體質)

이 체질은 보통 열 살 경이나 되어야 나타나고

(가) 자태는 목이 길고 가슴이 가냘프고 길며, 양어깨가 처진 것이 근육은 이완(弛緩)하고 섬약하며

(나) 골격(骨格)도 섬약하고 얼굴은 피로한 사람 같다.

(다) 이 체질은 결핵에 대하여 감수성(感受性)이 많다.

5. 경련성 체질(痙攣性體質)

이 체질은 뇌중추부(腦中樞部)에 이렇다 할만한 변화가 없이 말초신경(末梢神經)의 흥분으로 일어나는 경련 상태이다. 이것에는 열, 중독, 회충(蛔蟲)의 기생(寄生) 등으로 일어나는 급간(急癎)이 있고, 돌발적으로 일어나는 성문경련(聲門痙攣)이 있으며, 이때에는 질식상태(窒息狀態)에 빠진다. 또 주로 4개월 내지 18개월경에 유아에게 오는 '테타니'[28]라는 병도 이 부분에 속하게 된다. 이상이 체질 이상이다. 〈37〉

28) 상피소체 기능 감퇴증이라고도 한다. 경련 발작이 나타남과 동시에 말초신경이 과민해지는 것을 말한다.

Ⅱ. 위생과 청결

1. 교과서

조선총독부, 『초등수신 권1』, 조선서적인쇄주식회사, 1939년 번각발행.

8. 먹을 것에 주의하라

〈9쪽〉

조선총독부, 『초등국어독본 권3』, 조선서적인쇄주식회사, 1940년 번각발행.

18. 이발

정원에서 놀고 있자 어머니께서, "이사무, 이발해 줄 테니 준비를 하세요"라고 말씀하셨습니다. 나는 앞치마를 꺼내어 벚나무 아래 두었습니다. 이발보를 걸치고 기다리고 있자 어머니께서 오셨습니다. 어머니는 귀 옆에서 바리깡을 잘각잘각 소리나게 해보고 나서 "자, 이제 시작합니다"라고 말씀하셨습니다. 나는 목을 길게 빼고 아래를 향했습니다. 곧이어 머리 뒤쪽에서 바리깡이 움직이기 시작했습니다. 하얀 이발보 위에 머리카락 덩어리가 떨어집니다. 갑자기 머리카락을 잡아당겼습니다. 나는 엉겁결에 목을 움츠렸습니다. 어머니는 "가만히 있으세요"라고 말씀하시고 바리깡을 뒤쪽으로 돌렸습니다. 바리깡은 바로 끝났습니다. 어머니는 "이번에는 잘 되었지요"라고 말씀하시고 다시 자르기 시작했습니다. 옆에서 보고 있던 여동생이 "오빠, 아파?"라고 하며 내 얼굴을 엿보았습니다. 바리깡은 기분 좋은 소리를 내며 움직이고 있습니다. 잠시 후 이발이 끝났습니다. 그곳에 아버지께서 돌아오셔서 "오, 잘 잘랐구나, 어머니 이발사는 아주 실력이 좋구나"라고 말씀하셨습니다.

〈74~79쪽〉

조선총독부, 『초등국어독본 권4』, 조선서적인쇄주식회사, 1940년 번각발행.

14. 주사

창가 시간이 끝나자 선생님께서 "지금부터 강당으로 가서 티푸스 예방주사를 맞읍시다."라고 말씀하셨다. 복도에 줄을 서 있자 3학년 학생들이 돌아왔다. 신키치 군이 작은 목소리로 '조금도 안 아팠어'라고 말했다. 강당으로 가서 일렬로 줄을 섰다. 하얀 옷을 입은 의사 선생님께서 책상 옆에 앉아 계셨다. 고야마 선생님께서 알코올로 팔을 닦아주셨다. 서늘한 느낌이 들어서 기분이 좋았다. 이윽고 구니오 군부터 시작했다. 주사 바늘을 찌르자마자 끝났다. 선생님께서 재빨리 반창고를 붙여주셨다.

다음은 고타로 군의 차례다. 무서운 듯이 목을 움츠리자 의사 선생님께서 "그렇게 겁쟁이여서는 군인이 될 수 없어요"라고 말씀하셨다. 고타로 군이 끝났다. 고이치 군도 신키치 군도 끝났다. 사부로 군이 '우리 형은 열이 났어'라고 말하자 모두가 왁자지껄 떠들기 시작했다. 선생님께서 "떠들면 입에도 주사를 놓을 거예요"라고 웃으며 말씀하셨다. 나는 약간 걱정이 되었다. 뒤에서 다미지 군이 "유키치 군, 다음은 너의 차례야"라고 말했다. "이쪽으로 더 오세요" 의사 선생님께서는 상냥하게 내 손을 잡아끌었다. "너무 힘을 주지 말고"라고 말씀하자마자 주사 바늘을 찔렀다. 나는 엉겁결에 옆을 바라보았다. "아프지 않았죠" 의사 선생님께서 싱글벙글 웃으시며 말씀하셨다. 살짝 보니 주사 자국이 조금 부어올라 있었다.

〈53~59쪽〉

조선총독부, 『초등수신 권2』, 조선서적인쇄주식회사, 1939년 번각발행.

9. 청소

데이시 반의 선생님께서는 "몸뿐만 아니라 집도 깨끗하게 해 보세요. 기분도 좋고 병도 걸리지 않습니다"라고 말씀하셨습니다. 그래서 데이시는 방을 닦거나 마당을 쓸거나 하게 되었습니다. 데이시의 어머니는 싱글벙글 웃으면서 "데이시야, 요즘 갑자기 청소를 시작한 것은 무슨 이유에서입니까"라고 물으셨습니다. 그때 데이시는 선생님께서 말씀하신 것을 들려주었습니다. 어머니는 아주 기뻐하시며 "그것은 아주 좋은 일입니다. 앞으로는 어머니도 도와줄게요"라고 말씀하셨습니다. 데이시는 즐겁게 청소를 할 수 있게 되었습니다.

〈22~25쪽〉

조선총독부, 『초등수신 권5』, 조선서적인쇄주식회사, 1940년 번각발행.

제10과 공중위생

어느 마을에 부모님과 아이가 다섯 명인 농가가 있었습니다. 자칫 잘못하여 어머니가 배탈이 나서 갑자기 몸져눕게 되었습니다.

마침 그때 이 지방에 콜레라가 유행하기 시작했기 때문에 이 일을 듣자 어느 집에서나 두려워 떨고 있었습니다. 아버지는 환자를 의사에게 보이면 소동이 커질 것으로 생각해서 몰래 스스로 처치를 했습니다. 그러나 어머니의 병은 더욱 나빠질 뿐이었으며 결국 막내 아이에게 전염되었습니다. 이어서 가운데 아이에게도 전염되었습니다. 얼마 후 세 명 모두 함께 죽어

버렸습니다.

남겨진 장녀는 돌아가신 어머니를 부여잡고 소리치며 울고 있습니다. 아버지는 단지 당황스러워할 뿐입니다. 이러한 일이 곧바로 경찰서에 알려졌습니다. 담당자가 의사를 데리고 조사하러 왔습니다. 역시 콜레라였습니다.

얼마 후, 온 마을에 콜레라가 번졌습니다. 그것은 이 집의 사람이 환자의 오물을 가까운 하천에서 씻었기 때문입니다. 무서운 일이 아닙니까?

콜레라 외에도 많은 전염병이 있습니다. 이질, 티푸스, 성홍열 등 때문에 고통받는 사람은 조선에서만도 매년 몇만 명이나 되고 그중 몇천 명이나 되는 사람이 죽어갑니다.

이러한 병의 원인은 눈에도 보이지 않는 작은 균입니다. 불결한 용수나 야채 따위에 있는 균이 인간의 체내에 들어가면 갑자기 수가 증가해서 무서운 병을 일으키는 것입니다. 그렇기 때문에 이것을 막기 위해서는 우선 음식이나 음료에 주의하고, 몸 주변이나 집 안팎을 청결하게 하며, 더욱이 예방 주사를 맞는 것이 중요합니다.

〈42~46쪽〉

조선총독부, 『초등수신서 권4』, 조선서적인쇄주식회사, 1938 번각발행.

제10 위생

1

어느 마을에 눈이 안 좋은 할머니가 있었습니다. 무당에게 의지하여 고치려고 무당의 기도를 받거나 눈에 물을 바르거나 하면서 있었습니다. 그러나 며칠이 지나도 좋아지지 않았습니다. 그뿐 아니라 점점 증세가 나빠져 갔습니다. 어느 날 친척이 병문안을 왔습니다. 그리고 무당의 이야기를 듣자 아주 놀라서 곧바로 할머니를 병원에 데리고 갔습니다. 의사는 자세히 살펴본 후 "이것은 심각한 눈병입니다. 오른쪽 눈은 이미 늦었습니다만, 왼쪽 눈은 아직 희망이 있습니다."라고 말했습니다.

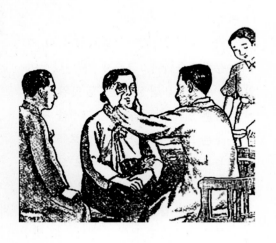

할머니는 지금까지의 방법이 잘못되었다고 깨닫고 열심히 치료를 받았습니다. 그 덕분에 한쪽을 완치하여 맹인이 되지 않고 지내게 되었습니다.

2

니노미야 손도쿠가 어느 마을을 둘러보고 있자 아주 불결한 집이 눈에 들어왔습니다. 손도쿠는 이것을 보고 "집에 썩은 음식이 있으면 구더기가 생기고, 물이 썩으면 모기가 들끓는다. 정원에 풀이 있으면 뱀이나 전갈이 살게 된다. 그렇게 되면 병자가 나올 뿐만 아니라 사는 사람의 마음까지도 더러워지게 되어 나쁜 일마저 하게 된다. 주의하지 않으면 안 된다. 그렇기 때문에 집 안팎을 잘 청소해 두게"라고 말하고 그 집 사람을 깨우쳐 주었습니다.

3

옛날에 부자 한 명이 있었습니다. 매일
훌륭한 음식을 먹고 있는데 몸이 점점 약
해졌습니다. 그러던 중 명의가 있다는 것
을 들었습니다. 그러나 그 명의는 100리
나 떨어진 곳에 있습니다.

부자는 병의 상태를 편지로 적어서 치
료를 부탁했습니다. 그러자 바로 답장이
있었습니다. 그 답장에는 "당신의 배속
에는 나쁜 벌레가 있습니다. 그것을 제거
하는 것은 도리가 없습니다. 바로 오시기
바랍니다. 다만 교통수단을 타고 오면 병

이 나빠지니까 반드시 걸어서 오세요"라고 쓰여 있었습니다.

부자는 곧장 집을 출발해서 매일 3, 4리[29]씩 걸었습니다. 그러자 어찌 된 일인가요. 어느샌
가 기분도 좋아지고 무엇을 먹더라도 맛있어졌습니다. 그렇게 해서 그곳에 도착했을 때는 몸
이 완전히 좋아졌습니다. 의사는 부자의 몸을 보고 "당신 배속의 벌레는 여행 중의 운동으로
죽었습니다"라고 말했습니다.

부자도 비로소 그 사정을 알고 그 후에는 운동에 주의했기 때문에 건강을 유지할 수 있었습
니다.

〈41~46쪽〉

조선총독부, 『초등수신서 권5(아동용)』, 조선서적인쇄주식회사, 1938 번각발행.

제7과 공중위생

어느 마을에 부모님과 아이가 다섯 명인 농가가 있었습니다. 자칫 잘못하여 어머니가 배탈
이 나서 갑자기 몸져눕게 되었습니다.

마침 그때 이 지방에 콜레라가 유행하기 시작했기 때문에 이 일을 듣자 어느 집에서나 두
려워 떨고 있었습니다. 아버지는 환자를 의사에게 보이면 소동이 커질 것으로 생각해서 몰래
스스로 처치를 했습니다. 그러나 어머니의 병은 더욱 나빠질 뿐이었으며 결국 막내 아이에게

---

29) 조선의 10리가 일본의 1리에 해당함.

전염되었습니다. 이어서 가운데 아이에게도 전염되었습니다. 얼마 후 세 명 모두 함께 죽어 버렸습니다. 역시 콜레라였습니다.

이러한 상황을 본 이웃 사람들은 놀라서 경찰서에 알렸습니다. 담당자가 의사를 데리고 조사하러 왔습니다.

남겨진 장녀는 돌아가신 어머니를 부여잡고 소리치며 울고 있습니다. 아버지는 단지 당황스러워할 뿐입니다. 담당자도 의사도 한동안은 손쓸 수 없었습니다.

얼마 후, 온 마을에 콜레라가 번졌습니다. 그것은 이 집의 사람이 환자의 오물을 가까운 하천에서 씻었기 때문입니다. 무서운 일이 아닙니까?

콜레라 외에도 많은 전염병이 있습니다.

이질, 티푸스, 성홍열 등 때문에 고통받는 사람은 조선에서만도 매년 몇만 명이나 되고 그중 몇천 명이나 되는 사람이 죽어갑니다.

이러한 병의 원인은 눈에도 보이지 않는 작은 균입니다. 불결한 용수나 야채 따위에 있는 균이 인간의 체내에 들어가면 갑자기 수가 증가해서 무서운 병을 일으키는 것입니다. 그렇기 때문에 이것을 막기 위해서는 우선 음식이나 음료에 주의하고, 몸 주변이나 집 안팎을 청결하게 하며, 더욱이 예방주사를 맞는 것이 중요합니다.

〈18~22쪽〉

2. 신문

「사설-가경할 개천 음식중독 사건 평안인사의 각성을 촉함」, 『동아일보』, 1936년 5월 9일.

1

작년 중의 평북 음식중독 사건은 참으로 놀랄만한 것으로서 피해자가 700여 인의 다수에 달하고, 그중에 수십 명의 사망자를 내게 된 것은 아직 우리 기억에 새로운 바이다. 혼장(婚葬) 등의 애경(哀慶) 석상에서 다수인이 회집하는 때에 음식을 같이 하는 것은 특별히 우리 사회에서 성행하는 바이다. 오늘날 와서는 우리가 우리 생활을 좀 더 합리적으로 규율하여 나아가려고 하는 것이니 이같이 다수인의 집회에는 반드시 음식이 있게 하여야 하겠는가 하는 것이 벌써 한 가지 문제가 되는 것이다. 그리하여 각처에서는 경비를 절약한다는 의미에서 다수 회식의 폐지가 주장되는 것을 우리는 보는 것이다.

2

그런데 지금 와서는 우리는 다른 시각으로부터 보아서 그것을 주장하지 않을 수 없는 것이니, 금번의 개천(价川) 사건은 또 한 가지 무서운 실례를 우리에게 보여주는 것이다. 평안남도 개천군 군우리 장(張) 모의 집에서는 지난 3일에 자부를 맞이하는데 그 연회 음식을 먹은 80여 명의 사람이 중독되어서 그중 10명은 6일 오전에 사망하였고, 또 10여 명은 방금 생명이 위독한 가운데 있게 되었다. 전하는 바에 의하면, 경찰 측의 조사로는 수육에 중독된 것인데 작년 중의 중독 사건과 같이 프토마인 중독[30]인 것이 판명되었다 한다. 작년 중에 평안북도에서는 중독 사건이 너무도 많이 발생하였었고, 또 그 원인이 돈육에 의한 프토마인 중독인 것이 판명되어서 경찰부에서는 연회 시에 돈육의 사용을 금지한다는 명령을 발하기까지 한 일이 있었다. 그런데 일기가 과히 덥지도 아니한 이 춘절부터 평남지방에서 이러한 참혹한 사태의 발생을 보게 되었으니 작년 중의 그 다수한 중독자를 회상하고 그 무수한 사망자를 추억할 때 참으로 전율을 금할 수 없는 바가 있다.

---

30) 프토마인 중독: 부패한 육류를 먹음으로써 일어나는 식중독. 프토마인(Ptomain): 동물의 조직, 특히 동물성 단백질이 썩을 때에 생기는 유독성 물질을 통틀어 이르는 말.

3

경험이 없이도 현명하게 되었으면 그보다 더 좋은 일이 없겠지만, 평안도 지방에서는 이 무서운 경험을 하게 되었으니 경찰 당국에서는 물론이거니와 일반 사회 인사들도 특별히 유의하는 바가 있어서 일대 각성 운동을 일으킬 필요가 있다는 것을 우리는 고조(高調)하지 않을 수 없는 것이다. 지금까지의 경험으로 보면 그 지방 인사들이 이 점에 관하여 너무도 냉담하였다는 것을 생각하지 않을 수 없는 것이니, 바로 내 자제가 죽지 않았다고 하여서 무관심하게 지낸다는 것은 정당하게 해석된 자신의 방어책도 되지 못하는 것이다. 그 지방에서 그러한 중독 사건이 대규모적으로 허다하게 일어나는데 어찌 자신만은 안전하다고 할 수 있으랴?

4

백보를 양보하여 설혹 자신 자가에는 하등의 위험도 없다고 하더라도 이웃 사람이 마치 어린아이가 우물로 기어들어 가려고 하는 것과 같은 광경을 연출하는 것을 보고 어찌 차마 그대로 방임할 수 있으랴? 평안도 지방에서는 차제에 일대 위생운동을 일으켜서 선각자들이 위생 사상을 고취하여야 할 것이며, 그 요리술에 미급한 점이 있거든 그것을 개량 향상하는 데 치의(致意)하지 아니하면 아니 될 것이다. 민족이 죽어가고 이웃 사람이 죽어가는 것을 보고 그대로 방관한다는 것은 이 민족의 생명까지도 날로 줄어지게 하는 것이 아닐까? 비근한 말이지만, 민(民)은 이식위천(以食爲天)이라고 하는 것과 같이 사람은 음식에 유혹받기 쉬운 약점을 가지고 있는 것이니 미리 심적 준비를 공고히 하여 그 근본을 제거할 방책을 취하여야 할 것이다.

「가정-여름방학 이용방법(상) 애기들을 위하여 어떠한 계획을 하셨습니까?」, 『동아일보』, 1936년 7월 10일.

이만한 위생은 반드시 지킬 것

첫째 건강상으로 보아 말씀하자면 두말할 것 없이 학교에 다닐 때나 마찬가지로 일찍 자고 일찍 일어나는 것을 원칙으로 삼아서 하루의 생활을 규칙적으로 지내는 것이 첫 조건입니다. 방학이라고 해서 밤늦도록 어른들과 함께 모른 말참례나 하고 열두 시나 되어 자서 아침에 일곱 시 여덟 시나 되어 겨우 일어나 아침을 열 시에나 먹고 하는 생활을 하게 되면 방학이란 아무 의미가 없어지는 것이요, 오직 게으름쟁이를 만드는 것 외에 아무것도 없습니다. 방학 동안에는 문자 그대로 배우는 것을 놓는 것이니까 규칙적 생활을 하면서 충분한 휴식을 할 것이요. 너무 과하게 놀아서 과로를 하거나 하지 말고 심신을 쉬게 하여 방학을 방학답게 지내도록 할 것입니다. 날마다 목욕을 한 후에 낮잠을 조금 자는 것은 고단한 것을 푸는 데 가장 필요하지만, 낮잠이라고 하니까 점심 먹고 나서 저녁때까지 자는 것이 아니라 목욕 후에 30분부터 한 시간가량 단잠을 자는 것이 좋고 그 이상은 재미없습니다.

일광욕이 필요해서 해수욕 가는 이도 많으나 처음부터 장시간 있으면 자외선의 해를 받기가 쉬운 것이니 차차로 시간을 늘려서 수영을 하도록 할 것이요. 또 학교에 다니느라고 병원 치료를 받지 못하던 충치, 편도선, 안질 등의 치료를 철저히 하도록 할 것입니다.

여름에 아무리 덥더라도 길에 파는 아이스 케잌이나 얼음을 많이 먹는 것은 주의할 것이요. 될 수만 있으면 잘 끓여 먹도록 힘쓸 것입니다.

휴가 중에는 무엇이나 단시간에 될 것을 시킬 것이요, 학교에서 숙제를 주는 것도 몇 시간씩 계속하는 어려운 문제보다 배운 것을 잊지 아니하는 정도로 복습시키는 의미에서 매일 조금씩 할만한 숙제를 주어야 할 것이며, 집에서 시키는 학습 시간은 될 수 있는 대로 오전 중에 하도록 할 것이니 보통학교를 중심으로 하여 각 학년별을 따로따로 나누어 복습할 시간을 말씀하겠습니다.

◇제1학년

만일 될 수만 있으면 산이나 가까운 곳이거든 맘대로 나가서 식물 채집하는 형식으로 풀을 뜯어 풀쌈하는 것도 좋고, 해변에 가서 있게 되거든 해변에서 조개껍질 취집도 좋으며, 비 오는 날이면 집에서 종이접기와 수공 만들기와 그림 그리는 것을 시키고 학과(산술, 조선어, 국어)는 오전 중 서늘한 때에 한 시간쯤 하는 것을 이상적으로 합니다.

◇제2학년

1년급이 하는 작업(作業) 학습 외에 계속적 관찰 예를 들면, 나팔꽃이 싹틀 때부터 꽃이 피고 씨가 영글 때까지의 상태를 관찰하게 하여 그 결과를 기록하게 하는 것 같은 일을 시키면 좋고 복습은 1년급과 같이 할 것입니다.

◇제3학년

이 학년이 되면 표현력이 급작스레 증가함을 따라 하기 계획 중에 하나로 무엇이나 한 가지 완전한 작품을 숙제로 하는 것도 좋으니 예를 들면 방학 일기라든가 그림일기 같은 것을 시키는 것이 적당하고, 교과서는 한자가 조선어독본에나 국어독본에 많이 들었으므로 한자의 연습을 하는 것이 좋습니다.

「가정-환절기 위생, "날씨가 좋아졌다고 방심을 하지 맙시다" 과로와 과식은 병 생길 원인」,
『조선일보』, 1936년 8월 21일.

그럭저럭 금년 여름도 다 갔나 봅니다. 입추, 말복도 지나고 처서도 앞으로 며칠 남지 않았습니다. 찌는 듯한 더위는 어디로 가버렸는지 아침저녁은 제법 선선한 환절기! 무서운 병마는 환절기를 틈타서 우리의 신체에 침입하려고 대기 자세를 취하고 있습니다. 병이 들어서 고칠 방법도 중하지요만, 그보다도 병이 찾아들지 못하게 미리 단속하는 것이 현명한 것입니다. 지금부터 보건에 특별히 유의하지 않으면 안 될 것이니 어떠한 주의를 가져야 하겠습니까. 다음은 성모병원장 박병래 씨께 여기 대한 주의를 듣기로 합니다.

여름과 가을의 환절기에 병이 제일 많이 발생한다는 것은 첫째 우리의 부주의로 말미암아 여름이라는 더운 시기에는 몸과 마음을 단속하고 자연의 폭위 밑에서 조용히 항쟁을 계속해 오던 것이 선선한 가을이 되기 시작하니 지금까지 단속해 오던 몸과 마음을 그냥 탁 풀어버리고 주의를 게을리하는 까닭입니다. 요새는 환자들이 위궤양과 폐병이 제일 많은데, 이것은 여름 동안 잠복하였던 병이 환절기를 타서 일어나는 것입니다. 그 반면에 전염병 같은 것은 적어질 것입니다. 가을은 식욕이 왕성해지는 까닭에 음식물을 아무것이나 먹으며 또한 식욕의 최대한도까지 과식을 하는 수가 많습니다. 과식은 위장에 고장을 일으키고 몸을 곤하게 하는 까닭으로 병의 근원이 되는 것입니다. 그리고 가을은 여름과 달라서 밤도 길어지고 선선하기도 하므로 수면을 불규칙하기 쉽습니다. 수면을 불규칙하게 하여서 지금까지의 습관을 급작스레 깨뜨려 버리므로 몸에 균형을 잃게 되어 병마의 침입을 받는 계기를 만드는 것입니다.

그다음으로 너무 지나치게 노력하는 것이 탈입니다. 노력이라는 것은 육체나 정신으로 지금까지 계속하던 노력의 정도를 넘어서 선선한 시기이므로 몸에 부치는 노동을 한다든지, 정신을 과도히 쓴다는 것은 크게 해롭습니다. 능률로 보아서도 병 없이 차근차근 노력을 계속하는 것과 급히 능률을 올리려고 병을 내서 일을 못 보게 되는 것은 도리어 능률을 저하시키는 것입니다.

다시 말하면 지금까지의 습관대로 그냥 계속하면서 서서히 고쳐야 하며 결코 마음과 몸의 긴장을 풀어버리고 과식과 불규칙한 수면과 지나치게 몸을 과로시키지 말도록 하지 않으면 안 될 것입니다.

옹진 일기자, 「지방논단-온천시설과 위생에 유의하라」, 『동아일보』, 1937년 7월 2일.

온천은 명승지이요, 또한 요양지이다. 설비가 충실하여 요양객 탐승자의 신선미를 주어야
될 우리 마산 온천은 그 설비가 말 못 된다.

목탕 내 마루에는 쓰레기가 가득하고 의복장이 불결하여 옷을 넣기 꺼릴 지경이다. 탕 내
에는 하수구가 잘 통하지 못하고 사면 벽은 10여 년 전 건축이래 한 번도 바르지 않아 불결한
기분을 갖게 한다. 이 때문에 시민들까지 공동탕은 불결하여 입욕할 수 없다하여 여관 목탕
을 찾게 된다.

이 경영의 책임자인 마산면 당국이여! 금년도 청부 낙찰 최고액이 2350원 55전으로 작년
에 비하여 500여 원이나 증수되지 않았는가? 그러나 일반을 위한 시설에는 하등 계획이 없
는 것은 어찌한 의사인가?

작년에도 2만 원 예산으로 공동 탕을 신축한다던 것이 겨우 800원에 중수(重修)로 그치었
으니 무슨 까닭인가? 최고의 청부 금액을 받고 탕옥 설비 불완전하게 하여주니 사회를 위하
여 통탄하는 바이다.

책임 당국자여! 신중히 고려하여 불원에 철도가 개통되는 것을 기회로 일대 쇄신을 꾀하여
지방 발전의 촉성을 기하는 동시에 또한 시민 보건을 위하여 한층 온천 공동 목욕탕의 소제
를 독려케 하기를 바란다.

「해충 신세타령-사람을 무는 지네 억울한 혐의받는 그리마 두 버러지의 담화」, 『동아일보』,
1937년 7월 3일.

그리마   "얘 지네야 이제 차차로 우리가 활동할 시절이 돌아왔는데 너 준비는 다 되었
         니?"
지네   "걱정마라. 내 입속에는 독액이 충만해졌으니까 이로부터 서서히 인간 사회를
         좀 위협하려고 나서련다."
그리마   "나도 너나 다름없는 독아[31]를 가졌는데 마음이 착해서 그런지 아직까지 우리
         조상 때부터 사람을 물어본 적이 없다. 오히려 사람 편을 들어서 빈대 벼룩을
         잡아먹는데 사람들은 나만 보면 원수나 진 듯이 비를 찾는다, 막대기를 찾는다
         해서 나를 쫓아다니는구나"

31) 독아(毒牙).

지네	"흥, 너는 생긴 모양이 그래서 손[32]을 한다. 너 같은 모양을 하고 다니래서야 누가 좋다고 하겠니"
그리마	"계집애들 앉았는 치마 밑으로 기어 들어가면 악을 쓰면서 겁쟁이는 기절을 할 지경이로구나"
지네	"너는 아이를 그러는 것이 재미있어서 위협을 하니까 해충이라고 하는구나. 너나 내가 같은 해충 소리 듣기는 일반인데 나처럼 꽉 물어 주려므나"
그리마	"나는 독이 얼마 없으니까 물어도 별 반응이 없으니 물으면 무얼 하니"
지네	"그래도 사람들의 이야기를 들어보면 네게 임중을 물리면 죽는다는 둥 머리로 지나가면 대야 머리가 된다고 하던데 정말이냐"
그리마	"그것은 헛소문이다. 사람들도 맹랑하게 내게 임중 물려 죽은 이가 하나도 없는데 제멋대로 만들어 헛소문을 내는구나"
지네	"그래? 나도 그럴 리가 없는데 그게 웬일인가 했구나. 내 독아는 무섭다. 내가 한번 물기만 하면 아파서 참을 수가 없는 모양이더라. 내 독이 화학상으로 어떠한 성질을 가지고 있는지 훌륭한 학자도 모르는 모양이더니 언젠가 토끼를 물라고 나를 토끼장에다 넣어 두길래 얘것 됐구나 하고 힘껏 물어준 일이 있는데 우리 동무 중에 큰 놈이 한번 토끼를 물었는데 가엾게도 죽었다더라."
그리마	"죽기까지 한다면 큰 문제로구나. 만일 네게 물리게 되면 어떻게 하면 낫니"
지네	"될 수 있는 대로 속히 암모니아 물을 바른 다음에 붕산수로 찜질을 하거나 입으로 빨아내는 것이 좋은데 입속이 상하였으면 안 된다. 상한 데로 독이 들어가니까"
그리마	"토란 잎사귀나 줄거리에서 흐르는 액을 발라도 된다는 말이 있더구나"
지네	"응. 그것도 한 방법이다."
그리마	"그런데 너희들이 사는 집은 어디냐"
지네	"흔히 화초분 밑에서 산다. 어디든지 우리 주택지는 축축한 쓰레기통 속 같은 데가 좋더라. 죄를 지었는지 햇님이 싫구나. 그래서 컴컴하고 축축한 데서 많이 산다"
그리마	"우리가 너보다 훨씬 상등이다. 우리는 광이나 빈집 같은 데를 찾지, 너처럼 축축한 데서는 안 산다"
지네	"우리보다 대단히 상등인 듯 싶구나. 기껏해야 그리마지 무어 별 것이냐"
그리마	"그런데 너희들 중에는 끔찍이 긴 것이 있더구나. 신장이 얼마나 되는가. 마디

---

32) '손(損)'을 말하는 듯.

	가 퍽 많은 모양인데"
지네	"우리끼리 헤어 본 일은 없는데 일 좋아하는 인간들이 헤어 본 것에 의하면 마디가 170이나 있는 것이 있다나. 열대 지방에 가면 30센티나 되는 것이 있다니까"
그리마	"아, 사람이 오나 보다. 나는 도망 간다"
지네	"겁쟁이 같으니, 나는 여기 가만히 있다가 여기 와서 앉거든 한번 물고 갈련다."

「해충 신세타령 2-사람들이 자는 틈을 타서 밤새껏 하이킹 깨끗한 집에는 살 수가 없어」,[33]
『동아일보』, 1937년 7월 7일.

낮이 되면 남자의 의기가 충천하여 바로 천하를 한 손에 쥐고 흔들듯이 덤비는 용 장군들도 밤이 되어 이불속에만 들어가면 우리 등쌀에 완전한 포로가 되어 실로 말씀이 아닌 형용을 하는 것들 보면 낮에 세상이 내로라고 떠들던 것이 생각나서 어느덧 웃어 버리지요. 우리는 밤이 되면 작당을 해서 사람의 몸뚱이의 높고 낮은 데를 하이킹하는 재미는 무엇이라 말할 수가 없이 호쾌하지요. 더구나 춥지도 않고 덥지도 않아서 사람의 온도는 우리가 하이킹하기에는 마침 좋으니까요.

빈대가 단거리 선수로 뽐낸다면 우리는 점핑으로 챔피언이 되니까 빈대에다 댈 것이 아니지요.

우리가 하이킹하는 계절로 말하면 5월부터 11월까지인데 성미 급한 놈들은 3월부터 추워서 애를 쓰면서도 나와서 활동을 합니다. 우리 엄마가 보통으로 알을 낳는 것은 20부터 30까지 낳을 수 있는데 나온 지 5, 6일만 되면 알에서 까 나오는데 우리 부모들은 알을 낳아 놓기만 하고 기르는 책임을 지지 않는 고로 무책임하기 짝없는 부모를 기다릴 수가 없어 세상에 난 때부터 즉시로 뛰어다니며 우리의 생활을 계속하려고 자활의 길을 찾느라고 애를 쓰지요.

우리가 생기는 곳은 어느 구석에든지 먼지가 쌓인 곳이 있으면 우리 엄마가 그 속에서 알을 낳아 놓고 그 먼지가 비 끝에 쓸리지 않고 5, 6일을 참기만 한다면 그 속에서 알을 까고 나옵니다. 그러기에 우리가 자유로 뛰어다니기 전에 부지런하고 청결을 좋아하는 주부가 있어서 구석구석이 쓸어 낸다면 다시 이 세상 구경을 못하고 말게 됩니다. 그러니까 우리 엄마들이 알을 까 놓는데도 그 집 주부의 성격을 잘 알고 게으르고 깨끗하지 못하면 맘 놓고 알을 까

---

33) 명시되어 있지는 않지만, '벼룩'을 다룬 것임.

고, 그렇지 않으면 다른데도 가버리니까 결국에 깨끗한 방은 우리가 거주하는 곳이 못 되어 달아나고 말지요.

우리로서 질색할 노릇은 가을봄으로 대 소제가 있는 때이니 이런 때는 반침 속까지 깨끗하게 쓸어 내니까 우리는 이런 때처럼 기막힌 때는 없습니다.

그래도 어떤 집에서 방은 야단스럽게 깨끗하게 하면서도 마루 밑 같은 데는 1년에도 대소제 때나 비 끝이 오고 소독을 하니까 우리가 번식하기에는 훌륭히 좋은 곳입니다.

마루 밑에다가 크레싱이나 떼싱을 뿌리고 바싹 마른 석회를 뿌리는 집은 1년을 두고 살아 보려고 해도 살 수가 없이 됩니다.

사람들이 아는지 모르지만 우리는 쥐와 교통을 빈번히 하는 일이 있어 쥐한테 올랐다가 사람에게로 옮겨 다니면서 병균을 운반하기도 하니까 그것도 걱정일 것입니다.

「해충 신세타령 3-파리, 가장 재주로 ■각하는 전■■■의 습격 방위 설비는 어떱니까」, 『동아일보』, 1937년 7월 16일.

우리 파리군들은 첫여름부터 이 여름에 어떻게 할 계획을 세우고 있으니 해마다 같은 일을 반복하는 일이나 이번에도 티푸스를 널리 전파하는 한편 이질, 역리(疫痢)까지라도 퍼져서 인간 사회를 좀 들 어려 놓으려고 단단히 준비를 하고 있는 중입니다.

벌써 요 몇 날 동안 사방에서 이질 기운으로 곱똥[34]을 누는 아이들이 많으니 이것을 이용하여 될 수 있는 대로 광범위에 퍼질 터인데 성하(盛夏)가 되면서 티푸스한테서도 부탁을 받았으니까 대 활동을 개시하지 않으면 안 되게 되었지요.

근자에 이르러는 사람들도 우리를 박멸하려고 애를 쓰는데 전국으로 "파리를 잡는 날"을 작정하고 유치원으로부터 시작하여 각 보통학교에서나 각 가정에 봉투를 나눠 주면서 많이 잡아 오는 대로 상급을 주기까지 하니까 어린애들은 내가 얼마나 무섭다는 것을 잘 알지도 못하면서 나를 보기만 하면 상급받고 선생님한테 칭찬받으려고 야단으로 잡아들이지만 여간해서 우리를 전멸시킬 수 있는가는 의문입니다.

첫째로 집집마다 우리 파리군들의 공회당이라고 할만한 변소가 있으니 그런 데라도 변을 쳐내는 데를 뚜껑으로 잘 덮은 데면 여간해서 침입하기가 어렵지만 어떤 집에서는 명색으로 해 덮은 집도 있고 심하면 쳐가는 사람이 열어제친 대로 버려두니까 우리는 소집령이 없어도 끊임없이 모여들어 우리의 근거지를 잡기에는 힘들지 않는 것입니다. 또 공회당까지 못 들어

---

34) 곱이 섞여 나오는 똥.

가는 한이 있더라도 그 근처에는 우리가 모여들어 놀기는 가장 적당한 곳이요, 알을 까 놓기도 대단히 편리한 데입니다. 깨끗한 것을 좋아하는 부인네들은 변을 쳐가기가 무섭게 소독약을 들고나와 뿌린다, 재를 쳐다 붙는다, 뚜껑을 빈틈없이 잘 닫는다 해서 우리를 한 마리도 가까이 오지 못하게 하는 이도 있으나 이것은 극히 드문 일이요, 집집마다 그런 것은 아니니 아무리 한두 집에서 소독을 하더라도 우리가 전멸할 까닭은 없는 것입니다.

정말 변소에 모이지 못하게 되면 쓰레기통이 있나니 아무리 얌전하게 해놓은 집이라도 들어갈 수 있고, 어떤 집에서는 전혀 쓰레기통이 없거나 있어도 뚜껑이 파손되어 있으나 없으나 일반이므로 순사가 가끔 와서 쓰레기통 뚜껑 해놓으라고 주의를 하지만 순사는 그런 말이나 하러 다니는 사람으로만 생각하고 간 뒤에는 여전히 그대로 있으니 우리는 뒤에서 손뼉을 치고 좋아하는 것이지요. 쓰레기통에도 소독약을 치게 되면 우리는 그것을 맡기만 해도 어지럽고 숨이 막혀서 견딜 수가 없이 되니까 이렇게만 한다면 차차로 우리 일족은 전멸이 될 것입니다.

파리라고 간단히 말하지마는 파리 종류도 십여 종류가 있으니 그중에도 고약한 놈이 잔등이가 금녹색으로 된 것이 있으니, 이놈이 제일 좋아하는 것은 특히 변소에 다녀다 오기를 즐겨한다니까 우리 같은 동무를 이렇게 말하는 것은 안 되었지만, 사람들이 이런 파리에 특히 주의해야 할 것입니다. 십여 종류나 되는 파리가 날마다 집에서 굿을 하고 돌아다니면서 각각 폭탄을 가지고 던질 장소를 엿보고 있으니 티푸스 탄, 이질 탄, 역리 탄, 무엇이나 스위치 한 번만 돌리면 떨어지는 것인데도 그중에는 사람들이 먹는 음식을 먼저 얻어먹으러 가서 음식 먹고 거기다 티푸스 탄을 퍼붓고 오는 놈이 있는데 사람들은 모르고 달게 먹고서 피병원으로 가는 일이 허구 많지요.

우리들은 알에서 즉시로 유충이 되고 3, 4일만 지내면 훌륭한 어른 파리가 되나니 추운 때와 달라서 속력으로 우리 동무를 펴쳐놓게 됩니다.

사람들은 우리들의 공습을 막으려고 별수단을 다 부리지만, 우리는 한번 어른이 된 다음에는 날개가 튼튼하니 아무 데라도 날아다닐 수 있어서 걱정이 적지만은, 한가지 걱정은 아직 어린 것들이 마음대로 날아다니지 못하는 것을 정벌 당할까 봐 걱정입니다. 어쨌든 어릴 적에 없애는 것과 뒷간 쓰레기통을 깨끗이 하면 우리는 갈 곳이 없을 것입니다.

「해충 신세타령 4-빈대, 단거리의 권위로 지금이 활약시대 우리는 밝은 것은 질색」, 『동아일보』, 1937년 7월 20일.

조선은 세상에 자랑할 만한 것이 많기도 하겠지만, 그중에도 큰 자랑거리가 하나 있으니 빈대 자랑일 것입니다. 우리 빈대란 놈이 언제 어디서 조선에 이민을 해왔는지 내력은 알 수 없으나 남경충(南京蟲)이라 부르니 남경에서 이리로 이민이 된 듯도 싶으나 남경사람들이 들으면 왜 빈대를 남경충이라고 하느냐고 야단을 하니까 하여튼 어디서든지 우리를 미워하는 것만은 사실이지만, 우리도 우리 족속을 존속하여야 할 필요가 없으니[35] 사람들이 좋아하라고 우리끼리 동맹 멸종은 도저히 할 수 없는 일이니 미움을 받으면서라도 지긋지긋하게 사람들과 함께 살 수밖에 없는 운명을 타고 났습니다.

우리의 특장은 단거리 선수이니 밤에 꼭 깨물고 나면 자던 이가 깜짝 놀라서 벌떡 일어나 불 켜는 동안에 감쪽같이 숨어버리니까 "이렇게 물었는데 고놈의 빈대 어디로 갔어"하고 쩔쩔매면 우리는 단거리 선수인지라 어느 틈에 먼저 요 밑이라도 숨어버리지요. "어디로 갔는지 없구나"하고 다시 잠이 들면 또 나와서 깨물지요.

옛날에는 등잔불을 끄고 자니까 나와서 물기가 좋더니 근년에 전등이 생긴 후로 불들을 환하게 켜고 자서 우리는 밝은 것이 질색이니까 나올 수가 없더니 최근에 이르러 전기가 미터[36]가 된 후부터 불들을 끄고 자니까 활동하기가 여간 좋지 않은 대신 옛날에는 성냥불을 켜는 동안에 도망질을 잘 쳤던 것이 요새는 스위치 한 번만 누르면 불을 켜게 되니까 도망할 시간이 없어서 어린 것들은 많이 잡혀 주게 되지요.

밤에 불을 켜놓고 자는 집은 며칠만 계속되면 참 죽을 지경입니다.

밤에 빈대 때문에 잠 못 잤다는 한탄을 큼직한 어른들이 하는 소리를 듣게 되고 요새는 대대적으로 빈대 퇴치를 하는 모양이나 껍질만 남아도 살냄새만 맡으면 소생을 하니까 참 말할 수 없는 모진 놈들이지요.

우리들은 3월부터 활동하기 시작해서 한여름 동안 우리 씨를 불리기 시작하는데 우리는 축축한 데를 싫어하니까 부숭부숭하고 깨끗한 방에 틈만 있으면 우리 손을 뻗치는데 우리가 밝은 데를 싫어하는 데는 원인이 있으니 그것은 사람을 뜯어먹고 자라기 시작하면 여간한 틈에는 아무리 숨으려고 해도 몸을 감출 곳이 없어서 들키기 쉬우니까 들키지 않는 데를 찾으려고 될 수만 있으면 어두운 데로 들어가 숨는 것입니다.

요전에 누가 이사를 가서 하루밤을 자고 나서 친구더러 하는 말을 들으니 "이 집에는 4대의 빈대가 있더라"고 하면서 웃는 것을 들었습니다.

얼른 생각하면 4대나 될 만하게 한여름에 손을 뻗치니까 사람들이 별 방법 별 수단을 다 써서 요새는 우리를 못살게 구는데 저번에 누구는 우리집에다가 벤졸이라는 약을 뿌려서 많은 희생자를 냈는데 한 번밖에 안 해서 다시 퍼지기 시작했습니다. 그런 짓을 여러 번 하게 되면

---

35) 문맥상 '있으니'라고 해야 뜻이 통함.
36) 미터법에 따라 전기요금을 매기는 것을 가리키는 듯함.

참 견디는 재주가 없는데 어떤 집에서는 한두 번쯤 해보고 안 없어진다고 내버려 두니까 다시 번성하게 됩니다.

그런데 요새 기묘한 꾀를 사람들이 고안한 모양인데, 이불 양옆에다가 구멍을 많이 뚫은 막대기를 놓고 자는데 그 구멍은 급한 때 숨기 좋을 만한 구멍이어서 도망을 가다가 들어가 숨은 것이 사람의 꾀에 넘어가게 되어 이튿날 아침에 바늘로 찔러내고 끓는 물을 부어서 많은 희생자가 난 일도 있었지요, 허.

「해충 신세타령 5-바퀴와 진딧물, 밤이면 부■에 ■가서 무엇이나 먹어 우리는 미균 매개하는 갱」, 『동아일보』, 1937년 7월 29일.

조선에는 옛날부터 이상스러운 전설이 있으니 바퀴가 많이 생기면 집안이 흥한다고 우리 바퀴를 보면 절대로 잡지 않아야 한다는 전설이 있습니다. 이런 기괴한 전설 때문에 조선에 태어난 바퀴들은 여간 팔자가 좋은 것이 아닙니다. 방에나 마루에서 맘대로 횡행을 해도 내버려두니까. 조선 집에서는 싫어하면서도 우리가 들어 떼지를 아니하니까 집안이 흥한다는 바람에 귀염을 받는 것입니다.

우리 몸뚱이는 체장이 3센티 전후 가량인데 타원형으로 생기고 흑갈색 빛을 띠었으니 바퀴라면 모르는 사람이 없을 것입니다. 낮에는 기둥이나 마루 밑 같은 데 숨었다가 밤이 되면 나와서 사람 양반들이 잡숫고 남은 음식을 빨아먹고 살면서 그 대신 병원균을 남겨 놓고 갑니다.

사람들은 쥐가 무엇을 먹는지는 알지만 우리가 떼를 지어다니면서 무엇이나 닥치는 대로 먹는지는 전혀 모르는 듯합니다.

우리는 음식을 가리는 것이 없어서 절대로 편식이 아니니 고기도 잘 먹고 야채도 잘 먹고 아무것이나 잘 먹으니까 우리 몸이 그렇게 반질반질 기름기가 흐르는 것 같습니다.

우리들이 제일 잘 자라고 극성을 부리는 때는 여름부터 가을이 되기까지요, 겨울동안에는 좀 염치를 차립니다.

이제 걱정이 되는 것은 우리가 많이 나오는 것이 집안 흥하는 것이란 미신을 깨뜨리고 우리도 역시 사람에게 해충이라는 것을 사람들이 알게 되면 우리도 구박을 받을 것이요, 벌써 어떤 집에서는 붕사나 소다 가루를 전분에 섞어서 우리가 살아 있음직한 반침 구석이나 서랍 구석에 뿌려 독살을 계획하는 집도 있습니다.

그 외에 휘발유나 석유 유제(乳劑) 같은 것도 우리는 딱 질색이지요. 조선에서는 우리 신세가 이만하지만은, 중국에서는 우리 새끼가 약이 된다고 보기가 무섭게 잡으니깐 여간 무서운 데가 아닙니다. 우리 몸뚱이는 실로 좁쌀 알 만큼씩 하게 작은 것인데 어떤 나무나 화초에든지 우리가 덤비기만 하면 나무와 화초의 액을 다 빨아 먹으니까 사람들이 우리를 끔찍이 싫어하지요. 진딧물 끼는 나무나 야채는 벌써 신세가 마친 나무이니까요. 사람의 손이 우리 몸에 한 번 닿기만 하면 터져 죽을 만큼 연연한 것이나 우리가 나무에 덤벼들기만 하면 나무가 못 견디는 것이 이상스럽습니다.

우리 동족들이 나무에 달려들어 액을 빨아 먹고 내놓는 배설물은 개미들이 대단히 좋아 먹는 고로 우리는 개미가 많이 보호를 해 줍니다.

우리들을 퇴치하는 데는 비누를 깎아 7g 내지 10g을 끓는 물에 풀어서 거기다가 제충국(除蟲菊) 가루를 비누와 같은 분량쯤 섞어 물 뿌리는 것으로 뿜으면 좋다는 말을 내서 참 근자에는 죽을 지경입니다.

그러나 이것보다도 유산 니코틴을 800배 내지 천배 비눗물에 섞어 뿌리는 데는 전멸 상태에 빠지게 되는데 어쨌든 하도 수가 많은 데다가 개미라는 보호자가 있으니까 이런 봉변을 당할 때는 땅속에 숨어 있다가 다시 나올 수가 있습니다. 얼마나 우리를 없애기에 힘이 들었는지 사람도 성격이 끈적거리는 사람이 있으면 진드기 같은 놈이라는 말을 하는 만큼 우리는 사람을 괴롭게 합니다.

「해충신세타령 완-모기, 종족 보전을 위해 모험비행 근본적 박멸법은?」, 『동아일보』, 1937년 8월 3일.

사람을 습격하는 여름 해충 중에 우리처럼 명랑한 족속들은 없을 것입니다.

노래를 하면서 우리들이 저녁 어스름할 때부터 사람들의 몸에 습격을 하려고 들이치면 사람들도 어쩔 줄을 모르고 우리는 날아다니는 놈들이니 잡힐 까닭이 없으니까 부채로 쫓다 못해서 그전에는 모깃불을 놓는다고 마루 끝에다가 화톳불을 지르더니 이제는 약아서 모기약을 만들어 우리를 내쫓을 계획을 하게 되었습니다.

잘 때는 모기장이라는 끔찍이 큰 방위기구를 만들어 우리의 야습을 막느라고 고심 참담하는 것입니다.

사람들은 우리 모기들 전체가 사람의 피를 빨아먹으러 다니는 줄 알지만, 우리 사회는 인간 사회와 전혀 달라서 남자는 가만히 있고 여자들이 피를 빨러 다니는 것입니다.

사람 사회에서는 여자는 집에서 살림을 하고, 남자는 부지런히 활동을 해서 처자를 먹여 살리지만, 우리는 남자들이 몹시 게을러서 여자들이 용감하게도 그 무서운 방위선을 뚫고 사람에게 접근하여 목숨을 돌아보지 않고 종족을 보존하는 데 많은 희생을 하는 것입니다. 우리 사회에서 보는 사람 사회의 여자들은 우리를 따를 길이 없을 것입니다.

곤충학자의 연구로 우리가 썩은 물에서 출생하는 것쯤은 다 아실 것이지만 무심히 마당 구석에 버려둔 아무 장난감 그릇에라도 물이 조금만 남겨 있으면 그 속에서 얼마든지 우리 종족이 번식되는 것입니다.

알 속에서 모기가 될 때까지 여름 좋은 날이면 열흘이 걸리지 않는데, 사람들이 떠드는 것은 우리가 완전한 모기가 되어 사람들에게 습격을 갈 때 비로소 쫓아낼 계획을 할 뿐이요, 우리가 물에서 장구벌레로 헤엄치고 돌아다닐 때 박멸할 생각을 안하니까 우리의 습격을 더 많이 받는 것입니다.

구석구석이 물을 담아 둔다든지 문 앞에 개천 같은 것이 있으면 어쩔 수 없이 우리는 번식을 하게 되지요.

우리 유충 즉 장구벌레처럼 활동을 많이 하는 벌레는 없을 것이니, 큰독에 물이 하나 가득 있는 데서라도 그 큰독을 아래위로 다 헤엄치고 다니게 되는데 물속에서 나가서 물속에서만 자라면서도 공기 호흡을 할 필요가 있으므로 수면에 나오는 때가 있으니 사람들이 수면에 석유와 같은 것을 뿌리면 호흡을 할 수가 없어 전멸이 될 것이요, 쓸데없는 물을 사방에 담아두지 말 것입니다.

우리로서는 어버이로부터 받은 귀중한 생명이니 사람들이 여간 정신을 아니 차리라고는 우리는 될 수 있는 대로 우리의 자손을 번식시키라고 물 담아 놓은 그릇만 찾아 다닙니다.

그런데다가 더 질색할 노릇은 사람에게서 피를 빨아 먹을 때 이 사람 저 사람에게로 옮겨 다니면서 먹으니 각 병자의 피를 먹기가 쉬운데, 상대가 학질 환자의 피면 우리도 역시 학질에 걸릴 것이니까 즉석으로 입을 씻으러 다른 사람에게로 가는데 가엾게도 내가 입을 씻으려고 갔던 사람은 대개 학질 균을 얻어걸리게 되어 떨고 있는 것을 보게 됩니다.

수년 전에는 잠자는 병이 유행될 때 우리들이 균을 매개한다고 야단을 친 일이 있었는데 정말 우리들의 것인지 아직도 분명치 못합니다. 하여간 우리는 여러 가지 점에서 사람들을 괴롭게 굴건만 사람들은 비교적 소극적 태도인 것 같습니다.

연안지국 일기자, 「지방논단-연안읍과 위생조합에 일언함」, 『조선일보』, 1937년 11월 19일.

문화생활을 운위하고 도시의 면목을 갖추려면 무엇보다도 먼저 위생 시설부터 정비해야 할 것은 누구나 잘 알고 있을 것이다. 이런 의미에서 연안읍 위생조합 당국자에게 일언하려 한다.

연안읍은 지난 7월 1일부로써 읍으로 승격되어 도시로서 재 출발을 하게 되었으나, 읍이 되었다고 해도 연도 중이므로 예산이 부족하여 별다른 시설을 못하고 있는 것만은 유감으로 생각하는 동시에 동정을 불금하는 바이다. 그러나 근자에 일반 시민이 크게 고통을 느끼고 있는 문제가 있으니 그것은 말하기에도 거북한 변소 문제다.

중국인이 중일전쟁으로 말미암아 1인도 남지 않고 철퇴하였다. 그들 야채상들은 매일 같이 시내 변소를 소제해 왔다. 그러나 그들이 간 후로 읍 당국은 위생 인부를 늘리지 않으므로 대소변이 넘어서 하수도로 흘러내리는 지경에 이르러서 시민의 불평은 자자하다. 그러나 읍 당국은 예산 부족이니, 고려 중이니 하여 모호한 태도를 취하고 있으니 그 대소변을 시민 각자가 어떻게 처치하라는 것인지 이해하기 곤란하다.

읍 위생 인부들은 관리나 유력자들의 변소만 소제한다든가, 읍에 호소해도 차일피일 미룬다든가, 혹은 위생조합은 무엇을 하고 있느냐 등 비난이 많다.

읍 당국자 및 위생조합 당무자에 이 시급한 문제를 속히 처리하여 소 잃고 외양간 고치는 격의 거사가 되지 말기를 갈망하여 마지않는 바이다.

「부내 이십오개 공보에 위생진 확충계획 신년도부터 간호부 상치하여 학동의 체위 향상 기도」, 『조선일보』, 1938년 1월 30일.

국민 체위의 향상이 고조되고 있는 이때에 경성부 학무당국에서는 특히 학교위생에 힘을 더할 생각으로 여름철에는 아동에게 위험치 않은 풀을 교내에 설치하고, 임간학교를 증설하며, 겨울에도 운동할 수 있는 실내 운동장을 설비하는 등 여러 가지 계획을 가지고 있으나, 이것은 재정이 비교적 넉넉한 소학교에서 이미 그러한 설비도 있어 신년도에도 그 설비를 더 확충하게 되는 것이고, 지원 아동조차 다 수용하지 못하는 보통학교에서는 하루바삐 교사나 더 지어서 수용이나 하는 것이 초미의 문제이니만치 그러한 넉넉한 설비는 못할지언정 우선 절실히 필요한 학교의 위생설비만은 안 할 수 없으므로 신년도부터 시내 각 공립보통학교에 간호부를 두어서 학동의 위생이며, 그 체위 향상을 돌보게 하기로 되었다. 현재까지는 시내 25개 공보교 중에 다만 재동공보, 교동공보, 어의동공보, 수하동공보, 덕수공보의 다섯 곳에 겨우 학부형후원회의 기부금으로 간호부 한 명씩을 두고 있는 터인데, 신년도부터는 시내 공립보통학교 전부에 부예산으로 간호부 한 명씩을 두기로 하여 학동의 질병과 평소의 몸을 돌보게 하기로 방침을 정하여 그 예산으로 2만 원가량을 신년도 예산에 계상할 모양이다. 이렇게 되면, 특히 도회 아동에 많은 결핵 방지에 대하여도 힘을 쓸 것으로 먼저 학동 한 명이 매일 1전씩 내고 간유(肝油)를 먹게 하는 것도 실행하게 될 것으로 작년도부터 실시한 촉탁 치과의의 확충과 함께 이 간호부 설치는 부내 공보교 2만 8천 명의 우리 학동의 건강을 위하여 매우 기쁜 소식으로 일반의 기대가 퍽이나 크다.

「사설-방역의 철저 예방이 선행조건」, 『동아일보』, 1938년 5월 7일.

1

성염의 하절이 임박하여오자 온 만물의 성장 발육이 난숙 심농해지고 인간의 활동이 번잡하여지는 데 따라서 각종 전염병의 만연 시기가 또 오게 되었다. 누년 통계상으로 보아도 6,7,8월 간에 전염병의 발호가 우심하고 더욱이 각 도시는 하절이 온다는 것은 한가지 위험으로 되었으며 그중에서도 경성은 전염병 도시라는 별명을 들을 만큼 각종 전염병이 연중 부절하고 여름 사이에는 일단 창궐을 보게 된다. 그 원인이 나변에 있는 것은 추구하기가 너무 새삼스럽거니와 시기가 병균의 만연에 적당하고 인구는 조밀한 위에 방역을 위한 사회적 시설은 적고 또 각자의 생활이 긴장되지 못한 것이 주요 원인으로 될 것이매 목전에 닥쳐오는 하절을 앞두고서 위생 당국의 방역진 강화와 각자의 특별한 주의는 필요하다는 정도를 넘어서 생(生)의 방위를 위한 절대적 명령으로 되었다.

2

이제 작년 중의 전조선 전염병 발생 상황을 보면, 결핵, 피부병 등 만성적 전염병은 제외하고도 콜레라, 이질, 장티푸스, 파라티푸스, 두창, 발진 티푸스, 성홍열, 디프테리아, 유행성 뇌척수막염 등등의 환자가 14,718명에 사망자가 2,738명이어서 전년보다는 다소 감소되었으나, 이 전염병의 만연은 누년 증감을 반복해서 수년 전에 비하면 도리어 증가된 추세다. 그리고 이 환사자를 주요 도시별로 보면, 각 부에서만 발생한 것이 5,143명으로 총 환자 수의 34%, 그중 중 사자가 874명으로 총 사자 수의 21%로 된다. 이것으로 보면 매년 수천의 생명이 이 전염병으로 무고히 신음하게 되며 불행히 일단 염균만 받게 되면 거의 4할은 사망하여 버리니 이 어찌 통탄할 일이 아니며 그 예방책이 긴급[37]하다 하지 않을 수 있으랴?

3

이런 현실에 비춰 위생 당국에서도 방역에 노력하여오고 금년에는 우선 경성을 중심으로 약 50만 명에 장티푸스의 예방 주사를 시행하기로 하고 목하 실시 중이니 그만한 예방의 성과가 있을 것을 믿는 바이나, 이 예방주 사만으로도 막대한 비용이 들게 되는 관계상 전 조선적으로 일률 시행을 못하고, 경성에만 특별 실시하며 기타 지방에는 질병의 발생 여하를 보아서 예방 주사를 시행하리라 하니 이 또한 유감스러운 일이다. 전항 통계 숫자가 말하는 바와 같이 각종 전염병이 유독 각 대도시에 많은 반면에, 사망률에서는 도시가 오히려 적다는

---

37) 원문에는 '緊怠'로 되어 있으나, 문맥상 '긴급'이 맞음.

것은 더 말할 것도 없이 도시에는 질병을 극복할 시설이 더 완비되어 있고 또 환자들도 그렇게 할 수 있는 여유가 있다는 데 원인이 있을 것이다. 그러니 도시에는 병균이 많으되 예방을 잘하면 방역을 할 수 있고, 또 환자가 많다고 해도 방역만 잘하면 생명은 구할 수 있다는 것이니 이 활(活) 사실은 즉 병에는 무엇보다도 예방을 위한 시설과 그 대책이 선행조건이 된다는 것을 지칭하고도 남음이 있다.

4

그러므로 우리는 위생 당국에 묻노니 무슨 단속, 무슨 제도보다도 모든 전염병의 예방을 위하여 가장 주력하여야 할 것이다. 그렇게 함에는 예방 주사도 분명히 일책(一策)은 된다. 그러나 다소 비용 관계라고 해서 도시에만 국한하여서는 안 될 것이다. 각 지방에도 적어도 우두 예방을 하는 정도로써 각종 전염병의 예방 주사는 실시하여야 하겠다. 그리고 예방 주사가 예방의 일책은 되지만 방역과 치병의 전부는 못 되는 것이니, 병균을 두고서 주사한다는 것보다도 병균이 애초에 발생하지 못하게 하는 시설이 더 근본 대책이다. 위생 시설이라 하면 영성(零星)하기가 짝이 없는 조선에서 모든 시설의 급속 실현은 난망이라 하더라도 전염병의 만연을 방지하는 시설을 다 하라는 것은 무리한 희구가 아닐 것이다. 그리고 이런 전염병에 대처함에는 당국의 방역진만으로 만전을 다하기는 물론 불가능한 일이다. 일반 사회가, 각 가정에서 각자가 철저한 위생적인 생활을 함으로써 양양(兩兩) 상대의 효과를 얻을 수 있는 일이니 아직 전염병에 대한 이해와 방비가 부족한 우리들은 하절을 앞두고서 이에 대한 준비가 있어야 할 것을 부언하는 바이다.

「사설-폐결핵균을 박멸하자」, 『동아일보』, 1938년 5월 19일.

1

조선에 근대 물질문명의 풍조가 들어오기 시작한 이래, 전에는 그 이름조차 모르던 각종 전염병이 유행된 것은 사실인데 이 각종 전염병은 비상한 속도로써 사회 각층에 전염되고 있다. 이것은 다름이 아니다. 사회 근대화의 선행조건으로 교통기관의 일익 발달됨을 따라서 각종의 전염병균도 옛날과는 도저히 비교할 수 없을 만큼 사면팔방으로 여행, 전파케 되는 까닭이다. 그런데 이 비상한 속도로써 전염되는 각종 전염병 중에는 가장 무서운 것으로 폐병을 들 수가 있다. 이것은 그 전염의 속도로나 또는 그 난치의 점으로서나 폐병이 각종 전염병 중의 수위를 차지함으로써.

2

지금 작년 1년간에 발생된 폐병 환자를 보면 총수가 34,222명, 이 중에서 조선인 환자가 24,872명이며 또 이 3만여 환자 중에서 작년 1년간에 사망자 총수가 7,355명, 이 중에서 조선인 사망자가 5,973명이나 된다고 한다. 그러고 보면 폐결핵 환자의 사망률은 2할 이상, 즉 폐병자 5인 중에 1인 이상이 사망하는 셈이다. 이 얼마나 무서운 병인가? 더욱이 가공할 것은 사망자의 연령별을 보면 한층 더 전율함을 금할 수 없는 것이다. 즉 작년 폐병 사망자의 연령을 보면

5세 미만 207

10세 미만 310

20세 미만 1,659

30세 미만 2,588

40세 미만 1,450

50세 미만 697

60세 미만 305

등이다. 이상의 숫자로 본다면 폐결핵균 때문에 희생되는 생명이 30세 내외에 가장 많다. 따라서 폐결핵 균은 인생의 적, 특히 청춘의 적이라고 할 수 있다.

3

그러나 이 폐병은 소위 극치에 달하였다고 자랑하는 근대 의술로도 좀처럼 근치하지 못할 뿐만 아니라 이 결핵균은 병자의 토담(吐痰) 중에 무수히 섞이어 나왔다가 그 담이 건조된 뒤에는 공기 중에 산포되어서 다른 사람의 호흡을 따라 그 체내로 들어가 작란(作亂)하게 되는 것이라고 한다. 그러므로 폐결핵은 그 병이 난치인 동시에 그 병균의 만연도 막을 수 없는 괴물이다. 더욱이 이 폐병은 다른 전염병처럼 발견자가 즉시 신고하는 의무가 없는 전염병이므로 그 병자의 실제 수치는 상기 숫자의 배가 되는지도 알 수 없는 터인즉 그처럼 다수 병자가 태연하게 출입하는 데에는 부지중 무수한 병균을 산포하게 되는 셈이다. 그러면 이것이 어찌 우리 사회의 한 중대 문제가 아니랴? 그런데 내일 20일은 특히 결핵 예방데이로 정하여 이 병에 대한 예방책을 널리 선전하게 되는 터이니 일반은 아무쪼록 그 예방 지식을 철저히 하여 저 인류의 대적, 결핵균을 우리 인간 사회에서 구축·전멸하도록 노력할 일이다. 더욱이 우리 조선인은 일반적으로 위생 관념이 아직 박약한 터인즉 특히 이 결핵균 예방 같은 것에는 한층 더 주의 영념(另念)[38]하지 않으면 안 된다고 생각한다.

---

38) 어떤 사람을 특별히 좋게 생각하여 걱정하거나 돌보아 줌.

「직업 부인의 겨울 위생 옷을 얇게 입는 것으로 자랑을 삼고 감기가 들린다」, 『동아일보』, 1938년 12월 24일.

　여자의 몸이란 특별히 덥게 입는데도 몸이 차지기를 잘하고 몸이 얼면 여러 가지로 위생상 재미없는 일이 많이 일어나는데 근자에 이르러 여학생들을 비롯하여 직업 부인들의 의복은 실로 놀랄만하게 얇은 옷을 입고 다니는 것이 보통입니다.

　추운 것은 좀 참을 수 있으나 모양은 보아야 하겠으니까 될 수만 있으면 얇게 입는 듯합니다. 위생상으로 너무 두텁게 입는 것도 운동을 활발하게 못 하는 관계로 오히려 비위생적이지만, 추워서 견딜 수가 없이 옷을 얇게 입는다는 것은 여자로서는 치명적이라 할 수 있습니다. 상반신은 좀 얇아도 관계없으나 하반신을 너무 춥게 하는 것은 절대로 재미없습니다.

　배를 덥게 하도록 털 속옷을 입거나 따뜻하고 얇은 솜바지도 좋으니 사정이 허락하는 한에서 보온에 힘을 써야 합니다. 학교에서나 공장에서나 방안과 방 밖은 온도의 차이가 현저한 것이니 무엇으로든지 적당한 조절을 해야 합니다. 교실 안에서 스팀이나 스토브의 더운 김에 추운 줄 모르고 있다가 종을 치면 갑자기 창밖으로 나갈 때는 그만한 준비가 있어야 합니다. 더운 방에 있다가 밖으로 나가서 금시로 코가 막혀버리는 경우가 있는 것도 주의하지 않으면 안 될 것입니다. 따뜻한 날이면 햇볕에 쏘이며 일광욕도 좋고 가만히 서 있지 말고 학생들이면 스케이트나 무엇이나 운동을 하는 것이 좋으나, 공장 같은 데나 직업 부인들은 적당한 운동기구가 없고 밖에 나가도 춥기만 하니까 해종일 방 속에서 스토브 옆에서 해를 보내게 되는 것은 어렵고 힘드는 일을 하는 이들에게는 건강상 여간 해로운 것이 아닙니다. 점심 시간에 옥상에라도 올라가서 일광을 쏘이고 운동을 해야 합니다.

　일하는 데나 교실이 더워서 공기가 건조해지거든 하루에 양치질을 5, 6회는 해야 합니다. 공기 좋지 못한 방에서 오랫동안 일하는 이들이 기관지염이 되고, 나중에는 폐까지 약하게 되는 것입니다. 일을 마치고 집으로 돌아가거든 역시 양치질을 하고, 목욕을 하거든 냉수에 수건을 적시어 꼭 짜서 마찰을 하고, 그 후에 마른 수건으로 마찰을 합니다.

　목욕하고 나서 잘못하면 감기가 드는 것은 기공이 열린 데로 바람이 들어가서 그리되는 것이니까 목욕 후에는 냉수에 수건을 적시어 꼭 짜 가지고 마찰을 하고 다시 마른 수건으로 마찰을 한 다음에 나오면 열렸던 기공이 다시 수축되어 바람이 들지 않는고로 감기가 들지 않습니다. 아마 감기의 예방법이라면 이 법이 제일일 것입니다. 만일 밤일을 늦게 하고 돌아가게 되거든 가기가 무섭게 바로 쉬도록 할 것이요, 쉬기 전에 이상과 같은 목욕을 할 수가 있다면 더욱 좋은 일이요, 자기 두 시간 전에 사과 갈분 미음 같은 소화 잘되는 것을 섭취하여 피곤을 회복시킬 것입니다. 될 수만 있으면 밤에는 기름진 것을 먹지 말 것이니 고기나 덴뿌라 같은 것은 소화하기가 대단히 무섭습니다.

앉아서만 일하게 되는 일이나 몸의 한 부분만 움직이고 있게 되는 분은 일을 마치거든 전신을 움직여 체조를 몇 번 해서 전신의 피 순환을 잘 시킬 것입니다.

하여튼 여자는 몸을 몹시 차게 하는 것은 혹 어릴 때나 젊었을 때는 큰 영향을 받지 않을지 모르지만, 이다음에 여간 돈으로는 고치지 못할 큰 병을 얻게 되는 원인을 이에서 만들고 있게 됩니다.

맵시나 보기 위해서 홑바지에 속치마와 치마만 입고 다니는 것은 먼저 어머니로서 크게 주의시킬 일이요, 아이들 하는 대로 내버려 두지 말 것이며 어른들이 공장에를 다니는 분은 자기 스스로가 건강에 주의해야 할 것입니다.

「근교 주민에 더 일난 악취와 파리로 수난 위생사상의 고취를 요망」, 『조선일보』, 1939년 6월 2일.

이지막[39] 날이 점점 더워 옴을 따라 모든 것이 썩기 쉬운데 그중에 아현정, 북아현정, 공덕정, 마포정의 서부 경성 일대와 창신정, 왕십리정, 청량리정 등 동부 경성 일대는 공지[40]가 있는 곳마다 밭이 되어 있어 인분 등의 비료를 주는 관계로 악취가 나는 것은 물론 파리가 많이 꾀여 근처 주민들은 여름 한 철을 보내기에 큰 고통을 느끼고 있다. 그 위에 이들 지대에는 위생 관념이 부족한 사람이 많은 관계로 불결한 물건을 거리에 많이 버려서 더럽기 짝이 없고, 소변은 대개 수채에 버리므로 하수구의 정리가 되지 않아 길가의 한쪽은 하수구라느니보다는 길이 썩는다고 할 만큼 되어 있다. 종래 당국의 위생 시설과 방침은 도심을 중심으로 하고 있어 이들 지대의 주민들은 위생 시설을 힘입지 못하여 크게 유감으로 여기고 있으며, 더욱이 파리가 많이 생겨 이런 더러운 곳에 있는 미균을 직접 주민의 음식물로 옮겨오기 때문에 큰 위험을 느끼고 있는바 이들 주민은 당국에서 하루바삐 하수구의 정리를 해주며 파리의 구제 등 저급한 주민에게 위생의 인식을 주도록 엄중히 취체해 주기를 갈망하고 있다.

　서부 모 주민 담

여름이면 쓰레기 썩는 냄새와 모여드는 파리 때문에 잠시도 마음을 놓고 음식을 먹을 수가 없으며, 파리통을 너댓 개씩 놓고 날마다 한두 시간씩 때려잡아도 옆집이나 동리에서 금방금방 몰려들므로 여간 귀찮고 어려운 일이 아닙니다. 당국에서 저급한 주민들의 불결한 행동을 엄중히 취체하여 주어야지 그렇지 않고는 이 근처의 발전에도 관계가 크리라고 생각되며 우리는 여름 동안은 거름더미 속에서 사는 느낌이 있습니다. 운운

---

39) 이즈음.
40) 공지(空地).

「엄청나게 무서운 세균의 이야기 이로부터 위험한 계절 특히 음식에 주의하시오」, 『동아일보』, 1939년 6월 11일.

　여름이 되면 박테리아(세균)가 횡행하는 시절이 됩니다. 세균이라면 우리에게 무서운 해독을 끼치는 대단 무서운 것으로 아는데, 그 종류가 많이 있어서 독소를 배출하여 사람의 몸에 병을 일으키기도 하고 동식물에 해를 주기도 하지만 그중에는 우리에게 없을 수 없는 유익한 세균도 있습니다.

　먼저 유독한 박테리아를 말하자면 사람이나 동식물의 몸에 들어가 숙소를 정하고 그 몸의 양분을 빼앗아 먹으면서 제가 얻어먹고 사는 주인에게 병을 일으켜주는 밉살스러운 세균이 있습니다.

　이렇게 은혜 모르는 난폭한 놈을 병원(病原) 박테리아라 합니다. 현미경으로 보아도 잘 보이지 않는 이 못된 습격자에게 목숨을 뺏기는 사람이 적지 아니합니다.

　의학이 발달되지 못한 옛날에는 이 무서운 병마로 해서 한 동네가 전멸되는 상태에 이르러도 막을 방법이 없이 그대로 죽고 만 것입니다.

　이제는 의학이 발달되어 이만한 세균쯤은 박멸할 수 있게 되었으나 우리 생활이 위생적이 못 되면 세균은 제 세상이라고 날뛰고 야단입니다.

　사람의 몸에는 하늘이 주는 힘으로 그들을 박멸할만한 대항력이 있어 세균이 침입을 한다 해도 박멸시키느라고 대분투를 합니다. 만일 그렇지 못하다면 세균에 눌려 살 사람이 없었을 것입니다.

　박테리아가 없으면? 그야말로 큰일이에요 유익한 것이 대단 많습니다

　그다음에 우리에게 유익한 세균에 대하여 좀 들어보십시오. 우리에게 이익을 끼치는 세균도 상당히 많이 있어서 산업, 위생 그 외에 여러 가지 방면으로 이용되는 것이 많습니다. 예를 들면 초(酢)나 메주는 이 세균의 작용이 없이는 절대로 맛있는 초와 간장을 만들 수 없습니다. 버터나 치즈도 이것을 이용합니다.

　만일 세균의 활동이 없었다면 지구상 도처에 동물의 시체가 늘비했을 것이요, 쓰러진 나무가 발 디딜 틈이 없이 널려있었을 것입니다. 세균의 힘으로 이 모든 것들을 분해시켜 거름도 되고 우리가 유용하게 쓰게도 됩니다.

　세균의 수명

　그런데 세균의 수명은 얼마나 되나 종류에 따라 다르지만 보통 15분으로부터 20분간밖에 살지 못합니다.

　생물 중에 이것처럼 단명인 것은 없습니다.

　20분 만에 세균 자체가 분열을 하니까 24시간 동안에 4,720억이라는 놀랄만한 수효가 됩

니다.

또 세균 속에는 어떤 시기에 달하면 포자를 만드는 것이 있습니다. 이 포자는 저항력이 강해서 간조, 추위, 일광 직사 더위에도 견딜 수가 있습니다. 어떤 것은 섭씨 영하 130도 추위에 20시간 주어도 죽지 않는 것이 있습니다. 이 균은 더위에도 잘 참아서 백도 이상의 더위에서도 살아있으나 이는 그렇게 많은 것은 아닙니다.

더구나 현미경으로 보아 2,000배를 해야 그림에 보이는 것같이 보이는 균이 그러합니다. 우리 눈으로는 도저히 볼 수 없는 작은 것이 그렇게 사람의 생명력보다 강하니까 놀랄만하지 않습니까.

「위생별동대로 불결 채소상 감시 동서의 악역매개자 신퇴치책」, 『조선일보』, 1940년 7월 20일.

해마다 여름이면 여러 가지의 무서운 전염 병마에게 위협을 받아 그 근본적 퇴치에 전전긍긍하고 있는 경성부민에게 또 한 가지 경계의 적신호가 들린다.

부민이 매일 소비하는 채소를 거의 도맡아 가지고 있다시피 하는 왕십리와 청량리 근처의 허다한 채소 장사들은 거리 관계와 기타 사소한 비용을 아끼느라고 왕십리와 뚝섬 등 두 곳에 부영 세척장이 있는데도 불구하고 이곳을 이용하지 않을 뿐 아니라 깊은 밤이나 이른 새벽을 타서 몰래 경찰의 눈을 피하여 시내에서도 제일 더럽기로 유명한 청계천 물에다가 무배추 등 야채를 몰래 흔들어 가지고 들어와 퍼트리므로 이 때문에 여름의 경성은 직접 간접으로 무서운 전염병의 위협을 받지 않을 수 없게 된다.

이러한 숨은 병마의 매개자를 철저히 퇴치하기 위하여 시내 동대문서에서는 이번에 새로이 위생별동대를 조직해 가지고 앞으로는 단속을 엄중히 하게 되었으며, 만약 그래도 경찰의 눈과 부민의 건강을 속이려는 교활한 무장수 배추장수가 있는 경우에는 적발되는 대로 지금까지의 소극적 취체 방침을 단연 고쳐 이번엔 좀 정신이 번쩍 날 철퇴를 내려치게 되었다.

3. 잡지

「반도 의약계 대관」, 『삼천리』 제10권 제1호, 1938년 1월.

　세상이 진보할수록 인류의 활동은 번잡 복잡다단하며, 그러니만치 또한 활동의 요소로써 의사를 구하게 되어 현대 생활하는 모든 사람에게는 한 봉지의 약과 한 시간의 진찰이 모든 활력의 원천이 된다. 어찌 의약제 새 시대가 아니냐. 회고하건대 우리 반도가 세계 제일가는 건강 지대는 아니다. 그렇기에 우리들은 한층 더 좋은 의약을 얻어서 우리의 건강을 도와야 하겠다. 이에 세상에 이름이 높은 명의 명약을 찾아 소개하고자 하는 바이다.

　100여 년 역사 가진 조고약(趙膏藥), 천일약방(天一藥房), 1만여 개소의 판매망

　종로 4정목 네거리에서 남촌을 바라보고 조금 가노라면 다리를 채 건너지 않고 좌편 큰길가에 일견 댓바람으로 사람을 위압할 만큼 굉대 화려한 근대식 건물이 있나니, 이것이 곧 조고약을 만들어 내는 천일약방이다.

　조고약이라고 하면 원산벽지(遠山僻地) 삼척동자라도 다 알만큼 광범위로 선전된 유명한 약이거니와 이 조고약 제조 본포인 천일약방이 아주 화려한 거용으로 현하 반도 약업계의 왕좌를 점령하기까지에는 그야말로 남모를 고심분투와 장구한 150여 년 동안의 다대한 적공(積功)이 숨어 있나니, 즉 현재의 주인 조인섭(趙寅燮) 씨의 부친인 조근창(趙根昶) 씨는 본래 구한국시대의 한방의원으로서 약 150년 전부터 그의 집에 전래하는 독특한 종기선약(腫氣仙藥)을 가지고 주야 쇄도하는 환자군의 종처(腫處)를 일일이 치료하여 주었다고 한다. 그리하여 그 집 문전에는 어느 때든지 외과 환자로 인산인해를 이루었었다고 한다. 이와 같이 유일한 외과 의료품으로 써오든 약을 신학문을 배우고 신시대에 눈이 뜬 현주인 조인섭 씨가 장래 약업이 유망할 것을 선견(先見)하고 그의 22세 때 그 부친에게서 약국을 인계하게 되자 천일약방이라는 간판을 내걸고 수많은 사람에게서 열광적 환영을 받은 가전비방약(家傳秘方藥)을 조고약이라 하고, 이것을 매약(賣藥)으로 제조하여서 전국 각처로 널리 선전하여 의약의 혜택을 입을 수 없는 심산궁촌(深山窮村)에 사는 사람들에게도 다대한 도움을 주어왔다. 그리고 씨는 한편 일본 내지와 상하이(上海), 홍콩(香港), 중국 방면 40여 처의 상인들과 거래하여 조선산 약재는 중국 방면으로 수출하고 기타 외국 약재는 조선으로 수입하여서 조선 내에 산재한 여러 동업자에게 도매하여왔다.

　조인섭 씨는 원래 인후하고도 혜민다재(慧敏多才)한 분이다. 현재 천일약방에는 무역부,

한약건재부, 매약부, 양약도매부까지 있는데, 양약도매부에서는 경성 시내는 물론이요, 각 지방에 산재한 병원의 주문에 응하여 꾸준하게 배급하는 상태이다. 그리고 각부에는 도장(都長)이 있어 각기 부서를 담임하고 각자 함께 맹렬한 활동을 하는 중이다. 총자본금은 100만 원가량이요, 본점 외에 황금정(黃金町), 대구, 평양, 광주에는 큰 지점이 있고 50여 개소의 대리점과 1,400여 개소의 특약점이 있으며, 조고약을 소매하는 곳은 약 1만 곳이나 된다고 하니, 매년 판매고가 얼마나 굉장한 숫자를 돌파할 것인가? 이것이 어찌 일조일석(一朝一夕)에 완성된 업적이라 할 것이냐. 본지점을 통하여 밤낮 불구하고 바쁘게 일하는 180여 명의 종업원이 있다고 하니, 상호도 천일이지만 약업으로도 조선 천하에 하나이라고 하겠다.

또 한 가지는 업무를 더욱 확장하고 내용을 한층 더 충실케 하기 위하여 1937년 8월에 자본금 50만 원의 천일제약주식회사를 창립하고 제조매약부와 신약부를 특설한 후 대대적으로 활동을 하는 중인데, 주식회사 사장에 조근창 씨, 전무에 조인섭 씨, 상무에 김태연(金泰鍊) 씨, 감사에는 천일약방 매약부 주임이며 일체 선전에 관한 전권을 가지고 있는 박영덕(朴永德) 씨다. 박씨는 원래 두뇌와 수완이 남달리 비범하고 명민한 다각적 활동가이다. 여러 가지 복잡한 사무를 혼자 맡아보지마는 무엇이나 시원스럽게 어렵지 않게 잘하여 나가는 분이니만치 천일약방에는 없지 못할 큰 날개라 하겠다.

해외 진출의 백보환(百補丸), 평화당(平和堂), 창업 수년에 득세

요새 각 신문잡지의 전면을 독차지하고 일반 세인의 이목을 놀라게 하는 백보환! 폭풍적 세력으로 반도 약업계를 휩쓸어내는 백보환이다. 매일 같이 주문장이 쇄도하고 소포 꾸러미가 짐수레에 실려서 연달아 나간다고 한다. 이 백보환의 제조 본포인 평화당약방의 제약수는 엄청나게 110여 종이나 된다는데, 그중에서도 가장 대표약이 백보환과 그리고 몇 해 전에 한바탕 큰소리치든 상선임약(상선淋약)과 난궁환(煖宮丸) 등등이다. 현재 130여 명의 종업원이 밤낮 눈코를 못 뜨고 분망하게 일들을 하고 있다 하니, 그 업적을 가히 짐작할 것이 아닌가.

평화당 주인 이근택(李根澤) 씨는 매우 유덕하고 혜민한 분으로서 무엇보다 침묵을 사랑하는 특성이 있다. 반도의 상업 대왕 박흥식(朴興植) 씨와도 사업을 같이한 시절이 있었거니와 현재의 업적으로 보아 박씨에 지지 않을 만한 두뇌와 수완을 가졌다 하겠다.

지금 평화당에는 최신 과학적 대제약 기계가 있을 뿐 아니라 고속 전기윤전기를 신설하고 사옥도 1■■■■ ■축하자 동시 업무를 갑절로 확장 중이라 한다. 이 안에는 이근택 사회사업부가 있는데 명일 조선의 주인공이 될 유소년을 가장 씩씩하고 원기 있게 키워야겠다는 뜨거운 마음으로 먼저 유소년의 기생충 박멸 운동을 착수하고 몇 달 전에는 전국 338개 마을에 1만 명 어린이에게 기생충 박멸 약을 무료 발송하였거니와, 제2차로 다시 착수하여 소년·소녀로부터 기생충을 완전히 제거시켜 가지고 명일 반도의 광명을 가져오고자 한다고 한다. 기

타에도 여러 가지 좋은 일을 자꾸자꾸 착수하는 중이라고. 또 평화당 대표 약인 백보환을 세계적으로 그 진가를 인식시키고자 영국, 미국, 독일, 프랑스, 이탈리아 등 서양 각국 21개국에 수송을 완료까지 하였다니 참으로 굉장한 일이 아니냐.

평화당 안에 여러 가지 일이 자꾸 늘어가고 크게 됨에 있어 물론 사장 이근택 씨의 비범한 두뇌와 수완을 엿볼 수 있거니와, 선전부에서 밤낮 노력하는 명민 다재한 변귀현(邊貴鉉) 씨의 보통 사람으로 ■지 못할만한 탁월한 활동상을 역력히 알아볼 수가 있다. 〈37〉

의약 조선의 이채, 호르몬 의화학연구소

해초정(海草精)은 세상에 나온 지가 그렇게 오래되지 아니하였으나 지금 와서는 누구나 모를 사람 없을 만큼 너무나 유명해진 약이다. 1차 복용한 사람으로는 반드시 탄복해 마지않는다 하니, 매일 같이 감사장과 주문서가 쇄도한다는 것도 허전(虛傳)은 아닐 것이다. 이 약을 제조하는 위의 연구소의 제조 신약 20여 종 가운데 가장 대표되는 약이니만치 그 효력 여하도 가히 짐작하겠다. 일반의 호평으로 미루어 보아 바야흐로 해초정 시대가 도래하는 감이 없지 않다.

이 연구소의 주인 되는 김삼진(金三辰) 씨는 1930년도에 경성약학전문학교를 우수한 성적으로 졸업하고 개성 도립병원에서 만 2개년간이나 근무하면서 꾸준히 연구를 거듭하였으며 경성으로 올라와서도 어떤 큰 약방에서 만 2개년간 연구 실험하다가 절대 자신하는 바가 있어 약 3년 전에 독자적으로 개업한 매우 자상하고 업무에 성실한 분이다.

또 최근에는 보혈강제인 코르몬(コルモン)이라는 약과 부인병 근본적 치료제인 오베스몬(オベスモン)이라는 약을 또 제조해 내여 의약 조선에 다시 한번 거탄(巨彈)을 던졌는데, 코르몬은 연합 호르몬 즉 화영약(和渶藥)의 음양■(淫羊■) 엑기스와 인삼 기타의 성분으로 된 약인데 생식기 장애, 신경쇠약, 노쇠 근기 상실, 빈혈 등 증상에 유효하다고 한다. 복용한 사람의 말을 들어보니, 어떻게 빠른 효과가 있는지 모른다. 그리고 오베스몬이라는 부인약은 가장 진보된 호르몬 학설에 입각하여 자성 동물난소(雌性動物卵巢)로부터 독특한 방법으로 호르몬을 추출하여 협잡물(狹雜物)을 완전히 제거한 극히 순수한 것의 최적량을 포함시킨 난소 호르몬제에다 화영익모초(和渶益母草)에서 취한 엑기스 기타의 유효성분을 포함한 화영약 등을 가하였고 골질조성상(骨質組成上) 중요한 칼슘을 배제한 최신 치료제로서 치료상의 효과는 임의 임상가의 실험 추장(實驗推奬)하는 부인병약이라고 한다. 조선 내에서는 호르몬제제(製劑)를 전문으로 하는 곳이 없으니만치 이 연구소는 가장 남다른 특색을 발휘하는 곳이라 하겠다. 하여간 돌아올 앞날을 전망하고 가장 실질주의로 업무를 착착 진행하느니 만치 장래가 여간 주목되는 바 아니다.

만병수정(萬病水錠) 본포(本舖)-어을빈제약주식회사(魚乙彬製藥株式會社)

어을빈 만병수라면 삼천리 방방곡곡, 남녀노소를 물론하고 사람마다 입에 오르내리던 유명한 약이었다. 이 약은 본래 미국 의학박사 어을빈(Charles. H. Irvin, 1862-1933) 씨의 다년간 연구 실험한 결정으로 일제강점 이전에 생긴 약이다. 어을빈 씨가 이 약을 정제하여 치병 제세적 역할을 해 내려오기 수십 년간, 불행하게도 별세하게 되자, 박사가 죽은 해 즉 1933년부터 회사로 조직하고 박사의 아들 어을빈 씨가 사장이 되어 물약을 병에 넣어 팔면 송료 관계, 침전 관계, 약효 관계, 파손 관계, 기타 여러 가지로 보아서 복용가에게 불리한 것을 절실히 느끼고 알약(錠)으로 개량하여 복용가 본위로 만들었느니 이것이 독 어을빈만병수정(魚乙彬萬病水錠)이다. 이 약의 효력이 탁월하여 일반대중에게 널리 알려지자 만주국 또는 조선에서까지 일확천금하고자 유사품을 만들어서 세상 사람을 방황하게 하는 자까지 있다고 한다.

이 회사의 지배인 양성봉(梁聖奉) 씨는 매우 혜민하고 인후 다정한 인격자로서 현재 부산 삼일유치원장이며, 장로교회 장로인 신실한 분이다. 끝으로 어을빈 약품 5대 강령을 기록한다.

최고의 경험, 어을빈 박사가 재선(在鮮) 40년간 귀한 경험으로 조선의 풍토와 체질에 적합하도록 연구한 고귀약(高貴藥)이다.

최고의 원료, 다귀(多貴)한 원료와 일일이 정선된 약재만을 배제하여 합리적으로 제조한 高의 치병제이다.

최신의 제법, 약품 제조에 이상적인 정제로 변경하고 제조 비방과 기계설비에 최신의 정예를 다하였다.

최대의 약효, 원료의 x 즉 그 정(精)을 알약(錠)으로 제조한 고로 소량으로도 귀한 효과를 얻고 최대의 능력을 발휘한다.

최저의 약값, 이 원료 이 효과! 이런 약을 이런 가격으로는 살 수 없으니 최고제에 최저가를 단언할 수 있다. 〈38〉

인삼 노포(人蔘老舖)-고려삼업사(高麗蔘業社)

고려인삼의 노포인 동사는 창업 이래 20여 년 동안 꾸준히 판로확장과 품질향상에 주력해왔으며, 산업기관으로써 삼도(蔘都) 개성의 면목을 세상에 선양한 바 크다. 동사에서는 중국 각처에서 생산되는 당재(唐材)를 직수입할 뿐 아니라 당초재(唐草材)의 물품선택과 정밀을 상도(商道)로 하여 한반도 영약계(漢藥界)에 모범을 보이고 있다.

중일전쟁으로 인하여 중국 무역이 두절되자 당재(唐材)의 시가는 일약 2, 3배 이상으로 고등(高騰)한 이때, 동사는 재경(在京) 중국인 무역상이 귀국 당시에 솔선하여 당재를 독점 매입하여 가지고 적당한 시가로 일반고객에게 만족을 준다고 한다. 그리고 또 40여 종의 고약

(膏藥)을 특제하여 조선은 물론 일본 내지와 해외에까지 진출하고 있으며 특히 인삼 영신환(靈神丸), 인삼 활■탕, 삼용에리크(蔘茸エリク) 등 인삼배합의 신효제를 연구 제조하여 발매하는 바, 과연 1차 복용한 사람은 모두 호평이라 한다.

이 회사의 사장 손홍준(孫洪駿) 씨는 매우 상세하고도 인후한 분으로서 일찍이 고베(神戸) 고등상업학교를 마치고 개성 실업계에서 가장 중진으로 활동하는 중이다. 씨의 선친인 인삼왕 손봉상(孫鳳祥) 시대로부터 금일의 고려인삼의 성가(聲價)를 세계적으로 알리기까지 위대한 공로자이다. 씨는 현재 개성인삼동업조합장, 개성인삼판매조합장, 개성삼업주식회사 이사, 개성상공회의소 의원 등의 중요한 의자를 점령하고 있는 분이다.

평양 약업계의 권위–영생당제약사(永生堂制藥社)

평양서 가장 손꼽는 약방이다. 1926년에 창립하였으나 벌써 대리점, 특약점이 3천여 곳에나 널려 있다. 제조 매약(賣藥)은 30여 종인데, 그중에 대표 약으로 말하면 5대 명약이라는 최씨네 비전고(秘傳膏)와 구급■약인 천보수(天寶水)요, 부인선약(婦人仙藥)인 태양조경탕(胎養調經湯)과 피부약인 멸■수(滅■水)와 해열약 네소피린(ネッピリン)이다. 이 가운데서 또다시 고른다면 최씨비전고와 천보수일 것이다. 이 약방의 주인 최영원(崔永源) 씨는 퍽이나 급밀(級密) 상세하고 경쾌 친절한 분이다. 매년 판매고는 4, 5만 원이 된다고 하며, 현재에 있는 두 개의 공장이 좁아서 대동강변에 제3공장을 또다시 건축 중이니 크게 주목된다.

삼업(蔘業) 개발의 선구–개성삼업주식회사

천몇백 년의 역사와 세계 무비(無比)의 ■약으로 영약의 왕좌를 독점한 인삼은 반도 명산으로 참다운 가치를 발휘하고 있다.

송악산■(松岳山■)의 고려왕조 유지 만월대(滿月台)의 좌측에 광활한 2만여 평의 광대한 제조공장이 보이나니, 이것이 작년 11월 여러 가지 난관을 돌파하고 삼업개발을 위한 일대 비약을 모토로 하여 설립된 개성삼업주식회사이다.

이 회사의 창립이 일천함에도 불구하고 업적은 비상히 양호하여 작년도(1936년)의 제조 수량은 24만 근이라는 실로 경이적 숫자를 보이는데 예년에 비하여 수만 근의 증산임에도 불구하고 완비한 동사의 판매망은 이 압도적 생산을 전부 소화시킨 것은 실로 사계(斯界)의 놀랄만한 사실이라 하겠다. 이것이야말로 회사 측의 비장한 노력과 판매자 측의 분투가 일치한 동사의 자태가 여실히 반영된 것이니 반도 산업계를 위하여 비상히 기뻐할 바 아니하겠다.

판로에 대하여

인삼 판로에 있어서는 현재에 조선 내 7할, 일본 내지, 중국, 남양 제국 기타 합하여 3할 가량이었는데, 이것만으로는 불과하다 하여 동 회사에서는 창립 이래 다대한 희생도 돌아보지 않고 신판로의 확장개척에 크게 주력한 결과 지금은 세계적으로 판매망이 확장되었나니 판로는 다음과 같다.

조선, 하와이, 일본 내지, 인도, 화태(사할린), 태국, 대만, 유럽, 관동주, 만주국, 북미, 중국, 말레이시아 반도, 남양군도 등지이다.

사장 공성학(孔聖學)

전무 조용환(曺龍煥)

지배인 야마시나 겐류(山階賢隆)

부산대양무역회사(釜山大洋貿易社)의 해구신(海狗腎)

이 회사는 경북 재계의 유수한 인사가 참가한 회사로서 화태청(화太廳) 직영 포획 진품 해구신을 특약하여 선만일수(鮮滿一手) 판매를 하는데, 이 북양산 해구신은 보건상 천혜적 영약이라 한다. 세간에는 가짜가 많으나 이것만은 진품이라고 한다.

개성한약사─장간형(張干炯)

씨는 10년 전에 송도고보를 졸업하고 1934년에 구식 사람으로는 불가능한 시험제도를 돌파하여 약종상 자격을 얻었는데 매우 쾌활한 분이다. 각종 약재를 중국 및 일본 내지에서 직수입하여다가 도매도 하고 소매도 하는 규모 있는 유명한 약방을 경영하는 분이다.

개성 이문순(李文淳)

씨는 매우 관후한 분이다. 20년 전에 10원 돈으로 약업을 시작하여 꾸준한 마음으로 지금까지 오직 한길만 걸어온 결과 현재는 1만여 원의 자금으로 버젓하게 하는 중이다. 제조 고약 15종 중에 대표 약으로는 백약지왕(百藥之王)이라 하는 인삼 엑기스이다. 영약 건재도 취급한다고.

부산 방면

치과계의 태두 김창치과의원(金昌齒科醫院)

치과하면 김창치과를 지칭할 만큼 일반의 인식과 신뢰를 받고 있다. 원장 김창규(金昌圭) 씨는 마음이 너그럽고 다정다감한 비상한 재사로서 23세 때 의사시험에 합격되어 개업 이래 위생에 대한 것은 물론이요, 기타 교육을 위하여 문화 조선의 향상을 위하여 다대한 희생적 정신으로 애쓰는 분이다.

영제 김찬규(金讚圭) 씨도 상냥하고 다재한 분으로서 1935년에 경성치과의전을 졸업한 후 도쿄고등치의학교(東京高等齒醫學校) 구강외과에서 연구하다가 돌아와서 형님과 한곳에서 환자들을 위하여 주야 분망한 가운데 있다.

도규계(刀圭界)의 중진 이근용(李瑾鎔)

씨는 극히 시원하고 상세한 분으로서 다각적 활동가이다. 〈39〉 1918년에 경성의전을 졸업하고 세브란스병원에서 2개년, 경성제대 외과에서 3개월간 근무하다가 약 12년 전에 부산서 개업한 이래 날로 일반의 신뢰를 받고 있다.

씨는 현재 부의원으로서 권투구락부도 경영하고, 또 아동교육을 위하여 애쓰는 분이다. 매일 환자가 50명가량이라 하니 환자들도 보살피고 사회 사업하느라고 주야 눈코 뜰 새 없이 분망할 것이다.

부산 김용석(金龍錫, 東光醫院)

씨는 부산에서 안이비인후과 의사로 이름이 높다. 1927년 세브란스의전을 마치고 같은 부속의원에서 1개년 반, 대구 동산병원(東山病院)에서 10개 성상이나 근무하다가 1937년부터 부산서 개업하였는데 매일 환자는 30여 명이라 한다.

부산 이귀흥(李貴興, 永濟醫院)

씨는 매우 탄력있고 씩씩한 분으로서 1935년에 경성의전을 마치고 대구도립의원에서 4년, 경북 안동도립의원에서 2년간 근무하다가 6년 전부터 부산서 개업하였는데, 굉장히 크게 근대식으로 집을 지어놓고 3,000여 원으로 렌트켄, 태양등, X광선, 자외선, 적외선을 설립해놓고 환자 대중에게 편리를 준다고 한다.

소아과의 거두-동산의원(東山醫院) 김형기(金炯璣)

씨는 천성이 온후한 인격자로서 의사로뿐 아니라 여러 방면에 대한 지식이 풍부하다. 1921년에 경성의전을 마친 후 조선총독부의원에서 1년간 연구를 거듭하였고, 동래군에서 소아과 내과 전문으로 개업하고 있다가 1928년에 일반유지의 권유로 인하여 부산으로 이전 진출하게 되었다.

1930년 신춘에 2층 양옥의 병사(院舍)와 입원실을 신축하고 이래 명실공히 소아과, 내과의 거두로서 일반환자의 신뢰를 날로 두텁게 하고 있다.

산부인과의 명성-부인병원(婦人病院) 정봉금(鄭鳳今) 여사

여사는 매우 영민하고 다재한 분으로서 일찍 일본고등여학(日本高等女學)을 우수한 성적으로 졸업한 후 경남도청 교육계에서 2개년간 근무하다가 도쿄로 건너가 도쿄의전(東京醫專)을

1933년도에 마치고 부산철도병원 산부인과에서 2개년간 근무하다가 만 2개년 전부터 개업하였는데 일반환자로부터 많은 신뢰를 받고 있다.

대구 방면
대구 도규계의 거성-남산의원(南山醫院) 김재명(金在明)
씨는 세브란스의전을 마치고 대구 동산병원(東山病院)에서 11년간 근무하다가 1931년부터 개업하였는데, 자선심이 풍부하여 3년 전부터 학생 두 사람이나 교토공과대학(京都工科大學)에 입학시켜 공부시키는 중이다.

인천 방면
인천 김태근(金兌根, 東洋醫院)
씨는 어떻게나 사근사근한 분인지 모른다. 1928년에 세브란스의전을 졸업하고 동 부속의원에서 2개년간, 그 후 전북에서 개업하고 있다가 2년 전부터 당지에서 개업하였는데, 금번 기자에게 다음과 같은 말을 해 주었다. 의사가 반드시 금전만 안다고 생각하는 사람은 잘못이라고.

인천 안두호(安斗護, 安斗護齒科醫院)
씨는 아주 쾌활하고 조직적인 분이다. 1933년에 경성치과의전을 졸업한 후 곧 인천에서 개업하였는데 성적이 매우 양호하다고 한다. 〈40〉

인천 김석영(金錫永)
씨는 1934년에 경성치과의전을 졸업하고 몇몇 병원에서 근무하다가 동년 8월부터 당지에서 개업하였는데, 매우 무게가 있고 재주있는 분이다. 환자도 다수에 달한다고 한다.

인천 박순정(朴順婷, 婦人病院)
씨는 지금 26세. 경성여자의학강습소 제1회 졸업생으로서 검정시험에 패스되어 명예스럽게도 일약 의사가 되어 경성제국대 와카이내과(若井內科)에서 1개년, 인천 부인병원에서 3개년간 근무 중이다. 경쾌한 표정과 정채(精彩) 있는 그의 맑은 눈은 다재한 것을 넉넉히 증명하고 있다.

평양 방면 산파
도규계의 중진-평양 변린기(邊麟奇, 喜生醫院)

씨는 인후 온건한 정력가이다. 1910년에 경성의전 전신인 구 대한의학교를 우수한 성적으로 졸업하고 전남 조선총독부 자혜의원에서 2개년간 근무하다가 25, 6년 전부터 개업하고 그동안 수많은 환자 대중의 생명을 구출하였다. 씨는 현재 상수심상소학교(上需尋小學校)와 만수심상소학교(萬壽尋常小學校) 의사인 동시에 부의원이요 산파강습소장이다.

씨는 직업여성 양성 목적보다 위생 중에 가장 산파역이 중대한 것을 느끼고 1923년에 이 강습소를 창립하였다. 그동안 졸업생이 400여 명에 달하고 130여 인은 산파면허장을 맡아서 여러 곳에 흩어져 활동한다고 한다. 씨가 경영하는 병원에는 입원실이 15개 소나 있는데, 네 개의 온돌방을 제외하고는 전부에 스팀이 놓여있다. 매일 환자가 8, 90명씩 출입하느니 만치 침식을 제때 하지 못할 정도로 다망하다.

평양 이상빈(李尙斌, 野雲堂醫院)

씨는 매우 온후 다정한 분으로서 1924년에 의과를 마치고 충북 충주 자혜의원에서 만 2개 년간, 전남 목포에서 8개년간 개업, 평남 평원에서 7개년간 개업, 성대(城大) 의학부 안과 이 비인후과에서 2개년간 연구하였고 평양에서 개업한 지도 벌써 7개 성상이 넘는다. 오랫동안 쌓은 연구 경험은 찾아오는 환자들에게 반드시 기쁨을 줄 것이다.

평양 김정화(金正和, 水玉齒科醫院)

씨는 1932년에 경성치과의전을 마치고 평남도립병원에서 2개년간 근무하다가 도쿄치과의 전(東京齒科醫專) 부속병원과 모 대학 부속병원을 거쳐 가자고 약 1개년 전부터 평양에서 개 업하였는데 매일 찾아오는 환자들에게 호평을 받는 활달한 의사이다.

평양 김운병(金雲炳, 錦城醫院)

씨는 오산고보(五山高普)를 졸업하고 검정시험에 패스되어 단번에 의사로 등장하게 되었 다. 그 후 황해도 장■공의(長■公醫)로 2개년간 근무하다가 지금은 평양서 개업하고 있는 한편 ■성의학강습소 교사로 있는 중이다.

개성 방면

개성 엔도 요시미(遠藤義見, 遠藤齒科醫院)

씨는 오사카(大阪) 모 치과의원에서 실지로 다년간 경험을 쌓아가지고 1930년에 검정시험 에 패스되어 명예롭게도 의사 자격을 획득하여 지금 개성에서 개업하고 환자들에게서 다대한 호평을 받는 분이다.

개성 와타나베 미치오(渡邊道夫, 渡邊齒科醫院)

씨는 1927년에 경성치과의전을 졸업하고 대학병원에서 2년, 도립의원에서 3년간 근무하다가 개성에서 개업하고 환자들을 위하여 주야 노력하는 가운데 있다. 현재에 씨는 개성치과의 사회장이요, 또 개성부회 의원인데 매우 쾌활하고 다정다재한 분이다.

개성 오정용(吳廷龍, 고려치과의원)

씨는 일찍이 일본 모 치과의원에서 4개년간 근무하다가 1931년도에 검정시험에 패스되어 황해도에서 개업하고 있다가 지금 개성으로 이전하였는데, 아주 이해가 넓고 동정심이 풍부한 다정한 청년이다.

개성 최창순(崔昌順, 十字醫院)

씨는 8년 전에 세브란스의전을 마치고 남성(南星)병원에서 7개년간 근무하다가 재작년 12월부터 개업하였는데, 매우 자상하고 꼭 깨인 친절한 분이다. 환자가 쉴 새 없이 출입하는 것으로 보아 명성이 높은 것을 가히 알겠다.

개성 방규환(方奎煥, 方啓煥치과의원)

씨는 도쿄우라와(東京浦和)치과의전을 1928년에 미치고 또 경성약학교를 마친 후에 숙부의 치과에서 얼마 동안 연구 실험하다가 경성에서 2개년간 개업한 일이 있다. 그 후 동생 방계환(方啓煥)과 현지에서 같이 일을 보다가 동생은 별세하고 현금 씨가 혼자 운영하는 중인데 매우 민첩 다재한 분이다.

개성 임헌장(林憲章, 大同醫院)

씨는 1919년에 치바의전(千葉醫專)을 졸업하고 여러 병원에서 다년 근무하다가 13년 전부터 개성서 개업하고 있는데, 연조가 오래된 만큼 일반환자에게 많은 신임을 받는 매우 씩씩하고 다감한 분이다.

신포(新浦)의 공의(公醫) 이강(李橿, 漢山醫院長)

씨는 1923년도에 경성의전을 졸업하고 총독부 병원에서 1년 반, 삼수(三水) 공의로 2년 반, 북청에서 3년간 개업, 신포 공의로 10년간 근무 중이다. 씨가 기자에게 들려준 말은 남달리 특점이 있었으니 요점은 다음과 같다.

현대 의업 조직은 불합리하다. 이것을 면(面) 경영으로 하되, 의사의 총수입에 대한 상여금을 백분의 일이나 혹은 천분의 일로 정하면 좋을 것이다.

신포 전주웅(全柱雄, 新星齒科醫院)

씨는 1936년에 경성치과의전을 졸업하고 함흥 도립의원에서 근무하다가 금년 5월에 신포에서 개업하였는데 매우 친절한 분이다.

신포 이정백(李楨伯, 三省醫院)

씨는 1935년에 세브란스의전을 졸업한 후 평양기독병원과 함흥 자혜병원을 거처 신포에서 2개년 전에 개업하였다. 아주 퍽 재미있는 분이다.

북청 최용무(崔溶武, 三星醫院)

씨는 1923년에 경성의전 졸업 후 총독부 병원 내과에서 2년, 경성제대 내과에 1년 반, 그 후 북청에 와서 개업하고 있다가 1933년부터는 공의가 되었는데, 매우 덕망이 높은 분이다.

홍원 강필모(姜弼模, 東西醫院)

씨는 1934년에 경성의전을 졸업한 후 동 부속의원을 거처 전남 도립의원에서 2년간 근무하다가 홍원읍으로 와 개업하였는데, 아주 상냥한 학자 양반으로 현재 한방의학을 주야로 연구 실험하는 중인데 일반환자로부터 매우 호평을 받는다고 한다.

홍원읍 이종술(李鍾述, 洪原醫院)

씨는 1929년에 경성의전을 졸업하고 혜산 도립의원을 거처 기타 여러 곳에서 다년간 환자를 위하여 노력하다가 이곳 공의로 되었는데, 매우 친절하고 탄력이 있는 분이다. 매일 환자가 4, 50명이나 된다고 하니, 그의 교위여하(按衛如何)를 가히 짐작할 것이 아닌가.

단천 권두경(權斗經, 大東醫院)

1924년에 경성의전을 마친 씨는 함흥서 4년간 개업, 평북 후창(厚昌) 공의로 4년간, 단천읍에서 개업한 지도 벌써 5개년인데, 극히 부드럽고 믿음직한 분이다.

차호(遮湖) 김상열(金相兌, 金相兌醫院)

씨는 1926년에 경성의전을 졸업하고 외무성 촉탁의로 3년간, 함남도 공의로 6년간, 보통학교장으로 2개년, 작년 6월부터는 현지에서 개업하였는데, 대하는 사람에게 호감을 주는 정답고도 쾌활미가 넘치는 분이다. 그동안 교육을 위하여 환자를 위하여 다대히 진력하였을 뿐 아니라 지금도 매일 50여 명 환자를 취급하는 중이다.

성진 윤치노(尹致魯, 濟衆醫院)

씨는 1923년에 경성의전을 졸업하고 강원도 춘천 도립의원에서 2개년 반, ■헌대학(■憲大學) 안과에서 1년간 연구, 성진 도립의원에서 1년간, 경성의전 안과 강사로 1년간, 인천 부립의원에서 약 3년간 근무하다가 6년 전부터 현 장소에서 개업하였는데, 매우 인후한 분이다. 환자는 매일 30명가량이라고 한다.

성진 김경운(金敬運, 金齒科醫院)

1933년도에 규슈치과의전(九洲齒科醫專)을 졸업하고 나와 고향 성진에서 지금까지 개업하고 있는데, 씨는 쾌 겸손한 분이다.

신창. 이형원(李亨垣, 常春醫院)

씨는 1924년에 경성의전을 졸업하고 공의가 되어 현지에 와 있는데, 금년에는 도의원으로서 정치무대에까지 출마하여 어촌 부흥을 목적하고 신창에 제일 축항을 운동 중이며, 또 북청에 고등보통학교를 운영하는 가운데 있는 다각적 활동가이다.

홍남 방형련(方亨鍊, 弘濟醫院)

씨는 1935년에 평양의전을 졸업하고 평양의원을 거처 홍남 모 병원 소아과에서도 10여 개월 근무하다가 약 2개년 전에 개업하였는데, 매우 민첩 다재한 분이다.

함흥 안상철(安尙哲, 濟惠病院)

씨는 매우 다정스럽고 경건한 분이다. 씨가 병원을 하는 목적은 육적(肉的) 방면에만 한한 것이 아니라 종교적 입장에서 복음을 선전하기 위함이라 한다. 씨는 1915년에 세브란스의전을 졸업하였다. 〈41〉

「반도 의약계 대관(2)」, 『삼천리』 제10권 제8호, 1938년 8월.

반도 약업계의 성장은 외적 경쟁보다 내실적 경쟁에 있다.
－고려약제사회 회장 이경봉(李庚鳳) 씨 담

의약 본래의 사명은 사회 구성분자 각자로 하여금, 건강과 능률과 행복을 향수케 함을 최대 이상으로 하는 것이다. 따라서 여기에 어떠한 결함이 있을 경우는 이것이 변혁 시정되고 건강의 보지 증진과 지병의 치료 예방에 필요한 적극적 노력이 있지 않으면 안될 것이다. 반도 약업계의 과거를 보건대, 약제사가 희소했든 연고겠지만 너무도 무책임하고 노력이 부족했던 관계로 여간한 결함이 있지 않았다. 따라서 일반 소비대중에게 신용을 잃는 반면 사계(斯界)의 융흥을 보지 못하였다. 금후로는 책임있는 약제사가 증원될 터이라 점차 개량 향상될 줄 알거니와 광고와 내적 효력이 동일하도록 우리는 가일층 고심 정제하지 않으면 안될 것이다. 이렇게 하면 소비대중에게 유익할 것은 물론 외래품까지도 능가할 만치 독특한 세력을 발휘하게 될 것이다.

씨는 38년이란 역사를 가진 청심보명단(淸心保命丹) 제조 본포인 제생당(濟生堂) 약방의 현 주인이다. 24세 때에 약학 전문을 우수한 성적으로 졸업하고 나온 후, 형식주의보다 내용주의, 일시주의보다 영구주의 아래 〈169〉 일심불란 지금까지 사계에 정진한 매우 온후 독실하고 규모적으로 된 분이다. 이런 주인을 가진 제생당 약방이니만치 불원하여 전 동양적으로 손꼽을 만치 거대한 존재가 될 줄로 믿는 바이다.

활명수(活命水) 본포 동화약방(同和藥房)

활명수라 하면 누구나 모를 사람 없을 만치 유명한 약으로서 이 약의 제조 본포인 동화약방이 창설되기는 약 40여 년 전이다. 옛 주인 민강(閔橿) 씨가 세상을 떠난 직후에는 여러 가지 파란곡절도 많아 침체, 위축, 혼란, 이런 위급존망의 참담한 상태를 미면한 적도 있었으나, 이제로부터는 제반 사무가 정리되어 발전향상의 신흥기분이 농후하다. 이 약방에서는 자가 약품을 일반대중에게 인식시키기 위한 방편으로서의 광고의 필요만은 느끼고 있으나 자가 몰락의 필연적 운명을 내포하고 있는 경쟁적 상업 수단 같은 것은 애당초에 취하지 않는 모양이다. 지금 매약 수가 70여 종이나 되고 대리점 특약점이 전선적으로 약 1,400여 개소나 되고 40여 명의 종업원이 밤낮 눈코 뜰새 없이 바쁘다 하니, 얼마나 업적이 양호한 것을 가히 짐작하겠다.

삼도의 모범적 존재 고려삼업사

고려인삼의 노포인 동사는 창업 이래 20여 년 동안 꾸준히 판로확장과 품질향상에 주력해 왔으며 산업기관으로서 삼도 개성의 면목을 세상에 선양한 바 크다. 동사에서는 중국 각처에서 생산되는 당재를 직수입할 뿐 아니라 당초재의 물품선택과 정밀을 상도로 하여 반도 한약계에 모범을 보이고 있다. 〈170〉

중일전쟁으로 인하여 중국 무역이 두절되자, 당재의 시가는 일약 2, 3배 이상으로 고등(高騰)한 이때 동사는 재경(在京) 중국인 무역상이 귀국 당시에 솔선하여 당재를 독점 매입하여 가지고 적당한 시가로 일반 고객에게 만족을 준다고 한다. 그리고 또 40여 종의 매약을 특제하여 조선은 물론 일본 내지와 해외에까지 진출하고 있으며, 특히 인삼 영신환(靈神丸), 인삼

활부탕(活婦湯), 삼용액기스 등 인삼 배합의 신효제를 연구 제조하여 발매하는 바, 과연 일차 복용한 사람은 모두 호평이라 한다.

이 회사의 사장 손홍준(孫洪駿) 씨는 매우 상세하고도 인후한 분으로서 일찍이 고베(神戶) 고등상업학교를 마치고 개성 실업계에서 가장 중진으로 활동하는 중이다. 씨의 선친인 인삼왕 손봉상(孫鳳祥) 옹 시대로부터 금일의 고려인삼의 성가를 세계적으로 알리기까지 위대한 공로자이다. 씨는 현재 개성인삼동업조합장, 개성인삼판매조합장, 개성삼업주식회사 이사, 개성상공회의소 의원 등의 중요한 의자를 점령하고 있는 분이다.

평양 도규계(刀圭界)의 거성
변인기(邊麟奇)

인후 건실하고 보통 사람조차 가지 못할 만치 발군적 정력가인 씨는 다각적 활동가로 일반의 존경을 받는 평양 도규계의 거성적 존재이다. 1910년 경성의전 전신인 규슈치의학교를 우수한 성적으로 졸업하고 전남 조선총독부 자혜의원에서 2개년간 근무하다가 25, 6년 전부터 개업하고 그동안 수많은 환자 대중의 위태한 생명을 구출한 은인이다.

씨는 현재 상수심상소학교(上需尋小學校)와 만수심상소학교(萬壽尋常小學校) 의사인 동시에 부의원이요 산파강습소장이다. 씨는 직업여성 양성 목적보다 위생 중에 가장 산파역이 중대한 것을 느끼고 1923년에 이 강습소를 창업하였는데, 그동안 졸업생이 400여 명에 달하고 130여 인은 산파면허장을 맡아서 여러 곳에 흩어져 활동한다고 한다. 씨가 〈171〉 경영하는 병원에는 입원실이 15개소나 있는데, 네 개의 온돌방을 제하고는 전부에 스팀이 놓여있다. 매일 환자가 8, 90명씩 출입하느니 만치 침식을 제때 하지 못할 정도로 다망하다. 씨의 과거의 역사나 현재의 활동 범위로 볼지라도 그의 경험이 얼마나 풍부하고 또한 얼마만치 일반대중이 신뢰하는 분인가를 넉넉히 짐작할 것이다.

욱일승천의 세로 나가려는 수생제약합자회사

조선 내에 소위 제약 본포라는 간판을 내건 집이 상당한 숫자에 달하거니와 이 가운데서도 명실공히 두드러진 몇몇 곳 밖에 아니 된다. 그러나 비교적 역사는 짧으면서도 튼튼한 지반 우에서 초지를 일관키 위하여 제반사를 그럴듯하게 진행시키고 있는 곳은 지금 말하려는 수생제약합자회사이다.

이 회사가 창립되기는 약 3개년 전이나 판매처가 조선과 만주에 100여 곳이나 되고 현 종업원이 70명, 또 7월 하순에는 신경(新京)에다 지점까지 설치하리라 하니, 매우 장래가 주목된다. 현재 제조 매약 60여 종 중 대표 약으로 민보환(萬補丸), 강장 네오세이(ネオセイ), 임질 명약 메소린(メツリン), 또 한 가지 특기할 것은 두통약으로 이름이 높은 노신(ノシン) 이상의 효과가 있다 하는 노카리(ノカイ)라는 약 등등이다. 이 약은 신약을 배합하여 특별 정제한 절대 자신하는 약이라 한다.

이 제약회사의 대표 황인명(黃仁明) 씨의 두뇌가 남달리 명민하고 또한 성실한 분이니만치 효력과 신용 본위로 나갈 것은 물론, 의학 조선에 큰 공헌이 있을 줄 믿는 바이다. 〈172〉

방인근, 「나는 빈대입니다」, 『조광』 34호, 1938년 8월.

나는 빈대입니다. 별호는 남경충이니, 갈보니, 납작이니, 붉은 공산당이니 여러 가지가 있습니다. 내 고향은 중국 남경인데, 제2 고향은 조선 경성이 되어서 경성충이란 별명을 듣게끔 되었습니다. 우리 동족의 수는 국세조사를 여러 번 해 보았으나 모두 숨어 살기 때문에 그 정확한 숫자는 모르되 짐작하건대 여러분 사람의 세계 인구보다 몇 배 이상이 될 것입니다.

우리의 지금 분포 상태로 말하면 세계 어디나 구석구석 아니 빈 데가 없어 대단히 발전하고 번성하는 중에 있는 것은 기뻐 마지않는 배올시다. 이것도 오로지 사람이신 여러분의 덕택이요, 여러분의 후하신 자선심으로 나누어 주시는 그 피로 연명해 나가는 것은 어찌 감사한 말씀을 다 드리겠습니까.

그러나 예전 사람의 인심은 후하더니 요새 사람들은 어떻게도 인심이 강박한 지 인색하게 벌벌 떨며 우리를 미워하는 것이란 말로 할 수 없습니다. 우리만 보면 그저 불공대천지원수를 만난 듯이 손가락 하나를 육혈포처럼 내밀고 이를 악물고 눈을 부릅뜨며 죽이려고 덤벼듭니다. 만물의 영장이신 점잖으신 사람으로 너무 좀 비열한 행동이 아니실까요. 그리고 대체 무슨 약을 그렇게 자꾸 발명해 가지고 우리를 멸하려고 하는지 모르겠습니다. 그러나 암만 여러분 인류들이 우리 대민족인 빈대를 전멸시키려고 하지만 도저히 불가능한 것을 이에 선언합니다.

여러분, 여러분이 우리를 멸족시키려고 가진 약을 발명하시느라고 애쓰지 마시고 우리의 식량문제를 해결해 주시오. 그것이 오히려 현명한 일일 것입니다. 우리가 딱 질색하는 냄새 고약한 약을 뿌리는 대신에 사람의 피와 비슷한 우리 좋아할 것을 뿌리십시오. 그러면 우리는 그것을 먹고 그것으로 만족하고 구태여 여러분의 요 밑으로 옷 속으로 가슴을 두근거려 가며 몰래 들어가 여러분의 살 위에 기어다니며 피를 쪽쪽 빨아먹는 그런 잔인무도한 행동은 아니 할 것이 아니오리이까. 우리도 목숨을 끊을 수 없고 먹고살려니까 불가부득기 여러분의 피를 빠는 것이 아닙니까. 그렇다고 우리만 욕하실 게 아니라 당신네 사람도 아주 영장이니, 종교니, 도덕이니 떠들고 큰기침하지만 당신네는 뭐 더 심한 일도 하더군요. 에헴!

우리 조상 적부터 왜 하필 사람의 피만 빨아먹게 되었는지, 아니 그보다도 하느님께서 왜 그렇게 만들었는지 그것은 조물주에게 질문하든지, 등장을 가든지 할 것이지. 우리 빈대에게는 욕이나 원망할 것이 눈곱만치도 없는 것입니다.

그리고 우리라고 그저 악마는 아닙니다. 우리도 착한 사람의 피나 가난한 사람의 피를 빨아먹을 때는 미안도 하고, 가여워서 가끔 토하기도 하고 체하기도 합니다마는 〈128〉 원체 목구멍이 포도청이라 어찌할 수가 없습니다. 그 대신 악한 인간, 죄 많은 사람의 피를 빨아먹을 때는 그 고소한 맛, 시원한 맛이란 살이 찌고 기막히지요. 게으르고 멍청한 사람, 얼이 빠진 사람을 정신 차리게 따끔하니 주사침 놓는 데는 우리가 일등입니다.

그러니 우리를 죽이려고 하는 어리석은 짓보다 여러분 인류에게 빵 문제가 중대하거나 마찬가지로 우리에게도 식량문제가 중대합니다. 아니 여러분은 잡수고 하시는 일도 많고, 오락도 많으시지만 우리야 참 무슨 할 일이 있습니까. 재미있는 오락이나 영화나 라디오가 있습니까. 그저 먹고는 어두운 그늘 속에서 숨어 사는 가련한 물건이 아닙니까. 그러니 먹는 것 외에 무슨 즐거움이 있을까. 또 우리가 여러분의 피를 먹는 것을 괘씸하게 생각하시지마는 왜 여러분 사람들은 소를 잡아먹고 생선을 잡아먹고 노루 피니, 무슨 피니 잡수십니까. 즉 여러분도 짐승의 피를 빨아먹고 사는 우리와 별반 다름이 없는 것입니다.

그럼에도 불구하고 여러분이 우리를 죽이려고 함에 우리는 여러분과 당연히 싸울 수밖에 없습니다. 아직도 우리가 인류를 귀엽게 보니까 그렇지, 만일 불여의하면 전 세계에 있는 우리의 사촌뻘 되는 벼룩과 사돈의 팔촌 되는 이와 조카 되는 모기와 그밖에 우리의 친척이 되는 모든 곤충들을 총동원을 시켜서 인류에게 선전 포고를 하고 결사적으로 덤벼들면 여러분이 견디어 내실 줄 아십니까.

예전에 모세가 이집트에 가서 열 재앙 베푼 것을 모르십니까. 또 제1차 세계대전 때 독일 병정 한 사람 내의 속에서 이를 1천 마리를 잡아냈는데, 그 병정이 하는 말이 적군의 총과 칼보다도 몸뚱이에서 물고 굼실거리는 이가 더 무섭다고 고백하였습니다.

그러나 여러분은 "흥! 제깐 놈들이 암만 기를 쓰고 덤벼들어봐라. 우리는 독가스가 있고 대포가 있다"하고 코웃음 치고 뽐내시겠지만, 우리는 그런 것을 조금도 무서워 아니 합니다. 우리가 여러분의 몸뚱이에 수천 마리가 달라붙어 뜯어먹으면 여러분은 여러분 자신의 몸뚱이에 우리 죽이려고 칼로 찍을 수 있으며, 총으로 쏠 수 있겠습니까.

그런데 글쎄 어쩌자고 우리를 약을 올리며 화가 동하게 합니까. 우리가 총동원하면 인류쯤 전멸시키기는 누워서 팥떡 먹기지만, 사람이 다 죽고 보면 우리가 먹고 살 피가 없으니까 살려두는 것이라는 것을 잊어서는 안 됩니다. 그러니까 그저 같이 먹고 서로 살아 나가자는 것입니다.

그러니 제발 덕분에 약도 특히 뿌리지 마시고, 함석으로 홈통인가 만들어서 묻지 말고, 우리를 빠져 죽게도 마십시오. 그런다고 해서 우리가 다 죽는 것은 결단코 아니거든요. 그 홈통에다가 물 대신에 여러분의 피와 같은 것 아니 그것이야 발명 못 하실 것이 뭐 있습니까. 아니 그래도 비타민이니 뭐니 하고 별별 육 두 가지를 다 발명하시는 재주에 우리 식량될 듯한 것을 한 번 척 발명해 가지고 문설주에 바르기도 하고, 장 지름이나 함석 홈통 위나 여러분의 요 밑에 떡 놓아두면 우리가 그것을 배불리 먹고 그러고서야 억하심정으로 또 당신들 피를 먹으러 내려가겠습니까. 아니 우리 보시다시피 우리라는 빈대족들의 천성이 배가 부르면 취한 듯이 불그레 해 가지고 뒹굴뒹굴 벽으로 기어올라 산보하다가 집으로 돌아가 자 버리지 뭐 다른 군말이 있다거나 다른 욕심을 부리는 것은 아닙니다. 그것도 뭐 당신네들처럼 하루 세 끼 때맞추어 또박또박 달라는 것이 아니라 그저 하 〈129〉 루에 밤에 한 번만 주면 그뿐이요. 그것도 또 밥에 반찬에 진수성찬을 달라는 것이 아니라 그저 붉은 국물 한 모금이면 배를 두드려 가며 먹는데, 그것마저 아니 주려고 왜 그다지들 박대를 하시느냐 말씀입니다.

또 춘하추동 사시장철 대놓고 달라는 것이 아니라 그저 일년에 한 번 여름에만 달라는 것이니, 그것도 못 하신데야 어디 인사가 됩니까. 그리고 다른 곤충들−모기는 말라리아 병을 사람에게 전염시키고, 벼룩은 흑사병을 전염시키고, 이는 ■병을 전염시키고, 파리는 갖은 전염병을 다 전염시키고 그밖에 모든 곤충은 사람에게 독한 것을 넣어 병나게도 하고 죽이기도 하지만, 우리 빈대는 그런 나쁜 짓은 절대로 아니 합니다. 우리는 생김생김은 보아서도 사실 것이 넙데데한 것이 복스럽고 순하지 않습니까.

도대체 여러분이 우리를 상대하지 말아야 할 것이 아니 몇 만 년을 두고 우리를 죽이려고 인류들이 애썼지마는 우리 빈대족은 점점 발전하고 번창해지는 것입니다. 우리는 좀처럼 죽지 않습니다. 여러분 보시다시피 하얗게 빈 껍질만 남고 다 죽은 것같이 되었지만, 몇십 년, 몇백 년 있다가도 냉큼 살아나거든요. 이것은 전 곤충 동물계에 우리의 특장이요 자랑입니다. 굶어도 죽지 않습니다. 버티는 힘이 무던합니다.

여러분은 며칠만 굶어도 죽네 사네 하는 약충이지만 우리는 굶는데 졸업을 해서 7년 대한이 오거나 불경기가 닥치거나 비상시가 되거나 상관이 없습니다. 이게 무서운 것이요. 최후 승리할 강점입니다. 여러분은 우리를 미물로 알고 미련 툭 박처럼 생각하시지요. 눈도 코도 기도 없는 두루뭉술로 생겨 우습게 보이고 지혜도 아무것도 없는 것처럼 생각하시지만 천만에 그건 큰 오해입니다. 여러분 빈대약, 빈대약 하시지만 어린 톳내기 빈대는 깜박 속아서 그 약을 먹고 죽는 수도 있지만 그 다음에 우리 스파이들이 조사해서 우리 왕국으로 보고를 하면, 우리 비밀 참모본부에서는 연구에 연구를 거듭해서 꾀를 내서 공문을 돌립니다. 그래서 우리는 약 있는 방바닥으로 내려오지 않고 벽으로 기어올라 천정으로 가서는 당신네들 자는 데 거꾸로 뚝 떨어져서는 뜯어 먹거든요. 이게 왈 당신네들 서커스의 재주이니, 비행기 공중 돌기 못지않은 재주입니다. 방 네 귀퉁이에 독약이 뿌려져 있고 우리를 사형하는 여러분의 뭇 손가락도 있지만 우리는 그 적진에 뚝 떨어져 공격하는 그 대담무쌍한 용맹을 당신네들은 웃지 못할 것입니다.

그런데 마지막으로 한 가지 기막힌 이야기를 하고 그만두겠습니다. 얼마 전 러시아에 가 있는 빈대 공사가 우리 빈대 왕국 외부대신에게 비밀정보가 있는데, 극히 놀라운 사실을 하나 발견하였습니다. 조선에서 너무 푸대접받은 우리 빈대 동족 얼마를 너무 식량 결핍으로 그야말로 남부여대해서 소련으로 이민 식민을 하지 않았습니까. 조선에서는 여러분부터가 식량 결핍이요 영양부족이니 그 영향이 우리에게 어찌 미치지 않겠습니까. 그래서 가기는 하나 참 고향을 떠나서 멀고 먼 산 설고 물선 더구나 우리가 싫어하는 추운 나라로 가지니 어찌 슬프지 않겠습니까. 그러나 거기가 땅도 넓고 사람도 많으며 서양인들의 피 맛이 좋기도 하려니와 제일에 소련은 공산국이니만치 네것 내것이 없고 우리 빈대 몽둥이가 마침 가락으로 적색임에 대환영할 듯도 하고 동정해 줄 것도 같아서 간 것이지요. 〈130〉

　우리들은 참 다른 곤충이나 동무들처럼 먹기 위해서 서로 싸우고 죽이지는 않습니다. 우리 빈대끼리 서로 저만 먹겠다고 멱살을 잡고 싸우는 것을 한 번이라도 보신 일이 있습니까. 또 우리가 저만 두었다가 먹겠다고 우리의 식량인 여러분의 피를 우리 집이나 창고에다가 쌓아 둔 것을 보신 일이 있습니까. 절대로 그런 것은 아니 합니다.

　그래서 참 우리는 큰 기대와 희망을 가지고 소비에트 공화국을 가지 않았겠습니까. 그 소비에트 남녀들이 자는 틈을 타서 같이 먹고 살자고 덤비었더니, 그 남녀는 그저 곤두박질하듯이 벌떡 일어나서 그 움푹한 눈이 환 등잔만 해서 우리 빈대를 들여다보며 하는 말이 "이가 대단 비상한 공산당이요. 붉기는 매우 붉소. 철저한 공산당 분명하지마는, 그러나 당신에게 식량 나누어주면 나 죽을 밖에는 없음에 대단 섭섭하지마는 당시 사형을 줄 수밖에 없을 듯하오. 우리 선생 카를 마르크스와 레닌 씨도 당신들에게는 공명 사형을 내릴 수밖에 없을 것임에, 우리 또한 그럴 수밖에는 분명 다른 도리가 없을 듯하오. 아이고! 도망가지는 마시오. 체포하는데 반항하면 우리나라 규칙이 시베리아로 유형시키는 것이오. 붉기는 매우 붉고 좋소만 할 수 없소. 사형을 주기 대한 괴롭고 섭섭하오."

　하고는 그 무지한 손과 발로 나중에는 부엌칼, 면도, 삼지창 그밖에 가진 독약을 다 가지고 덤벼들어서 많이 살해당하였다는 것입니다.

　그러나 여러분은 그러시지 않겠지요. 우리 빈대의 계절이 돌아왔습니다. 이 여름 동안 여러분의 애호를 바라마지않습니다. 〈131〉

김남천, 「나는 파리입니다」, 『조광』 34호, 1938년 8월.

　나는 파리다. 이름은 아직 없다─이렇게 쓰기 시작하다 보니, 나는 고양이다. 이름은 아직 없다—로부터 그의 인기 소설의 허두를 잡았던 나쓰메 소세키(夏目漱石)[41]의 「나는 고양이다」가 생각난다. 그 위에 그 고양이에게는 필시 귀엽고 아름다운 이름이 붙었을 것이다. 그러나 나는 영구히 이름이란 것을 가져볼 수 없을 것이다. 아니 우리 족속에서 이름을 하여본 행복한 조상이 있을 것인지, 생각해 볼 수 없는 망막한 일이다. 우리에겐 종류를 구별하기 위한 장르적 명칭이라고도 할만한 것이 있을 따름이다. 쇠파리, 왕파리, 쉬파리, 청파리, 똥파리, 쇠파리 등.

그런데 나는 내 자신에 대하여 한 가지 자랑하게 아는 것이 있다. 그것은 나의 출생지이다. 사람치고는 제가 세상에 나온 고장을 모르는 이도 없으련만 다른 동물 중에는 그것이 대단히 많다. 사람들이 항상 주고받고 하는 말에 개구리가 올챙이 때의 일을 잊었다는 말이 있다. 이 것은 자기 출생이나 성장에 대한 기억을 상실했거나 망각해 버린 것이니, 별로 출생지를 모르는 놈팡이라고 말해 버릴 수는 없〈131〉지만 하필 다른 동물 다 두고 이놈의 이름을 빌렸다. 이러한 속담 말을 만든 것을 보면 개구리 한 놈의 건망증을 가히 추상할 만하다. 이놈이 5월 단오 전후해서 논두렁이나 수챗구멍이나 사창 못해서 재잘거리고, 독창인지 합창인지 모르게 떠들어 낼 때는 아닌 게 아니라 올챙이 때에 모양 흉한 꼬리를 달고 개천 구덩이에서 밀리어 다니던 때를 잊었거나 개구리알 시대를 못 알아차리는 것이 분명하다. 이런 놈에게 출생지를 묻는다면 도리질이나 일수하던가. 그렇지 않으면 광산쟁이 모양으로 대포나 쾅쾅할 것이다. 시골 논두렁에서 나고도 서울 경회루던가 덕수궁의 연못이던가 창경원 춘당지 연뿌리 밑에서 부처님처럼 솟아 나왔노라고 말하기가 십상팔구일 것이다.

그런데 나는 그렇지 않다. 정직하고도 기억력이 확실하다. 사람들도 자기 아버지 어머니가 가르쳐 주지 않으면 출산할 때 일을 알 리가 만무하다. 부모 된 자가 공력을 드려 길러가며 똥오줌 받아내고 추울세라 더울세라 그야말로 손끝으로 길러낸 자식놈들이 스물 안짝만 넘어서면 저 혼자 자란 것처럼 부모의 은덕은 잊고 마지막에는 칼부림까지 하는 놈이 수두룩한 세상이니, 또다시 말할 것이 무엇이겠는가.

난 좀 크게 말하면 동해 조선 평안남도 성천군 성천면 하부리—그런데 딱 질색할 노릇을 아직까지 번지를 모른다. 이게 누구네 주택이라면 문패를 단 곳으로 윙하니 날아가 보면 그만이지만 인가에서 좀 떨어져 있는 밭 가운데서 났다. 밭 가운데라니. 무슨 채소밭이나 보리밭에서 생겨난 것이 아니라 뽕밭이고 감자밭이고 그 사이에 있는 돼지우리 밑에서 탄생한 것이다. 불행히 돼지우리에는 번지가 없다. 소유자의 이름이 붙어 있을 뿐이다. 결국 내가 난 곳은 번지를 알려면 밭 소유자를 알아서 그 집 밭 설명 서류고로 들어가야 한다. 하루 애쓴 결

---

41) 일본 최초의 근대 문학가이자 메이지 시대의 대문호로, 근현대 일문학의 아버지로 추앙받는다. 『나는 고양이다』라는 소설은 1905년에 발표되었다.

과 소유자는 알았다. 포목상 하는 박 아무개의 밭이다. 그런데 오랫동안 그 집에 숨어 들어가서 고초를 당하면서 금고 앞을 파수보고 있었으나 끝내 그 밭 증명은 보이지 않는다. 어찌 된 일인가 했더니, 돈을 차용하느라고 두 번 저당까지 해서 어느 지주의 금고에 가 있다고 한다. 나는 장거리 비상을 좋아하지 않으므로 10리 정도 곳에까지 갈 생각이 없었다. 그래서 아직 번지는 모르고 있다. 그 대신 돼지우리 주인은 안다. 전기 박 포목상에게 1년에 2원씩 세를 물고 있는데, 돼지우리 문 있는 쪽에 널조각으로 '소유자 최가네'라고 먹으로 써서 붙어 있다. 이게 어찌 된 놈의 이름이 이 모양이냐고 조사해 보니, 최가 동내 첩으로 늙은 퇴기의 호적상 이름이었다. 알고 보니 딴은 그럴 듯도 하나 이 고을 사람으로 그의 이름이 '가매'인 걸로 아는 이는 하나도 없을 것이다. 대면해서 대접하는 말에는 '최씨 동네 할머니'라 부르고 왼 곳에서는 '최씨 동네 노친네' 또는 '방송국'이라고 부른다. 남의 흉을 잘 보고 말을 잘 옮기고 음해 잘하고 소식 잘 전한다고 그 집에 와서 순두부나 비지 해서 술 잘 사 먹는 젊은 주정뱅이 관청 나리들이 붙여준 이름이다.

구더기를 거쳐서 파리로 되어 나오는 경로는 어느 동물학자에게 들으면 잘 알겠고 또는 이즈음 도 위생과에서 시골마다 순화하면서 소학 운동장 같은 데서 영사하는 활동사진을 보면 모든 것이 명료해진다. 과대망상증에 걸린 사대주의자들이 나를 무슨 강도나 호랑이처럼 취급하여 내가 무심결에 하는 행동을 하나하나 확대해서 어른거려서 머리 앞에 볼 수 없는 위생 영화를 만들어 내고 서푼짜리 포스터를 그리고 게시판 같은 〈132〉 데 "무서운 전염병의 매개자 파리를 박멸하라"고 무시무시한 글을 써 붙이곤 한다. 질색할 노릇이다. 내가 무슨 인간을 원수 딴 치는 줄 아는 모양이다. 사람의 원수는 사람들 자신이다. 하필 뚱딴지 나 같은 다른 족속이 무슨 용으로 사람들의 원수가 된단 말인가. 사람들의 법률에도 의식하지 않고 저질러 놓은 실수는 과실이라 하여 범죄를 구성치 못하던가, 그렇지 않으면 죄가 아주 경멸이 된다. 하물며 다른 족속이 자기의 생존을 위하여 하는 행동이, 그리고 사람을 해하겠다는 나쁜 심보는 털끝만큼도 없는 행동인 인사에는 내가 원수가 될 것이 무엇이냐는 말이다. 대체 만물의 영장이니, 고급스러운 문화인이니 하는 사람 놈들이 우리를 원수 취급한다는 것이 벌써 자기 폄하도 심한 일이다. 한편으로는 '저런 파리같이 더러운 놈'이니, '×에 치운 파리 같은 놈'이니 하는 등으로 가장 더러운 물건 그중에도 제일 하찮은 초개보다도 더 가치 없는 것으로 우리를 모욕하고 깔보고 하면서 그런 것을 자기와 대등한 지위에 올려놓고 적이니, 원수이니 어찌 된 일이냐 말이다.

사람들이 가지고 있는 재능을 기울여서 전기를 일으키는 기계를 서양 누구처럼 발명해 낸다던가, 하다못해 우리 조선의 발명가들처럼 셀룰로이드 동정이라도 생각해 놓으면 인류의 생활도 향상될 것이오. 또 장사도 잘될 것인데 무엇을 못해 파리 죽 〈133〉 이는 약이나 기구를 연구해 나가고 있다는 말인가. 처음에는 파리채라는 것으로 딱딱 아이 장난하듯 우리들을 후려갈겨서 우리를 잡아 죽이려 들더니, 그 다음은 파리통이라는 것이 생겼다. 유리로 만든 통이다. 밥알이나 뼈다귀 부스러기가 뿜는 향내를 따라서 올라가 본즉 다시 나올 수 없는 통 안이다. 쭉 둘려 물을 두고 미끄러지면 익사하게 마련이다. 우리 조상이 이놈에게 홀려서 기어이 세상을 떠났다. 그러나 속은 것도 한두 번이지 두고 두고는 그렇게 용이하게 안 된다. 그 다음은 파리약으로 잡자는 것인데, 먼저 생겨난 것이 껍적이다. 부뚜막이나 솥 소둥 위에나 음식물 덮어놓고 헝겊 위에나 어쨌건 우리들이 잘 출입하는 곳에 이놈을 갖다 놓는다. 알지 못하고 기름이 번질번질하는데 홀려 윙하니 날아갔다가 가는 마지막이다. 다리고 날개고 도무지 딱 붙어서 떼려야 뗄 수 없다. 애쓰면 애쓸수록 점점 더 지도하게 붙어버리고 만다. 우리들이 안타까워하는 것을 보고 무엇 달게 먹는 줄 알고 날아오든가? 구조해 주려고 찾아왔던 친구들도 두말없이 붙어버린다. 이 부근에는 아예 활주는 조심스럽게 저공비행도 해서는 안 된다. 군자는 모름지기 가까이하지 말아야 한다. (후략) 〈134〉

방덕흥, 「계절 위생 : 어린이의 동절 위생」, 『가정지우』 18호, 1939년 2월.

춘하추동 사시를 통하여 어느 시기를 물론하고 우리의 주위에서 병이 떠날 때는 없습니다. 여름에는 여름에 많은 소화불량증으로 많은 귀한 어린이의 생명을 잃어버리었거니와 찬바람이 반도 강산을 휩쓸고 있는 이때를 당하여서는 우리는 어떠한 점에 주의하여 겨울에 어린이를 괴롭히게 하는 병을 미리 막도록 예비하여야 할까 함을 잠깐 써 볼까 합니다.

통계상으로 보건대, 봄과 겨울에 사망률이 여름과 가을에 비교하여 많습니다. 사망률이 많은 겨울에 제일 많은 병은 누구나 다 아시는 바와 같이 호흡기병(呼吸器病)과 전염병(傳染病)이올시다. 그중에서도 제1위를 점령하는 것은 우리가 보통 말하는 감기가 제일 많고, 이것이 기관지염(氣管支炎)도 되고 어린이에 생명을 빼앗는 폐렴(肺炎)도 되는 것이올시다. 다음에 전염병 중에서는 성홍열(猩紅熱), 디프테리아, 백일해(百日咳) 같은 것이 제일 많이 유행합니다.

이와 같음으로 우리는 위에 말한 호흡기병과 전염병의 예방을 어떻게 하면 될 수가 있으며, 어떠한 점에 주의하면 가하다 하는 것을 생각하여 보는 것이 제일 첩경이 아닌가 합니다.

첫째로 말씀할 것은 어떻게 하면 감기 들지 아니하고 무사히 지낼 수 있느냐 하는 문제입니다. 감기를 예방하려면 무엇보다도 피부(皮膚)의 저항력을 강하게 하고 보온(保溫)에 항상 주의하여 일정하게 맞추어 주시는 데 있습니다.

피부의 저항력을 강하게 하는 데는 여러 가지 방법이 많습니다마는 아무쪼록 외출시키어 일광(日光)과 친하게 하십시오. 일광 가운데는 자외선(紫外線)이라는 것이 있어서, 이것이 피부에 작용하여 저항 〈47〉 력을 강하게 할 뿐이 아니라 각종 기관에 작용하여 몸을 튼튼하게 한다는 것은 상세히 말씀하지 아니하여도 잘 아시는 줄로 믿습니다. 그다음에 좀 큰 아이들이면 아무쪼록 냉수마찰을 시키는 것이 감기 예방에 한 비결이라고 생각합니다.

그다음 문제는 보온(保溫)이올시다. 본래 어린이들은 체온의 변화가 어른들에게 비교하여 심하고 추위에 대한 저항력이 미약한 고로 사소한 주위 온도 변화가 있을지라도 곧 감기에 걸리기 쉽습니다. 그러하므로 잠시 동안이라도 마음을 놓을 수가 없는 것이올시다. 우리들의 주택을 보건대 그중에서도 양식이나 혹 동서 절충식의 가옥을 사용하시는 분도 있으나 보통은 온돌(溫突)이올시다. 방한(防寒)에 대한 준비와 환기(換氣)의 설비가 불충분하다고 하여도 과언이 아닌 줄 압니다. 그러하므로 불 땐 후에는 온도가 급히 올라가고 시간 경과에 따라 속히 차짐으로 인하여 낮보다도 밤에 감기 들기가 쉽습니다. 그뿐 아니라 문 사이와 창틈으로 새어 들어오는 바람이 어린이들 감기에 큰 원인의 한 가지가 됩니다. 속담에 바늘구멍으로 황소바람이 들어온다고 하지 않습니까. 그러므로 실내 온도는 될 수 있으면 항상 화씨(華氏) 60도 내외가 되도록 조절하여 급속한 변동이 없도록 할 것이오. 여름에는 창호(窓戶)를 개방(開放)하여 공기의 융통을 충분히 하기 쉬우나 요사이와 같이 일기가 차지면 창을 열어 놓고 지낼 수 없는 것이올시다. 그렇다고 너무 꼭 닫아두면 공기가 불결하여 도리어 해가 되는 것이니, 이 점에 주의해서 환기의 장치를 충분히 할 것이요. 조그마한 틈으로 새어 들어오는 바람을 막도록 하여야 합니다.

다음에 말씀드릴 것은 의복이올시다. 낮에 차니까 털옷을 입힙니다. 사실 완전히 방한할 수 있는 것은 털옷이겠지만 우리나라 사람의 가장 많이 입는 것으로 말하면 역시 무명옷이나 인견 옷이 될 것이올시다. 그리하여 춥다고 의복을 여러 겹 껴입히는 것은 이 역시 정도 문제라고 볼 수 있으나 도리어 위생상 해가 되는 점이 많습니다. 그 이유를 말씀드리면 어린이들의 추위에 대한 저항책을 도리어 약하게 하여 감기 들기가 쉽게 하는 것이올시다. 그러한 고로 어떠한 정도까지 의복을 입히는 것이 적당하다고 잘라서 말씀드리기는 어려우나 도에 넘치도록 두텁게 입히면 도리어 해가 된다는 것을 이해하여 주십시오. 또 살에는 직접 닿는 속옷은 특별히 정결히 〈48〉 하여야 합니다. 만약 속옷이 불결하다고 하면 피부의 신진대사기능(新陳代謝機能)에 장해가 생기어 여러 가지 병이 생기기 쉽고, 털옷을 사용할 때는 직접 털옷이 살에 닿지 않도록 속에는 보통 무명옷을 한 벌 입은 후에 그 위에 입어야 합니다. 그렇지 않으면 털이 피부를 자극하여 가려움증이 생기고 따라서 어린이들의 기분이 불안하여 발육에 해가 되는 것이올시다.

그리고 잠잘 때에는 되도록 자리옷을 갈아입히어 재우는 습관을 양성하여 주십시오. 겨울에 자리옷을 갈아입힐 때에 따뜻하게 하기 위하여 요 밑에나 화롯불에 쪼여서 입히는 분이 많이 계십니다. 그러나 이것은 미리 녹여서 입히는 방법을 폐하고 그대로 입히는 것이 좋습니다. 만약 그대로 입히면 감기가 들기가 쉽다고 하실 분이 계실 줄 압니다마는 건강한 아이라고 하면 결코 그런 일이 없고 도리어 피부에 저항력을 도와주는 한 단련이 되는 것이라고 생각합니다.

둘째로 문제 되는 것은 외출이올시다. 따뜻한 날 따뜻한 시간을 이용하여 아무쪼록 밖에 나가서 대자연(大自然)의 품속에서 마음대로 뛰놀게 하는 것이 정신발육(精神發育)은 고사하고 육체발육(肉體發育)에 무한히 효력이 있다고 생각합니다. 특별히 보통 아이들에 비하여 신체가 허약한 어린이면 산과 들로 데리고 다녀서 신체를 단련하여 추운 겨울에 감기를 예방하시는 것도 가장 필요하다고 할 것입니다. 위에 말씀한 바와 같이 교외(郊外) 같은 공기가 신선한 곳은 좋으나 그와 반대로 사람이 많이 모이는 곳 즉 극장, 음악회, 강연회 같은 곳에는 어린이를 데리고 다니지 않는 것이 가합니다. 그 이유는 이와 같이 다수한 사람이 모이는 곳에는 여러 가지 병균이 흩어져 있어서 전염될 염려가 많고, 또 한 가지 어린이를 아이 보는 사람에게 업혀 외출시킬 때는 특별한 감시가 필요합니다. 즉 아이 보는 사람마다 그렇다고 할 수 없으나 보통 자기 장난에 열중하여 등에 업힌 아이는 염두에도 두지 않고 갈 곳, 못 갈 곳 할 것 없이 아무 곳이나 함부로 다님으로 인하여 불의에 여러 가지 전염병을 묻혀오는 일이 흔히 있습니다. 외출하였다가 돌아오면 아무쪼록 꼭 양치질을 시키는 것이 좋습니다. 양치에 사용하는 약물은 소금이나 중소나 붕산수 같은 것이 좋은데, 물 100에 이것을 2를 타서 쓰면 가하고, 과산화수소(過酸化水素)면 이것 10그램을 물 90그램의 비례로 타서 사용하시면 적당하다고 생각합니다. 〈49〉

그다음에는 목욕이올시다. 목욕은 아이들에게 매일 시키는 것이 좋다고 하나, 적어도 2, 3일에 한 번씩은 시켜야 합니다. 목욕시키는 시간은 젖먹이 어린이면 낮이 좋고 그렇지 않으면 아침이나 낮보다는 저녁이 가장 적당합니다. 살결이 험악한 어린이는 가을철부터 피부가 트고 또는 험하여지지 않을 수가 있으므로 이런 어린이는 목욕 후 또는 세수한 후에 항상 크림이나 벨스수(水) 같은 것을 발라주시면 이것을 예방할 수가 있습니다.

음식은 겨울이라고 다른 절기보다 특별히 주의할 것은 없고 다만 가을이나 겨울은 식욕이 어린이나 어른이나 왕성하여지는 시기이므로 과식할 염려가 있고 인하여 위장병을 일으키는 일이 종종 있으니, 주의하실 점인가 합니다. 겨울에는 비교적 과실이 많은 시기이니만큼 아무쪼록 신선한 과실을 택하여 먹이십시오. 만일 1세 전후가 된 어린이로서 지난가을에 젖을 떼지 못하신 분은 불가불 명년 봄까지 연기하시는 것이 가합니다. 즉 겨울에는 젖을 떼시는 것은 불가합니다. 〈50〉

장기려,[42] 「춘절 위생에 대하여」, 『가정지우』 20호, 1939년 5월.

인간은 누구를 물론하고 행복을 구한다. 인간이 행복된 생활을 하려고 하면 그 행복을 얻기 위한 노력과 활동이 필요한 것인데, 그 기초는 건강에 있다고 생각한다. 그러면 우리가 어떻게 하면 각 개인이 건강을 보존하며 각 국가가 건전할 수 있을까 하는 데에 위생의 의의가 있는 것이다.

위생학의 시조 페텐코프[43] 씨는 말하기를 "1인이 사망하면 1년에 34인의 중병자가 생긴다"고 하였다. 과연 국민의 건강 여부가 국운을 좌우한다 하여도 과언이 아니라고 생각한다. 아베루트 씨는 말하기를 "위생의 목적은 문화의 진가(眞價)와 노동능력(勞動能力) 있는 시기를 주안으로 한다"고 하였다.

그러면 다음과 같이 간단히 생각할 수 있다. 즉 첫째는 쾌활한 시간을 가질 수 있는 것, 둘째는 식사와 수면이 정상(正常)하며, 셋째는 노동능력(勞動能力)이 평상시와 같아야 비로소 건강하다고 할 수 있는 것이라 생각한다. 과연 위생의 목적은 인류의 행복을 가져올 문화의 발전과 노동능력을 충분히 발휘하는 데 있다고 생각할 수 있는 것이다. 〈41〉

그러면 위생의 효과는 확실히 있는가가 의문일 것이다. 영국 런던에서 조사한 평균 사망 연령을 보면 17세기에는 25세였던 것이 19세기에는 35세로 올랐다고 한다. 즉 평균으로 10년을 더 장수할 수 있게 된 것은 위생의 효과라 할 수 있다. 그리고 문명국에는 장티푸스(腸窒扶斯)나 이질(赤痢) 같은 급성 전염병(急性傳染病)은 전혀 없어서 학교에서는 학생에게 교수하려 하여도 임상강의(臨床講義) 시간에 재료가 없어서 곤란한 일이라고 한다.

그러나 현재 우리나라는 어떠한가. 1년을 두고 이러한 환자가 없는 날이 없을 것이다. 또 독일(獨逸)이나 프랑스나 영국(英國) 같은 데는 문둥병 환자(癩病患者)가 전연 없다 하며, 우리나라에서 문둥병의 만연(蔓延)을 예방하기 위하여 요양소(療養所)를 설치하고 실효(實效)를 보게 되는 것은 인류 행복을 위하여 경하하여 마지않는 동시에 위생상 효과가 실로 크다 할 것이다.

또 전쟁하는 때를 두고 보더라도 전사(戰死)하는 수보다도 영양과 기타 위생상 부족으로 인하여 발생하는 병사(病死)가 더욱 심한 것이다. 1차 세계대전 시에도 그러하였고, 기타 예를 들면 크리미아전쟁 때에는 전사 한 명에 대하여 병사 네 명 있었고, 아메리카 남북전쟁 때에는 전사 한 명에 병사 두 명, 청일전쟁 때에는 전사 한 명에 병사 두 명, 러일전쟁 때에는 전사 한 명에 대하여 병사가 한 명이었다. 우리나라는 천은(天恩)으로 식료품이 다소 풍부하여

---

42) 경성의전 부속의원 소속으로 되어 있다.
43) 페텐코프(Pettenkofer), 독일, 1866년 세계 최초로 위생학 강좌를 개설하였다.

전시라도 영양부족증에 쉽게 걸리지 않기 때문이라고 생각한다고 할지라도 위생이 발달할수록 병사가 적게 되는 것은 위생의 효과라고 아니 할 수 없다.

그리고 위생은 두 가지 방면으로 불 수 있다. 첫째로 체력(體力)을 증진시키기 위한 운동과 시설을 하여 건강을 한층 더 보존하고자 하는 적극적 방면이 있고, 둘째로는 각종 질병에 걸리지 않도록 예방하는 소극적 방면이다. 그러므로 우리는 언제든지 이 두 가지에 주의하여 건강과 체력을 증진시키는 시설(施設)과 운동과 질병(疾病)에 대한 예방에 노력하여야 할 것이다. 〈42〉

그러면 나는 여기에 춘절 위생상(春節衛生上) 주의할 것을 두어 가지 써보겠다.

춘절의 공기와 위생

춘절에는 춘풍 향기에 끌리어 남녀노소는 물론하고 밖으로 밖으로 나가려 한다. 그런데 밖으로 나가는 것은 좋은 일이나 한 가지 주의하여야 할 것은 춘풍에는 향기(香氣) 이외에 무수한 먼지가 포함되어 있는 것을 알아야 한다. 또한 먼지 중에는 먼지뿐만 아니라 여러 가지 중독성 물질(中毒性物質)과 미생물(微生物) 즉 병원균(病原菌)도 섞여 있으므로 질병(疾病)을 많이 일으키는 것이다.

먼저 먼지가 우리 호흡기(呼吸器)를 자극(刺戟)하여 비염(鼻炎), 인두염(咽頭炎), 후두염(喉頭炎), 기관지염(氣管枝炎), 폐렴(肺炎) 등을 일으키는 일이 많다. 또 안점막(眼點膜)을 자극하여 급성 결막염(急性結膜炎)을 일으키는 일도 대단히 많은 것이며, 귀로 들어가서 자극하면 그것을 긁기 때문에 습진(濕疹)이 생기기 쉬운 것이다. 사실 각 병원(病院) 각과(各科)의 통계를 보면 일반으로 3월부터 5월까지가 환자(患者)의 수가 제일 많은 것인데, 그 대부분은 이 먼지의 장해(障害)로 인한 것이어서 호흡기병(呼吸器病) 환자(患者) 안과와 이비인후과(耳鼻咽喉科) 환자(患者)가 더욱 많은 것이다. 그러므로 이것을 예방하기 위하여 안경이나 마스크를 사용하는 것은 필요한 것이다.

또 이 먼지와 같이 여러 중독성 물질(中毒性物質) 예를 들면 납(鉛), 비소(砒素) 등을 포함하여 중독을 일으킬 수가 있으니, 공장 부근에서는 특히 주의하여야 할 것이다. 그리고 미생물(微生物) 중에는 여러 가지 병원균(病原菌)을 가지고 있는 고로, 특히 결핵균(結核菌)의 이동에 주의하여야 할 것이다.

춘절의 영양과 위생

하절에는 신선한 채소, 추절에는 과실(果實), 동절에는 김치 같은 야채가 있어서 비교적 비타민의 결핍(缺乏)을 느끼지 않으나 춘절에 이르러서는 신선한 채소도 얻기 곤란하고 김치까지도 떨어지고 보니, 비타민의 결핍을 일으키기 가장 쉬운 것이다. 그러므로 비타민의 결 〈43〉 핍이 심할 때에는 각기(脚氣)라든가 괴혈병(壞血病), 구루병−곱사등(佝僂病)과 같은 병적증상(病的症狀)이 나타남은 물론이나, 이러한 병적증상이 나타나지 않을지라도 비타민이 부족하게 되면 모든 전염병에 걸리기 쉬운 것이며 한번 전염에 걸린 후에는 또한 치료가 어려운 것이다. 특히 비타민 씨(C)가 부족하게 되면 디프테리아에 대한 저항력이 약해지는 것은 확실한 실험적 증명이 있는 것이며, 임상(臨床)에서도 각종 전염병에 비타민제(劑)를 치료의 목적으로 혹은 저항력 증진의 목적으로 많이 사용하는 것이다. 그러므로 춘절에는 될 수 있는 대로 신선한 야채나 과실을 많이 먹도록 노력할 것이다.

기타 봄에는 특히 남녀 청년들의 기분 변화가 심하여 혹은 우울하게 되고 혹은 산란하게 되어 이성(理性)이 감정(感情) 아래에 있게 되는 일이 많다. 그리하여 잘 알고 있는 위생적(衛生的) 사상(思想)도 실천에서 여지 없이 유린당하여 개인 위생상은 물론이요, 사회 위생상 폐해(弊害)가 심한 것이다.

때는 흥아(興亞)의 봄이다. 국가는 총력(總力)을 기울여 동아(東亞)의 신질서 건설을 위하여 진력하고 있는 중이다. 이러한 봄을 맞이하여 우리는 마땅히 합리적(合理的) 위생(衛生)을 시행하여 개인의 행복을 위할 뿐 아니라 국가를 위하여 진력하지 않으면 아니 될 것이다. 지금까지는 금전을 많이 사용하여야 위생적 생활을 할 줄만 알고 있는 사람이 많다. 그리하여 경제상(經濟上) 관계(關係)로 위생적 생활을 못한다는 이가 있다.

그러나 지금과 같이 비상시에 금전을 많이 사용하는 위생은 불합리하다고 한다. 영양에서도 영양가치(榮養價値)를 그 가격 여하로 평가(評價)하려는 경향이 다소 있는 것 같다. 그러나 위생의 발전은 경제시대를 벗어나서 인도주의 시대(人道主義時代)에 있다고 생각한다. 여하간 필요 이상의 영양소를 포함한 요리나 필요 이상의 주택(住宅) 피복(被服)을 일 개인이 갖는 것은 위생적 가치가 풍부하다 할지라도 불합리한 것으로 이즈음 비상시국에 처한 우리로서는 충분히 고려할 필요가 있다고 생각하는 동시에 앞으로는 공존공영(共存共榮)의 정신에서 벗어난 위생은 불합리한 것으로써 당연히 배척을 받을 것으로 생각된다. 〈44〉

석구학,[44] 「가정위생 : 홍역(痲疹)」, 『가정지우』 20호, 1939년 5월.

홍역(紅疫)

홍역이라면 일반 소아병(一般小兒病)으로 생각하고 있으니만큼 실제(實際)로 소아(小兒)에

---

44) 석구학, 1927년 경성의학전문학교를 졸업하고 의사 면허를 취득하였다. 1928년 평북 도립 강계의원, 1931년 함북 경성 상삼봉(上三峰) 공의(公醫), 경성군 남산면협의원 등으로 활동하였다.

게 많은 병입니다. 반드시 일평생 한 번은 걸린다고까지 말합니다. 두 살로 열 살 안에 많이 걸리는 병입니다.

이 병은 일종의 급성 전염병(急性傳染病)이라고 볼 수 있습니다. 발병(發病)이 될 때는 감기처럼 열이 조금씩 나며 콧물이 나고 재채기가 나고 기침도 조금씩 나고, 2~3일 지나면 눈곱이 끼고 눈이 붉게 되고 눈역도 꺼지며 목으로 얼굴 전신에 차차로 빨갛게 돋게(發疹) 됩니다. 이럴 때는 열이 점점 높아지며 심하다가 3~4일 지나면 돋던 순서로 가라앉습니다. 감기〈41〉와 다른 것은 입 벌리고 보아 입 속에 코프리크스[45] 반점(斑點)이라고 돋는 것이 있으면 틀림없이 홍역입니다.

이 병원체(病原體)는 환자 자신 신체 내에 잠기고 있어서 그 병독이 있는 장소는 홍역 환자의 혈액점막(血液粘膜)의 분비물(分泌物), 피부(皮膚) 등인데, 이 병독이 환자의 체내에서 밖으로 나오는 분비물, 가령 침, 가래, 눈곱, 콧물 같은 데 섞여 있습니다.

이러하므로 이 병은 홍역 환자에 가까울수록 한 방에 있다든지, 기침 재채기 또는 목, 콧구멍에서 나오는 적말전염(滴沫傳染)이 되는 편입니다.

원래 이 병균은 저항력(抵抗力)이 약해서 사람의 몸을 떠나서는 오래 생존치 못함으로, 이 병은 환자 가까이서 직접 전염되는 일이 많습니다. 그러므로 사람이 많이 집회된 곳에서나 홍역하는 동리에 갔다가 옮겨왔다는 이야기를 종종 듣게 됩니다.

이 병은 경(輕)한 전염병으로 볼 수 있으나 잘못하면 모세기관지염 가루다(毛〈42〉細氣管支炎加答兒), 가루다성 폐렴(加答兒性 肺炎)을 병합(倂合)하는 일도 있고, 귓병(中耳炎), 배병(クループ腸加答兒) 등을 유발(誘發)하는 위험한 일이 종종 있으니 주의하지 않으면 안 됩니다.

특히 이 병은 소아의 체질(體質)이 쇠약해짐으로 결핵 유전(結核遺傳)을 가지고 있다든지, 이런 체질에 아이는 더욱이 이 병 후 몸이 허약(虛弱)한 까닭에 기관지선 결핵(氣管支腺結核), 결핵성 뇌막염(結核性腦膜炎)을 일으키는 일을 많이 보게 됩니다.

그러면 이 병에 걸리면, 우리 일반 가정에서는 홍역은 바람을 쐬면 안 된다고 문창 틀을 꼭꼭 봉하고 이불을 두세 개 깔아놓고 심지어 화롯불까지 해놓고 덥게 하는 것을 많이 보게 됩니다. 이래서 오히려 병아를 괴롭게 굴며 또는 심장이며 폐를 약하게 하는 폐단이 생기게 됩니다.

원래 홍역이라 하는 것은 차게 굴지 말라는 것은 차고 추우면 약한 몸이 다른 병을 겸할 염려가 있어 차게 말라는 것이지, 함부로 덥게 덥게 할 필요는 없습니다. 이 홍역은 붉은빛으로 돋는(發疹) 것이 좋으며, 이 까닭은 피부가 충혈(充血)한 조건 하에서 발생한 것이며 충혈한

---

45) Koplik's, 1~2 mm 크기의 회백색 반점.

피부는 덥지 않으면 안 됩니다. 또는 돋는 그 빛이 검자줏빛이 될 때가 있습니다. 이것은 좋지 못한 편이어서 즉 피부가 차서 그렇게 된 것이니, 이래서 춥게 하면 안 된다는 의미이니, 언제나 병실에 온도는 고르게 하고 너무 덥다가 갑자기 찬 것은 오히려 해로운 것입니다. 이런 까닭에 결국 병자의 몸을 차게 굴지 말라는 것입니다.

홍역은 잘했는데 바람을 쐬어 다시 앓기도 하고, 홍역은 잘했는데 바람을 쐬어 병신이 되었다는가 죽었다는 말도 많이 듣게 됩니다. 이 까닭은 역시 위에 말한 바와 같이 홍역할 때는 덥게 덥게 굴다가 좀 나아갈 적에 한냉(寒冷)한 공기(空氣)에 시약한 몸이 접촉되어 다른 병이 병발(倂發)한 까닭이외다. 〈43〉

방덕흥,[46] 「여름철 소아의 급성병 : 그 예방과 응급처치에 對하여」, 『가정지우』 23호, 1939년 8월.

여름철 어린이에게 제일 많은 병은 위장병(胃腸病) 즉 역리(疫痢), 적리(赤痢), 장티푸스(腸窒扶斯), 위장 가다루(胃腸加答兒) 등인데, 그중 몇 가지에 대하여 의사가 올 때까지 행할 응급처치(應急處置)에 대해서 말씀할까 합니다.

역리(疫痢). 이 병은 우리의 귀한 어린이의 생명을 순간에 빼앗아 가는 무서운 급성병(急性病)이나, 때때로 24시간 이상을 넘기고 무사히 전쾌하는 일이 있으니, 이 병의 증세와 예방, 응급수단을 말씀하면, 이 병에 원인은 아직 확실히는 모르는데, 다만 격렬한 독(毒)이 장내(腸內)에 발생하여서 그것이 흡수되어 신체에 퍼지면 뇌(惱)와 심장(心臟)을 침범하는 중독증(中毒症)이라고 합니다.

역리의 병균은 확실치 않으나 지금까지 조사한 결과에 의하면, 역리 환자의 배설물(排泄物) 중에는 대개 적리균(赤痢菌)이 있으므로 이 병은 일종의 적리로서 그 어떠한 원인으로 신체의 저항력(抵抗力)이 약해진 어린이에게 심한 중독 증상을 일으키는 것이라고 생각하는 자도 있습니다. 그런고로 역리 같은 병이라고 생각될 때에는 장내에 있는 독을 배설시키기에 힘써야 합니다.

가정에서 알아보기 쉬운 역리의 증세를 말씀하면, 장마철부터 초가을까지에 걸리기 쉬운 병이니, 원기 있게 놀던 아이가 갑자기 피곤해하며 원기가 없어지고 안색이 창백해지며 툭툭 쓰러져서 누우려고만 하고, 하품을 하다가 졸기 시작하며 졸음이 깨면 별안간 구역질이 나서 다소 토하는 일이 많습니다.

이러할 때 곧 체온(體溫)을 재보면 다소 열이 있습니다. 그리고 1, 2시간 동안에 39도 내지

---

46) 여의(女醫).

40도 이상의 고열(高熱)이 나오게 됩니다. 신열이 나면서 동시에 대개는 하리(下痢, 설사)가 시작됩니다.

설사라 해도 회수가 잦은 것도 아니요, 대변의 성질로 보통과 다름이 없으므로 방심하는 경우가 많아서 십중팔구는 어린이의 생명을 순간에 잃는 일이 적지 않습니다. 설사를 2, 3회 한 후에는 대 〈35〉 변이 성질이 변하여 점점 점액(粘液, 곱)이 섞이고 얼마 지나면 단순한 곱만 누게 됩니다.

그리고 신열이 점점 높아지면 경련(痙攣)을 일으키고 경련이 자주 반복하여 경련발작(痙攣發作)을 보고 놀라서 주저주저하다가 시간을 잃는 수가 많으니, 특별히 주의하실 점입니다. 병세가 경련까지 일어나면 안면에 혈색이 없어지고 창백해지며 맥박(脈搏)이 약하고 빨라지고 수족이 궐냉해져서 빠르면 발병한 후 10시간 이내에 생명을 잃는 것이 대부분이고 다행히 24시간 이상을 무사히 경과하면 병세는 줄기 시작하여 첫째로 열이 내리고 점점 원기가 회복되어 약 2주일 내외에는 전치됩니다. 이 병이 걸리지 않도록 주의하시는 데는

1. 서감(暑感, 寢冷)에 걸리지 않도록 하실 것
1. 소화 잘 안되는 음식, 충분히 익지 아니한 과실, 불결하고 부패한 음식을 먹지 않도록 하실 것이고, 부패하기 쉬운 음식을 과히 먹은 후에 신체를 더욱이 사지를 냉하게 하지 말 것입니다. 그리고 폭음, 폭식을 금할 것입니다.
1. 평소에도 열이 나고 설사를 하는 어린이나 또는 형제 중에 역리를 앓는 일이 있는 어린이 등은 체질상 주의가 필요합니다.
1. 연령은 2, 3세로부터 7, 8세까지가 제일 많으니, 특히 연령으로 보아서도 주의하실 것입니다. 8세를 지나면 이 병에 걸리는 일이 적습니다.

역리에 걸렸을 때의 처치 방법을 말씀하면, 어린이가 갑자기 원기가 없어지고 고열이 생기면서 위에 말씀한 것과 같은 증세가 나기 시작하면 가정에서 즉시로 관장(灌腸)하고 피마자 기름을 먹이고 머리에 빙침(氷枕)이나 빙낭(氷囊)을 대고 복부에 회로(懷爐) 같은 것으로 뜨뜻이 해두고 보리차나 백비탕[47] 이외에 음식물은 금하고 속히 의사를 청하여 상의하여 의사의 지도를 받을 것입니다.

적리(赤痢). 이 병은 일종의 적리균(赤痢菌)에 의하여 발생하는 전염병인데, 하절에 많은 병입니다. 여름에는 위장에 저항력이 감소되는 때이므로 균이 음식물을 통하여 신체에 들어오면 발병되는 것입니다.

예방은 이 병은 원인도 잘 알고 전염하는 경로도 아니까 적리가 유행하는 곳에 가지 않도록 하고, 음식은 될 수 있는 대로 한 번 끓인 것을 먹게 하면 걸리지 않을 것입니다.

---

47) 백비탕(白沸湯): 아무것도 첨가하지 않고 끓인 물.

적리에 걸린 사람은 격리(隔離)하는 것을 싫어 말고 병인이나 병자의 격리에 힘을 써서 널리 병을 퍼뜨리지 않도록 힘쓸 것이오. 이 병은 예방약 백신이 있으니, 부근에서 적리가 유행할 때에는 예방주사를 맞든지 예방약을 먹든지 해두면 적리에 걸리더라도 가볍게 앓고 나든지 또는 걸리지 않을 것입니다.

장티푸스(腸窒扶斯). 이 병은 상당히 많은 병으로 여름에 특히 많으나 겨울에도 끊이지 않는 것이니 언제나 주의해야 합니다. 〈36〉

장티푸스는 처음에는 높은 열만 계속되기 때문에 의사도 혹 오진하는 수가 있으니, 혈액이나 대변 같은 검사를 해 보아야 합니다.

장티푸스에도 예방주사가 있고 예방약도 있으니, 이것을 해두면 예방할 수도 있고 또는 이병에 걸려도 가볍게 앓고 날 것이니 예방을 게을리하지 말 것입니다. 그리고 하절에는 생식이나 끓이지 않은 물이나 균이 상당히 많다는 아이스크림, 빙수 같은 것을 주의하는 것이 좋을까 합니다. 〈37〉

이보영,[48] 「장내 기생충에 대하여」, 『가정지우』 24호, 1939년 9월.

기생충이란 것은 기생(奇生) 생활을 하는 일종의 동물로서 사람에게 기생할 수도 있으며, 짐승에게도 기생할 수 있는 것입니다. 또 기생하는 양식에 따라 모기(蚊), 벼룩(蚤)과 같이 외부에 기생하는 경우도 있으며, 회충(蛔蟲), 촌충과 같이 내부에 기생하는 종류가 있는 것입니다마는 다만 사람의 장관(腸管)에서 기생하는 몇 가지 종류에 대하여 말씀드리려 합니다.

장관에 기생하는 중요한 기생충은 우리가 다 잘하는 회충(蛔蟲), 십이지장충(十二指腸蟲), 조충(條虫), 요충(蟯蟲) 등입니다.

1. 회충(蛔蟲)

회충은 장관 내 기생충 중 제일 많이 기생하는 기생충입니다. 더구나 조선과 같이 위생 지식이 낮은 곳에는 소학교 아동 백 명 가운데 50명 내지 90명까지 이 회충의 기생을 본다고 하는데, 아동 보건에 중대한 문제이며 또 어떻게 하면 이 회충을 없애게 할까가 문제입니다. 요새 와서는 소학교 아동에게 학교에서 직접으로 약을 주어 치료에 노력을 하고 있는 현상입니다.

우리 가정에서는 대변에 회충이 나와도 보통으로 알고 치료에 힘쓰지 않는 이유는 대개 회

---

48) 세브란스의전병원 내과의사.

충으로 어떠한 병과 어떠한 해가 우리 몸에 미치는가를 알지 못하는 까닭으로 볼 수밖에 없습니다.

또 회충은 우리 창자 가운데 있어서 음식 맛을 아는 놈으로 회충을 없애면 음식 맛을 무르게 된다는 사람도 있어 회충을 일부러 치료하지 않는 사람도 있는 것입니다.

감염(感染)은 경구감염(經口感染)으로서 이 회충의 알을 직접적으로나 또는 간접적으로 음식물과 같이 섭취함으로써 감염되는 것인데, 조선과 같이 기후가 따뜻하고 인분 비료를 많이 쓰는 곳에서는 알이 많이 흙 속에 산포되어 있기 때문에 농부나 옥외에 생활하는 아이들은 감염에 기회가 많으며, 또 채소에도 회충 알이 많이 붙어있는 까닭에 우리는 매일 이 회충 감염의 기회가 많은 것입니다. 기생 부위는 소장인데, 특히 상부와 하부에 많이 기생하며 어떤 때는 위(胃)에 오는 일도 있고 또 식도를 통 〈39〉 하여 인두로 올라와 입(口), 비강(鼻腔), 귀로 나오는 일도 있습니다. 또 기관(氣管), 담낭, 방광, 자궁, 간장, 폐장으로 들어가는 일도 있습니다. 위험한 것은 충양돌기(虫樣突起)로 들어가며, 급성충양돌기염을 일으키는 일도 있고, 강내(腔內)로 들어가 복막염을 일으키는 일도 있고 담관으로 들어가 담낭염을 일으켰다는 보고도 있습니다. 다른 여러 곳에 가서 기계적 장애로 인하여 급성 혹은 만성으로 염증을 일으키며, 혹은 많은 회충으로 인하여 창자가 막혀 사망케 하는 일도 흔히 보는 일입니다.

이외에도 소장에 기생하여 혈액을 섭취하기 때문에 빈혈을 일으키며, 회충이 분비하는 독소로 인하여 혈액을 조성하는 작용을 억제하여 빈혈증을 일으키며 얼굴 빛이 누렇게 되는 일도 있고 신경계통에 작용하여 어린아이에 있어서는 뇌전증(지랄병)과 같은 증상을 일으키고 흔히는 침을 흘린다든지 밤에 깜박깜박 놀란다든지 야뇨증(夜尿症), 천식, 복통, 이미증(異味症)과 같은 증후를 많이 보는 것입니다.

회충병으로 인한 전형적 증후로는 여러 가지가 있으나 특이한 것은 상복의 복통, 불쾌감, 오심구토, 식용부진과 대변이 고르지 못하며 어린아이에 있어서는 이상 증후 이외에 늘 기분이 좋지 않아서 발육이 잘 되지 못하는 일도 있습니다.

위의 말씀으로 그 증후와 또 회충으로 인하여 해가 어떻다는 것을 대강 아실 것입니다. 그러면 회충이 있어서 입맛을 안다는 그릇된 생각을 버리시고 대변에 회충이 나오지 않는다 하여도 집안 식구가 모두 대면 검사를 하신 후 하루바삐 회충을 구제(驅除)할 것입니다.

【예방법】

경구적 감염이기 때문에 예방의 원칙은 쉽지만 회충 알은 저항력이 강하고 또 수가 많기 때문에 예방하기 곤란하며 더구나 야채를 많이 먹는 나라에서는 더욱 곤란합니다만 식사하기 전에 꼭 손을 씻고 야채는 깨끗한 물로 여러 번 씻어 먹을 것이며 1년에 적어도 두 번은 대변 검사를 하여 구제하도록 하십시오.

2. 십이지장충(十二指腸蟲)

십이지장충은 우리 육안으로는 잘 보이지 않는 작은 기생충인데, 소장 상부 같은 특히 공장 상부에 이(齒)가 있어 장 점막에 꼭 붙어 있기 때문에 쉽게 떨어지진 않습니다.

감염은 경구적(經口的) 감염과 경부적(經膚的) 감염 두 가지가 있는데, 경부적 감염이라는 것은 자충(仔蟲)이 피부를 통하여 감염되는 것인데, 조선에서는 고무신이 수입된 후로부터 피부를 통하여 감염되는 일이 적어졌다고 합니다. 농촌에서는 이 경부적 감염을 흔히 보며, 또 이로 인하여 피부염을 일으키는 일도 있습니다.

경구적 감염은 성육한 자충을 먹는다든지 또는 음식물과 같이 섭취함으로써 감염되는 것입니다.

그러면 경구적 감염과 경부적 감염 가운데 실제적으로 경구적 감염이 경부적 감염보다 더 많습니다. 농촌에서는 경부적 감염도 상당히 많다 합니다. 〈40〉

십이지장충의 기생으로 인하여 일어나는 병을 조선에서는 채독이라고 하여 배추나 상추쌈 같은 채소를 생으로 먹고 오심(구역질), 구토, 설사를 하여 2, 3일 후에 기침을 하기 시작하여 고도에 빈혈 상태를 보이며, 사지말단이 붓는 병이 있는데, 이것도 십이지장충 기생으로 인하여 급성으로 일어나는 증후입니다.

이 기생충의 기생으로 인하여 일어나는 중요한 증후는 첫째 빈혈(貧血)인데, 혈액을 흡수하기 때문에 빈혈 상태를 일으키며 안면 피부 점막은 창백해지나 이것은 연령 영양상태에 따라서 일치한 것은 아닙니다.

피부는 창백해지나 조금 누런 빛을 띠며 표면은 건조하고 가려운 일도 있고, 소화기 장애로는 식욕이 항진하는 때도 있으나 빈혈증이 심하면 식욕도 없어지며 하복부의 둔통, 불쾌감, 오심, 구토 등의 증상이 있습니다. 심할 때는 전신에 부종을 일으키며 생명을 잃는 일도 있고 어린아이에게서는 발육이 지연되는 일이 있습니다.

【예방법】

감염 경로가 두 가지 인고로 예방법도 두 가지입니다.

즉 피부를 통하여 감염되는 것을 예방할 것과 경구적으로 감염되는 것을 예방하는 두 가지입니다.

그러나 두 가지가 다 자충(仔蟲)을 없애는 데 있습니다. 즉 우리가 다 같이 대변검사를 하여 치료하면 자연히 없어질 것입니다. 외국에서는 대변검사를 하여 십이지장충을 없애 가지고서야 상륙시킵니다.

우리가 채소를 소독하여 먹든지 또 대변을 썩혀 거름을 한다 해도 각 개인이 치료하지 않으면 언제든지 감염은 그칠 새가 없는 것입니다.

치료법은 의사에게 문의해야 할 것이며, 1년에 두 번씩은 꼭 대변검사를 받는 습관을 가지기 바라며, 이 기생충으로 인하여 생기는 병이 없게 하시기 바랍니다.

3. 조충(條蟲)

조충은 우리가 촌충(寸白蟲)이라는 기생충으로서 사람에게 기생하는 종류는 두 가지가 있는데, 우육조충(牛肉條蟲)과 돈육조충(豚肉條蟲)입니다.

(1) 우육조충은 일명 무구조충(無鉤條蟲)이라고 하며, 사람의 소장에 기생하는 놈으로 길이가 12 내지 13자나 되고 여러 절편으로 되어 있습니다. 대변과 같이 성숙한 절편이 배설되어 절편이 파괴되면 그 속에서 어린 유종이 나오게 됩니다. 이 유충이 소(牛)에게 섭취되어 소의 소장이 이르러 형상을 변해 가지고 혈관을 통하여 전신에 분포하게 되니 특히 목에 근육이나 혓바닥 살에 이르러 주머니를 형성하여 가지고 그 속에 들어 있게 됩니다. 이 주머니가 있는 근육을 사람이 생으로 먹게 되면 창자에 이르러 주머니가 파괴되어 유충이 성장하게 되는 것입니다. 이런 이유로 소고기를 생으로 먹으면 이 기생충에 걸리기 쉬운 것입니다.

이 기생충으로 인한 병원작용으로는 위부의 동통이 있고 소화불량을 일으키는 이외에 별다른 증후는 없습니다. 이 병의 진단은 의사가 아니라도 대변에 절편이 배설되면 곧 진단할 수〈41〉 있으며, 『예방법』으로는 소고기를 생으로 먹지 않으면 걸리지 않을 것입니다.

(2) 돈육조충은 일명 유구조충(有鉤條蟲)이라고 하며, 우육조충과 같으나 길이가 짧아서 10 내지 12자에 이르고 절편도 우육조충은 한 개씩 자기 힘으로 항문 밖에 나오나, 돈육조충은 2, 3개가 대변과 같이 나오게 됩니다. 이 다른 점으로 보아 두 가지를 누구나 구별할 수 있을 것입니다.

감염되는 경로는 절편을 배설하게 되면 파괴되어 유충이 나옵니다. 이 유충을 돼지가 섭취하면 무구조충의 유충을 소가 먹어서 되는 것과 같이, 혈관을 통하여 근육에 분포하게 됩니다. 이 근육을 사람이 생으로 먹으면 창자에 가서 기생하게 되는 것입니다.

【예방법】돼지고기를 생으로 먹지 않을 것이며, 치료는 의사에게 문의하십시오.

4. 요충(蟯蟲)

요충은 소장 혹은 직장에 기생하는 놈으로 성숙한 알을 먹게 되면 유충이 창자에 들어가 발육하여 약 10일 후면 자웅(雌雄)이 교접하게 되는데, 교접 후 수놈은 죽고 암놈만이 알을 낳기 위하여 항문 주위에 나왔다가 다시 들어갑니다. 알을 낳기 위하여 모충이 항문 주위에 나와서 자극하게 되므로 가려움증이 생기게 됩니다. 이때 손으로 긁게 되므로 손에 묻었던 모충이 또 입으로 들어가서 또 감염을 받게 되는 것인데, 이것을 소위 자가전염(自家傳染)이라 하며, 또는 의복 침구 음식을 통하여 다른 사람에게도 전염되는 일이 있습니다.

이 기생충으로 인한 증후로는 설사와 소화불량을 일으키는 일 외에는 별다른 증후가 없습니다. 밤에 따뜻한 곳에 있으면 항문 주위가 가려우며 어린아이는 이 자극으로 인하여 밤에 깜짝깜짝 놀라는 일도 있습니다.

【예방법】으로는 손을 자주 씻으며 자가감염이 없도록 할 것이며, 빨리 치료를 받아 다른 사람에게도 전염이 안 되도록 하십시오.

이상에 말씀드린 네 가지 기생충은 우리가 제일 많이 보며 또 많은 해를 우리 신체에 주는 기생충입니다. 이외에도 창자에 기생하는 벌레가 있으나 우선 이상에 기생충부터 속히 치료하여 건전한 몸이 되도록 하시기를 바랍니다. 〈42〉

김성진, 「환자와 입원실−의사 수필」, 『조광』 제6권 2호, 1940년 2월.

입원실− 아무리 환자가 치료를 받는 동안 잠시 기거하는 곳이라 할지라도 그곳은 우리들이 항시에 기거하는 주택과 너무나 상거(相距)가 심하고 현격한 차이가 있어 기숙사나 병영 내 생활보다도 일층 더 제한된 생활을 하게 된다. 식사, 우동, 취미, 오락 기호의 자유가 모두 어느 정도까지 속박되어 주치의의 지시대로 복종해야만 된다.

입원실의 시설과 분위기는 어떠한가? 온돌에서 탄생하고 온돌에서 성장하였으며, 장차 전치 퇴원 후에도 온도로 돌아갈 조선 사람의 입원실이건만 대개가 다 침대를 설비한다. 평상에 누워보지 않던 침대에 갑자기 눕게 되면 성한 몸이라도 불안정하고 허리가 아파서 잠을 이루지 못하며, 마음 놓고 뒹굴다 가는 방바닥으로 떨어지기가 쉬운 것인데, 하물며 병자를 대자 곧자로 침대에다가 갔다 눕힌다는 것은 아무래도 마땅치 않다. 그러면 침대가 아니면 안 될 어떠한 이유가 있어 그러한 것인가.

병에 따라서는 환자의 체위를 때때로 변경할 필요가 있어 그러한 경우에는 침대가 편리하다. 그러나 이것도 보통 방이라도 좀 힘이 들 뿐이지 불가능한 일은 아니라. 또 진찰, 주사, 기타 치료하는 데에는 침대가 편리하다 하나 이 역시 방이라고 안 될 까닭이 없으며, 전혀 의사 측의 사정이다.

또 온돌방 입원실은 입원한 듯한 기 〈180〉 분이 나지 않는다고 말하는 사람도 있다. 흥미나 재미로 입원하지 않는 이상 기분을 내세울 것은 무엇인가? 잠자리가 편안하였으면 그만이지. 이러고 보면 꼭 침대라야 할 아무 이유도 존재하지 아니한 데, 단지 외국식의 모방이요, 병원 본위의 시설이라고 말할 수밖에 없다.

그렇다고 아직껏 침대의 불평을 말하여 "입원료는 환자 측에서 지불하는데 그러한 불합리한 일이 어디 있느냐"고 힐난하는 사람도 없으며, 이런 군소리하는 필자의 병원에도 역시 침대를 놓고 있으니, 그야말로 지상 공론에 불과하다.

식사가 또한 그러하다. 유동식(流動食)이라고 우유, 수프, 오트밀을 먹이고 무염(無鹽) 식물이라고 식빵을 권하나 대부분의 조선 사람 위장에는 모두가 진객(珍客)이라 비위에 마땅할 까닭이 없다. 구역이 나고 설사가 나는 등 도리어 병을 사게 되는 난센스까지 발생하니 피육(皮肉)이 아니냐? 좀 더 환자의 이장과 상의하여 헌위(獻位)를 하였으면 그러한 폐단이 없겠지만 외국 성서(成書)에서 직수입한 메뉴를 그대로 인용하여 조선 환자에게 강권하니 울며 겨자 먹기도 분수가 있지, 이거야 견딜 수 있는 노릇인가? 조선 음식물의 연구와 분석이 속히 완성되어야 할 것은 절실하게 느껴진다. 입원실의 공기는 소독약과 환자의 체취와 고름(膿汁) 등으로 착잡(錯雜)하게 한염(汗染)되어 일종 형언하기 어려운 소위 '병원 냄새'라는 악취가 난다. 처음에는 비위가 뒤집힐 듯하던 이 냄새도 점점 코에 젖으면 모르고 지내게 된다.

방방에서 환자들의 신음하는 소리, 수술실의 단말마적 비명, 조리실에서는 부첨인(附添人)의 잡료규환(雜鬧叫喚), 기타 라디오, 레코드 등은 방약무인(傍若無人)으로 교향(交響)하여 실로 부조화하고 불통제한 잡음의 연속이어서 처음 입원한 사람은 신경과민증에 걸릴 지경이던 것도 날로 귀에 젖으면 마이동풍(馬耳東風) 격으로 프리패스하여 심상(尋常)하여지고 만다.

이러한 침체(沈滯)하고 불안한 환경하에서 일정한 기한을 지내게 되는 환자들은 하루하루를 어떻게 지내는가? 아침 일어나서부터 하루 동안의 행사를 살펴보기도 하자.

입원실의 아침은 조조검온(早朝檢溫)으로부터 시작된다.

검온.

오전 6시, 환자가 미처 일어나기도 전에 금방 침대에서 나왔는지 눈곱이 더덕더덕한 간호부가 슬리퍼를 짝짝 끌고 들어와서 환자야 자든 말든 겨드랑 밑에다가 체온계를 꽂아놓고 나간다. 검온 시간만 충실하게 지킨다면 환자의 단꿈을 깨뜨리는 것은 예사로 아는 듯싶다. 입원실을 한 바퀴 돌고 두 〈181〉 번째로 들어온 간호부는 체온을 보고 맥박을 세고 대변과 소변의 횟수를 묻는다. 묻노니 제자제언(諸者諸彦)은 하루 동안 소변 횟수를 기억하고 있는가? 입원하면 불가불 이것을 계산하여 두었다가 간호부가 물어볼 때 대답해 줄 용의가 있어야 한다.

검온에 관하여도 여러 가지 이야깃거리가 많다. 체온의 고저가 질병 경과의 유력한 표준이 되는 까닭에 노회한 환자는 이것을 조절하여 의사를 농락한다. 수삭(數朔)을 유동식만 먹고 지내는 환자가 열이 내려야만 보통식을 준다는 말을 듣고 체온계의 수은주가 미처 올라가기 전에 미리 빼두었다가 감쪽같이 속이는 일도 있고, 이와 반대로 상해사건이나 교통사고로 되도록 입원기일을 연장시켜 상대방에게 손해를 끼치고자 할 적에는 체온계를 의복이나 곤침(袞枕)에다가 마찰시켜 고의로 열을 높여 가지고 시침을 딱 떼고 끼고 있다가 내보이는 간계를 쓰기도 한다. 그러나 부자연한 열의 변화란 조금만 예민한 관찰력을 가진 의사라면 당장에 간파하고 말 것이다.

결핵환자와 같이 사소한 자극으로도 발열키 쉬운 사람은 애인의 위문을 받아도 열이 돌발적으로 올라가는 일이 이어 온도표만 보고도 "아하, 그이가 또 오셨었군요. 이래서는 안 되겠습니다. 병환이 나실 때까지는 안 만나시도록 하여야 하겠습니다." 하고는 그 이튿날부터 그 환자의 입원실에는 '면회 사절 주치의'라는 폐가 붙게 될 것이다.

식사

아침 검온이 끝난 후의 입원실은 실로 훤소(喧騷)하여 독방이면 모르되 공동병실이라면 정신을 차릴 수가 없다. 극단적 개인주의로 다른 환자에 대한 원려(遠慮)와 괘념(掛念)이 도무지 없어 한편에서는 세수를 하고 수건질을 하는데, 그 옆에서는 총채질을 하고 먼지를 피운다. 변기를 들이대고 푸드득 푸드득 배변을 하는 바로 건너편 침대서는 밥상을 받고 밥을 먹은 것도 예사이다. 그나 그뿐인가. 시각대변(時刻待變)하는 엄숙한 장면을 벽 하나 격(隔)한 옆의 방에서는 레코드를 걸어놓고 떠들어대는 등 실로 부도덕한 특수한 사회인 까닭에 이러한 시비를 하는 사람이 오히려 어리석은 것이다.

입원 환자의 식사란 환자의 식용이나 기호는 전혀 몰각하고 다만 최소한도의 경비로 최대분량의 칼로리(營養價) 얻기를 주안으로 하여 조리된 것이어서 단조무미(單調無味)하기 짝이 없고 연명키 위하여 할 수 없이 먹기는 먹으나 곧 염증(厭症)이 나서 나중에는 멀미가 날 지경에 이른다. 따라서 자연 간식을 취하게 되니, 간식의 종류가 얼마나 많은 가는 입원실에 하루 앉아있으〈182〉면 깨달을 수 있을 것이다. 환자의 식욕은 대단 변화무쌍하여 평소에 잘 먹는 것이 싫어지고 돌발적 비계절적 몰상식적인 음식을 갈앙(渴仰)하고 매력을 느낀다. 그러기에 옛적에도 변덕스러운 어버이가 엄동설한에 죽순을 찾고 잉어(鯉魚)를 잡아 오라 하여 맹종(孟宗), 왕상(王祥)과 같은 효자가 나타났던 모양이다. 간식물에는 과자와 청량음료, 과일 통조림류(果物罐詰類)가 많다. 위문객의 선물이 대개는 이런 종류인 까닭에 환자 머리맡에는 으레 과일 통조림, 비스킷 봉지, 사과(林檎) 광주리가 놓여있는 것을 발견한다.

음식물 중에는 설렁탕이 단연 우세로 그 투박스러운 뚝배기가 서양식 병실에도 활개를 치고 드나든다. 장국밥, 냉면 등도 어깨를 겨누고 출입하여 일품요리(一品料理) 치고 들어오지 않는 것이 없다.

이와 같은 무제한 무절제의 간식 남용이 왕왕 치병에 큰 장애를 초래하는 것이다. 일일이 주치의와 상의하여 승낙을 받은 후에 먹었으면 그러한 낭패가 없으련만 대개는 금단의 음식을 몰래 먹고 나서 시침을 떼는 일이 많고, 또 간혹 문의한다는 것도 벌써 먹고 난 후에 마음에 걸려서 사후 승낙을 받는 격으로 다지는 모양이다.

개복 수술한 환자는 갈증이 심하여 청량음료 사이다나 파인애플을 찾는 사람이 많다. 환자가 "선생님, 모과수 먹어도 관계가 없는지요? 국물만이요." 이렇게 말하는 환자의 대부분은 벌써 몇 분 전에 먹고 나서 걱정이 되어 묻는 것이다. 그래서 웃드름하여 의사의 표정만 보다가 의사가 "아직 안 됩니다. 3, 4일 후에나 잡수십시오."하면 불안 중에 며칠이 경과하게 되고 의사가 "예 인제 잡수셔도 좋습니다. 건더기는 씹어 뱉으십시오." 이러한 허락이 있으면 안심이 되어 좋아하고 정직한 환자라면 이실직고하는 말로 환자는 "사실은 벌써 먹었습니다. 여쭤보지 않고 먹어서 걱정이 돼서요!"

회진

회진은 입원 환자를 위해서는 가장 중요한 시간이다. 진찰, 주사, 붕대 교환, 검사 등이 대개 이 시간에 실시되고 병의 경과 예후에 대한 의사의 의견, 판단을 듣고 또 처방의 변경, 식사의 변경도 모두 이 시간에 결정되니까 환자는 불안과 초려(焦慮) 중에 또 한편으로는 희망과 동경을 가지고 회진의 시작되기를 고대하며 아무쪼록 무사하게 끝나며 경과가 양호하다는 희소식을 듣기를 심중으로 기원한다.

큰 병원에서는 총회진이라 하여 여러 주치의의 담임한 환자를 총괄하여 교수나 과장이 일제히 순찰 〈183〉 하는 이른바 '대명행렬(大名行列)'이 1주일에 1, 2회씩 실시한다. 이날은 의사, 간호사, 환자 일동이 극도로 긴장하여 청소, 청결, 정돈부터 한층 주의함은 물론이고 과장의 일거일동을 신기 묘술과 같이 주시하여 과장의 위엄있는 일언 일성을 금과옥조와 같이 청취한다.

그러므로 총회진 중에 불안 초려는 환자보다도 주치의 편이 더 크다. 전전긍긍하여 행렬의 뒤를 따라다니다가 다행으로 무사히 종료하면 안도의 한숨을 내쉬고 담임한 환자를 찾아와서 우쭐하고 뽐낸다.

"과장께서 진료하신 결과도 내 의견과 꼭 같이 부합되어 현재의 치료가 최적한 방법이라 하시며 경과도 극히 순조니까 불원 퇴원하시겠다 하시니 안심하십시오."

이와 반대로 간혹 진찰에 과오가 있으면 총회진이 끝난 후에 과장의 주의를 받게 된다. 그렇다고 해서 "내가 낸 처방에 잘못된 것이어서 지금 과장에게 주의를 받았으니까 오늘부터 약이 바뀝니다." 할 수도 없으니까 "과장 말씀이 내가 쓴 약으로 매우 감세가 있으니까 더 쓸 필요가 없다고 하시어서 그 약은 그만두고 다른 약을 드리겠으니, 그리 아십시오" 라든지 뭐라든지 우물쭈물하고 뒷머리를 득득 긁을 것이다.

면회

위중한 환자이면 면회나 담화하는 것도 자극이 되어 병세를 악화시킬 염려가 있어 면회를 사절하지만 그 외에는 어느 때이고 지유로 면회할 수 있다. 사실 고통과 고적(孤寂)과 싸우게 되는 환자를 위하여는 면회인이 찾아와 주는 것이 적지 않은 위안이 되는 것이어서 찾아올 듯한 사람을 손꼽아 놓고 기다려지는 것이 보통이다.

"A군이 와줄 법한 데 웬일인가 몰라서? 아니야 함께 있는 A군도 다녀갔는데 모를 까닭은 없어" "바빠서? 아무리 바쁘기로서니 친구가 죽느니 사느니 하는데 안 와본담. 설마 아니 올 리가 없지. 좀 더 기다리면 올 터이지"

이렇게 은근히 기다리다가 끝내 오지 않으면 매우 섭섭히 생각하게 된다.

이와 반대로 별로 반갑지 않은 사람이 매일 같이 놀러 와서 횡설수설 늘어놓고, 간호사나 희롱하는 것으로 일과를 삼는 사람도 있다. 이러한 면회는 환자 위문이라기보다는 자기 자신의 오락으로 생각하는 것이니 병을 위해서는 도리어 방해물이 될 것이다. 〈184〉

단순히 병 위문이 아니고 상담(商談)이나 긴요한 교제를 위한 면회가 있다. 모 회사 중역급이 입원하게 되어 임시전화를 가설하고 타이피스트는 침대 옆에 앉아서 편지를 받아 찍고 브로커들은 무상 출입한다. 이런 경우에는 입원실이 아니라 사무실이다. 붕대 교환 중에 전화가 왔다.

환 : "예. 매우 낮소. 뭐요. 수술[49] 기일이 오늘이라고? 아이고 아야야 아야"

전 : "……"

환 : "아니야. 지금 막 치료하는 중이어서 상처를 건드리니까 몹시 아파서 그랬어. 잠깐 기다리게. 치료가 끝나거든 다시 받을게."

머리맡에 놓은 송화기를 통하여 환자의 비명은 일일이 전파를 타고 저편 사람의 고막을 울리었을 것이다.

끝으로 위문품에는 어떠한 물건이 많을까? 환자가 간식할 음식물이 수위(首位)이고, 기타 완상(玩賞)할 화초, 금붕어, 작은 새 등이다. 간식물을 보내는 데는 그 환자의 병에 먹어서 해롭지 않은 것이어야 할 터인데, 대개는 그러한 고려가 없이 막연하게 사 보내니까 무의미할 뿐 아니라 견물생심이어서 옆에 있으면 자연 먹게 되니까 위험천만이다.

개복수술한 환자에게 누가 멜론을 사 보낸 일이 있었다. 아직 가스가 안 나와서 물도 못 먹을 때라 먹기를 금한 것은 물론이다. 보지 않았더라면 생각나지 않았을 것을 보고 냄새를 맡아놓았으니 견딜 수가 있겠는가? 참다못한 환자는 먹지는 않고 냄새만 맡을 터이니 손에 쥐어 달라고 애걸한다. 그 정상(情狀)이 가엾어서 가족에게 엄중한 감시를 명하고 허락하였다. 환자는 마치 그리워하는 연인을 만난 것같이 멜론을 받아 들고 코에 대고 심호흡을 하다가 가슴에 꼭 껴안았다. 또 두 볼에다가 대고 비비면서 좋아하더니 그대로 잠이 들었다.

간호에 피로한 가족들이 잠깐 눈을 붙이는 동안에 돌연 환자는 그렇게 애태우던 멜론을 한 입에 다 먹어 버렸다. 잠자는 척하였으나 실상인즉 가족의 감시를 피하려는 계책이었던 것이

---

49) 원문에는 '手形'으로 되어 있음.

다. 이 급보를 접하고 대경실색하여 곧 위세척을 한 결과 다행히 생명은 구하였다. 만약에 불행하였던들 멜론을 보낸 사람의 면목이 어떠하였을까. 위문품은 미리 사 들고 가지 말고 위문가서 실제로 환자의 용태를 보고 주치의나 간호사의 의견을 청취하여 병에 마땅한 것을 선택하여 나중에 보내는 것이 좋겠다.

외출

원칙상 입원 환자는 외출하지 못하는 것이 당연하나, 장기간 입원 〈185〉 하였다가 병세가 감퇴하면 누구나 사바(娑婆)의 공기에 접촉하고자 외출하고 싶은 것은 금치 못할 인정이다. 외출하는 행방은 자택, 백화점, 식당, 극장, 끽다점(커피숍) 등이오. 주치의의 승낙을 받고 공공연하게 외출하는 것이 보통이지만, 용이히 허락할까 싶지 않을 경우에는 남모르게 잠행하는 일도 있다.

외출의 피해는 이 잠행한 경우에 많이 나타난다. 과식을 하여 위장이 탈이 난다든지, 바람을 쐬어서 감기가 든다든지 기타 여러 가지 고장이 일어난다.

다음에 외출로 인하여 강원도 산골에서 어떤 청년이 유도를 하다가 팔이 부러져서 상경 입원한 일이 있었다. 순조로 치료되어 조만간 퇴원하게 된 며칠 전날 밤에 간호사와 부첨인(附添人, 간병인) 등이 잠든 틈을 타서 입원실을 튀어 나간 그는 하루 동안 어디를 어떻게 돌아다녔는지 그 이튿날 아직 남들이 일어나기 전에 감쪽같이 들어왔다. 그 청년은 감쪽같이 남을 속인 자기의 교묘한 행동에 만족한 듯이 의기양양하게 퇴원하였다. 이야기가 여기서 그쳤더라면 아무 문제가 없을 터이지만 필경은 구악(舊惡)이 발로될 날이 돌아왔다. 두어 달이 경과한 어느 날 몹시 초췌해진 그 청년은 송엽장(松葉杖, 지팡이)에 의지하여 다시 병원에 찾아와서 참회하듯이 전비를 사과하고 다시 입원하게 되었다. 그래서 그때야 비로소 입원 중에 외출한 사실을 알게 되었다. 그는 그날 밤에 유곽에 가서 단꿈을 꾸었다 한다.

경성에 왔던 기회에 오래된 울분을 풀고 내려가려던 것이, 호사다마로 임질에 감염되어 시골로 내려가서 무한 고생한 나머지 순조로 낫지 못하고 슬관절염(膝關節炎)을 일으키게 되어 병신이 될까 봐 염려가 되어서 다시 부끄러움을 무릅쓰고 상경하였다고 고백한다. 그리하여 그 청년은 약 반 개년이나 입원하여 먼저 골절을 당하였을 때의 몇 배 되는 고통을 받고도 강직(强直)이 남아서 병신은 면치 못하였다.

부첨부(附添婦, 간병인)

소위 부첨부는 여러 가지 의미로 입원 환자에게는 필요한 존재이다. 제일로 병와(病臥) 중 신체가 부자유하니까 환자의 손발 대신으로 긴요한 역할을 맡게 되고 병원 내용에 숙달하여 의사와 환자 사이에 있어 치료에 관한 여러 가지 연락을 취함에도 필요하고, 또 환자의 가족으로는 정실(情實) 관계로 음식운동 등에 대한 조섭(調攝)을 엄중히 하기 어려운 경우가 적지 않은 까닭에 전연 타인이래야 철저한 간호를 수행할 수 있는 등 여러 가지 이유로 부첨부의 중요성이 있고, 따라서 그 책임이 중대한 것이다. 부첨부의 양부(良否)는 직접 간접으로 환자 병 치료〈186〉에 중대 영향을 끼치는 고로 그 선택을 진중히 해야 할 것은 물론이나 오물처리까지 하게 되므로 좀 천한 직업으로 인식된 까닭인지 교양이나 상식이 너무 저급해서 전기 목적에 합당한 훌륭한 부첨부를 구하기 힘이 든다. 그뿐 아니라 동일한 환자에게 오래 근무하는 동안에는 환자의 가정상태나 사생활에 이르기까지 통요(通曉)한 까닭에 경조부화(輕兆浮華)한 부첨부를 통하여 여러 가지 불미한 매너나 스캔들이 조작 발포되는 폐단이 있는 것이 유감이다.

퇴원(退院)

입원실 풍경의 대단원은 실로 퇴원에 있다. 수일 내지 수삭(數朔)의 우울한 생활에서 해방된 환희와 감사를 쌍모(雙眸)에 품고서 명랑한 제일보를 병원 문밖으로 내딛는 것을 전별하는 것은 의사 생활 중 가장 ■쾌한 유열호화판(愉悅豪華版)이다.

퇴원에도 여러 가지 종류가 있다. 전쾌(全快) 퇴원은 자기가 희망하는 가장 이상적 퇴원이다. 병증이 완전히 소멸되고 건강이 원상으로 회복되어 가지고 퇴원하는 것을 말한다. 경쾌(輕快) 퇴원은 완전히 원상회복은 못 되었어도 증세의 대부분이 쾌차하여 통원 치료도 가능한 시기에 퇴원하는 것이다. 사고(事故) 퇴원은 병과 무관계로 환자 측의 부득이한 여러 가지 이유로 퇴원하는 것이다.

의사에게 불만이 있어 다른 병원으로 옮기기 위해 퇴원한다든지, 경제(經濟)가 곤란하여 시료병원(施療病院)에 간다든지 혹은 노인네들이 한약을 쓰자고 반대를 하여 데려 나오게 되는 등 여러 가지 경우에는 사고퇴원으로 볼 수 있다.

명령(命令) 퇴원은 병원 측의 사정으로 환자들이 병원에 더 두고 치료할 수가 없어서 강제로 퇴원시키는 경우이다. 그러나 특수한 사정이 있기 전에는 치료를 받으러 온 사람을 쫓아낼 까닭은 없을 것이다. 〈187〉

III. 건강, 체육 담론

1. 교과서

조선총독부,『보통학교 국어독본 권5』, 조선서적인쇄주식회사, 1937년 번각발행.

　15. 기마전
　어제 5교시째는 체조였다. 20분 정도 체조를 하자 선생님은 '휴식'이라고 호령을 하시고 방으로 가셨다. 그리고 빨간색과 흰색 어깨띠를 많이 가지고 오셨다.
　"무엇을 하려는 걸까?" 여기저기서 소곤거리는 소리가 들렸다.
　이윽고 선생님께서 호령하셨다.
　'차렷' '4열 종대 번호—번호'
　4열 종대를 만들었다.
　어깨띠가 배부되었다.
　"지금부터 기마전. 앞뒤 열 모두 준비"

　모두 덩실거리며 기뻐했다. 앞 열은 동쪽에, 뒤 열은 서쪽에 진을 쳤다.

'말 준비' 재빨리 말을 만들고 기수를 태웠다. '준비, 시작'

'와' 하고 시작 함성이 울렸다. 적도 아군도 돌진하였고, 서로 뒤엉켜서 싸웠다. 우리는 적의 1조와 맞붙었다. 기수는 김(金) 군. 체구는 작지만 날렵하고 강하다. 순식간에 적을 넘어뜨려 버렸다. 이어서 왼쪽에서 싸우고 있는 아군을 도와주었고, 또 오른쪽으로 뛰어들어서 적의 2조를 넘어뜨렸다. 주위를 둘러보니 적은 이제 한 조도 남지 않았다. 아군은 아직 세 조가 남아 있다. 승리의 함성을 지르며 아군 진지로 돌아갔다.

'빨간색 승리'

선생님의 손에 재빨리 깃발이 올라갔다. 적도 아군도 일제히 박수를 쳤다. 〈54~59쪽〉

조선총독부, 『초등국어독본 권3』, 조선서적인쇄주식회사, 1940년 번각발행.

21. 씨름

일요일에 고이치 군들과 일본 씨름을 하며 놀았습니다. 처음에 신키치 군과 고조 군이 맞붙었습니다. 다음으로 고이치 군과 구니오 군이 맞붙었습니다. 씨름이 시작되자 곧바로 맞붙었지만 좀처럼 승부가 나지 않았습니다. 구니오 군이 고이치 군의 다리를 잡았습니다. 다리를 잡힌 고이치 군은 힘차게 싸웠지만, 마침내 씨름판 한가운데에 엉덩방아를 찍었습니다. 모두가 갑자기 웃었습니다. 그리고 나서 내가 씨름을 하였습니다. 상대는 다미지 군입니다.

'잘 해, 잘 해'

모두가 열심히 응원하였습니다.

'얍' 하고 기압을 넣고 두 사람은 일어섰습니다. 나는 다미지 군의 허리띠를 잡으려고 하였습니다. 다미지 군은 좀처럼 잡혀 주지 않습니다. 나는 마침내 빈틈을 노리고 다미지 군의 허리띠를 잡았습니다. 다미지 군도 내 허리띠를 잡았습니다.

'유키치 군, 잘 해'

'다미지 군, 잘 해'

응원하는 소리가 시끌벅적하게 들렸습니다. 다미지 군이 다리를 걸어 공격해 왔습니다. 나는 허리에 힘을 주고 쭉쭉 밀어 갔습니다. 갑자기 다미지 군이 방향을 바꾸었습니다. 두 사람은 결국 쓰러졌습니다.

'와아' 하고 큰 소리가 났습니다. 〈86~90쪽〉

2. 신문

봉천 일기자, 「지방 논단-체육 장려의 강조」, 『동아일보』, 1936년 1월 17일.

건전한 정신과 건전한 신체는 만사의 기본이다. 투철하고 숭고한 정신은 교육이 낳고, 건전하고 용감한 신체는 체육 즉 운동경기가 낳는 것이다.

이에 교육 문제는 거년 본지를 통하여 중대한 당면 문제로서 논한 바 있거니와 이제 신춘의 첫 거리 체육 문제를 들어 일언하노라.

지난 30일까지 20여 일을 국제 빙반(氷盤)에서 수련을 쌓고 모든 불리한 컨디션 하에 오히려 견실한 관록을 보인 후 제4회 세계 빙상 올림픽 대회에 말발굽을 내디딘 우리 빙상 3선수를 제군은 누차의 신문보도와 목격으로 주지한 것이다.

이들을 만나고 보낼 때 우리의 심중에는 용솟음치는 그 무엇이 있지 않는가. 그 넓은 봉천역 대홈에 입추의 여지도 없는 일대 감격의 환송장 속에 싸였던 제군은 그 가슴 속이 어떻던가. 약진의 스포츠 조선을 머리에 생각할 때마다 우리의 두 팔은 울리지 않는가.

재봉 동포 제군이여! 우리의 사는 곳이 어떤 곳인가? 우리의 일거일동은 이천만을 대표한다고 봐도 과언이 아니다. 그럼에도 불구하고 아직 재주(在住) 동포 청년의 체육 발전에 볼 만한 것이 없음은 일대 유감사라 않을 수 없으니, 이는 청년 자체가 목전의 생활 그것에만 급급하고 진취성이 없고 원대한 포부가 없음에 인(因)하겠으나 그 장려와 지휘에 임하는 체육

회의 무기력을 함께 들 수 있다. 이는 즉 지도와 후원을 아끼지 않아야 할 연장(年長)한 유지 측의 몰이해, 무성의에서 생기는 것이니 체육회를 한갓 일부의 모임으로 생각지 말고 우리의 누구든지가 협력 조장할 기관이요, 우리의 장래를 이로써 기르자는 뚜렷한 마음으로 대함이 절대 필요할 것이다.

다음 하나는 보건이니 기후와 풍토, 매연, 먼지, 여러 가지로 봐서 고국의 그것과 다른 이 땅에 영원한 민족 생활의 발전을 기도한다면 보건위생에 첫째로 착안하지 않으면 안 될 것이다.

학령아동의 신체검사 비교와 성년의 사망률 등 여러 가지 통계로 본다면 우리의 보건은 매우 일본 내지인이나 만주인에게 못 따르는 점이 있다. 그것은 일본 내지인은 충분한 보건 연구와 위생시 설이 있고, 만주인은 기질의 적합이 있으나 우리에게는 이 두 가지가 모두 결핍한 까닭이다.

우리는 자체를 위하여 더 나아가 민족 발전의 영원성을 위하여 충분한 보건 운동이 필요할 것이니 체육 조선건설에 보조를 합치하여 재외 동포 청년의 스포츠와 민족 보건을 표적으로 온 재주 동포들이 하루바삐 체육회에 합치하라.

「교육 방침의 90도 전환 덕체 양방면을 지육 교육 상위에 교원 양성, 입학 시험, 교과서에 덕체를 강조 각도학무 과장 회의서 토의 결정」, 『조선일보』, 1936년 12월 5일.

학무국에서는 교육 방침을 보통 교육 중심주의로부터 실업 교육 중심주의로 전환하는 동시에 다시 재래의 지육 편중주의로부터 덕육과 체육에 치중하도록 근본적 교육 방침을 고치게 하게 되어 이번에 열렸던 각도 학무과장회의에서도 충분히 토의한 결과 이것을 결정하였다 한다.

그런데 이것의 실행방법으로는 지덕체의 세 방면을 똑같이 존중하되 오히려 덕육이나 체육에 치중하게 하여 지식의 주입보다 인격의 완성과 개인의 충분한 수양을 도모하게 하고자 할 것으로 그 구체적 방책으로는

1. 교원의 양성에서 우선 덕육과 체육에 치중하여 교원 자신의 인격적 감화를 학생 생도에게 미치게 한다. 따라서 학과의 담임과 전문 여하를 막론하고 교원은 학생의 인격 도야에 전력을 다하게 한다.

1. 중등학교 이상 전문대학까지의 시험제도를 개혁하여 학술 편중주의를 고치어 체격 검사와 상식과 인격의 고사를 학과와 똑같이 중요시하되 각기 재학 학교의 평시 학과 성적과 인문 평정 또 체격 검사와 입학시험 당시의 전기 세 가지를 꼭 같이 평정하여 입학자를 결정하는 방법을 취하여서 체육과 덕육의 발달을 전 교육영역을 통하여 충실하게 할 것

1. 학교 교과서를 개편하여 덕육과 체육의 완성을 교재에 많이 넣을 것

1. 학교 체육의 통제를 단행하여 순전한 스포츠 중심주의로부터 체육을 통하여 인격의 도 야를 도모케 할 것

등으로 이것과 아울러 학교 위생 시설의 충실과 체육 지도에 대한 시설을 금후 확장할 터이라 한다.

올림픽 파견군 총무위원 이상백, 「오륜 대표 포부담-더 속히, 더 높게, 더 강하게 그러나 건전한 정신을!」, 『조선일보』, 1937년 1월 1일.

신년이라고 특별히 신기한 감상은 없으나 근대 올림픽 경기의 표어인 "더 속히" "더 높게" "더 강하게"라는 3개 단어가 여러 방면으로, 여러 가지 의미로 항상 경기자의 금언이 되리라고 생각합니다. 물론 육체뿐 아니라 정신 방면에서도-

우리 경기자들이 경기장에 설 때 항상 명심할 것은 운동 경기란 결코 일시의 승부만이 목적이 아니요, 또 경기 자체만에 큰 의미가 있는 것이 아니라 경기를 통하여 얻는 무한한 수획과 인생관을 잊지 못할 것입니다. 근대 올림픽 대회를 부흥한 쿠베르탱 남작의 말과 같이 "올림픽 경기에 가장 중요한 점은 승리에 있지 않고 참가하는 데 있다. 이것은 인생의 가장 중요한 것이 성공하는 데 있지 않고 노력하는 데 있는 것과 같다. 경기의 핵심은 쟁투에 있지 않고 당당히 싸우는 점에 있다. 이것을 명심하여야 더욱 강하고 더욱 웅대하고 더욱 신중하고 더욱 용기 있는 인간성을 도야할 것이다."란 것은 우리의 경기에 대하는 태도가 곧 인생의 행로에 대한 태도의 표본인 것을 말한 것입니다. 우리 청년들의 경기에 대하는 태도가 이같이 심중하고 경기자들의 자존심이 이만큼 크기를 바랍니다.

운동 경기자에게 대한 스포츠맨십이란 점에 대하여는 여러 가지 표현과 형언이 있을 것이나 나는 이러한 천만 말을 다 두고 다만 체육이란 것이 결국 육체를 인연으로 하는 교육인 것을 잊지 말고 지와 덕의 평행 상조를 항상 염두로부터 떠나지 말게 하라는 것을 우리 교육자, 경기 지도자, 더욱 젊은 운동 경기자들에게 극언하고 싶습니다.

"건전한 정신은 건전한 신체에 있다"하나 전연 정신을 잊은 신체를 그 근육과 골격만으로 건전하다 할 수 있을까요. 소위 속견의 건전한 신체가 그 신체의 건전함으로 불건전한 정신의 운반자가 되어 인생의 가로를 방황한다면 그것은 이 세상에 가장 불행한 희화요, 비극일 것입니다. 아리스토텔레스가 고대 그리스의 레슬링 선수를 평한 "잠 깨었을 때는 정욕의 포로가 되고 정욕에 포만하면 수마(睡魔)가 되는 괴물"이란 말은 편협하고 과도한 "육체 숭배"의 폐단을 지적한 것입니다. 헬레니즘의 근본 정신은 인간의 정신과 같이 그 정신을 수호하

는 육체를 수련하여 심신 영육의 조화를 주신에게 대한 지상의 봉사라고 보는 점에 있습니다. 점점 세계의 주의를 받는 지위에 있을 우리 경기계는 더욱 이 점에 유의할 것이며 경기계 당사자들도 이 점에 자중 자계하여야 할 것 같습니다.

조선 경기계에 대한 목전의 희망을 말하려면 경기 관리자 더욱 경기자 자신들의 승벽 일편으로 나는 순정한 경기 정신의 부족한 태도를 맹성하여야 할까 합니다. 이것은 연전의 필자의 견문에 의한 억단이나, 이런 태도를 우리는 반(半) 직업 정신이라 하여 극력 배척 타기(唾棄)하는 바이니 1933년 오스트리아 빈에 열린 국제육상경기연맹의 결의를 참고로 다음에 기재하여 보면 진정한 스포츠맨이 되려면

1. 경기자로서는

① 순진히 경기 자체를 위하여 경기를 하나?

② 자기 몸을 위함이 아니라 팀을 위하여 경기를 하나?

③ 팀 주장의 말을 무조건으로 복종하나?

④ 심판의 결정을 절대로 승인하나?

⑤ 승리를 얻어 교만하지 않고 패배를 받아 앙탈하지 않느냐?

⑥ 정정당당하다고 단언하지 못할 승리보다 차라리 패배를 자취할 용단이 있나?

이상의 6개조를 승낙한다면 진정한 스포츠맨이다.

2. 관중으로서는

① 상대편의 선수를 갈채할 도량이 없나?

② 심판이 자기편에게 불리한 심판을 할 때 불평을 표시하나?

③ 부정당한 수단으로라도 승리를 희망하나?

④ 상대편의 응원자와 말다툼을 하나?

이상 4개 조를 긍정한다면 진정한 스포츠맨이 아니다. 즉시 진정한 스포츠맨이 되게 노력할지요, 자기를 훈련하는 것이 경기자의 의무입니다. 육체의 훈련과 동시에 의지의 훈련, 정신의 훈련인 것을 잊지 말 것입니다. 우리 경기자의 쾌락은 건강한 체력과 숙련한 기술과 건전한 정신에 있습니다. 우리의 목표는 승리에 있으나 자존심을 상하는 승리는 우리의 타기하는 바이요, 상품과 인기는 추호도 승리의 요소가 되지 않습니다. 투지 열렬한 중에도 고결한 인격이 있고 섭섭한 패배의 때에도 강의 불굴하는 기사의 태도가 있어야 하겠습니다. 이러한 우리들 경기자의 깊은 충심의 쾌락이 얼마나 크고 깊은지는 도무지 형언할 수가 없습니다. 고대 인류가 태양과 광명과 자연에 대한 신앙 이상으로 우리는 우리 육체 가운데서 나오는 힘과 율동의 열락을 건전한 생명의 약동으로 느낍니다. 밝은 정신을 가진 근대 동양아는 소극적 퇴영적 허무주의를 청산하여야 하겠습니다. 이것이 우리 스포츠맨의 인생과 처세관입니다.

「무엇이 다른가 근육 운동과 스포츠? 아이들 운동의 체질을 보고서」, 『조선일보』, 1937년 5월 8일.

　보통학교나 중등 정도의 학교에 갓 들어간 학동들은 새 재미로 공부에 힘쓰겠지만 체육에서도 각종의 스포츠에 흥미를 끌리게 됩니다. 야구광 시대의 영향을 받아 아무개 선수와 같이 되려고 볼 받기에 열중한다든지 1940년도 올림픽에 마라톤왕이 되어보자고 뜀박질에 세월 가는 줄을 모르는 아이들도 있을 것입니다. 따라서 부모 되는 이도 자녀에게 관심을 가진 분이라면 무슨 운동을 시켜야 할지 그 선택에 어지러운 줄 압니다.

　또 그 반면에는 스포츠 전성의 반동으로 운동을 하면 체격을 좋게 하기는커녕 병이 된다는 말에 "운동이 다 뭐냐"하고 펄쩍 뛰실 분도 있을 것입니다. 그러나 스포츠를 해서 몸을 버리게 되는 수는 극히 적어 너무 과도했다거나 운동을 해서 안 될 병 있는 사람에게나 있을 일입니다.

　스포츠를 함으로 해서 가장 많이 생기는 병은 폐결핵, 늑막염 같은 것인데 주의해서 하면 결코 염려할 것도 없습니다.

　학교의 체조 시간만으로는 암만해도 운동 부족이 되므로 하학한 후라든지 쉬는 시간 또는 집에서라도 흥미를 가지고 할 만한 운동이 필요합니다. 그러면 어떤 운동을 선택해야 좋을까. 그것은 사람마다 다를 것이니까 하기 싫은 운동을 강청할 것은 못됩니다. 어쨌든 어떤 운동이든지 상관없습니다. 테니스를 하면 한쪽 팔만 발달된다 하지만 어떤 스포츠고 신체의 일부분으로만은 할 수 없는 것인즉 무슨 운동이고 하기만 하면 몸의 단련이 됩니다. 그러나 될 수 있는 대로 몸 전체가 균정되게 발육되도록 여러 가지 운동을 하는 것이 좋습니다.

　몸은 놀리는 것이 단련이 된다고 하면 근육노동도 스포츠와 같은 효과가 있지 않을까 하겠지만 그 결과는 이론과 달라집니다.

　근육노동의 경우로 말하면 한 가지 목적을 위해서 가장 경제적인 방법을 취하게 되므로 암만해도 무리한 자세로 운동을 계속하게 되며 그다음에 또 정신적으로 어떤 압제를 받으니까 유쾌하고 하기 좋은 운동을 할 경우와는 신체의 내부 활동이 전혀 달라집니다. 호흡, 맥박, 신진대사가 모두 다르니까 그 효과가 도저히 스포츠에 미치지 못합니다.

　그러나 근육노동도 흥미를 가지로 즉 재미를 붙여서 하는 때는 스포츠와 근사해집니다.

　보통 아이들은 이제 말한 바와 같이 어떤 운동을 하든지 상관없지만 가슴에 병 있는 아이들은 스포츠를 안 하는 것이 좋습니다. 그리고 또 편도선이 붓는 아이도 신장이나 심장이 나빠지기 쉬운즉 조심할 필요가 있습니다.

　빈혈증의 아이도 스포츠가 좋지 않습니다. 또 일반으로 허약한 아이는 단체적으로 하는 운동에는 무리로 하기 쉬운즉 하이킹, 줄넘기, 기계 체조 같은 혼자서 할 수 있는 운동으로부터 시작해서 몸을 단련시키는 편이 좋습니다.

아무리 튼튼한 아이라도 운동을 과도히 하면 해로우니까 항상 몸이 피로하는 상태를 주의해 보아야 할 것입니다. 이런 의미에서 선수가 되겠다는 생각을 갖는 것은 재미없다고 볼 수 있습니다. 스포츠란 남에게 보이기 위함보다 자기의 몸을 위해서 하는 것이 되어야 될 줄 압니다.

「사설-운동의 시즌 그 신성한 의의를 발휘하라」, 『동아일보』, 1937년 9월 2일.

1

여름 동안 찌는 듯한 염열도 이제는 그 폭위를 멀리 감추고 점차 서늘한 바람이 천천히 와서 만인의 심신을 상쾌하게 한다. 따라서 이제는 각종 운동·경기의 시즌으로 되었다. 말하자면 이 시즌은 건전한 청년 남녀가 쾌활히 용약할 계절이라고 하여도 결코 과언으로 되지는 않을 것이다. 물론 여름 동안에는 등산이니 혹은 수영이니 하는 등 신체를 단련할 기회가 전혀 없는 것은 아니나, 혹서의 폭위 때문에 정규적으로 계속할 수가 좀 불가능할 뿐만 아니라 이들의 것은 어떤 의미로는 유흥적 영역 내에 속한 것이라고도 할 수 있는 것이다. 그러므로 정규적인 각종 운동경기는 이 춥지 않고 덥지 않은 가을이 가장 그 적기라고 할 수 있다. 그러므로 이제 본사 후원의 각종 운동·경기회는 바야흐로 각각 그 막을 열게 되었다. 즉 금월 4일부터 열리는 제9회 전조선중등유도대회를 비롯하여 8일의 제13회 학생농구선수권대회, 23일의 제15회 중등육상경기대회, 제14회 전조선권투선수권대회 등이 차례로 열리게 되었다.

2

무릇 "건전한 정신은 건전한 신체에 있다"라는 말은 고대 그리스 이래의 격언이거니와 사람은 남녀를 물론하고 청년시대에 각각 그 신체를 잘 단련할 필요가 있는 것이다. 이것은 여기서 췌언의 설명을 기다릴 것도 없이 자체의 병약자에게 어찌 건전한 정신이 있기를 바랄 수가 있으며 또는 건전한 정신이 없는 자로서 어찌 자신의 전도를 잘 개척하기 위하여 또는 사회의 발전을 도모하기 위하여 충분히 노력, 활동하기를 기대할 수가 있겠는가? 그러므로 고해(苦海)를 항파(航破)하려는 인생의 행로에 가장 먼저 긴요한 것은 무엇보다도 건전한 신체의 소유라고 할 수 있다. 이에 현대의 학교 교육에서 체육을 덕육, 지육과 병칭하여 3대 주요 목표로 삼는 까닭을 짐작할 수가 있게 된다. 그러면 후일의 활약을 스스로 약속하는 청년 남녀로서 어찌 체육을 다른 덕, 지 양육보다 경시 홀대할 수 있으며 신체의 단련을 조금이라도 등한히 할 수 있으랴?

3

이제 불원 속개될 각종의 운동경기 대회를 앞두고 무릇 출장하려는 청년 남녀는 미리부터 충분히 연습하고 단련하여 만인이 둘러보는 경기 당일에 각각 쾌활히 용약하여 각 그 가진바 기능과 역량을 있는 대로 잘 발휘하도록 힘쓰기를 바란다. 그런데 여기서 미리 한마디 말하여 둘 것은 세간에는 각종의 운동, 경기가 있을 때마다 무엇보다도 그 승부에 치중하려는 경향이 간혹 있는 것같이 보이나 이는 운동·경기의 근본의에 크게 어그러진 착각이다. 오직 승부만을 목적하는 운동·경기는 그 본래적인 신성한 의의와는 아주 어그러진 일종의 도박적인 것이라고 하지 않을 수 없다. 원래는 이겨도 정당하게, 져도 정당하게 즉 정정당당하게 승부를 결단하는 소위 페어플레이라야 비로소 그 신성한 근본의에 어그러짐이 없는 것이다. 만일 누구든지 참으로 이겨도 정도로, 져도 정도로 하는 확호한 정신을 가지고 승부를 결단한다면 설혹 기능으로는 지게 되는 경우에라도 정신상으로는 이기고 있는 것이다. 이것이야말로 정당한 스포츠맨십이다. 그러므로 각종의 운동, 경기에 출장하는 선수들은 그 본래적인 신성한 의의를 1분 1초도 망각하지 말고 어디까지든지 정정당당하게 각자의 기능을 다하는 동시에 아름다운 스포츠맨십을 발휘하여 불행히 기능으로는 지는 경우에라도 정신상으로는 이기는 승리자가 되기를 간절히 바라는 바이다.

신의주 이일성, 「체육을 의무로」, 『조선일보』, 1938년 1월 1일.

(가) 근대 올림픽의 자부(慈父)인 쿠베르탱 남작은 스포츠를 격려하되 장년에게는 갖은 방법을 다할 것이며 이와 반대로 청년에게는 다소 억제를 가하라고 제언한 것과 같이 올림픽 정신을 찬성은 하나, ■성을 요하는 것이 적지 않다고 봅니다. 그리고 올림픽에 출장하였던 선수는 세계무대에서 체험한 실제 지식을 가지고 귀국 후에라도 스포츠 지도자가 될 만한 인격의 소유자가 되어야 할 것입니다.

(나) 소년 청년 장년에 각각 적절한 체력 증진법을 물음에 대하여서는 대의가 대중 체력의 전체적 향상을 도모하는 것인데, 일부에서는 스포츠를 전면적으로 부정하기도 합니다. 스포츠가 체력 양성에 효과가 없고 육체적 과로, 지적 퇴보, 돈벌이 주의의 전파를 염려하게 된다는 설도 있습니다. 소년에게는 취미를 붙일만한 구희(球戲) 수영 스케이팅, 청년에게는 단체적 훈련으로 합동 체조를 비롯하여 육상경기 수영 스케이팅 럭비 등, 장년에게는 더욱이 흥미를 이끌어 매일 여행(勵行)할 수 있는 승마 스케이트 구기 같은 것이 적당할 것입니다

(다) 체육 시설은 민간에서 자발적으로 도시와 촌락에 이르기까지 운동장의 시설을 하여야

할 터인데 그것은 실현하기 어려운 바이며 각 학교의 운동장과 체육관은 하학 후이면 학생들의 운동 연습에 지장이 없는 한 엄격한 규율을 지킬 수 있다면 일반에게 공개하여 운동하게 하는 것도 좋을 듯합니다.

(라) 스포츠를 국민에게 강제적으로 행하게 한 파쇼 이태리와 대전 후 군비를 스포츠로써 보좌한 나치스 독일을 볼 때 체육 운동도 의무적으로 행하도록 당국에서도 솔선하여 지도 장려하여야 대중 보건 운동에 큰 힘이 될 것입니다.

(마) 씨름과 궁술은 추장하되 좀 더 규율적이여야 할 것입니다. 그리고 출장자들의 인격 문제도 있겠지만 흔히 보는 유흥적 기분이 떠도는 것보단 긴장된 분위기에 싸인 경기회가 열리기를 바랍니다.

휘문고보 이규현, 「체육연구소를 중심지에 창설하라 역도, 씨름을 장려코 싶다」, 『동아일보』, 1938년 1월 3일.

1. 조선인의 체육 현상을 말함

최근 조선 체육계의 현상을 전망할 때 학교 체육은 매우 진보 향상하였다 할 수 있으나 아직도 외국인의 학교 체육에 비하면 모든 시설에서 매우 뒤져있고 더욱이 가정 체육, (민중) 사회체육의 견지에서 매우 한심한 바가 아닌가?

물론 체육 현상의 동태에 바야흐로 우리들의 관심을 끌기도 이미 오랜 숙제이겠지만, 과연 이 숙제는 일조일석에 해결할 문제가 아니고 장구한 세월을 요하여 장려 선전 보급함에서 비로소 이 효과가 있을 줄 믿는다.

간단한 예를 들면 동경만 가보아도 공원이나 그와 유사한 장소에 철봉이든지 체조 기구가 설비되어 자연 이곳에는 민중으로 하여금 체육에 애착할 정신과 기분을 주고 대개는 정(町)마다 정 도장이 있지 않은가.

저 독일이 1차대전 후에 경제적으로 머리를 들 수 없는 빈궁한 가운데에서도 "국민체육대학"을 창립하여 그 민족의 기혼(氣魂)과 정신을 완전히 발휘하여 부활하고, 또 체코슬로바키아 같은 나라도 "쏘콜 운동"이 있고, 덴마크 같은 나라도 최근 체육으로써 세계 각국에 단연 선구가 되고, 기타 각국을 보아도 수만의 체조 연맹이란 것이 조직되었고, 일본 내지에도 최근 보건성 창설 운운함을 보아도 모두 솔선하여 체위 향상[50]과 체력증진법에 노력하고 있지 않는가.

---

50) 원문에는 '白上'으로 되어 있으나, 오식으로 보임.

더욱 현금과 같은 이 비상시국에 세계 각국 민족은 "무엇보다 모든 일은 국민의 건강에 있다." 즉 한편으로 일러 말하기를 건강을 부르짖고 국민 체위 향상을 목표로 한 가장 급선무로 솔선 실행하고 있지 않는가?

그리하여 각 국민 체위는 날로 날로 증진 향상하고 있는 현상이다.

2. 조선인의 체질을 어떻게 향상시킬까?

조선인의 체질은 반드시 체육 즉 정신적 훈련을 존중한 것으로써 신체를 수련 향상해야 한다.

이 체육으로 수련 향상한 때는 반드시 과학적 기본으로 한 운동생리학, 운동해부학, 위생학, 심리학을 중심으로 한 직업적 수련인 체육이 아니면 안 될 줄 믿는다.

그 이유는 왕왕 자기 기술 향상만 본위로 하여 함부로 비과학적 신체 수련을 함으로써 운동을 하다가 누구는 늑막염이 되었다느니, 혹은 신체가 쇠약해졌다느니 하는 폐해가 생기게 된다.

이런 고로 자기가 주로 할 운동을 시작하기 전에는 반드시 준비 운동을 하고 또 자기가 한 주 운동이 다 끝나면 반드시 정리운동을 해야만 한다.

우리가 상식적으로 판단하여도 아무리 좋은 영양분 있는 식물(食物)이라도 폭음 및 폭식한 후 그 결과가 어떻게 되는가?

지금 식물과 같이 운동이라도 역시 절제가 절대로 필요함을 주장하기 위하여 이런 예를 들어 말하니 특히 운동을 좋아한 제씨는 이 점을 특히 주의하여 주길 바란다.

3. 조선인에게 장려, 실행, 시설할 체육은 무엇?

(1) 역도! 내가 여기에서 주장하는 역도는 세상에서 말한 보통 역기가 아니다.

그러면 유럽에서 웨이트·리프팅(Weight lifting[51])이란 운동이나, 일본 내지에서 최근 번역한 중량거(重量擧) 운동이나, 외국인들이 경기 중심으로 한 단순한 운동이 아니고, 좀 더 나아가서 육체적으로나 정신적으로나 즉 심신 양 방면에 입각한 옛 조선의 화랑도 같은 충간(忠肝) 의담(義膽)의 정신과 일본 내지의 무사도 같은 미풍과 서양인의 기사도 같은 참된 역도를 말한 바이다.

이 역도에는 반드시 무도(유, 검도, 씨름, 궁도), 경기(육상 수상, 빙상), 구기(야구, 축구, 정구 농구, 배구) 등 각종 운동경기에 역기를 가미한 완전한 역도 건설을 의미한 바이다.

우리 민중은 자고로 "힘"을 매우 좋아한 만큼 이 역기 운동만은 전선적으로 방방곡곡에 보급 실행되어 있으나 아직 역도는 미성물의 숙제로 되어 있다.

(2) 또한 그 시설의 구체안은?

---

51) 원문에는 'Weight lefting'으로 되어 있음.

인격 있고 연구심이 풍부한 지도자 즉 체육계의 권위자를 총망라하여 완전한 시설이 된 체육연구소를 중심 지대에 창립함이 가할 것이다.

예를 들면, 동경 강도관 같은 것이 건설되고 따라서 지방마다 지소가 있고 중심지에서 매년 대회 같은 것을 수회씩 성대히 거행하면 자연 각종 체육 운동열이 장려, 실행, 보급될 것이다.

이 질문에 탈선된 말이 될지는 모르겠으나, 최근 아직 조선과 같이 체육사상이 극히 유치한데 어떤 운동을 일종 흥행물과 같이하여 입장료를 많이 받아서 순전히 직업적 생계를 목표로 삼고 지방을 순회하며 그 참된 체육의 진리와 진 가치를 멸실하고 단지 보는 관중으로 하여 흥미진진한 마취제를 운용하는 작업화한 자가 있다면 이는 단연 우리 체육도로서 매장 추방할 일이다.

(3) A 개인으로 적절한 것?

간단한 철 아령법이나 도수 체조 혹은 보건 체조 같은 것이 양호할 듯하다.

그 이유는 우리 대중 가운데는 신체 수련한 구별이 천차만별일 것이다.

예컨대 인구 조밀한 번극한 도시에서 상업을 경영하는 분, 또는 실업계에서 활동하는 분, 또 군인으로서 주야의 구별 없이 어두운 밤이라도 행군하는 분, 학생으로서 자기의 취미 있는 경기에 한층 양호한 기록을 돌파할 분, 모두 서로 각자 적합하고 우수한 능률을 발휘하는 관계상 이 이상 말한 운동법이 평범하니 필요할 것 같다.

이런고로 이는 개인마다 요구가 일정하지 못할 터이니 확답할 수 없다.

B 단체로 적절한 것?

가장 우리 풍토의 대상, 가장 우리 습관의 대상, 가장 우리 행위의 대상이 될 "우리 조선인에 가장 가합(可合)한 집단체조"가 발견되기를 원한다.

4. 조선인의 경기로 추장(推奬)하고 싶은 것은?

조선 씨름. 조선 씨름을 좀 더 조직적으로 합리화하여 특기로 승격시켜야 할 것.

조선 고풍과 장구한 역사로부터 전하여오던 유일무이한 "샅바"로 함으로써 타국 씨름과 판이한 점에서 더 연구 발전시키고 싶다.

즉 여하한 외국 씨름 선사(選士)와 타국의 강한 역사(力士)와 씨름할 때는 우리 조선의 특유한 "샅바"씨름 앞에는 굴복하고, 그 무궁한 조화 즉 지혜와 모계(謀計)를 쓰는 기술적인 것인 만큼 재미있고 경제적으로도 과대한 비용이 안 들고, 일반적으로 완전히 보급화해 있고, 흥미 있는 운동인 만큼 연습의 횟수를 거듭할수록 체위도 향상될 수 있고, 남녀노소 누구나 다 할 수 있는 경기인 고로 더욱 이상화하여 특기로 추장하고 싶다.

청년회관 장권, 「선수본위 목표의 체육은 극력 배격」, 『동아일보』, 1938년 1월 4일.

1. 조선인의 체육 현상

근래 각종 경기회를 통하여 조선인의 체육 현상을 고찰할 때 어떠한 부문에든지 조선인이 참가한 부문에는 전부 우수한 전적을 내었음은 누구나 잘 아는 바로 기뻐할 사실이다. 그러나 이 몇 가지 경기 운동에서 발현된 우수한 기록만으로써 조선의 체육계가 그만큼 어떠한 곳보다도 보편적으로 발달하였다고는 할 수 없다. 이러한 기록 등은 어떠한 토지 개척자의 시작(試作) 중의 성적이나 현대 학자가 얻은 시험관에 나타난 기록과 일반이다. 즉 조선인의 체육과 의지가 경기 운동에서도 누구보다도 우수한 소질이 있다는 답안을 얻은 데 불과한 것이라 하겠으나 즉 기회를 얻은 청년들이 몇 종류의 경기 운동을 실천한 결과 금일의 성적을 얻은 것과 같다. 그렇다고 금일의 체육계가 있게 함에 단체로서 지도자로서 선수로서 눈물겨운 노력과 분투가 있었음은 전연 망각함은 아니나, 금일까지 조선에서 체육을 장려하였다 함이 다른 곳의 조직적 지도에 비하면 거의 이러한 감도 있다 함이다. 또한 이것은 각종 경기 운동을 실천하거나 건강을 위하여서나 훈련을 위해서나를 물론하고 체육의 실천자를 전 인구에 대한 비례로 보아도 금일의 조선 체육계에 비약적 현상은 우연이냐, 조선인이 체육에서 참으로 천재이냐를 거듭 생각하게 한다. 그중에 심한 것은 현역 선수에서도 자주 보이는 것을 보아 이 사람들이 체육의 진의를 어느 정도까지 이해하였는지 의심하게 됨도 있으니 즉 자기가 실천하는 그 운동이 어떠한 경기회에 출전하기 위한 연습인지, 참으로 자기 일생과 체육과 여하한 관계가 있어 이것을 위하여 행함인지를 알 수 없다는 말이다. 그것은 2, 3년 전에 소위 화형(花形)선수의 명예를 가지던 자 3년 후에는 "라디오" 체조 정도의 체육법도 실행하지 아니함을 볼 뿐 아니라 현역 시대에도 앞에 어떠한 경기회가 없으면 역시 아무러한 운동도 하지 않을 뿐 아니라 비섭생적 생활을 감행함을 보아 더욱이 이러한 감을 깊게 한다. 그러므로 제11회 세계 올림픽 대회 마라톤 제패를 위시하여 육상, 권투, 유도, 농구, 축구, 탁구, 빙상 등에서 기록적으로는 만장(萬丈)의 기염을 토하였으나 실제에서는 아직도 아무러한 조직적 지도가 없어 이 모든 호화로운 기록은 우리의 체질이 경기 운동으로도 누구보다 우수하다는 답안과 자신을 가지게 한 것으로 체육의 진의를 인식시켜 가면서 지도 장려함을 이후에 있다 하겠다.

2. 조선인의 체질은 어떻게 향상시킬까? 향상하지 못하는 근본 이유?

조선인의 체육을 향상시키고자 하면 남녀노유를 불문하고 어떠한 직업이나 어떠한 계급에서든지 체육의 중요성을 인식하게 되어 가정이나 학교에서나 실사회를 불구하고 그 환경에 적응한 각자 독특한 체육 방법을 실천하여 체육의 진의가 전반적으로 침윤 투철하게 되도록 지도할 만한 참으로 큰 힘의 체육 지도 단체가 탄생됨에 있다 하겠다. 이같이 체육의 진의가 전체적으로 보급 철저하여 대중의 기본 체육이 발달한 후에는 일반적 체위가 향상됨은 물론이거니와 경기 운동으로 인한 생리적 불균제의 발육 등도 자연 제거되며 기록적 향상도 올 것이다. 이같이 체육이 전반화한 때에 어떠한 선수가 세계적 기록을 작성하였다 하면 그것은 다 쓰러진 집에 1, 2개 기둥의 존재가 아니라 명실여일한 체육 조선을 완성한 결과의 표현(表顯)일 것이다. 이러한 역할을 할 단체는 경기를 주로 한 체육 단체, 훈련 체육을 주로 한 각종 단체 등을 망라하여 연계시킨 단체이어야 할 것이다. 즉 조선인의 체질을 전반으로 향상하게 하고 자 하면 반드시 이러한 단체가 창설되어야 할 것이며 종래 향상 발전이 지리 분산하였다면 이러한 단체가 존재하지 못한 데 근본 이유가 있다 하겠다. 현하 정세에 비춰 이러한 단체의 출현을 바람은 공상에 가까운 섬어(譫語)[52]와 같기도 하겠으나 조선인의 체질 향상을 염두에 두는 이상 참으로 체육을 전반화하고 말겠다는 견인불발한 의지와 열로써 활동해야겠다. 이러한 체육 지도 단체의 출현을 절망(切望)하지 않을 수 없다.

3. 조선인에게 장려, 실행, 시설할 체육은 무엇?

조선인에게 체력과 능력을 자유로 발휘할 수 있으며, 그 모든 힘을 잘 사용하며, 이용할 수 있는 신체를 가지게 하며, 정신적으로는 굳센 의지의 열을 가지게 할 체육 방법의 제일 계단으로 장려하고자 하며 무엇보다도 덴마크 기본 체조와 같은 것이 가장 적당할까 한다. 이 체조는 그 구성요소로 보아 이상의 모든 효과를 거둘 수 있는 동시에 남녀노유를 물론하고 어떠한 곳 어떠한 때 아무 시설이나 기구, 복장을 요하지 아니하는 개인이나 단체로 실행할 수 있으며 직업적으로나 일상생활이나 단체로 행할 수 있으며 직업적으로나 일상생활의 부주의로 신체에 일면적 변화의 경직을 제거하며 경기 운동자에게는 준비 정리 교정 운동이 되므로 이러한 체육법은 체육적 관심만 있다면 곧 대중적으로 실행할 수 있는 것이므로 덴마크 기본 체조와 같은 것은 대중 체육으로 가장 적절한 것이라 하겠다.

(1) 개인으로 적절한 것 청소년에게는 육상경기 중 트랙, 전반적으로는 하이킹
(2) 단체로 적절한 것 농구, 축구

---

52) 잠꼬대.

「사설-민중의 체력향상 문제」, 『조선일보』, 1938년 6월 23일.

1

국민의 체력 향상은 실로 그 국가의 중대한 과제니 그 과제를 충실히 해결하고 못함에 따라서 그 국가의 장래가 결정된다고 보아도 결코 과언이 아니다. 혹자 오늘날과 같은 기계 문명 시대에서는 인간의 체력이 그다지 중요하지 않다고 생각할는지도 모르겠지만, 그 기계의 제조나 운전도 오직 인간의 힘을 빌려서만 가능하다는 것을 잊어서는 안 된다. 더구나 건전한 정신은 항상 건전한 육체 위에 서식하고 있다. 그것은 한 개인으로도 그렇고 한 국가로도 또한 그렇다. 어느 점으로 보든지 위정 당국자로서 국민 체력의 향상을 어찌 조금이라도 소홀히 여길 것이겠는가. 만일 재래의 위정 당국자들이 그만한 인식을 가지지 못하였었다고 하면 그 얼마나 유감되는 바일까.

2

물론 현하의 교육 제도로 보더라도 체육이 하나의 중요한 과정됨을 잃지 않으나 대개의 경우에 일종의 조련으로써 종시(終始)되지 않는다면 일종의 경기로 흐르고 만다. 조련쯤은 오히려 모르되 경기에 이르러는 국민의 체력 향상을 위한 보건이나 위생과 전연 별개의 일일뿐 아니라 재래의 각 학교 당국자들은 흔히 경기에 열중하여서 오직 그 장려만을 일삼아 온 만큼 도리어 부산(副産)의 폐해까지 없지 아니한 것이다.

금후 각 학교 당국자들은 모름지기 이 점을 개선하는 동시에 진정한 체육 사상을 알리고 또 진정한 체육을 훈련시켜서 그들 청소년의 체력 향상을 도모하여야 할 것이다. 그와 함께 그들의 기생충 문제, 시력 문제 등도 각 가정이나 또는 학무 당국과 연락하여서 진지하게 생각하고 노력하여 주기를 바라는 바이다.

3

그래도 학교 당국자들에게 대하여는 그 생도나 학생들의 보건위생을 위하여 방침이 그릇됨을 말할망정 그 성의가 없음을 책하기는 어렵지만, 각 영리 기관의 경영자에 이르러서는 그 종사 인원의 보건위생을 가지고 그 성의의 유무를 논란하는 것조차 헛된 수작이다. 왜 그런고 한즉 그들은 당국에서 용인하는 한까지 영리에 급급하여 종사 인원의 보건이나 위생 같은 문제를 돌아볼 겨를이 없는 까닭이다. 이러한 사람들에게는 무엇보다도 먼저 법령이 필요하고 당국의 단속이 필요하다. 공장, 광산 등에 대한 법령을 빨리 개정 또는 수립하여서 그들의 제재를 도모하지 않아서는 안 될 것이라고 생각한다.

4

근일 비상시국에 임하여 국민의 체력 향상의 중요성이 재인(再認)됨에 따라서 총독부 당국에서도 각처 운동장의 개방을 도모하는 등 민중의 보건위생에 대하여 적극적으로 진출하리라고 한다. 이것은 재래의 당국자들이 흔히 한각하여 온 관제를 다시 제기시켜 놓는 것으로 우리의 민중으로서도 있는 데까지 힘을 합하여 나아가지 않아서는 안 될 것이다. 그러나 지금 조선에서 민중의 체력 향상을 위하여는 상기 두 가지의 큰 결함이 있다. 우리는 이 기회에 그 두 가지의 결함을 지적하여 일반 사회와 당국의 일고에 이바지하고자 한다.

중앙체육연구소 사범 서상천, 「체육 대중화에 대하여」, 『조선일보』, 1939년 1월 3일.

조선의 체육 발달 과정은 쉬지 않고 변천하고 있다. 이 과정을 나눠 3계단으로 생각할 수 있다. 첫째는 요람기인데 즉 체육이란 사상이 처음 들어와 미미한 발전을 하고 있을 때, 다시 말하면 유년기라고 말할 수 있고, 둘째는 선수 치중시대, 일반화되어가되 정도가 미치지 못하고, 즉 대중적 일반화로는 큰 발전이 있어도 국부적으로는 일부 선수에서는 세계적 수평선에 가까이 가는 시기를 생각하고 싶다. 3에는 체육 일반화라는 계단인데 대중적으로 장구한 시기를 두고 노력에 노력을 더하여 천신만고해서 겨우 나아갈 수 있는 계단이다. 작년까지는 조선의 체육 운동이 요람기로부터 겨우 제2계단에 들어가서 과거의 성적에 비하여 일단의 진보를 보여주었으니 전 동양적 선수를 다수히 냄은 물론이려니와 세계적 선수도 내게 되었다.

전 동양적으로 축구며 농구 육상경기 권투 빙상 자전거 역도 등 본시 서양 사람과 동양 사람이 다름없으므로 연구는 뒤떨어서 했더라도 해서 못 미칠 바는 아닐 것이다.

금년 말에 소봉 이병학 선생이 역도 선수 8인을 인솔하고 동경에 가서 7체급 중에서 1체급은 선수의 사정으로 못 가고 그 외에 간 6 체급에는 전부 우승하고 한 사람도 입선되지 않은 사람이 없이 전부 입선되고, 그중 남수일군이 올림픽 기록을 돌파한 것은 거년에 손군이 마라톤에 지은 세계적 기록과 같이 금년도의 큰 수확이다. 이같이 세계적 기록을 지으면 그 선수와 그 국가가 영광될 뿐 아니라 나도 하면 세계적으로 무엇이든지 되겠구나 하는 고귀한 신념을 역사와 함께 백천 대를 내려가며 뒤에 오는 나이 적은 동무들에게 주게 되니 그 얼마나 좋은 일인가. 각 방면을 통하여 문학이나 예술이나 각 부문을 통하여 체육이 한층 급진적으로 세계적 수준에 가까이 향하고 있는 것은 부정할 수 없는 사실이다. 그러나 '체육 일반화'라는 큰 안목으로 볼 때는 한심한 정도에 있다.

이 기묘년부터는 우량한 선수도 더한층 낼 뿐 아니라 체육 일반화에 나아가지 않으면 안 될 것이다. 조선을 체육 일반화라는 안목으로 볼 때는 지극히 중환에 처하고 있다. 이 체육 일반화에는 새로운 운동 방법으로도 좋으나 재래의 운동 즉 씨름이라든가 그네[추천]라든가 널뛰기라든가 줄다리기라든가 그런 방법으로도 개량 장려하면 극히 유효할 것이다. 신식 운동 습득의 기회를 갖기 어려운 농촌 자녀 예컨대 유도나 야구 등 운동의 지도를 받기 어려운 사람도 그네뛰기나 널뛰기 그 실 흥미적이요, 노유의 별이 없고, 운동량도 약하게 하면 약하게 할 수 있고, 강하게 하면 강하게 할 수 있는 체조의 안목으로 보면 평균 운동도 되고 현수 운동도 되고 기계 체조의 조환[53]이나 도약 운동 등을 합한 훌륭한 운동이다. 하필 새로운 것을 어렵게 찾고, 재래의 손쉬운 운동은 개량 보급하지 않는다는 것은 이치에 합하지 않는 일이다. 과거에는 우리가 너무 신식 운동에만 치중했고, 재래운동은 너무 등한히 했다고 볼 수 있으며, 당국에서도 재래운동이라면 등한히 취급했다고 하지 않을 수 없었는데, 이번에 와서 학무 당국에서 조선 재래 운동도 특별 장려한다는 방침은 이 점에 유의한 것인 줄 생각한다.

내외 다단한 차제 대중적으로 한층 강건한 생명을 요구하는 오늘날 '체육 운동 일반화'라는 큰 희망으로서 이 해를 보내고 새해를 맞이하고 싶다

「"국민체조"를 여행! 후생은 강장한 신체로부터 일반, 직업, 여자부로 3분 체력 단련에 총력 집주 체육관 동경에 출장, 종내 형태 통일 신춘부터 전조선에 실시 보급」, 『동아일보』, 1939년 1월 17일.

장기 건설은 결국 물자와 국민의 체위 향상에 있고, 이 체위 향상은 일반 국민의 균등한 건전 체위를 가지는 것이 필요하므로 종래 라디오 체조, 건국 체조, 황국신민체조, 덴마크체조, 보건 체조 등을 통하여 체력의 단련을 꾀하던 것을 통일하고 이것을 다시 장기 건설에 필요한 "이데올로기" 앞에 새로운 "국민체조"를 건설시키기로 되어 후생성에서는 이 체조의 보급을 위하여 3만 원의 예산을 세웠고, 총독부에서는 새로 된 교학관 중 고송(高松) 체육관을 동경에 파견하여 그 내용을 검토하고, 또 이것을 보급시킬 방법에 대하여 절충하고 있는 중으로 이달 말경에 귀성을 기다려 일반화에 착수시키기로 되었다.

국민 체조는 세 가지 종목으로 되어 첫째는 일반 체조, 다음이 직업 체조, 셋째가 여자 체조의 3개로 구성되었는데, 오늘까지의 모든 체조와 체육 이론을 참작한 위에 민족 내지 국민성의 견지에 재검토를 가한 것이라 하며 시간, 경비, 연령, 직업, 체력 등 방면에서 연구를 거듭하고 있어 오는 3월 말경에는 데뷔하게 되었다.

일반 체조는 일반에게 필요한 체조이고, 직업직 산업체조라는 것은 직장에 있는 자에게 필

---

53) 조환 운동(弔環運動): 링을 사용하여 굴리기, 멈추기, 돌기, 물구나무서기 따위의 기술을 펼치는 남자 기계 체조 종목의 하나.

요한 체조이고, 여자 체조는 일반 여자와 직업 여성에게 필요한 체조라고 한다.

노래에 맞춰서 누구나 할 수 있게···· ▽심신 단련 운동 주간도 실시

국민체조는 노래와 곡조를 붙여서 노래 부르면서 체조를 할 수 있고, 또 평이하게 되어 속히 습득할 수 있게 하였는데, 대개 3분 내지 4분의 시간이 걸리는 것으로 4회나 5회씩 계속하여 약 20분가량 걸리도록 하려고 하며, 극력 선수나 경기 본위를 배격하고 누구나 할 수 있는 공공 체육에 나가려는 것이다.

이 운동을 보급시키기 위하여 중앙부에서는 지도자의 양성을 목적한 강습회나 수련회를 열어서 체육 지도관을 양성해가지고 각 도에 배치시켜 당해 도내의 국민체조를 지도하게 하는 동시에 각 도에서는 관하 군에서 선발된 지도원에게 강습시켜 각각 당해 군내의 지도에 당하게 하려는 것이다.

이 체육의 장려를 위하여 이 국민체조의 강화를 목적한 8월 1일부터 20일간에 심신단련 운동주간을 실시하여 전국민이 일제히 체조를 하게 되었고, 기타 기회에도 이 체조를 행사로 실시하게 되었다. 특히 국민정신총동원 운동에 결합시켜서 물심 양 방면의 운동을 전개시키려는 것이라 한다.

중앙체육 서상천, 「체육을 생활화하자 날마다 귀중한 "몸"에 기름치자-부부, 아이들까지도 일과로 구보, 체조」, 『동아일보』, 1940년 1월 1일.

최근 의학의 경향을 보면 치료로부터 한 걸음 나아가 예방으로, 또 한 걸음 나아가 운동으로 나아가고 있어 보인다.

사람들이 모든 기관을 부릴 때는 매우 아끼며 대단히 여기는 것이다.

다시 말하자면 자동차라든가 기타 다른 기관은 사용할 때 매양 기름을 치고 닦으며 끔찍이 아끼면서도 일생을 두고 다시 두 번 얻지 못하며 한 부분이라도 손상하면 다른 기관처럼 갈아 낼 수도 없는 생명을 가지고 있는 중요한 몸에 대해서는 사람마다 도리어 부주의할 뿐 아니라 심한 말로 하면 학대를 한다고 해도 과언이 아닐 사람이 허다하다.

다시 못 구하는 우리의 제일 귀중한 기름을 어리석음과 무식함과 등한함으로써 제 수한(壽限)을 다 살더라도 오히려 춘몽같이 짧은 생명을 자기로서 자꾸 단축해지라고 독촉하는 셈이다.

이 점으로 보아 체육의 생활화라고 하는 문제가 얼마나 중요한지 모르겠다.

자기의 구구한 생애를 원망하는 폐인과 같은 사람의 특별한 예외는 모르겠으나 한 사람의 짧은 목숨으로 천만 사람의 일을 해보겠다는 만만한 희망으로 앞날의 발전과 건설을 목표하는 대중에 있어서라.

우리의 몸은 다른 기계와 같이 매일 닦고 기름 쳐서 쓰지 않으면 오래 쓰지 못하게 되어 있다. 그러나 우리는 매일 조석으로 실행하고 있는 세면이나 치아 소제를 결한다면 거북한 것을 느껴도 그보다 더 중요한 오장육부를 소제하지 않고는 거북하다는 것까지도 느끼지 못하는 사람이 많다.

몸에 병이 나면 쩔쩔매며 병원을 찾게 되고 불섭생에 대하여 후회하되 병이 나으면 곧 몸과 건강에 대하여 등한히 하는 것이 일반적이다. 실로 한심한 일이다.

인생의 장기에는 다른 생물에서와 같이 3대 원칙이 있다.

1. 능동성 비대라고 해서 일반 사람이 만든 기관은 아무리 최선의 방법으로 잘 쓴다고 하더라도 조금이라도 쓰면 쓰는 만큼 손상이 되지만 우리의 몸은 적당히 쓰면 오히려 적당히 쓸수록 발달되는 것이다.

2. 불능동성 위축, 즉 아무리 좋은 몸이라도 적당히 쓰지 않으면 기능을 잃어버리고

3. 과능동성 위축, 즉 과히 쓰면 그 반면에 손상을 입는다는 이상 3원리에 의하여 우리의 건강을 향상함에는 우리의 몸을 항상 적당한 정도의 운동을 하지 않으면 안 되는 것이다. 우리 조선 사람은 다른 방면도 그러하지마는 체육 사상에는 매우 진보되지 못하여 있고 따라서 보급되어 있지 못하다. 다만 운동 경기가라는 일 극소 부분인에 국한하여 경기적 수련으로 겨우 보급이 되었을 뿐이다.

경기적 수련이라고 함은 우리 몸을 수련하는 사람의 목적에 의하여 분류한 것인데 이 수련을 대별하면, 군대적 수련, 경기적 수련, 위생적 수련, 특수적 수련 등인데, 군대적 수련은 군인의 입장으로서 체육을 단련하더라도 체육과 위생에 다소 찬성하지 못하는 점이 있다고 할지라도 적을 정복한다는 목표하에서 단련하는 것이다. 그러므로 체육적 견지로서 부당한 즉 신체에 무리한 강행군을 하는 것이라든가 고도(高跳)를 뛰더라도 경쾌한 운동복을 입지 않고 전쟁에 나가서 전투할 때 필요해서 뛰는 것과 같이 무거운 무장을 하고 하는 등으로서 적을 정복하는 데 필요한 체육적 수련이다.

경기적 수련이라고 하는 것은 한 경기기록이나 승부를 목표로 해서 하는 것인데, 너무 그 방면에 흐르면 생명을 유지함에 제일 귀중한 밥으로 과식하면 관격되듯 귀중한 운동으로서 꽃다운 생명을 희생하게 되는 실례가 불소하다. 기록과 승부를 상대로 하는 일념에 부지 중에 몸에 일부 무리가 가도 문제시하지 않게 된다. 더 쉬운 말로 하자면 100년 살 것을 단 50년을 살고, 50년 살 것을 단 25년을 살더라도 그 방면의 월계관을 취해 보겠다는 생각으로 건강 증진을 제2 문제로 하고 기록과 승부를 목표하는 수련이다.

특수적 수련의 일례는 곡마단에서 사인(蛇人)이라는 것처럼 특종의 운동으로서 서서 뒤로 벌떡 자빠지면 뒤에서 두 다리 사이로 머리가 나오는 등의 몸의 특별한 굴신을 사람들에게 구경시켜 벌이로 하는 수련인데, 군대 수련의 의미도, 경기 수련의 의미도 없는 것이다.

위생적 수련이라고 하는 것은 장래 군인이 되거나 상인이 되거나 학자가 되거나 경기가가 되거나 제1 목표가 건강 증진과 체력 증진을 정상히 무리 없이 구하기 위한 수련이다. 그러므로 제일 완전하고 안전한 수련법이다.

학교 체조도 대개 이 위생적 수련을 착안으로 하는 수련법이다.

우리 사회에 완전한 체육 사상이 침윤되어 있지 않고, 일부 청소년 운동 경기가들의 경기적 수련으로 일부 보급되어 있을 뿐으로 그들 중에도 학생 생활이라든가 그러한 선수 생활을 벗어나면 전연 체육 운동에 관계없는 사람처럼 되고 만다. 그러므로 선수 생활하는 사람 그 자신이 그 환경을 떠나서도 체육 운동을 생활화해서 일생 체육의 혜택을 입는다는 실례가 극히 적은 즉 하물며 체육에 대한 인식조차 없는 사람은 더군다나 어떠한 것인가.

다른 나라에서는 기차를 타고 가다가도 정차만 되면 으레 내려 잠시라도 산보를 한다든가 그 자리에서 구보를 하는 것이 현저하고, 가령 뉴욕 같은 도시에서 퇴근 시간이 되어 근교 자기 집으로 돌아갈 때 철교가 걸리지 않고 배로 건너는 강을 건널 때라도 보면 배 위에서 가만히 있지 않고 체조를 한다든가, 구보를 한다든가 하는 것이 우리들과는 전연 다르다고 한다.

운동을 하는 것을 생활 중에 일과로 삼고 부부는 물론 아이들까지 가족 일반이 손에 라켓을 들고 코트에 운동하러 간다든가 하는 것이 우리보다 체육으로 앞선 나라에서는 그 정도가 현저하게 높다고 한다.

즉 그네들은 그네들의 발랄한 건강은 매일매일의 식사와 같이 한 중요 불가결한 공과의 하나로서 체육을 생활하는 데서 얻고 있는 것이다.

그러므로 우리는 하루바삐 체육을 대중화하는 동시에 생활화하지 않으면 안 된다고 생각하는 바이다.

「주간 스포츠-대중체육의 목표」, 『조선일보』, 1940년 1월 15일.

과거 50여 년 동안에 물질문명을 중심한 유럽의 문화는 동양 천지를 풍미하게 되어 현재에는 동양의 고유한 문화도 일 부문에 잔존할 뿐이고, 전면적으로 유럽의 문화 사조가 정신적 혹은 물질적 양 방면에 지배하게 되어 현시의 문화를 축성(築成)한 감이 없지 않다. 그러나 당시의 유럽을 지배하고 있던 이해타산적인 이기주의, 물질주의, 개인주의의 사상 등도 동양에 수입이 되지 아니한 것은 아니겠다. 특별히 대 도회를 중심하여 문화는 난숙한 영역에 달하게 되고, 농촌의 유위한 청년층들은 이 풍조에 자극이 되어서 무한히 도시를 동경하게 되어 운집하는 상태를 보이고 있음은 현재 국책의 중요성으로 보아서 대중 체력 저하와 밀접한 관계가 있다고 믿는다. 그러므로 대중의 체력 문제는 대중으로서의 인생관, 국가관, 세계관

등을 확실히 인식하여 진정한 의미로의 국민다운 정신에 입각할 필요성을 느끼게 되었다. 그러하므로 현재 국민의 일상생활을 반성한다면 이와 같은 현상으로써는 절대로 체력의 향상을 기대하기가 불가능하다는 사실은 누구나 이론(異論)이 없을 것으로 믿는다.

국민 생활의 합리화, 생활의 쇄신 등이 문제시되는 것은 이같은 견해로서라고 사유하게 되는 것이다.

체육을 스포츠라고 말하는 오해에 대하여 해소하게 하는 것이 물론 필요한 것일 줄 안다. 이와 같은 견해에서는 스포츠를 부정하는 것이 아니라, 국민 체육의 생활화, 국민 생활의 체육화 등을 중시하는 의미에서라고 보게 된다. 따라서 국민 체육의 실시에 당하여서는 성별, 연령별, 직업별, 건강도 등이 고려되지 아니하면 아니 될 줄 안다. 국민으로서는 우선 발육의 완성이 필요하게 되고, 직업별로서는 농촌 체육, 산업 체육, 도시 체육, 학교 체육 등의 문제가 대두하게 된다. 또는 건강도에서는 그 사람에 대하여 질병이 있는가 없는가를 확인하지 아니하면 아니 될 줄 안다. 차제에 질병에 관하여서 사망률의 수위를 점하고 있는 결핵의 예방을 중시하게 되는 사실은 당연한 이치라고 보게 된다. 그러하므로 자연히 결핵과 체육과의 문제가 야기하게 되는 것이다. 종래에 스포츠 등에 의한 결핵 사(死)의 실례를 듣게 되는데, 이것은 그 책임이 스포츠에 있는 것이 아니라 국민병으로 칭할 수 있는 결핵 예방의 견지에 입각하여 체육을 장려하면 이 문제는 자연히 해소될 것으로 관측된다.

국민 체육의 방침으로서는 체육 의학의 기초를 두어 적극적으로 또는 그 지방의 실정에 따라서 실시하게 되어야 할 것이다. 그것을 적극적으로 실시하게 하는 방법은 무엇보다도 단련을 철저하게 하는 것이 필요하게 된다. 이것을 과학적으로 연구하여 국민 체육의 향상을 기대하는 것이 국민의 책무라고 사유한다.

그러면 국민 체육 운동의 정신을 과연 어디에다 두어야 할 것이냐 하는 문제에 봉착하게 된다. 이 체육 운동이라고 하는 것은 두말할 것도 없이 식자 계급에 의하여 발흥하게 된 바 이 운동이 여하한 동기와 이유에서 성장하게 되었는지 그의 동기와 이유를 탐구하지 아니하면 아니 되겠다. 현재의 상태와 과거를 통관(通觀)할 때 과거 20여 년간의 국제적 스포츠계는 비상한 발전을 보게 되었으나 이 국제적 스포츠계는 어떤 국한된 일부 계급의 독점적 결과가 되었었다는 사실을 부정할 수 없게 된다. 그러므로 이 체육 운동이 대중 체위의 향상에는 관여한 바가 많다고 하나 충분한 효과를 불러오지 못하였다.

그래서 종래의 체육 운동은 대수의 체위 향상에는 이상적인 것으로 사유하지 못하게 된다. 즉 환언하면 학원에서의 체육의 향상[54] 발달과 사회 스포츠계의 발전과 동반되어 진행하지 아니하면 아니 될 학원 체육에서도 충분히 기대하여야 할 현상에서 민간에서 행하고 있는 소

---

54) 원문에는 '同上'으로 되어 있음.

위 오락적 취미적인 스포츠에 대하여 원만을 기하는 것은 재언을 요하지 않는다. 이같이 시찰하면 과거 20여 년간 당연히 양호한 결과를 초래할 체위의 개선은 아직도 희망치 못할 상태라고 할 것이다. 이같이 고찰하면 종래에 취하여 오던 국제적 스포츠계의 발전은 현시의 실행방법으로서는 불충분한 결론에 도달할 것이다.

그러면 여하한 방법으로써 국민 체육 운동을 국가 장래의 필요성으로 보아서 체위 개선에 적응토록 개조할 수 있을 것인가. 국가적 활동 견지로 보아서 오락적이나 취미적 요소가 충만한 것으로서는 대중 체육 운동의 정신에 입각하여서는 부적당하다고 생각한다.

국민적 생활의 현상과 이상에 상응한 대중의 체육 사조를 채택하여 스포츠를 대중화하는 것이 초미의 급무로 절규케 되는 것이다. 그래서 종래와 같이 다만 국제적으로 행하는 스포츠라는 이유 하의 천박한 관념을 배제하지 아니하면 아니 되겠다. 그러므로 나는 다음과 같이 제창하게 되는 것이다.

체육의 목표는 체육 운동을 기초로 한 대중 생활에 근거되는 체육법, 대중 생활의 향상을 의미하는 스포츠를 행하는 데 있다고 하겠다. 다소 구체적으로 말하면 대중 생활의 현상으로 보아 타 외국의 그것과 상이하다는 것은 누구나 숙지하는 사실이다. 그래서 광대한 운동장을 얻기도 용이하지 못하고, 고가의 운동 기구를 구하기가 곤란하고, 완비된 설비를 희망하기도 불가능한 현상에서 대중의 생활이 여유 있는 타 외국의 체육 운동과 마찬가지로 체육을 장려하는 것은 근본적으로 오류가 될 것이다. 대중 생활에 근거된 체육을 목표하는 것이 현시의 급무일 것이다.

3. 잡지

유억겸, 「내외동포 친선회의 개최안-조선 올림픽 대회를」, 『삼천리』 제8권 제8호, 1936년 8월.

스포츠는 오늘날 우리 인간생활에 있어서 없어서는 안 될 가장 필요한 요소 중의 하나일 것이다. 우리 조선 사회에서는 흔히 운동경기, 스포츠라고 하여 일종의 취미, 오락에서, 또는 신체를 단련하는 것으로 많이 이해되고 있는 현상으로 진정한 스포츠의 정신, 스포츠맨 쉽한 요소를 한 걸음 더 나아가 이해하는 사람이 과연 그 얼마나 되는지 심히 의문되는 바이다.

스포츠란 오늘날에 이르러서는 세계적으로 발전에서 발전을 거듭하고 있다. 이 스포츠맨이 가지는 바 참다운 정신의 발로를 조선 민중은 아직도 유흥적인 관찰만으로 이해하고 있지 않는가 한다. 내가 이 자리에서 새삼스럽게 스포츠의 정신을 말하지 않는다 하더라도 스포츠에 이해성을 가지고 있는 여러분들은 잘 알고 있는 줄로 안다.

내가 조선체육회에 깊은 관계를 가지고 있는 탓으로 해서 늘 각종 운동경기의 마당에 나서게 된다. 그럴 때마다 나는 그 진행되는 경기 가운데서 다른 사회생활에서는 좀처럼 얻어 볼 수 없는 커다란 깨달음을 느끼게 된다. 어떤 때는 손바닥에 땀을 쥐여가면서 추운 줄 더운 줄을 모르고 열정적 인간이 되는 때까지 있다.

조선 사람의 오늘날 생활이란 너무나 힘이 없어 보이고, 열정이 없어 뵌다. 또는 나이 한 삼십만 되어도 팔장을 끼고 늙은이 행세를 한다. 실로 아무런 〈27〉 힘과 열정이 없는 민중이다. 오늘날 신흥하는 민족치고 이 스포츠 열의 융성이 없는 사회가 없을 것이다. 독일을, 일본 내지를 볼지라도, 또 미국을 볼지라도 스포츠는 사회생활에 가장 중요한 지위를 획득하고 있음을 알 수 있을 것이다.

고대 「올림피아」에서 굳센 민중을 길러내던 스파르타의 사회는 그만두고라도, 오늘날에 이르는 동안 오래인 역사를 가지고 내려오는 세계 올림픽 대회는 그야말로 신흥하는 민족의 활무대가 아닌가. 씩씩한 기상과 굳센 의지를 단련하는 진정한 스포츠의 정신은 오늘날 조선 사람들에게는 더 한층 필요한 줄로 안다.

나는 얼마 전 이러한 예를 보았다. 바로 프랑스 함대가 인천에 들어왔을 때, 그 함대의 해병들이 경성을 올라와, 축구와 격구를 조선 사람들과 게임하게 되었는데, 먼저 축구가 경성구장에서 열렸던 고로 가 보았더니, 워낙 조선팀에 비하면 실력이 부족하여 첫날은 8대1, 다음날은 9대1이란 놀라운 스코어로 여지없이 프랑스팀이 참패를 당하고 말았다.

그런데 첫 번 게임이 시작될 때부터 끝날 때까지, 프랑스팀은 시종일관으로 꾸준하게 싸워

나가는 데 최후의 일각까지 힘을 잃는다든지 실색하는 기미라고는 도무지 찾아볼 수가 없었다. 그들의 꾸준한 전투력과 백절불굴의 굳은 의지는 우리들에게 커다란 깨달음을 주었다.

말이 넘어 다른 길로 들어가는 듯한데, 이만치 사회생활에 있어서 중요한 스포츠만이 모든 빈약한 조선 사회에 있어서 유독, 커다란 발전을 이루리라고는 바랄 수 없는 욕망일는지도 모르나, 오늘날 조선 사회에는 다른 문화 부문도 필요하지 않을 것이 없을 것이나 이 스포츠도 역시 일반 민중에게 널리 보급시키는 동시에 진정한 운동 정신의 고양이 긴요한 줄로 생각된다. ⟨28⟩

이런 의미에 있어서 소위 '조선 올림픽 대회' 개최안은 현재에 필요한 논의일 것인 줄 안다. 이 자리에서 말하는 '조선 올림픽 대회'라 함은, 조선 내의 동포와 해외에 많이 산재해 있는 우리 조선 사람들끼리 자주 한자리에 모여서 내외의 우리들 사정과 의견을 소통하고 친선을 목적하는 동시에 참다운 스포츠의 정신을 함양해 보자는 데에 그 의의가 있을 것이다.

이만한 대회를 한번 개최하자면 적어도 수만 원은 소용될 것임으로, 재정적으로 어려울 것이며, 해외에 있는 조선 사람이라고 하더라도 미주 하와이 등지에 꽤 많이 살고 있는데, 그들 중에서 정구, 수영, 농구팀 등이 올 수 있을 것이요, 또 도쿄, 오사카, 고베, 나고야 등지에서 축구, 권투단쯤 올 것이요, 만주, 중국 방면에서 축구, 농구, 육상팀쯤 오게 될 것이니, 물론 각 부문의 운동경기에 이르지 못할 뿐만 아니라, 극소수의 사람 중에서 선수를 선발하게 되므로, 조선 내의 팀과는 물론 실력의 차이가 대단할 것으로 경기의 승부에는 아무런 흥미도 없을 것이다.

그러면 첫째로 거대한 자금의 염출은 어느 정도의 것으로 어떠한 방법으로 할 것인가. 최소한도로 2백만 원의 자금이 확립되지 못하고 보면 '조선 올림픽 대회' 개최안의 영구적 실현은 지난할 것이다. 이만한 재원이 없이는 (물론 매년 개최는 도저히 불가능할 것으로 4, 5년에 1차씩 대회를 연다 하더라도) 대회 개최 시마다 해외선수들의 초청은 어려울 것이다. 그야 대회 개최 시마다 대회 비용의 일 부문만은 해내, 해외의 유지 동포들에게서 의연금을 모은다고 하겠지마는 그것은 극히 소액의 것일 것이다. 2백만 원의 금액이 집적되는 날이면, 조선 올림픽 대회의 개최는 실현될 것이다. 그런데, 이만한 거대한 재원을 움직여 나가며 커다란 기관을 운전해 나가는 데는 돈 다음에는 인물이 있어야 할 것이다. 돈만 있다고 만사가 여의대로 되는 것도 아니다. 그 뒤에 따르는 열과 성을 가진 위대한 인물이 나서야만 ⟨29⟩ 할 것은 당연한 일이다.

최근에는 경성에서 육영사업에 40만 원의 거금을 희사하는 훌륭한 인물도 나타나는 것을 보아, 교육사업에는 조선 사회도 이제 완전한 이해를 갖는 듯한 반가운 현상을 나타내고 있으나 아직까지도 이 스포츠에까지는 아무런 이해를 못 갖는 듯하다. 금후 멀지 않아 교육사업과 같이 이 체육 방면에 적극적인 이해와 사회적 지지가 있어야 할 것은 두말할 필요도 없는 일이거니와, 조선 올림픽 대회 개비의 원대한 이상을 실현하는 날이 돌아올 것도 불원한 앞날의 문제인 줄 생각된다.

다음에는 해외 각지의 대표선수를 정구면 정구, 농구면 농구, 마라톤이면 마라톤, 이같이 1, 2종목만이라도 되도록 참가하도록 하여, 중요한 해외 동포 거주지와의 긴밀한 연락과 친선을 이루어야 할 것이며, 경기의 승패는 비록 대단한 차이가 있다고 하더라도 진정한 스포츠맨의 정신을 기르기에 유의하여 위에서 말한 프랑스 함대의 사람들과 같은 자랑스러운 정신을 기르는 동시에 건전한 체육을 기르는 데에 가장 의의가 있을 것이다.

그 밖에도 해내의 동포로서 축구면 축구, 권투면 권투, 수영이면 수영팀을 각기 선발하여 해외의 각지로 재류 동포를 방문하여, 예를 들면 축구는 중국 만주 방면이나, 도쿄, 러시아 등지로, 수영은 미주 하와이 등지로, 적당한 곳을 택하여 교환하면, 해외 해내의 우리들의 친선은 더욱 긴밀하게 될 것이며 따라서 건전한 스포츠의 발전을 보게 될 것이다.

또는 해외의 유명한 스포츠맨을 초청하여 오는 것도 좋을 것이며, 해내, 해외를 막론하고 우리 동포들 가운데서 어떤 스포츠를 통하여 세계적인 실력을 가졌을 때는 모든 지원과 지도를 적극적으로 하여 주어야 할 것이다. 〈30〉

우리 조선인의 스포츠계는 이제 세계적인 무대에서 여러 가지 부문을 통하여 약진에 약진을 거듭하고 있다. 교육 방면에 못지않은 사회적 지지와 이해성은 모름지기 이 체육 방면에도 나타나야 할 것인 줄 안다. 〈31〉

김광선, 「체육의 의의」, 『우리축구』 창간호, 재동경유학생축구구락부, 1938년 5월.

체육이란 신체를 대상으로 하여 건강을 증진케 하며 덕조(德操)를 함양하며 인격을 도야하는 수양 연마이다. 사람을 날 때부터 살겠다 하는 의지가 농후하다. 이것을 자각하지 못하고 활동할 때가 즉 유아기의 생활이며 점점 의식 있는 활동상태는 학교 시대라고 생각한다.

신체적 활동에 의하여 공고한 의지를 수련하며 정조(情操)를 도야하며 건강을 증진케 하여 가치 있는 생활을 지표로 삼고 부동의 노력하는 것을 체육 운동이라고 한다. 학교생활은 이러한 가치 있는 생활을 하기 위하여 전심(專心)으로 심신 양 방면을 연마하는 시대이다.

그러면 이러한 이상(理想)은 학교생활에서만 제한하는 것이 아니고 생애를 통한 수양이라야만 될 것이다. 그런고로 체육 수양은 무자각한 유아기에서부터 청소년기를 경과하여 〈31〉 장년, 노년을 통한 수양이 아니면 안 될 것이라고 필자는 절실히 느끼는 바이다.

오래전부터 학교 교육에 대한 이상은 정신만을 주체로 삼고 육체라는 것을 천하게 여긴 교육이었기 때문에 자연히 체육의 가치는 중요성을 잃어버리게 되었던 것이, 최근에 와서는 인간을 일원적으로 보는 사상 또는 신체를 통하여 지, 덕, 체의 연마를 필연적으로 생각게 되는 근대교육의 입장에서 고대 그리스를 상상케 될 때 대단히 기꺼운 현상이라고 생각한다.

이제부터 스파르타 체육을 간단히 소개하려고 한다. 스파르타의 체육은 국민의 용무(勇武), 강장(强壯) 이것으로 교육의 근본주의로 삼고 철저하게 심신의 단련을 위하여 노력하였다. 자녀를 낳으면 우선 체질을 검사하여 발육할 희망이 없을 때는 내어버리고 강장자(强壯者)만으로써 양육하여 남자는 7세만 되면 가정을 떠나서 국가에서 경영하는 공동교육을 받고 13세까지 엄격한 군사교육을 받게 한다.

그 교육이라는 것은 체육을 주로 삼고 조의조식(粗衣粗食), 견인불발(堅忍不拔), 간고결핍(艱苦缺乏)과 싸우는 정신을 배양시켰다. 스파르타의 여자도 남자와 같은 교육을 받았다. 즉 체육을 통하여 강장한 신체를 만들며 정신을 수양하며, 그리고 튼튼하고 씩씩한 자녀의 출산과 교양, 사상과 실행을 일치시키며 언어와 동작의 합치로써 목적을 삼았다. 그 운동의 종류는 구기, 경주, 무용이었다.

필자는 스파르타의 체육을 전적으로 취하자는 것보다 체육을 통하여 얻는 정신을 배워 체육 조선을 건설하고자 힘 있게 말하고 싶다.

1938.1.3.〈32〉

박성천, 「축구의 기원과 유래」, 『우리축구』 창간호, 재동경유학생축구구락부, 1938년 5월.

이 스포츠는 육상경기와 함께 오랜 역사를 가지고 있는 것은 사실이며, 지난날 그리스 및 로마 시대부터 축구와 근사한 경기를 행하여 왔던 것은 사실이다.

축구를 역사상으로 고찰하여 보면, 당시에 영웅 줄리어스 시저 장군은 중앙 유럽 '골' 지방을 원정하였을 때 진중에서 부하들에게 축구 연습을 시켰고, 장려한 것은 역사상에 나타난 사실이다. 그러면 대체 축구는 어떻게 해서 생겨났는가?

이것은 전설에 지나지 않으나 그리스, 로마 시대에 황무사(荒武士)들이 적병을 포로하였을 때나 또는 북해, 발트해 횡단하던 정말(丁抹, 덴마크)에 포획한 영국인들이 해적의 머리를 베어 분격(憤激)한 끝에 머리를 발로 차며 뛰어놀던 것이 축구의 시초인가 한다.

그러면 당시의 축구가 파이팅, 스피드를 유일의 생명으로 삼고, 이것을 수양한 것은 사실이다. 그러나 아무리 완강(頑强)한 당시의 병사나 해적이지만 인간의 머리는 지금이나 다름이 없을 것이니, 발로 차기만 하면 곧 깨어지고 없어질 것은 사실일 것이다. 그리하여 발로 차기만 하지 않고 손으로 행하였다. 지금 생각하면 핸드볼, 축구, 럭비를 혼합한 것 같은 것을 행하게 되었던 것이다. 그후 교구(敎區)와 교구, 마을과 마을 간에 석축(石蹴, 돌차기) 경기로 진화하였으나 발이 아프므로 혁피(革皮)의 볼로 행하게 되었다.

그리하여 14, 15세기에는 영국은 물론이요, 프랑스까지도 맹렬히 하게 되었다. 당시 영국에서는 길거리에서 행하기까지 되었고, 아무 규칙도 없었으며 무제한의 많은 사람이 난폭하게 공을 발로 차며 탈취하고 상대편을 발로 차서 넘어뜨리고 승리하기 위하여 별별의 수단을 하여 부상자가 속출하고 가옥을 파손하는 것이 보통의 행사였다. 경기자의 발에는 피 〈12〉 투성이가 되어 보는 사람으로 하여금 얼굴을 찡그리게 하였던 것이다.

그리고 우스운 것은 지금 우리들이 생각하면 골문이 없었던 것이다. 그리하여 당시 축구는 상류계층의 인간들에게는 배척을 당하였고, 위정자들의 말은 축구를 하게 되면 문화 발전이 되지 않는다는 이유로 에드워드 2세는 드디어 축구 금지 명령을 발포하였다. 그후 15세기 말까지 역대 황제가 축구 금지령을 발포한 것은 축구사상에 유명한 사실이 되고 말았다. 그러나 여하한 법에 권력을 가지고 금지하였으나 불가능하였고 반면에 하류계층에서는 잠행 스포츠가 되어 언제나 근절되지 않았다.

이탈리아에서는 문화의 진보가 일보 발달하였던 관계인지 16세기 중반경에 계급적으로 풋볼 경기가 있었으며, 1624년 이탈리아 사절이 중임을 마치고 영국에 귀조(歸朝)한 이튼 스쿨에 새 교장이 조직한 축구를 영국에 도입하게 되었다. 파죽지세로 축구열은 이튼, 하로, 맨체스터, 웨스트민스터, 옥스퍼드, 캠브리지, 럭비 등 학교를 풍순(風順)하고 1860년에는 타르 학교 올드 보이스가 최초로 축구단 허레스트구락부를 창립하게 되었다. 그러나 당시 각 학교는 각각 특이한 규칙으로 경기를 하였으나 1863년 10월 각 구락부, 각 학교 대표자가 제1회 회합하여 협회를 설립하고 근대의 축구에 '에포크 룰'을 만들었다.

그리하여 진보하고 발달하여 규칙이 완성되어 금일에 축구 어소세이션 풋볼(Association Football)이 되었고, 일명 사커(soccer)라고 한다. 이 축구는 역사상으로 볼 적에 본가이고, 럭비, 미식축구 등은 분열이다.

스포츠계에 선구아 축구는 유럽은 물론 세계 각국에 행하지 않은 나라가 없이 발전하여 일본에도 1905년 러일전쟁 중에 당시 도쿄고등사범학교 선생 '데하−비아니'라고 부르는 영국인 교사가 정규(正規)한 루트로 코치하여 축구를 일본에 소개하였다.

그러면 조선에는 언제 어떻게 축구가 들어와서 오늘날과 같은 성왕(盛旺)을 일으켰는가 하는 것이 가장 흥미 있는 문제라고 생각하는 바이다. 조선 축구 유래는 다음 기회로 미루고 그만 붓을 놓는다. 〈13〉

2부
『조선급만주』에 나타난 위생과 신체관

마쓰이 곤페이(경성대 교수, 松井權平),「맹장염 이야기」,『조선급만주』(제327호), 1935년 2월.

길이 막혀 있으면 막다른 골목길이라 하며, 철포 탄환이 박힌 것을 맹관총창이라고 한다. 인간뿐만 아니라 동물 대장의 시작 부분은 주머니로 되어 있으며, 이것을 맹장이라고 부른다. 아무래도 주머니장(袋腸)이라고 말할 수 없기 때문에, 독일어 직역으로 맹장이라고 명명되었을 것이다. 소장은 왼쪽 옆에 맹장으로 열려 있다. 실은 이 맹장도 진짜 막힌 곳이 아니고, 소장 개구부 가까이에 가늘게 있는 것이 진짜 막힌 곳이다. 그리고 여기에 벌레와 같은 충양수 또는 충양돌기가 부착되어 있다. 길이는 10미리 내외이며, 15미리가 되면 예외이다.

도대체 무엇 때문에 일부러 이런 하찮게 보이는 것이 맹장 끝에 붙어있는 것일까. 그 이유는 현재 발달하고 있는 의학에서도 생물 형태학에서도 알 수 없다. 아마 석가모니도 모르실거라 생각된다. 이 충양돌기는 육식동물 중에서도 고양이류에는 없고, 개과에 속하면 존재한다. 초식동물에서는 맹장부가 매우 길고, 끝에는 역시 곧고 가늘고 길게 마치 '하등동물'과 같은 충양돌기가 부착되어 있다.

충양수의 구조는 대략 소장이 가늘고 협소하게 된 것처럼, 이것이 탱글탱글 움직인다. X광선에서 이 운동이 관찰되었다. 안쪽의 점막 아래에는 편도선이 가늘어진 것처럼 임파여포가 갈기갈기 되어 있으며, 이 임파는 적어도 12세가 되면 발달이 정점에 이른다. 이 때문에 좁은 충기돌기강 점막에 가로로 세로로 주름이 잡혀서 마침 편도선에서 선와(腺窩)라고 하는 움푹 패인 것처럼 점막면에 작은 요함부가 생긴다.

이 요함부에서 맹장염이 시작된다. 그렇다면 맹장염이라는 명칭이 조금씩 변해 왔다는 것을 누구나 느낄 수 있을 것이다. 필경, 맹장염이라는 부르는 것은 충양돌기의 질병이지만, 본병이 바르게 번역되지 않고 오랜기간 동안에 그렇게 불러온 결과, 추양돌기염을 맹장염으로 통칭되어, 지금도 통용되어 있다.

병리해부에서는 오래전부터 맹장염에 농이 있는 경우가 관찰되었다. 게다가 이집트의 '아스완'의 미라에 충양돌기염이라고 판단할 수 있는 변화가 확인되었다고 한다. 이 미라는 지금으로부터 5천 년 전의 것이라는 점에서 맹장염은 문명개화의 근대병은 아니다. 또한 지금부터 84년 전 옛 일본에서도 이 수술의 예가 있다. 모두 화농이 된 예이다. 이 농류(膿瘤)가 있는 곳에서 맹장염이라고 명명한 것은 대개 대장의 시작부에서 대사가 정체된 듯한 막힌 곳에서 부패한 음식 등이 작용하여 점막을 손상시킨다. 나아가 주위에 화농을 초래하여 맹장벽에 있는 화농이 주위로 흘러나온 것이라고 해석된다. 그런데 좀 더 살펴보면, 중요한 맹장에 이상이 없어도 주위의 염증 때문에 변화한다. 그렇다면 맹장주위염이라는 할 수도 있으며, 맹장 주위 염증병이라는 번역으로 충양돌기염이라고 해도 지장이 없을(포용할) 수 있는 명칭이다. 이러한 이치는 그렇다고 치고, 실제로 뭐든지 미국식이지만, 이 병의 수술적 치료를 하는 중에 맹장염이 진짜로 충양돌기에서 일어난다는 것을 알았다. 지금부터 50년 전에 보스톤의 한 외과의사가 그리스어와 라틴어를 혼합한 병명을 만들었다. 이것이 충양기돌기염이라고 번역되었다. 어학상으로 시끄럽게 운운하는 결벽가나 이론가를 뒤로하고 세계 일반에게 통용하게 되었다. 또한 충양돌기염은 누구나 가지고 있다. 일본에서 맹장염이라고 하는 것은 조금 구식이기도 하다.

선와처럼 패인 곳에 어떻게 병을 일어나는가는 아마 충양돌기에 남아 있는 결석이나 점액이 쌓이면서 세균 작용에 의해 부패되어 그 분해산물이 점막요소(패인 곳)에 고여서 상처가 되어 전염을 일으킨다. 내용물이 정체가 되는 것은 결석의 폐색 또는 돌기의 굴곡 때문이다.

본래 임파 여포는 외래 인자를 잡는 문지기와 같다. 충양돌기에는 이것이 있기 때문에, 주름이나 요소(패인 곳)가 생겨서 여기에서 병이 시작되면 문지기가 수상하게 여긴다. 그래서 네덜란드 한 외과의사는 임파여포조직이 초병역할을 하는 것은 마치 산양이 도정하도록 하는 것과 같다고 하였다.

왜 일부러 필요없는 것을 만들어 인간을 힘들게 하고 때로는 생명까지 앗아가는 것일까. 전지전능한 박애인자한 신께 '들리지 않습니까'라고 원한을 품을 만하다. 무신론자나 진화론학자의 의견은 다음과 같다. 충양돌기는 퇴화하는 기관이며 이미 소실하고 있는 도중이며, 자연도태가 되어 그 이상 가차 없이, 병이 되든 뭐가 되든 상관없이 방치되어서 병이 자주 걸린다고 한다. 그렇다면 더욱 불안하기 때문에 예방수술을 종두와 같이 예방해 두는 것도 좋은 생각이다.

하지만 다른 학자의 연구에 의하면 충양돌기염은 누구나 걸리지만, 대부분 사람은 경증으로 모르는 사이에 지나간다는 거짓말같은 사실이다. 사람이 나이를 먹으면 충양돌기의 내강이 점차 좁아져서 마침내 폐색되어 봉처럼 된다. 개중에 어떤 사람은 급성 증상을 보이는 경우도 있다. 또는 가벼운 염증이 생긴 결과 굽어지거나 일부분만 좁게 되어서 중증의 소지를 만들기도 한다. 드물게는 편도선 등에 그 병원균이 혈류를 통해서 전염하는 일도 있는 것 같다. 독감 때에 장카타르가 생기면 충양돌기염이 생기기 쉽다는 사람들도 있다.

장기관 중에는 여러 가지 기생충이 있다. 이것이 충양돌기 점막을 손상시켜서 전염을 유발시킨다고 주장하는 사람도 있다. 맹장부에는 편충이라는 것이 많지만, 충양돌기염과 관계있는 것은 ■충(■蟲)이라는 백발과 같이 작은 벌레로 밤에 항문으로 나와 가렵게 하는 녀석이다. 이것은 충양돌기의 염증을 일으키는 중에 자주 발견된다. 우리는 이것보다 회충이 충양수 안에서 잠복하여 오른쪽 아래 복부를 극렬한 통증을 일으키는 것을 수술하면서 충양수 안에서 움직이고 있는 것을 발견한 적이 있다. 기생충으로 일어난 통증은 썩거나 화농되었을 때의 통증과 다르지 않지만 충양돌기염이라고는 하지 않는다. 기생충이 직접이든 간접이든 원인이 된다면 조선이나 중국에서는 맹장염이 많아야 하는 셈이다. 그런데 중국에서 있는 서양의사는 중국인은 충양돌기염에 좀처럼 걸리지 않는다고 보고하고 있다. 맹장염과 기생충과 관계가 없다는 증거가 된다. 아무튼 황백의 구별을 매사에 하고 싶어하는 서양인들의 폐단이라고 하지만, 상해에서 일반 유럽 의사가 중국인의 병리해부를 꾸준히 한 결과, 마침내 급성충양돌기염 또는 흔적을 증명하며 맹장염은 특별하게 중국인도 차별하지 않다는 점을 증명하였다. 물론 기생충과 관계가 없는 것도 말할 것도 없다.

다음으로 음식과의 관계이다. 한때 결석을 염두하여 그 핵심이 종종 포도씨 때문이라며 크게 두려워하였다. 결석은 지금은 경멸하지는 않지만, 이것이 점막을 손상시킨다고 해서 위험시되는 것은 아니다.

고기가 부패되어 동물의 장에 들어가면 충양돌기염을 일으키므로 육식가에게 많다고 예상한다. 실제로 유럽 전쟁 중에 독일은 물자가 결핍되어 특히 육류가 적었기 때문에 충양돌기염이 감소하였지만, 평화 시에는 다시 증가하였다고 한다. 월요일에는 충양돌기염을 잘 일으킨다고 한다. 이는 일요일에 차가운 음료(맥주)를 마시기 때문이라고 하지만, 이것은 서양의 이야기이며 여기에서는 그런 일은 없다.

22, 23세 즈음에 많이 발병하는 것은 동서양 모두 일치한다. 소아나 45세 이상은 중병이 많은 듯하다. 맹장염의 병후는 많아서 아픈 곳이 열 손가락이 부족할 정도이다. 필자가 야학을 해도 부족하겠지만, 흔한 병이고 정해진 곳에서 충양돌기가 있어서 이 작은 곳에서 시작하기 때문에 연구가 잘 되고 있다.

아무튼 통증을 일으키는 부위는 장이며, 오른쪽 아래 복부를 자치하는 복부의 벽이 단단하고 긴장되어 누르면 물론 아프고 때때로 구토를 하는 경우가 있으므로 일반사람도 쉽게 짐작할 수 있다. 혈액 중에는 백혈구가 증가한다. 염증은 세균의 전염으로 일어나기 때문에, 장 안에는 무수한 세균이 있어서 어떤 원인인지 알아내기 어렵다. 심한 염증인 경우에는 충양수는 괴사되어 검붉게 변한다. 2차적으로 화농천공의 국한성농증 또는 복강으로 들어가 범발성 화농성 또는 부패성 복막염으로 되는 경우는 적다. 또한 조용히 간으로 들어가면 치명적이다. 가벼운 경우는 마침 농이 맹장쪽으로 흐르거나 흡수되어서 치료되지만, 만약 염증으로 완전히 충양돌기의 강이 폐쇄되어 버리면 다시 재발하지 않는다. 그러나 반복해서 말한 것처럼, 구부러져 협관이 생기면 재발하고 또 재발한다. 재발이 반드시 처음 때보다 가볍다고 한정 지을 수 없고, 천공이 일어나면 복막염도 생긴다.

가벼운 맹장염은 수술하지 않고도 치료는 위험하지 않다. 중증도 처음부터 중증인 것도 있지만, 경증에서 중증으로 되는 경우도 있다. 경증이라도 시종 똑같은 상태라면 예측할 수 없다. 수술은 일정 건강한 사람들은 위험하지 않다. 그래서 경증은 묻지 않고 조기수술을 하고 베개를 높게 하도록 한다. 중증은 현시점에서 수술보다 좋은 방법은 없으며, 이것도 기한이 있다. 소위 때를 놓치면 장을 잘라내어도 계속되는 상황이거나 장을 계속 먹어간다. 농이 고

여있기 때문에 절개하고 농을 없애도 그 입구가 좀처럼 폐쇄되지 않는다.

재수술이 필요하다. 따라서 경과가 길고 작업력을 회복할 때까지 시일이 걸린다. 비용상으로도 비경제적이다. 간혹 외과의사가 아마 수술을 조기에 하는 것은 자칫하면 간헐적 재발되는 것을 예방하기 위해 권유하는 것 같다. 〈50~52쪽〉

나카니시 도시조(조선총독부 촉탁, 中西俊蔵), 「광견병에 대해서」, 『조선급만주』(제327호), 1935년 2월.

최근 경성일보, 오사카 아사히신문 이외에도 여러 신문상에서 광견병이 무서운 전염병이며, 예방주사를 맞아야 한다는 많은 기사가 나오고 있습니다. 따라서 모든 가정에서도 광견병이 어떤 병이며 어떻게 예방해야 하는가에 대해서 잘 알고 있다고 생각합니다. 그러나 아직 들어보지 못한 사람도 있을지도 모르겠습니다. 그중에는 광견병이 올해 1월 처음으로 대유행한 것 마냥 속수무책으로 무조건 광견병을 무서워합니다. 그리고 광견병의 공포가 너무 심한 나머지 건강한 개도 접촉도 하지 않거나 싫어하며, 또한 개가 짖고 있으면, 바로 광견이라고 생각하며 그 주위에서 소란을 피우기도 합니다. 또한 모처럼 가족의 일원이 되어서 손에 잘 길들어진 개를 무정하게 부랑의 길로 내몰아 버리고, 소유주의 책임을 면하는 사람이 있습니다. 이렇게 광견병에 관해서 잘못된 생각이나 잘못된 처치를 하는 사람 있다고 들었습니다. 이는 광견병에 관한 인식이 부족으로 생긴 일이며, 오해로 인한 것입니다.

나는 평소 애견가인 분들이나 일반 가정의 여러분께 꼭 광견병에 대한 상식을 알려 드려서, 조선에서 해마다 증가하는 경향을 보인 이 무서운 광견병을 하루라도 빨리 근절할 수 있도록 바라고 있습니다. 광견병에 대해 다음과 같이 말씀을 드립니다.

첫째, 광견병이란 무슨 원인으로 일어난 병인지를 말씀드리자면, 이것은 세계 전역에 옛날부터 있었던 병이며, 올해 1월에 딱히 유행을 보인 것도 아니며, 일본내지, 조선, 만주국에서는 예부터 발생하고 있습니다. 약 50년 동안 일본이나 외국의 학자들이 이 방면에 많은 실험과 연구를 하고 있는 매우 난치병입니다. 원래 광견병은 개들 사이에서 유행하는 일종의 특유한 급성 전염병이며, 그 병원체는 인간의 티푸스나 콜레라와 같은 세균과는 달리 매우 작은여과성병독에 속하는 미생물이며, 현미경으로 봐도 형태를 알 수 없고, 배양을 해도 동물체 이외에서는 전혀 발육조차 할 수 없다고 하는 매우 골칫거리입니다. 당연히 오늘날까지도 불명한 점은 얼마든지 있습니다만, 신경작용을 방해하는 것이 특징인 일종의 여과성병독이라는 점은 알고 있는 사실입니다. 이야기가 매우 어려워집니다만, 광견병에 걸리면 절대 도와주지 말라고 하는 것은 이병의 원인인 병원체의 성질이 생명에서 가장 귀중한 신경의 중추를 파괴하기 때문입니다.

그리고 이 병독은 광견병에 걸려 있는 개의 뇌나 척수나 타액 속에서 무수히 존재하고 있습니다. 광견에게 물린 상처로 인해 병이 개에서 개로, 또는 개에서 인간에게 전염되어 걸리면 타액 속의 병독이 물린 상처로 침투하기 때문입니다. 개와 인간 외에도 소, 말, 노쇠와 같은 큰 가축이나, 염소, 산양, 돼지, 고양이 또는 이리, 원숭이, 여우, 늑대, 사슴, ■■ 기타 야수 또는 가축 등에도 모두 이러한 방법으로 감염되는 경우가 보통입니다.

세상 사람들은 개의 성욕을 억제하면 광견병을 일으킨다고 하며, 또한 개는 광견병을 자연적으로 타고났다고 말합니다만, 다 틀린 말이며, 앞에서 말한 대로 병독의 감염에 의한 것이 아니고 결코 발병되는 것이 아닙니다.

광견병에 걸린 동물의 뇌신경이나 척수를 동물에게 주사하면 동물은 전부 광견병에 걸려서 죽습니다. 그러나 실제로는 광견에게 물린 상처를 만졌거나 물려도 전부 광견병에 걸린 것은 아닙니다.

그 발병률은 여러 가지 사정에 따라서 다릅니다. 예를 들면 병독의 강약, 물린 상처의 정도가 깊은가 얕은가, 상처가 큰지 작은지, 바로 살갗을 물었는지, 옷 위로 물었는지 또한 물린 부분이 얼굴이나 코끝과 같이 머리 즉 뇌에 가까운지 멀리 있는지, 발이지 손인지, 몸부위에 따라서 발병률에 영향이 있습니다. 또한 똑같이 발병을 해도 물린 후 병이 징후가 나타날 때까지 기간 즉, 잠복기간의 차이가 있습니다. 아이가 물린 경우는 성인의 경우보다 위험률이 높은 것은 당연한 일입니다. 또한 예방주사를 빨리 맞았는지 아닌지, 또한 상처를 충분히 치료했는지에 따라서 다릅니다.

조선의 실례를 보면, 해마다 광견병에게 물린 사람이 약 2천 명에 가깝게 있습니다. 예방주사를 맞은 사람은 99%까지는 괜찮을 수 있으며, 주사를 맞지 않는 사람은 천 명에 백 명, 많을 때는 150명까지 발병하여 불행한 최후에 이르게 되는 것 같습니다.

둘째로 광견병에 걸리면 어떤 증상이 나타나는가에 말씀드리자면, 우선 개의 경우에는,

앞에서 말한 대로 물린 후부터 증상을 보일 때까지 잠복기간은 20일부터 60일간이며, 가장 많은 경우가 30일부터 40일이라고 보면 좋습니다. 일반적으로 나이 든 개와 큰 개는 길고, 젊은 개와 작은 개는 짧습니다. 그러나 각종의 사정에 따라서 매우 부정확하며, 드물게는 몇 일 만에 또는 반년 후에 나타나는 경우도 있습니다.

병상의 80%까지는 미쳐서 날뛰며 광폭성을 보이는 형태로, 처음 2일 정도는 음식을 남기고 기운이 없이 가라앉으며, 평소와 다른 부자연스러운 동작을 하고, 막무가내로 짖다가 어딘지 모르게 정신상태가 불안하고 신경이 초조하듯이 흥분합니다. 또한 평상시 먹지 않는 곳에서 나무 조각을 먹는다거나, 돌을 문다거나 핥으며, 일반적으로 변비가 생기고, 성욕이 항

진되어 액을 질질 흘립니다.

사흘째부터는 한층 심하게 발작적으로 미치게 돌아다니다가, 완전히 발광하여 마구 물어뜯습니다. 사람을 봐도 앞에서 짖지 않고 갑자기 뒤에서 물어뜯거나, 우는 소리가 이상하게 갈라지고, 눈알을 떨구며, 눈빛이 이상해집니다. 언뜻 보면 고집이 꺾인 태도라고 볼 수 있다. 이러한 증상이 2일 정도 계속된 후부터 마비 증상이 나타나서, 입을 벌리며 아래턱을 내리고 뒷다리와 허리가 부자유스럽게 됩니다. 음식물도 먹지 않고 물도 마시지 않습니다. 심하게 마르고 신체감각을 잃어버립니다. 대개 5일부터 7일 정도 경과하면 반드시 사망하게 됩니다.

또한 드물게는 광란적인 거동을 보이는 조광성이 아니고, 조용히 마비되면서 3, 4일 정도에 죽는 경우도 있습니다만, 대체로 개의 광견병은 증상이 그대로 발병하므로 개의 모습이 매우 다르기 때문에 언뜻봐도 광견병이라는 것을 알 수 있습니다. 그러나 초기에는 잘 보는 수의사도 진단할 수 없기 때문에 주의가 필요합니다. 개 이외의 동물의 광견병의 경우도 대체로 개와 같기 때문에 생략합니다.

다음으로 사람의 광견병 증상을 말하겠습니다.

사람의 광견병은 공수병이라고도 합니다. 잠복기는 35일부터 60일 정도로 대체로 40일에서 개와 비슷하게 나타나고, 사정에 따라서 일정하지 않게 1년 또는 몇 년에 걸쳐 나타난 경우도 있습니다.

예전에 광견에게 물린 후, 나중에 상처 주위나 그 부근의 근육 감각이 마비된다거나, 또는 아프면서 약간의 신경통이 아닌가하고 느끼고 나서 3일에서 8일 정도가 되면, 점점 병독이 신경에 전달되어 뇌의 중추신경을 타고 가기 때문에 호흡이 무겁고, 식도나 인후부가 부르르 마비를 일으키며 땀이 나옵니다, 따뜻한 물이나 일반적인 물을 마실 때에는 소위 공수병의 마비발작을 일으키게 됩니다. 이 경우에는 조광성 광수병증상이라고 보면 틀리지 않습니다. 물이나 음식을 환자의 입에 가까이 대면 바로 인후부가 아파서 숨이 막히게 되어, 손발이 바들바들 떨리고, 심장이 매우 높게 두근거리고, 눈이 확장되며, 이빨을 씹으며 무서운 발작을 일으킵니다. 약 10초 정도는 숨이 멈추듯이 고통스럽습니다. 이 증상이 점차 심해지면 환자 스스로 물을 생각만 해도 발작을 일으키며, 나중에는 물을 담는 용기만 봐도 또는 극단적인 경우에는 물을 기르는 소리나 수도에서 흐르는 물소리만 들어도 전신이 떨리게 됩니다.

또한 물 이외에도 빛이나 음향, 바람 등에도 일반적으로 과민하게 되어 강도가 높은 전신마비를 일으키게 됩니다. 또한 2, 3일이 지나면, 교양 없는 계급의 환자가 되어 매우 난폭하게 되어 광견병의 본질을 보이게 됩니다. 신체의 피로, 심장의 쇠약을 일으키고 점점 최후의 마비기로 들어갑니다.

마비기에서 들어가면 갑자기 사망하기 때문에, 정말로 각종의 병 중에서도 보기 힘든 비참한 최후를 맞이합니다. 이 경과는 첫 번째 공수발작을 한 후부터 2일부터 4일 정도입니다.

광견병을 무서워하는 이유가 바로 이 점입니다.

세 번째, 조선에서 광견병 발생과 사람의 피해 상황에 대해서 잠깐 말씀드리자면, 조선은 유감스럽게도 광견병이 매우 많습니다. 일본에서는 1923, 1924년경, 2, 3천 마리가 광견병이 발생하고 있습니다만, 그 후 각종 예방시설을 강구하였기 때문에, 최근에는 10마리 내외로 감소하고 있습니다. 이에 반해 조선에서는 특히 개가 많고, 또한 집에서 기르는 개의 단속이 철저히 하기 어렵기 때문에 매년 다수의 피해자를 내어 소중한 생명을 잃어가고 있는 것은 정말로 유감으로 생각할 따름입니다. 즉 조선에서는 개가 약 150만 마리 있습니다. 그 중 매년 광견병 또는 의심되는 경우가 7, 8백 마리 정도 발생합니다. 이 개에게 물린 사람이 2천 명 가까이 있으며, 그중 공수병에 걸려서 사망한 사람이 30여 명에 달하고 있습니다. 특히 1933년에는 전년도와 비교하여 약 2백 마리가 증가한 것을 보이고 있습니다. 그 중에는 약간의 소와 말 그리고 돼지의 광견병도 들어 있습니다. 〈52~55쪽〉

후지이 아사조(경성적십자병원 이비인후과, 藤井朝城), 「중이염의 상식」, 『조선급만주』(제328호), 1935년 3월.

문화가 진보함에 따라서 곧 의학도 함께 연구되어 지면서, 여러 가지 질병이 새롭게 추가되었으며, 또한 지금까지 매우 간단하게 생각하였던 병이 좀 더 어려운 병명이나 병증을 만들었다. 이러한 점은 모두 이미 알고 있지만, 정말로 과학의 진보가 오히려 우리에게 나쁜 기미를 느끼게 하는 것 같다.

귀고름이라고 하여 지금까지 일반에게 통용되고 있는 중이염도 이 좋은 예라고 생각할 수 있다. 매일 환자를 접하며, 지식수준이 낮은 쪽방네 집안사람들이라면 몰라도, 상당한 지식 계급의 사람이 이 증상에 대해서 무관심하면 의외라고 생각한다. 이는 종래 귀고름 정도로 간단한 습관성이라고 생각되었지만, 나와 같은 전문가가 보면, 실제로 천장 골짜기에 놓인 통목교를 눈 가리고 건너는 위험을 느낀다.

중이염이란 글자대로 읽는 것처럼 중이의 염증이며, 그 부위는 고막을 경계로 해서 바깥쪽이 외귀, 즉 외청도이며, 그 안쪽이 중이라고 하여 대개 쐐기꼴의 골강이며, 그 벽은 점막으로 되어 있다. 그 안에서 고막에 전달받은 음파를 조절하여 내이에 있는 신경으로 전달하는 역할을 한다. 작고 특이한 형태를 띠고 있어, 망치뼈(槌骨), 모루뼈(砧骨), 등자뼈(馬鐙骨)라고 하는 3개의 소청골이 있다.

이 중이강에는 입구가 없고, 현관을 고막이라고도 하며, 고급 문으로 예쁘게 꾸며져 있다.

그런데 이곳으로 소위 유스타키오관이라는 중이강의 환기를 위임하는 관강이 인두(비강의 안쪽에서 코의 위쪽)에서 오는데, 마치 기생집에 좋은 통용문이 아무도 모르게 있는 듯하다. 이것이 나중에 언급할 중이염의 원인과 중요한 관계가 있다. 이러한 해부상의 관계를 알면, 중이염으로 고름이 나오는 데에 고막이 망가지지 않는지, 이상은 없는지 등의 질문은 자연스럽게 해소된다. 고름이 당당하게 현관에서 나오기 때문에 염증으로 생긴 농이 고막에서 구멍을 열고 있는 것은 당연한 것이다. 환자 중에는 '고막이 망가져도 들을 수 있습니까?' 라고 묻는 사람도 있다. 고막은 하나의 음파 전달을 관장하는 기관으로 다소 영향이 있을 수 있겠지만 대수롭지 않으며, 고막이 전부 결손된다고 해도 소위 귀머거리가 되는 일은 없다고 노파심까지 부언해 둔다.

중이염의 원인은 병원균이 중이로 들어감에 따라서 발생하기 때문에, 재미는 없겠지만 참고를 위해서 예를 들어 보겠다. 주로 병원균은 연쇄상구균, 포도상구균, 폐렴구균, 드물게는 장티푸스균, 디프테리아균, 인플루엔자균, 사농균, 결핵균 등등이 있다. 이러한 균이 감기로 인한 인후강의 염증, 앞에서 언급한 유스타키오관의 염증, 전신성 질환, 그 밖의 원인에 의해서 유스타키오관을 통과해서 중이강으로 간다. 그런데, 고막을 통해서 침입하는 경우가 있으며, 주로 고막의 외상으로 인하여 감염된 경우이다. 사람들이 누누이 말하는 목욕탕에서 뜨거운 물이 들어가서, 유아가 젖이 들어가서 중이염이 발생하는 경우는 매우 희박한 예이다. '뜨거운 물도 젖도 들어간 기억이 없는데'라든가, '어젯밤 젖이 들어가서 고름이 나오기 시작했습니다' 등등 마치 이러한 것이 중이염의 원인인 듯 망언을 하는 사람도 상당히 많이 있는 것 같다. 이 외에 혈액 림프관 감염이 매우 드물게 있다.

예방 방법으로 다음의 원인에 주의하는 것이다. 콧물을 세게 푸는 일, 즉 콧구멍을 잡고 유스타키오관에서 통기하는 방향으로 풀면 하면 매우 위험하다.

중이염의 증상은 급성중이염과 만성중이염으로 분류해서 설명하고자 한다. 먼저 급성인 경우는 보통 귀의 폐쇄감, 또는 이상감, 계속되는 통증, 발열과 같은 증상이 순차적으로 나타난다. 그러나 아픈 며칠에 걸쳐 틈틈이 진행된다. 이 동안에 적당한 처치를 하면 간단하게 치료되지만, 많은 경우가 중이강에 있는 유출물 즉 고름이 고막을 뚫고 고막 밖으로 유출되어 나온다.

귀통증은 매우 견디기 힘들어 밤 중 내내 전전긍긍하며 계속 신음소리를 내는 경우가 많다. 그러나 고름이 나오면 통증도 없어지기 때문에, 초기에 이렇게 참을 수 없는 고통이 있다는 것은 우리에게 좋은 일이다. 왜냐하면 이런 환자들은 빨리 병원으로 온다. 즉 치료를 조기에 할 수 있기 때문에 경과가 매우 양호하다. 이에 반해 드물게 통증이 매우 가볍지만, 염증이 점차 진행되는 경우가 있다. 이것은 실로 곤란한 경우이며 우리가 치료하는 데에도 시간이 길게 걸리고 환자에게도 매우 불행하다. (귀고름이 어느 정도 계속 나온 후에 점차 소염이 된다. 그리고 나면 고막에 천공이 남기도 하는데, 이것도 어느 정도 작은 것은 시간이 지나면 폐쇄된다.) 소아인 경우는 귀통증을 말할 수 없으므로, 초기에는 기분이 나쁘다고 생각하거나 발열만을 보고 대부분 소아과를 방문한다. 그러다가 뒤늦게 귀에서 고름이 나오면 우리에게 온다. 그중에는 젖이 들어갔기 때문이라고 말하지만, 잘 들어보면 힘들어했던 증상이 분명히 존재하였다. 이렇게 되면 이미 늦어 버려서 소아 중이염의 경과가 길어지게 된다. 증상을 충분히 알지 못한 채, 고름이 나오지만 귀통증이 이미 소실되었기 때문에 중이염이 아니라는 듯 지레짐작하여 대충 생각하는 사람은 점차 합병증을 초래하고 또는 만성으로 이행되어 점차 난청까지 진행되는 경우도 있다. 매우 치료하기 어려운 만성중이염은 급성중이염을 치료하지 않고 방치될 때, 또는 특수한 성질의 원인으로 성립하기 때문에, 이 경우 증상은 굳은 귀고름과 난청으로 고막이 크게 손상되는 경우가 있다.

중이염의 치료법은 할 수 있다면 전문가에게 맡겨주길 바란다. 어쩔 수 없는 경우에는 가급적 안정과 환부의 냉찜질, 또는 냉온찜질을 하고 고름이 나오기 시작하면 이것을 깨끗이 닦아 주면 좋다. 만성중이염일 경우는 치료도 쉽지 않고, 우리도 곤란한 경우가 종종 있어서 수년간 통원하는 사람도 있다. 특수한 경우가 아니면, 급성중이염의 배출이 있을 때, 자택요법을 하면 좋다. 우리의 치료 방법은 일단 매우 간단하여 전문가가 아니더라도 재주가 좋은 사람이 지금 말하는 대로 자택 요법을 하면 완치될 수 있기 때문에, 오히려 우리가 실업자로 빠질 수도 있다. 농담은 제쳐 두고 돌이킬 수 없는 위험에 처하기 때문에 설명을 할애한다. 중이염은 5기관의 하나인 청기관의 모든 질환 중에 필두이기 때문에 실제로 주도면밀하고 조심스럽고 숙련된 기술을 요한다.

이 질환의 주요 합병증은 귀바퀴 뒤쪽 뼈에 염증이 퍼져있는 유취돌기염이 생겨서, 이는 항진하면 수술이 필요하고 방치하면 고막염이나 패혈증을 유발하기 쉽다. 또는 폐쇄적이며 여유 없는 저급한 계급에서 특히 많이 볼 수 있다.

중이염의 치료는 비교적 끈기를 요하는 경우가 많지만, 외래에서 가만히 보고 있으면 일반적으로 환자에게 끈기가 없는 것 같다. 보호자가 함께 오는 사람 즉 소아 환자는 열심히 통원하지만, 외래가 혼잡할 때는 1시간도 2시간도 기다려야 하는 경우도 있기 때문에 불쌍하다고 생각할 정도이다.

이상은 중이염의 개략을 매우 쉽게 기술한 것입니다만, 어느 정도 참고가 되었다면 기쁠 따름이다.

바야흐로 일본에서는 신문, 잡지 그 이외 기관에서 의학상식을 위한 보급이 왕성하게 행해지고 있는데, 완벽하지는 않지만 이해할 수 있다면 의학은 한층 건전한 발전을 도모할 것이라고 믿는다. 〈50~52쪽〉

미스미 고로(의학사, 三角梧郎), 「의료상 알아야 할 것」, 『조선급만주』(제329호), 1935년 4월.

　　오른쪽을 봐도 불황, 왼쪽을 봐도 불황이라는 요즘 세상에서 아플 틈도 없다는 말을 자주 듣기도 한다. 그래도 병에 걸리면 약을 먹지 않을 수 없다. 의사에게 가지 않고서는 다른 방법이 없다. 요즘처럼 각박한 세상에서 약을 그렇다고 쉽게 가져올 수도 없고, 많은 환자가 병에 걸려도 회계 정산을 먼저 해야 한다. 이것이 현실이지 않을까. 즉 돈마련이 되지 않는 사람은 병에 걸려도 입원을 할 수 없기 때문이다. 그래서 당국에서는 건보안을 입안하여 불행하게 우는 궁핍한 자들에게도 근대 의술의 혜택을 받을 수 있도록 도모하였다. 이에 대해 의사들로부터 찬반양론이 나오면서 상당한 물의를 일으켰다.

　　실제로 의료 수입과 국민 생활과 조화시키는 일은 매우 필요한 일이다. 할 수 있다면 의료 수입을 상당한 수준에서 멈추고, 어떤 환자라도 근대 의술의 혜택을 받을 수 있도록 하는 것이 아무리 생각해도 중요한 문제이다.

　　의사들로부터 건보안에 불복이 있는 것도, 결국 건보안에 의한 의료업 수입이 그들의 생활을 위협하는 우려 때문일 것이다. 그것도 당연한 의론이겠지만, 이것은 단지 현재 수입이 감소하기 때문에 반대하는 것에 끝나지 않고, 합리적으로 고찰하여 어느 정도가 의사 수입으로 적당하는지, 국민 생활 정도에서 보면 얼마나 의료비가 적당하는지까지 깊이 연구하지 않으면 안 되는 문제일 것이다. 그런데 그것은 좀처럼 곤란한 문제일 것이다. 또한 거의 불가능에 가까울 정도로 곤란한 문제라고도 할 수 있다. 하지만 이대로 방임해 두면 안 되는 문제이기도 하다.

　　여기에서 두 세 개 자료가 있기 때문에, 참고하고자 한다.

　　일본만이 아니라, 국민 생활과 의료비를 조화시키는 일은 조선에서도 중대한 문제이다. 이것을 미리 생각해 두는 일은 사회 정책적 시설을 나아가는 데에도 필요하다고 생각하기 때문이다. 먼저 도쿄 시(東京市) 요쓰야 구(四谷区) 의사회의 조사에서 의료비와 의료업수입을 비교해 보자. 요쓰야 구내에서는 의사의 수입은 연평균 4천 3백 76원이라고 한다. 그중 7.1%인 3백 76원만이 미수금이다.

　　또한 외래환자가 하루에 치료비는 평균 58전 9푼, 전문과 의사쪽은 74전이다. 또한 입원환자는 하루에 2원, 3원, 3원 50전, 4원 50전, 5원의 의료비를 부담하고 있지만, 이것을 평균으로 계산하면 3원 60전에 해당한다.

　　그러나 이만큼의 치료비를 부담할 수 있는 사람이 과연 얼마나 있을까. 이것은 큰 문제이다. 이와 관련하여 의사회는 수치를 가지고 설명하였다. 물론 이것을 어느 정도 믿어도 좋을지는 명확하다고 말할 수 없지만, 특별히 마땅한 자료도 없기 때문에 여기에서는 그대로 사용하기로 한다. 요쓰야 구의 총인구 7만 5천1명, 그중에서 의사회에서 정한 앞에서 말한 의료비를 부담할 수 있는 사람은 50.7%이라고 한다. 단기 치료라면 부담할 수 있다고 한 사람이 31.7%, 구호를 요청한 사람이 6.3%뿐이었다. 나머지 11.3%는 구호를 바라지 않지만, 아무튼 부담 능력이 없는 사람이라고 한다. 요쓰야 구라고 하면 중등 정도의 생활을 하고 있는 사람이 많은 곳이다. 요쓰야 구에서 약 절반의 수가 부담을 충분히 할 수 없다고 하였기 때문에 놀라지 않을 수 없다. 우리의 조선, 단순히 경성만을 생각해 보면 요쓰야 구 이상으로 비참하다는 것은 말할 것도 없다. 경성의사회 소정의 치료비가 얼마이며, 요쓰야 구와 얼마나 차이가 있는가는 굳이 여기에서는 말하지 않겠다. 다만, 생활 정도가 낮은 조선에서 의사 치료를 충분히 받고, 근대 의술의 혜택을 받을 수 있는 사람은 불과 몇 %일까라는 점을 충분히 생각해 주기 바란다.

다시 한번 눈을 돌려, 경성지방의 실제를 들여다보고 싶지만, 실례를 드는 것은 그만두고 시민 여러분도 병원 분들도 깊이 있게 고찰해야 할 일이다.

■■■ 환자가 모병원에서 치료를 구걸하였다. 이 병원에서는 환자에게 태양등을 켜고 물약을 주고 고약 하나를 붙이게 하였다. 한 개가 50전이며 3개이므로 1원 50전이었다. 이런 경우, 3종류의 약과 치료가 얼마나 필요한 것일까? 하나로 끝내면 50전에 치료할 수 있는데 이해가 가지 않을 것이다.

감기에 걸려 목이 부은 사람이 있다. 모병원에서 치료를 받았는데, 약에 기름을 바르고 또 기름종이로 쌓고 거기에 습포약에 습포해서 주었다. 약에 대해 모르는 사람이 생각해도 기름을 바르고 그 위에 기름종이를 두고 약의 침투를 막기 위해서 습포를 한다는 것은 아무리 몰라도 짐작되는 감이 있다. 이것은 어찌 된 것인가. 너무나 마음을 쓴 것이 아닌가?

병원에 가면 요즈음 주사가 많다. 주사와 내복약과 세척, 습포라고 쓰여 있으며, 2통 3통 손에 닿는 대로 넣고 약도 물약도 가루약도 여러 가지 준다. 이것도 하나로는 감당할 수 없는 것일까? 특히 습포처럼 씌우지 않으면, 그냥 물에서나 약에서나 똑같다고 들었다. 실제로 그러지 않을까.

도쿄에서 잘 사는 사람들은 매일 진료비를 내고 의사에게 진료를 받고, 마시는 약은 처방을 받아서 근처의 약국에서 사는 경우도 있다. 그러면 의사가 필요 없는 약을 주는 것을 막고 쓸데없이 마시는 분량을 줄일 수 있어서 좋다고 한다. 그렇다면 약만은 해결되지는 않는가.

모여성은 방광염에 걸려서 진료를 받았다. 모병원에서 입원해야 한다고 해서 그대로 입원 치료를 받았다. 2개월간 매일 세척하고 약을 먹었지만, 좋아지지 않고 오히려 나빠졌다. 지인에게 이 병원은 계속해서 입원시키기 때문에 나가는 게 좋다는 말을 듣고 퇴원하였다. 그런데 별로 나빠지지는 않았다. 다른 의사에게 진료를 받고 비싼 물약 하나 받았는데, 2개월 동안이나 나아지지 않았던 병이 불과 5, 6일 만에 씻은 듯이 나았다는 이야기, 처음 겪는 사람에게는 잘 이해가 안 되겠지만, 과연 불가사의한 약이었을까.

의사도 인간인 이상, 인술 공세를 하면 안 된다. 의사도 역시 먹고 살아야 한다. 이 점에 대해서는 크게 생각해야 하지만, 또한 한편으로는 치료비를 많이 벌 수 있게 하는 대중이 있다는 것도 잊어서는 안 된다. 의사 중에서 치료비를 내려 주는 어진 사람은 과연 얼마나 있을까? 환자 한 명에게 받은 분량을 되도록 많이 하려고 하는 생각이 비교적 많을 것이다. 그렇지만 가난한 환자를 진료하고, 정말 곤란한 모습에 동정하여 하루분 치료비를 내려 주는 인자한 사람은 매우 드문 것 같다. 각박한 세상이 된 것이다.

관공립병원의 의사에게는 어떤 환자에게 돈을 받으려고 하지 않는다. 환자 때문에 그들의 급여가 오르거나 내리지 않기 때문이다. 그런데 병원에는 사무장이 있다. 감독관청의 눈이 빛나고 있다. 그들은 예산만큼 수입을 거둬들여야 한다고 기대하고 있을 것이다. 그 기대가 어긋났을 때에는 과연 어떤 얼굴을 할 것인가. 이러한 상황이기 때문에, 적어도 병원 비용만이라도 무리해서라도 환자에게 거두지 않으면 안 된다. 이 목표는 과연 어디로 울려 퍼질까. 의사가 그런 점을 생각할 수 있다면 결과는 미리 알 수 있을 것이다. 물론 사실이라고 생각하지 않지만, 만약 그런 일이 있다고 한다면, 일단 모두 그만두도록 해야 한다. 그러면 일반적인 표준이 되어서 모든 개업의도 따라서 치료비를 내리고 국민 생활과 의료비가 얼마든지 조화롭게 되는 날이 올 것이다.(끝) 〈55~57쪽〉

오기노 마사토시(경성부위생과장 의학박사, 荻野正俊), 「도시위생에서 세포통제」, 『조선급만주』 (제331호), 1935년 6월.

많은 사람들이 모여서 사회를 형성하고 도시를 형성하고 있는 이상, 사회 또는 도시를 논하는 경우는 반드시 대인적이지 다른 것은 아무것도 없다.

따라서 단순히 도시의 갱생 번영을 도모하는 것 이외에도 무엇인가를 위해서 한다면, 당연히 도시의 주민을 대상으로 해야 한다. 즉 주민의 질을 개선 지도하는 사업은 도시 갱생의 기본이 되어야 한다고 믿는다.

도시위생의 충실함도 또한 마찬가지이다. 도시위생을 논하는 경우는 그 도시에 사는 사람들 즉 도시를 형성하고 있는 세포이기 때문에, 우리들의 신체와 같이 한 부분에만 불결함이 있는 경우에도, 신체 전체에 악영향을 미치며, 마침내 병을 일으킴과 동시에, 그 도시는 불건강한 도시가 되어 번영이 저해되어 마침내 쇠퇴를 막을 수 없게 된다. 따라서 도시위생은 도시경영에서 가장 중요하며, 무엇보다도 먼저 충실히 해야 하는 것이다.

도시위생의 완성은 첫째로 주민의 바른 위생 관념의 인식과 맞물려서, 넓은 의미의 위생설비 충실도와 두 방면에서 나아가지 않으면 목적을 이룰 수 없다. 위생 설비의 결함에 의해 전염병이 걸린 환자가 많은 경우를 생각해 보아도, 상수도의 보급과 하수도의 완비만으로도 전염병 환자와 전혀 관계가 없다고 하기에는 곤란하다. 그러나 주민의 바른 위생 관념의 향상으로도 환자가 없을 수 있다고 믿는다. 이는 아무래도 세포에 해당하는 주민의 협동 노력밖에는 없다.

그러나 이를 경성부에 입각해 보면, 이미 기회가 있을 때마다 말했듯이, 전염병에 걸린 환자률이 왼쪽표와 같이 매우 높다.

1. 경성

호수 79,519호, 인구 382,491명으로, 인구의 만명에 전염병환자 발생률은 62.3%, 사망률은 9.8%, 발생환자와 대비하면 사망률은 14.2%가 된다.

2. 도쿄

도쿄시 1932년에는, 호구 1,139,942호, 5,311,926명으로 발생률 23.3%, 사망률 4.3%, 발생환자 대비 사망률 18.0%이었다. 1934년 호구 1,184,658호, 5,663,350명이기 때문에 인구 만 명에 전염병 발생률은 48.3%, 사망률 8.0%, 발생환자 대비 사망률은 16.6%를 나타내고 있다.

3. 오사카 시

1933년 호수 500,982호, 인구 2,654,000명에 달했기 때문에, 인구 만 명당 전염병 발생률은 40.7%, 사망률 9.8%, 발생환자 대비 사망률은 23..4%였다.

4. 교토 시

1932년 교토 시의 호구는 213,309호, 1,001,700명이기 때문에 인구 만 명에 전염병 비율은 발생률 37.0%, 사망률 7.7%, 발생환자 대비 사망률은 20.0%를 나타내고 있다. 교토시 1934년 호구는 224,129호, 1,052,500명이기 때문에 인구 만 명에 전염병 비율은 발생률 49.1%, 사망률 7.5%, 또한 발생환자 대비 사망률은 15.5%가 되었다.

5. 나고야 시

1933년 호수는 234,572호가 되고 인구도 1,114,311명으로 증가하기 때문에 인구 만 명에 전염병 발생률은 17.8%이며, 사망률은 3.4%이다. 발생률 환자 대비 사망률은 전년도와 비슷하게 19.0%이다.

6. 요코하마 시

요코하마 시는 1932년에 호수 138,014호, 인구 618,981명으로, 인구 만 명에 전염병 발생률은 25.80%, 사망률 4.7%, 발생환자 대비 사망률은 18.0%를 산출하였다. 1934년 호구는 호수 154,181호, 인구 703,900명으로 증가하였기 때문에, 인구 만 명에 전염병 발생률은 38.1%, 사망률 6.0%가 되었고, 또한 발생환자 대비 사망률은 16.6%가 되었다.

7. 고베 시

같은 해에 호수가 189,183호, 인구 836,900명이 되어 인구 만 명에 전염병 환자 발생률은 42.5%, 사망률은 15.4%가 되어 또한 발생환자 대비 사망률이 36.4%가 되었다. 1934년 호수는 153,174호, 인구 853,800명으로 증가하였기 때문에, 인구 만 명에 전염병 발생률은 38.6%, 사망률 9.9%가 되었고, 발생환자 대비 사망률은 25.7%가 되었다. 1932년 중반은 인구 만 명당 66명, 1933년 중반에는 62명이 되어 일본내지 6대 도시와 비교하면 눈에 띄게 많았지만, 1934년 중반에 부내의 각 마을 행정인 정동(町洞)에 정동회를 설립하여 위생에 관한 사항을 자치적으로 행하도록 하였으며, 아울러 도·부·각경찰서와 연락하여 이를 지도하는 데에 힘을 보태도록 하였다. 방역 주간, 또는 정동회총회, 교화상회석에 할 수 있는 한 출석하여 경성부의 현상, 전염병 예방에 관한 강연, 또는 좌담회를 개최하고 또한 환자 발생시에는 보균자조사, 성홍열·디프테리아의 예방주사를 무료로 시행을 하고, 점차 부민의 위생관념의 향상을 보며, 1934년 중반에 경성부내의 장티푸스 내복예방약도 약 18만명이 복용한 결과, 전염병환자도 447명으로 줄었고, 인구 만 명당 걸린 환자도 49명으로 되어 도쿄나 오사카도 거의 동일한 비율로 감소시켰다. 이와 같은 현상은 앞에서 언급했듯이 부민의 위생에 대한 인식 향상과 성실히 협력해준 결과로 생각할 수 밖에 없다.

특히 장티푸스는 1932년 중반에는 1,077명, 1933년은 997명이었지만, 1934년은 420명이었으며, 그 중 ■■열로 전염된 사람 약 60명을 빼면 실로 360명이라는 좋은 성적을 얻을 수 있었다. 게다가 일반 부민의 일상생활에 밀접한 관계가 있는 음식물 섭취업자는 특히 전염병 예방상 여러 가지 점에 주도적으로 주의하는 것은 서민으로서 의무이며, 또한 영업 번성에 바탕이 된다고 생각한다. 눈앞의 작은 이익을 위해서 서민에게 큰 폐를 끼치다가 마침내 자기를 파멸시키는 일은 사회인으로서 부끄러운 일이다. 예를 들면, 두부 제조업자가 상수도를 사용하지 않고 우물을 사용한다거나, 또는 자기 집에서 전염병 환자가 있음에도 불구하고 은폐시키면, 이로 인해 병균이 더 넓게 퍼져서 유행을 초래한다. 또한 아이스케키 제조점에서 사탕물 용기는 한번 끓여서 소독을 함으로써 제조한다. 제조자 측에서 수도요금, 또는 끓이는 데에 필요한 경비를 어느 정도 부담한다면 한편으로 부민 공중위생상으로 볼 때, 부민의 인식향상으로 인해 열탕소독을 하지 않는 가계에는 가지 않으므로 열탕소독을 하는 안전한 아이스케키 가게는 점점 번창하게 된다. 이렇게 되기 위해서는 상당한 노력이 필요하므로, 현재 모든 동업자의 협동 자각을 촉구하며 관계 당국과 연락을 취하고 있다.

이상 말씀드린 도시의 세포 통제는 부민 각자에게 바라는 요구임과 동시에, 서민과 전염병(넓게는 건강)의 중개인이라고 할 수 있는 업자들 즉 음식물 취급업자는 특히 영향을 크게 받을 것이라는 점을 인식하여야 한다. 한 세포의 건강으로 이 커다란 경성을 건강하게 할 수 있다는 것을 명심해 두자. 부당국이 할 수 있는 한 적극적으로 위생 설비확충을 위해서 노력하고 명실공히 명도시라고 할 수 있으므로, 무엇보다 우선 협력해 주시길 바랍니다. 〈33~37쪽〉

「폐결핵의 기이한 약(奇藥)」, 『조선급만주』(제333호), 1935년 8월.

콜롬바일 지방의 옛날 사람들이나 타타르인 사이에서는 고대부터 말의 우유를 발효시켜서 만든 '타미스'라는 일종의 유제품이 일반적으로 상용되었다. 그들 사이에서는 신기하게도 폐결핵 환자를 볼 수 없었던 것은 이 '타미스'를 상용하고 있기 때문이다는 추정으로부터, 예전에 러시아의 한 의사가 당납이기(當拉爾基) 요양소에서 타타르인을 따라서 환자에게 타미스를 음용하게 하자 엄청난 효능이 발휘되었다. 북철접수(北鐵接收) 앞까지 폐결핵에 효과가 있는 신기한 약이라고 ■■■■요양소의 결핵환자들 사이에서 인기가 있었다. 북철접수 뒤에 중국인 세력이 북만주 진출과 함께 점점 이 소문이 중국 의사들 사이에서 주목을 받고, 남만(南滿) 보양원 원장인 엔도(遠藤)박사는 실지로 조사를 위해 그 지역에 출장을 가서 실물에 대해 자세히 연구하여 소량의 타미스를 가지고 돌아왔다. 유유히 다수 환자에게 실험하게 되었으며, 얼마 전에는 합이빈만철(哈爾賓滿鐵) 병원장 고쿠분(國分) 박사 앞으로 타미스의 송부 의뢰가 있었기 때문에, 이 병원에서는 바로 원산지에서 대량의 타미스를 받아서 보냈다. 과연 러시인의 소문처럼 기적적인 효과가 중국인 환자 경우에도 나타난다면, 폐병 환자가 많은 일본에서는 근래에 없는 기쁜 소식이라 할 것이다. 남만 보양원의 시험적인 시료의 결과는 매우 주목되고 있다. 〈21쪽〉

시이바 요시야(경성부순화병원장 의학박사, 椎葉芳彌), 「소화기계 전염병의 예방에 대해서」, 『조선급만주』(제333호), 1935년 8월.

전염병 중에서는 결핵과 '레브라(レブラ)'와 같은 만성의 경우와 장티푸스나 콜레라와 같이

매우 급성인 경우의 질환이 있다. 급성 전염병 중에는 전염력이 강하여 갑자기 심한 증상을 일으켜서 크게 생명에 위험을 미치는 경우, 국가가 특별한 법률 즉 전염병 예방법이라는 법규를 만들어 질병 발생을 예방하고 또한 전파를 막는 데에 기하고 있다. 국력의 신장과 국민의 복지와 관련된 중요한 문제이기 때문이다.

오늘날 이 법규에 따라서 단속 대상인 전염병은 장티푸스, 장미티푸스, 이질, 콜레라, 성홍열, 디프테리아, 발진티푸스, 유행성 뇌수체막염, 두창, 페스트 등 10종류이며, 이것을 법정 전염병이라고 한다.

이 법정 전염병 중 '콜레라'와 '페스트'의 두 종류는 가장 무서운 질병이지만, 다행히 일본에서는 완전히 외래종이기 때문에 평소 그렇게 관심이 필요치 않는다. 특히 해항검역이 엄중하게 행해지고 있는 현대에서는 병독의 침입 도중에, 이미 없앨 수가 있으며, 만약 만일의 경우 침입했다고 해도 민중의 자각과 그 협력에 의해서 신속하게 방어를 하기 때문에, 그렇게 까지 곤란하지는 않다. 그래도 장티푸스나 이질, 성홍열, 디프테리아 등과 같이 일본 본국의 전염병은 마치 풍토병처럼 병독이 뿌리 깊게 전국으로 널리 퍼지기 때문에, 이러한 질병에 대한 박멸은 결코 쉽지 않다. 따라서 우리들은 끊임없이 생명의 위협에 노출되고 있는 상황이다.

그중에서 장티푸스, 장미티푸스, 이질 등과 같은 소위 소화계 전염병은 일본에서는 봄가을을 두고 도시나 시골을 말할 것도 없이 방방곡곡까지도 넓고 깊게 침투하고 있다. 매년 초여름부터 가을에 걸쳐서 특히 왕성하므로, 이에 따른 피해는 도저히 콜레라나 페스트와는 비교가 되지 않는다. 그럼에도 불구하고 이에 대한 예방은 비교적 냉담하면서 관심이 없다는 것은 한심하기 짝이 없다. 이러한 상재성 전염병에 대해서야 말로 더욱더 예방을 위한 사고를 해야 한다. 우리는 한 층 더 이해와 부단한 노력으로 이것을 극복하여 정진할 것을 절실히 희망한다.

◇

예전에 내가 경성에서 전염병 발생상황을 보면, 해마다 2천여 명의 환자가 나온다. 발생률은 세계 1위를 차지하고 있으며, 전염병 도시라는 오명을 쓰고 있어도 또한 마땅하다. 특히 전염병중의 ■■(열병)이라고 하는 장티푸스와 이질은 매우 창궐하여 발생 환자수가 거의 60%에 달한다. 항상 40만 부민의 생활을 위협하는 일이 부지기수다. 이러한 사실은 보건위생상 자주 거론되는 문제이며, 물론 도시 체면상으로 볼 때도 매우 유감스럽다.

또한 올해는 특히 유행하여, 1월 이후 이미 1,200여 명에 달한다. 그중에 6월 하순부터는 하루가 다르게 증가하는 경향을 보이며, 하루 평균 열 몇 명을 넘는 새로운 환자가 나온다는 것은 매우 우려해야 하는 현상이다.

그렇다면 이에 대한 예방과 박멸은 하루라도 홀연하기 위해서, 물론 위생 당국에서 이를 예방하기 위해 열심히 노력하고 있지만, 일반인의 진정한 협력이 없으면 도저히 목적을 달성하는 것은 매우 곤란하다. 그래서 나는 이 유행병의 왕좌를 차지하는 장티푸스와 이질의 예방법에 대해서 말하여, 일반에게 이해를 촉구하며 서로 함께 도와서 이 무서운 역병 퇴치에 기여할 것을 바랄 따름이다.

◇

예방의 첫 번째는 먼저 병독의 소재 및 그 전염경로를 밝히는 일이 필요하다. 아마 적의 진지를 찾아서 그 공격로를 알아내어서 첫 전쟁에서 필승을 기하는 것과 같다.

장티푸스 및 이질 병원체는 아는 바와 같이 각각 장티푸스균, 이질균으로 모두 음식과 함께 또는 다른 물질을 통해 입으로 들어가 소화관 즉 장 기관 내에서 증식하며 그곳에서 주요한 병원체를 만든다. 경구 전염병 또는 소화기계 전염병이라고 부르는 이유가 바로 이 때문이다. 따라서 병원균의 주요한 배설로는 분변이다. 그리고 장티푸스 경우에는 균이 깊게 혈액 내까지 진입하기 때문에, 소변이나 가래 안에도 균을 함유하고 있다.

이러한 전염병은 질병 중일 때는 물론이고 회복 후에도 오랫동안 균을 분뇨로 배설하는 경우가 있다. 이것 소위 병후보균자라고 한다. 뿐만 아니라 한 번도 걸린 적이 없는 건강한 사람도 분뇨 속에 많은 균을 배설하는 건강보균자가 있다. 이러한 균보유자는 일상에서 건강한 사람과 일상 업무를 하고 있기 때문에 병독을 퍼뜨리는 위험성은 상상 그 이상이다. 따라서 환자 및 보균자의 오물은 분뇨를 비롯하여 사용한 의복, 침구, 식기 등등 병독이 농후하게 오염되어 있기 때문에 가장 위험하다. 특히 보균자의 손으로 조리한 음식물은 위험천만하다고도 말할 수 있다. 또한 의심되는 열병환자의 간호를 담당한 사람들의 부주의로 생긴 결과를 상상하면 스스로 전율을 느낄 것이다.

또한 오염된 하천이나 우물물을 음용하거나 이 물로 음식, 식기 등을 씻게 되면 쉽게 전염의 기회를 만들게 된다. 또한 야채도 분뇨를 비료로 사용하는 일본에서는 충분히 경계를 요하는 것은 물론이며 또한 파리가 전염의 매개가 될 수 있는 무서운 괴물이라는 점을 주지하는 바이다.

요약하면 소화기계 전염병은 주로 날음식을 매개로 전염되기 때문에, 개인적으로는 음식물에 만전에 주의하여 예방하는 안목을 길러야 한다.

◇

전염병 예방법은 국가의 위생 설비와 개인 예방으로 크게 두 가지가 있다.

사회적 시설로는 상수, 하수도의 완비, 오물처리법의 합리화 등이 그 근본 문제라는 것은 말할 것도 없다. 전염원인 환자 또는 보균자의 처치 및 전염경로의 두절법을 강구하여, 필요한 수단으로 한다. 이를 위해 모든 기관의 충실함, 환자의 조기 발견 또는 보균자의 검출, 분뇨 및 오염물의 소독, 음식물의 단속 등등, 모든 예방책을 실시하여 병독의 절멸, 경로의 차단을 꾀하는 것이다. 〈33~35쪽〉

「경성은 전염병 도시, 작년에 비해 올해는 한층 더 심하다」, 『조선급만주』(제333호), 1935년 8월.

경성부 내에 현재 전염병 유행이 매우 심각하여 6월 초순부터 하루에 평균 환자 발생수가 4명을 넘으며, 특히 장티푸스와 이질이 많다. 작년에 전염병이 줄어들어 당국이 콧대가 높았던 것도 잠시, 또 『전염병도시 경성』이라는 적잖은 닉네임을 부여 받았다.

즉 6월 1일부터 20일까지 발생상황은 장티푸스 44, 이질 20, 디프테리아 8, 성홍열 6, 유행성 뇌막염 4, 장미티푸스 4, 발열 티푸스 2, 합계 18명을 넘었다. 전년도의 같은 시기에 비해 35명이 증가하였다. 또한 1월 이후 누계는 867명이며, 전년도에 비해 175명 증가를 나타내고 있다. 부당국에서는 이 유행이 만연해지는 7월 초부터 부내 각 경찰서를 비롯하여 기관 관청 의 각 단체를 동원하여 방역주간을 실시하는 것 이외에도 무더위를 맞아 일대 방역진을 펼치며 전염병 박멸을 꾀하고 있지만 쉽게 종식되지는 않는다. 〈78쪽〉

본지 기자, 「전염병도시 '경성'을 해부하다」, 『조선급만주』(제334호), 1935년 9월.

'경성은 매우 전염병이 많은 도시이다'라는 말은 누구나 입에 오르내리는 이야기. 그러나 많다고 해도 조선에서 많은 편인지, 일본이나 만주와 비교하면 어떤지. 또한 세계적으로는 어떤지를 다시 물어보면, 대부분 사람은 조금도 대답하지 못한다. 그러나 일본 영토 내에서 전염병이 조금이라도 있는 도시 중에서는 경성이 1위를 차지하고 있다.

'작년은 매우 장티푸스가 많았다고 그러네요.'라고 물으면, 모 관청의 직원이 '뭐라고? 올해는 평년이고, 작년이 평소보다 적었는데' 라고 아무렇지 않게 말하는 것을 들은 적이 있다. 이 분야의 전문가가 이렇다고 한다면, 일반 사람들은 전염병의 소리는 이미 식상해서 어쩌면 이것이 당연하다고 생각할지도 모른다. 그래서 경성이 다른 곳과 비교하면 왜 전염병이 많은지, 세계 1위라고 해도 과언이 아닌지, 전염병 퇴치는 과연 가능한지를 각종의 통계로 조사해보았다.

이번 여름 전염병 발생수는 기록을 깼다.

올해 경성부내 전염병 환자의 월별 발생수는 7월에는 390명, 6월은 283명이었다. 그러나, 5월은 185명이었으며, 1914년의 정책실시 이후의 기록에서, 또는 과거 21년 동안조차, 이보다 오랜 기록은 지금 구할 수 없지만, 아마 미증유의 발생수라는 예상은 어렵지 않다. 장티푸스가 많이 발생하였다는 1932년에도 7월에 최고점을 찍고, 1933년에 230명, 1930년에 204명으로 겨우 200명대가 되었다. 6월만 보면 1932년의 259명과 1928년의 257명이 약간 두드러진 차이가 있을 정도이다. 다른 해의 6, 7월에 200명이라고 하는 큰 숫자는 거의 볼 수 없었다.

1914년 이래의 1년간의 발생 환자의 총계 중, 눈에 띄는 점을 살펴보니, 콜레라가 대유행한 1920년에는 2,517명이며, 그 해는 또한 전염병의 악성 때문에 사망자 수가 1,259명, 즉 50%로, 두 명에 한 명은 살릴 수 없었다는 기록이 있다. 이후 2, 3년 마다 천 사오백명의 발생수를 보였고, 나머지는 대체로 천 명 이하로 떨어졌다. 8년째인 1928년에는 장티푸스와 성홍열이 유행하여, 마침내 2,810명이라는 기록을 세웠다. 그리고 매년 2천 명에 가까운 발생수였으며, 1932년에 2,816명이 되었다가, 이를 기점으로 1933년 2,384명, 작년 1934년 1,937년으로 감소되어 왔다. 이는 부민의 위생에 대한 인식이 향상된 증거라고 기뻐하였으나, 그것도 잠시, 올해는 갑작스럽게 보복의 시름을 만나 버렸다.

과거에 비교하면 거의 2배 증가, 7월의 장티푸스는 5배 이상.

작년과 비교하면, 1월에 빠르게도 43명이 증가하였다. 2, 3, 4월은 겨우 7명, 3명, 9명씩 각각 증가하는 데에 그쳤다. 장마기 5월로 들어가니 바로 55명이 증가하였고, 계속해서 6월에는 121명, 7월은 178명이 증가하였으며, 그 수치는 거의 배가가 되려는 추세를 보였다.

이것은 말할 것도 없이 주로 장티푸스의 창궐 때문이었다. 장티푸스 환자 발생수는 작년 6월에 41명, 7월에 51명에 불과하였지만, 올해 6월에는 146명, 7월에 264명으로 3배 반에서 5배 이상 경이적인 발생수를 보였다. 장티푸스 발생수는 1932년의 총계 1,077명에서 1933년은 997명, 1934년은 420명으로 점차 감소하였다. 1934년의 수치도 다른 사람에게 전이된 경우를 제외하면 삼백 몇십명에 불과하다. '티푸스 내복예방정'의 효과는 현저하였다고 하였으나, 올해는 이미 7월까지 합계에서도 572명을 넘었으며, 그 이후 초가을쯤에는 맹위를 떨칠거라고 생각하면 살며시 피부에 전율이 생기는 느낌이 든다.

일본인이 걸리기 쉽고, 사망률은 조선인이 높다.

경성에 있는 일본인은 조선인보다도 전염병에 걸린 환자가 많다는 것은 상상할 수 있다. 왜냐하면 지역적으로도 일본인이 밀집되어 있는 마을에서 전염병이 많이 나오는 기현상을 보이고 있기 때문이다. 게다가 정확한 통계를 나타내고 있어 조선인의 3분의 1정도의 인구밖에 되지 않는 일본인 환자수가 평소에도 2배에서 3배가 되고, 특히 1922년에 이질이 급증할 때는 조선인 환자는 225명, 일본인은 1,170명이라는 숫자로 5배 이상이 높았다는 실례가 있다. 더욱이 콜레라가 대유행한 1920년만큼은 조선인 환자가 1,340명에 비해 일본인은 1,161명으로 유일하게 예외를 보였다. 여기에서 주의할 필요가 있는 것은 환자발생수는 일본인이 단연코 많지만, 그 사망수는 환자수 대비 백분율로 보면, 결코 일본인의 사망률이 높지 않다. 오히려 조선인의 사망률이 높은 해가 많다. 앞에서 언급한 1920년에는 일본인 사망률 23.5명 대비 조선인은 73.35명이었다. 이것이 이례적이라고 해도, 사망률이 2배에서 거의 3배에 달하는 해가 상당히 많았다. 이는 필경 조선인이 상당한 중환자라면 이치에 맞게 해석되지만, 의료를 충분히 받을 수 없다는 점도 배제할 수 없을 것이다. 특히 최근 조선인 환자수는 일본인보다 절반 정도임에도 불구하고, 사망수가 1932년도에는 일본인 161명, 조선인 175명, 1933년도에는 일본인 158명, 조선인 175명, 1934년도에는 일본인 109명, 조선인 189명으로 조선인이 훨씬 많았다. 따라서 환자 100명당 1932년 사망률도 10.03명에 비해 20.04명, 1933년은 10.67명에 비해 19.82명, 1934년도는 8.63명에 비해 27.07명으로 이상한 경향을 보이고 있다. 그러나 이는 환자 총수 대비 사망 백분율이기 때문에, 이를 인구 비교로 보면 인구 만 명에 1933년에는 발생률이 내지인 138명, 조선인 33명, 그 사망률은 일본인 14.7명 대비 조선인은 6.6명이 되기 때문에, 당연히 일본인이 사망률이 높다. 1929년부터 1933년까지 5년간 평균 전염병 발생율에 따라서 천 명당 일본인 13.26명, 조선인은 2.11명으로, 이것을 소화기계 전염병에 대해서만 보면 일본인 7.82명, 조선인은 1.31명, 성홍열 및 디프테리아는 일본인 5.01명이었지만 조선인은 0.35명에 불과하였다. 〈82~84쪽〉

이마무라 후하치(의학박사, 今村豐八)「늑막염에 대해서」, 『조선급만주』(제335호), 1935년 11월.

늑막염의 대부분은 결핵성이며, 그 외 결핵성이 아닌 '루마티스'성, 미독성, 외상성이 있습니다. 또한 폐렴균이나 화농균에 의해서 일어나는 화농성 늑막염도 있습니다. 그러면 늑막염은 결핵의 어느 시기에 오는 걸까요. 이 이야기는 다음 예비지식이 필요합니다. 인체에서 결핵의 감염경로는 기도에서 감염되는 경우가 가장 많습니다.

기관지나 초기감염에 의해 침입 된 결핵균은 그 부위에서 소담증을 일으키면서 그 영역 안의 기관지 임파선으로 침입합니다. 다음에서 다음으로 기관지 임파선을 침입하는 동안에, 초기 감염부위의 염증은 치료되며 나중에 임파선 결핵만이 남은 것이 보통의 경로입니다. 침입

받은 임파선이 폐문부에 있으면 소위 폐문 임파선결핵입니다. 각각의 임파선결핵은 신체 각 부위의 결핵 원천이 되는 중요한 의의가 있습니다.

일본에서 '빌케이'의 피부반응 검사상 나타난 결핵 감염 양성률은, 소학교 입학 당시에 대도시에서는 35% 양성률이 졸업 무렵은 55%의 양성으로 증가한다. 소도시나 촌락의 소학교에서는 입학 당시 20%의 양성률이 졸업 무렵에는 30%로 증가합니다. 이를 보면 도회인은 지방인 보다도 결핵 감염의 위험이 거의 2배 많습니다. 그러나 초기감염으로 결핵이 반드시 발병하는 것은 아니며, 대부분은 자연스럽게 치료되기 때문에 놀랄 필요는 없습니다.

이상에서 언급한 임파선결핵의 결핵균이 어떤 계기로 혈액순환을 따라 다른 곳으로 가서 균을 파종하게 됩니다. 또한 직접 관내의 전이로 뇌막염이나 늑막염, 폐결핵 그 외의 결핵병이 됩니다. 이 시기를 제2기라고 합니다.

◇

늑막염은 결핵의 초기감염기에도 나타나는 것으로, 이 시기의 늑막염은 감염된 병원체 가까이에서만 매우 국한된 장소에서 일어나기 때문에 대부분 건성 늑막염입니다.

◇

결핵의 제2기에 나타나는 늑막염이 가장 많으며, 늑막염의 대부분은 이 시기에 일어납니다. 대부분은 습성이지만, 드물게 건성인 경우도 있습니다. 건성은 폐 속의 병원체가 늑막 수직으로 국한되어 있는 경우에 일어나기 쉽습니다. 습성늑막염은 폐 속의 병원체가 광범위한 경우, 또한 이 시기의 결핵 독소에 과민성반응 즉 '알레르기' 시기에 '알레르기'성 늑막염으로 나타납니다. 이 늑막염의 배출물 속에는 결핵균은 없습니다.

청년기는 초기감염 후, 그대로 길게 경과 되지 않고 급속도로 제2기로 이행하는 경향이 있습니다. 즉 초기감염 후 한 두 달에 '알레르기'상태가 된 뒤에 4, 5개월경에는 늑막염을 일으키는 경우가 많습니다.

청년기에 감염되면 제2기로 이행하기 쉬운 경향이 있는 것은 여러 가지 원인이 있습니다만, 먼저 생각해야 할 것은 청춘기에는 성적 내분비가 항진하여 그 자극에 의해 신체 각종의 세포가 활발하여 긴장되면서 외부 자극에 대해 과민해진다. 아마 청년들이 감정적인 모든 것에 감동하기 쉬운 것과 아주 비슷합니다. 외부의 원인이라는 것은 과격한 운동을 해야 하는 기회가 많고, 생활상 섭생을 파괴하는 기회가 많기 때문에, 따라서 무리가 오는 것입니다. 이상의 내외적인 원인으로 경미하게 생길 수 있다고 한다. 이렇게 감염된 후에 결핵의 면역을 생산하는 여유를 주지 않고 제2기로 유도하는 것이 아닌지.

우리 청년 남녀에게 늑막염이 많은 이유는 앞에서 결핵 양성률에서 나타난 것과 같이 지방의 청년들이 결핵에 감염되지 않는 경우가 도시보다 훨씬 많습니다. 그러나 이렇게 건장하고 흠이 없던 청년들이 청년기가 되면 도시로 나가고, 또한 집단생활을 하는 사람이 매우 많아져서, 결핵 초기감염이 되는 기회가 많게 됩니다. 청년기에 감염되면 제2기로 이행하기 쉬운 이유는 앞에서 말한 대로입니다. 청년 남녀에게 늑막염이 많은 것도 지방 출신자에게 특히 많은 것도 잘 이해할 수 있을 겁니다.

◇

결핵 제3기에 나타난 늑막염은 폐렴의 합병증으로 일어나며, 대부분 습성인 경우입니다.

◎병리해부적 변화

늑막염에 걸리면 늑막이 출혈되고 광택을 잃어서 칙칙하다. 경증인 경우는 조금의 얇은 막을 보는 정도입니다만, 중증의 경우는 거칠며 융털처럼 돌기를 가지는 두꺼운 피막이 됩니다. 삼출물이 섬유소만 있는 경우는 건성 늑막염이라고 하고, 섬유소의 퇴적으로 다량의 수분이 침출되는 것을 장액성늑막염 또는 단순히 습성늑막염이라고 합니다. 장액성의 삼출물에 농이 증가한 것은 농흉이며, 장액성에 혈액을 섞이면 출혈성 늑막염이라고 합니다.

습성늑막염의 액은 500cc내지 1000cc를 보통으로 합니다. 드물게는 2000cc내지 5000cc에 달하는 경우도 있습니다. 액의 증가에 따라서 폐나 심장을 압박하여 위치를 변동시킵니다. 이것을 압박 현상이라고 합니다. 이때 폐는 수축하여 상후부에 압력이 배출되어 편평하게 되고 또한 심장도 전위하여 신장이나 위나 간이 하수되는 경우도 있습니다.

늑막염을 치료할 때에는 수분이 흡수되고 섬유소 및 혈구도 파괴·용해되어 흡수되게 합니다. 많은 경우는 분비시키는 섬유소막 안에 혈관이나 결섬유가 신생되어 기질화되면, 늑골늑막과 폐늑막이 유착되어 늑막염성 경결을 형성합니다.

◇

◎경과와 증상

처음에 늑막부가 찌르는 듯한 통증은 흉부의 운동으로 한층 더 심하게 통증을 느낍니다. 다음으로 호흡이 빨라지며 기침을 합니다. 때로는 기침이나 통증이 없는 경우도 있습니다. 〈42~43쪽〉

사이운 마나토(경성, 彩雲學人), 「경성의학부의 일면 (1)」, 『조선급만주』(제336호), 1935년 11월.

1.

경성대는 1922(다이쇼 11)년에 발표된 조선교육령에 의해 창립 계획이 추진되어 1926년 4월에 개교된 법문학부 및 의학부의 두 학부로 이루어진 관립 종합대학이라는 것은 말할 것도 없다. 의학부는 교수의 진용에서도 또는 시설상에서도 법문학부와 비교하면 창립 당초의 역사에서부터 상당한 차이가 있다. 법문학부는 1926년경, 낙타 고개(駱駝ケ丘)의 ■에 홀연히 새롭게 나타나 강당 교실부터 전부 신축되었다. 또한 인사일도 연구실의 조교까지도 전부 새로운 책상과 의자로 완전히 새롭게 일을 착수하였다. 하지만, 의학부는 이와 사정이 달랐다. 의학부의 기초는 총독부 의원 및 의전이었으므로, 또한 단적으로 말하자면, 총독부 의원을 주체로 충실하게 팽창한 것이 의학부 밖에는 없다. 현재, 고풍 시계탑이 솟아 있는 건물이 총독부 의원 시기의 본관이었고, 총독부 시기에 이토(伊藤) 공이 계획하여 만들었다. 즉 총독부 시기의 의원이 합병되어 총독부 의원으로 개칭되었으며, 또한 경성대 설립과 함께 대학 의원의 전신이 된 것이다. 현재는 외래 환자를 진료하는 웅장한 신관이 생겼으며, 총독부 의원 시절의 본관은 이미 구관이 되어 신관의 뒤로 절반이 가려져 버렸다. 한편, 의전에 대해서 말하자면 총독부 시기의 의학강습소가 병합 후, 의학교라는 명칭을 거쳐 의전이 되었다. 평상시에 총독부 의원에 종속적인 존재이지만, 대학의 출현과 동시에 종래의 부수적인 관계를 버리고 독립한 것이다. 원래, 의전 교수는 총독부 의원의 의관이 담당하였지만, 경성대 개교와 함께 총독부 의원 시절의 간부급 감독관은 겸임하지 않고 대학으로 대거 전임하였다. 따라서 의학부는 외적으로는 의전 교수가 대학교수로 승격하였다고 일반에게 보일 수 있지만, 실제로는 그렇지 않고, 단지 몇 명의 의관의 명칭이 대학교수로 바뀌었으며 의전은 종래와 같이 의전으로 남아 있다. 경성대 교수에게 전신인 총독부 의원 시절의 의관이 앞으로 구관에서처럼 신관에서는 결코 교수 진영의 배후에 압력을 줄 수 없기 때문에, 차라리 그 반대로 의학부 교수 진영의 간부가 되어 진영을 점점 강고하게 하였다. 따라서 의학부는 법문학부와 다르게 개교 당시 인사 및 시설상에서 이미 역사적으로나 전통적인 배경을 다분히 가지고 있었다. 그래서 총독부 의원 시기의 독관에서 현재 의학부 교수라고 하면, 임상 방면에서는 의학부장인 다카쿠스 사카에(高楠榮)박사를 비롯하여 내과 이와이 세이시로(岩井誠四郎), 외과 마쓰이 곤페이(松井權平), 오가와 히게시(小川蕃), 안과 하야노 류조(早野龍三) 박사들이며, 또한 기초 의학에서는 해부 우에다 쓰네키치(上田常吉) 및 쓰사키 다카미치(津崎孝道), 생리 나카니시 마사카즈(中西政周), 미생물 고바야시 세이지로(小林清治郎), 약물 오사와 마사루(大澤勝), 병리 도쿠미쓰 요시토미(德光美福) 교수들 이름을 먼저 거론할 수 있다. 그 외, 의학부에는 16, 7명의 교수가 존재하지만, 교수들은 적어도 1924년 이후에 총독부 의원이나 경성대로 온 이주자였기 때문에, 말하자면 경성대 교수를 한다는 약속하에서 경성으로 와서 정주한 것이다. 의관 겸 의전 교수의 명칭은 일시적인 편의에 불과하였다. 그리고 교수 진영은 개개인의 입장에서 보면 굳이 협조적이라고 할 수 없지만, 진영을 전체적으로 조망하면 의관에서 전신한 교수들을 간부로 하여 협조적으로 만들었다고 해도 지장은 없다. 예를 들면 법문학부의 교수회가 항상 살벌한 분위기를 만들어 분산된 것과 비교하면 의학부의 교수회는 개교 당초부터 신사적인 협조가 유지될 수 있었던 사정을 보면 쉽게 이해할 수 있다.

2.
의학부의 초대 학부장은 총독부 의원장 겸 의전 교장인 시가 기요시(志賀潔)박사였다. 시가 박사는 마쓰우라 시즈지로(松浦鎭次郎) 경성대 총장의 사임 후에 1929년 10월에 제3대 경성대 총장으로 취임하였다. 동시에 의학부장으로는 다카쿠스 사카에(高楠榮) 박사가 교수회에서 선출되었다.

원래 의학부장의 임기는 2년이지만, 다카쿠스 박사는 이미 1929년 이래 3기 동안에 확실하게 학부장의 의자에 자리를 박고 있었으나, 이번 10월의 재선에서 우에다 쓰네키치(上田常吉) 교수로 바뀌었다. 시가 박사는 이미 경성대를 떠난 이상, 시가 박사에 대해서는 지금 일반에게 숙지하지 않겠다. 여기에서는 먼저 다카쿠스 박사의 한 면모를 엿보면서 점차 교수 진용의 외연에 대해 글을 쓰고자 한다.

교수의 진영이 도쿄대 학벌로 굳혀있는 것을 의학부도 법문학도 전혀 바꿀 수 없으며, 겨우 4, 5명의 예외를 볼 수 있을 정도이다. 다카쿠스 교수가 그 예외로서 특이한 존재로 그는 1908년 교토제국대학을 졸업하였다. 여기에는 전부 말할 수 없지만, 교토대 졸업과 동시에 잠시 해군에 들어갔는데, 다카쿠스 교수는 지금도 해군 군의관의 직함을 가지고 있다. 1916년에 도쿄의 세이루카 병원(聖路加病院)의 부인과에 근무하다가 명의였던 구지(久慈) 박사의 후임으로 들어가서 총독부 의원으로 1923년에 옮겼다. 1880년에 태어났다고 하니 올해 56세에 해당되는 셈이며, 하야노 교수 보다는 1년 연장자이며, 의학부 중의 최연장자이다. 도쿄대의 석학·다카쿠스 준지로(高楠順次郎) 박사가 이 교수의 양아버지이다. 즉 다카쿠스 교수는 준지로 박사의 양아들이 되어, 분가한 후에도 다카쿠스를 성씨로 하고 준지로 박사를 아버지로 모셨다. 이러한 사실은 자신이 교토대학을 졸업했지만, 항상 도쿄대 학벌 안에서 특이한 입장을 안전하게 유지할 수 있었던 유력한 이유라고 볼 수 있다. 말하자면 집안 배경으로 혜택을 본 것이다. 현재 경성대 총장 야마다 사부로(山田三郎) 박사는 시가 기요시 박사의 사임 후에 취임하였지만, 시가 박사의 총장 사임 전후로 경성대 내의 분위기는 후임 문제로 진흙탕이 되었다. 그 안에서 다카쿠스 교수는 당시 법문학 부장인 도자와 ■히코(戸澤■彦) 교수와 함께 가장 다망한 날을 보내면서, 후임 총장을 위해서 경성대로의 납치 운동으로 교토대와 도쿄대 간을 몇 번이나 왔다갔다 해야 했다. 직접 교섭의 충돌을 담당한 사람은 항상 다카쿠스 교수였다. 도자와 교수는 일본에서 가장 최연소 학부장이었으며, 학내에서는 기세가 몹시 든든했다. 대외적으로는 그다지 세력을 떨치지 못한 것으로 보인다. 경성대 교수회에서 최초로 선출된 유력한 총장 후보자들이 취임을 전부 사절한 이상, 야마다 총장의 취임 때에도 직접 교섭한 사람이 다카쿠스 박사였다.

본래, 창립 당시 경성대 법문학부의 교수진은 도쿄대 내와 프로그램이 연결되어 있었고, 또한 그때 경성대 법과 교수진은 당시 도쿄대의 법학부장인 현 경성대 총장 야마다 박사에 의해서 대략 진용이 만들어졌다. 때문에, 야마다 총장의 취임은 말하자면, 경성대 법과 교수들이 야야다 박사에 대한 감사함을 다분히 가지며 야마다 박사를 총장으로 간청하였다. 실제로 교섭하여 야마다 박사를 경성대로 납치해 올 수 있었던 사람은 법과 교수 즉 도자와 교수가 아니라 의학부의 다카쿠스 교수였다. 이러한 사정은 무엇보다 아버지 준지로 박사를 배경을 가진 강점으로 보지 않을 수 없다.

현재 야마다 총장의 경성대 모셔오기는 이미 시기의 문제였으며, 또한 이에 대해서 기회를 보며 민감해진 야마다 총장의 입에서도 이미 이야기하였다. 그러나 당연히 그다음 후임 총장의 문제가 일어났다.

실제로 경성대는 외지에 있는 관계로 총장 취임 문제는 숙명적인 불안을 항상 가지고 있다. 즉, 중앙의 학계를 무대로 하는 선배 또는 중앙에 인사상의 배경이나 관련이 있는 경성대 내의 교수를 총장으로 선출하는 것이 정책적으로 필요조건이다. 전자는 대부분이 도쿄 낙하를 깔끔하지 않게 여기며 취임을 주저하며, 후자는 인물이 부족하다고 봐야 한다. 차기 총장선거에는 물론, 법과 교수들은 법과계 선배의 유입을 주장하고 또한 철학과 교수들은 중앙의 철학과 계통의 선배를 바란다. 또한 문학과 사학과고 이런저런 태도를 취하는 것 같다. 그런데 의학부에서는 사정이 달라 보인다. 즉 의학부는 다카쿠스 박사의 선출을 법문학, 의학의 두 학부의 전체 교수회에서 찬성하기를 상당히 바라는 듯하다. 또한 사실, 의학부의 교수회는 법문학부와 비교하면 아주 신사적이고 협조적이므로 학내의 세력으로 보더라도 실력은 의학부가 다분히 강대하다. 이러한 점은 단순히 경성대만이 아니라 제국대 내에서 자연 과학 계통의 학부가 점차 학내 중심 세력으로 계속되는 것은 전국적인 최신 경향이기도 하다. 각 제국대와 함께 앞으로 총장은 종래의 법과 계통에서 자연과학 분야로 옮겨 가려고 하기 때문에, 다카쿠스 박사의 총장설은 이상하지 않고 매우 유력하다. 이는 현재 다카쿠스 박사가 항상 총장실에서 야마다 박사를 방문하면서 아낌없는 나날의 시간을 보내고 있기 때문은 아니다. 물론 다카쿠스 박사는 학내에서는 호평을 받고 있으며 만약 학내에서 차기 총장을 뽑는다면 유일한 적임자이다. 이번 10월 총장 재선에는 역시 총장은 일본에서 유입되리라고 보지

않으면 안 된다. 〈45~47쪽〉

사이운 마나토(경성, 彩雲學人) 「경성의학부의 일면 (2)」, 『조선급만주』(제337호), 1935년 12월.

1.

경성의 동쪽 후미진 곳, 경성대 의학부의 부속 의원과 학교 건물은 속세를 떠나 말머리 언덕(馬頭ヶ丘)부근 일대에 예년과 같이 많은 수목이 빨간 색채를 띠고 가을 경치를 장식하며 계절 이야기를 만들어 가는 데에 변함이 없었다.

하지만 올해 가을은 예년과 비교하면 또 다른 별개의 계절 이야기를 해야 하는데, 일단 주위와 흥미를 야기시키기 위해서 말하자면, 의학부는 법문학부를 포함하여 올해 10월부터 11월에 걸쳐 일종의 정치적 계절을 보냈다고 할 수 있다. 즉 10월 21일에는 의학부장의 선거를 하였고, 그 결과 해부조직학의 우에다 쓰네키치(上田常吉) 교수가 선출되었다. 다카쿠스 박사의 뒤를 이어서 신임되었다는 것은 이미 앞에서 말한 바와 같다. 또한 12월 5일에는 야마다 사부로(山田三郎) 박사의 총장 임기 만료와 함께 선거가 열렸다. 그 결과는 일반에게 주지한 바와 같이 나가사키(長崎) 의대학장인 다카야마 마사오(高山正雄) 박사가 유입되어 제5대 총장으로 신임되었다. 그래서 …… 이야기가 다소 옆길로 새는 염려가 있지만, 다카야마 총장은 의학부 교수회의 추천이었다는 점에 대해서 많은 흥미를 끌었으며, 또한 총장의 교체와 함께 의학부장의 교체에 관심을 가졌다. 이번 10, 11월에 소위 의학부 정치적 계절의 동정을 여러 번을 볼 수 있었다.

본래 제국대학에서는 자치적으로 하기 때문에, 총장은 임기를 4년간, 여러 가지 내규가 있지만, 정교수회의 선거로 선출된 인물이라면 학교 밖이든 또는 학내이든 먼저 누구를 총장으로 해도 좋다. 일본의 각 제국대학의 이야기는 지금 잠시 접고, 경성대에 대해서만 말하자면, 경성대에서는 평의원회가 있어, 이 평의원회가 전교수회의 대의 기관이 되고 있고, 이에 따라서 총장의 투표 선거가 행해진다. 물론 평의원은 학내의 교수 중에서 임명되기 때문에, 정원이 11명이며, 그중 의학부에서 6명, 법문학부에서 5명의 비율로 되어 있다. 그래서 화제는 먼저 첫 번째로 야마다 총장의 재선 문제이다. 사실 야마다 박사의 재선설은 학내의 사정으로 전혀 알지 못한 외부에서도 이상할 정도로 확실시되어 보였다. 그러나 실제로는 그 반대였으며, 굳이 말하자면, 야마다 박사와 수년간 사제 또는 은고 관계가 직접 있는 법과 교수들은 확실히 재선을 희망하였다. 그러나 법과 이외의 교수들은 재선에 별로 열의가 없었다. 특히 의학부의 유력한 일부 교수로부터 강경한 재선 반대설을 접하며, 마침내 재선은 절망되어 버렸다. 다카쿠스 박사는 1929년 10월에 시가 기요시(志賀潔) 박사의 총장 승격 후에 의학부장으로 취임한 3기 동안인 6년간을 완전하게 하였다. 이번 10월에 우에다 교수로 경질되었지만, 본래는 다카쿠스 박사는 이번 기도 연속적으로 재선되면 유임하여 제4기도 하고자 하였다. 그러나 다카쿠스 박사의 총장 재선의 절망은 일종의 신사적 의례라고 보는 것이 가장 타당한 것 같다. 왜냐하면, 학교 밖에서 총장을 유입하는 경우에는 반드시 기사적인 행동을 취해야 하는 교수가 학내에 필요하기 때문이며, 야마다 박사를 경성대에 납치 유입할 때에 기사적인 임무를 자발성을 띤 사람은 항상 의학부장 다카쿠스 박사였기 때문에, 아마다 박사의 재선이 불가능한 것을 알고 제4기 유임을 회피한 것은 진흙탕에서 현명하게 신사적으로 기사도를 지켰다고 말할 수 있다. 물론, 야마다 박사는 차기 총장으로 재선될 수는 없었지만, 이것이 조금도 야마다 박사의 명예와 관련도 없고, 총장으로서 인물과 공적이 이미 일반에게 전해져 있듯이 제2대 총장 마쓰우라 시즈지로(松浦鎭次郎)씨에 이어서 명총장이었음에 틀림없다. 귀속 후에는 칙선 의원으로 약속되었다.

2.

제5대 총장 즉 야마다 박사의 4년간의 임기 만료와 함께 후임 총장선거에 대해서는 대학 당국 및 관계자가 이상할 정도로 침묵을 지키며, 교수회의 내정 경위 등이 외부로 누출되는 것을 엄격하게 막고 있는 것 같다. 하지만 당국자가 이러한 비밀주의의 태도를 취해야 하는 것에는 이유가 있었다. 법문학부 측의 말에 따르면, 다카야마 마사오 박사는 교수회가 선출한 제1후보 총장이 반드시라고는 말할 수 없지만, 내정된 발표가 다카야마 박사에게 결례가 되기 때문에 일체 비밀리에 끝내려고 하였다. 이 점은 어느 정도까지 수긍한다고 해도 상관은 없다. 예를 들면 야마다 박사는 시가 총장 사임 당시의 경성대 교수회가 선거한 제3후보자였지만, 제1이나 제2 후보자가 경성대 총장취임을 일축하였기 때문에, 교수회는 갑자기 낭패를 보며 제3 후보인 야마다 박사에게 간원하여 납치 유입하는 일이 생겼다. 그 결과는 제1, 2의 후보자에게 일축당한 경성대는 명예와 자존심이 다분히 떨어짐과 동시에 야마다 박사는 제3 후보자였기 때문에 취임 후에도 가치를 항상 저평가하는 경향이 있었다.

이러한 점에서 생각하면, 제3 자는 이번 기 총장선거에 비밀주의가 엄수된 이유를 일단은 수긍하고 당국의 고심을 상당히 고평가로 인정하였다. 하지만 의학부 측의 말을 들으면, 또한 다소 다른 의미를 가지고 있는 듯하다. 원래 법문학부가 추천한 인물은 중앙에 무대를 가진 우수한 후보자임에 틀림없지만, 총장취임의 가능성이 없어서 실제로 후보자를 추천하지 않았다고 운운하는 것이 의학부의 대략적인 의견으로, 법문학부 측의 말을 처음부터 거의 무시하고 있는 듯하다.

어째든 총장선거에서는 두 학부 사이에 상당한 분규가 있었던 것은 사실이지만, 이번 기의 선거에서는 비밀주의가 완전하게 지켜졌다는 점과 후보자로부터 위임 거절이라는 불명예를 받는 전철을 다시 밟지 않았다는 점은 확실히 경성대 교수회의 전술이 한 단계 진보하였다고 말해도 좋다.

그러나 여기에서 다른 문제가 남아 있었다. 단적으로 말하자면, 다카야마 박사는 평의원회의 투표 선거 결과, 10표의 찬성과 한 표의 반대로 선출되었다. 문제는 반대 한 표에 있었다. 이미 말한 바와 같이 평의원은 의학부의 여섯 명의 교수와 법문학부 다섯 명의 교수로 모두 11명이며, 이 반대의 한 표는 전해지는 말에 의하면 법문학부의 평의원이 투표하지 않았다는 것이다. 가끔 이런 일은 법문학부의 교수회가 평소 통제 결함이 있다는 점이 수면으로 올라왔다고 볼 수 있다.

평의원들은 어쨌든 각 학부 교수회의 총의견을 받아들이고 또한 두 학부 평의원 간의 협조로, 다카야마 박사의 선거에 일치 투표를 찬성하였는데, 유감스럽게 개표 결과가 의외로 무의미한 한 표의 반대투표가 발견되었으며, 게다가 법문학부의 평의원에 의해 투표된 사실이 명백해졌으니, 법문학부 교수회의 비신사적이고 무통제가 비난받은 것은 오히려 당연하고 말할 수 있다. 또한 법문학부 측은 다카야마 박사를 제3 총장 후보라고 부르며, 제1이나 제2인 후보자는 법문학부에서 추천하였기 때문에, 경우에 따라서 그 이름을 발표해도 상관없다고 운운하기도 하였다. 그러나 의학부 측에 의하면, 다카야마 박사는 제1후보임에 틀림없기에, 사실 의학부는 당초부터 다카야마 박사를 추천하였으며 결국 마지막까지 밀어붙인 것이다.

의학부가 법문학부의 추천을 이상론적으로 취하면서 중시하지 않았던 것은 앞에서 말한 바와 같이, 만약 평의원회가 이번 기에도 법문학부 측의 추천 후보를 따랐다면, 또는 앞전과 같이 교수회가 선거한 후보로부터 취임 거절의 불명예를 다시 경험했을 수도 있었다. 어째든, 이번 기의 총장 선거의 경과 및 결과로부터 보면, 의학부의 교수회는 법문학부와 비교하면 매우 훈련된 신사적인 통제력을 가지고 있으며 동시에 학내 중심 세력이 의학부에 집중되어 있다는 점을 쉽게 엿볼 수 있다. 어째든, 총장 선출 문제에 항상 불안함이 계속 있는 것은 지방 제국대학으로서 경성대의 숙명적인 약점임에 틀림없다. 그러나 이것은 여러 가지 사정으로 어쩔 수가 없을 것이다. 다시 말하자면, 차기 총장선거에서도 총장은 당연히 일본에서 납치 유입해야 하는 점을 가장 현명하게 알게 된 사람들은 두 학부의 교수회의 자신들이었을 것이다. 그 밖에 대해서는 지금은 말을 아끼고자 한다. 〈40~42쪽〉

사토 고조(경성의전교장 의학박사, 佐藤剛藏), 「조선 위생시설의 장래」, 『조선급만주』(제338호), 1936년 1월.

조선 위생시설은 한일병합 이전에는 미비했지만, 오쿠마 백작(大隈侯)을 회장으로 하는 재단법인 동인회 활력의 기대는 심대한 것이라고 해도 좋을 것이다. 병합 때에는 당시 조선군 군의부장이었던 신임 총독부 의원장 후지다(藤田) 군독총감의 제안을 바탕으로 총독부의원 (지금의 경성대 의학부 부속의원 전신)을 중심으로 하여 13도에 새로운 자혜의원을 두었다. 오늘날의 각도 도립의원의 전신이다. 1919년에 콜레라병이 대유행하였을 때에, 마침 미즈노 (水野)정무총감이 신임되어, 당시 총독부의원장 하가(芳賀) 박사에게 의료위생에 관련 시설 이 당장 어떠한가를 상황에 따라서 긴급한 문제인지 구체적으로 안을 작성하여 제출하라고 하였다. 하가 박사는 연래 지론이었던 전염병연구소의 설치, 각 도에 위생과 신설, 총독부 위 생과를 위생부로 할 것, 또한 의과대학의 창설을 위한 4항목을 구체안으로 조속하게 제출하 였다. 그중 전염병연구소만 부결되었고, 그 외는 모두 예산 통과하였다. 조선에서 의료위생 방면의 일대 약진이라고 해도 좋을 것이다.

1920년 가을, 하가 원장의 사임. 시가 박사가 총독부 의원장으로 새롭게 취임하였다. 그리 고 시가 원장 시절에는 다음의 제안 중 위생부만 예산 통과를 하였을 뿐. 사정에 의해 중지 되어 실현하지 못했다. 각도 위생과의 신설은 쉽게 실현되었다. 또한 의과대학도 종합대학의 학부로서 설립되었다. 각도에 위생과를 두는 원칙으로 하고 의사가 과장이 되게 하였다. 그 이래로 콜레라만큼은 한 번도 조선에 침입한 적이 없었다. 또한 각 도의 위생 상황은 그 주체 자의 노력에 의해 해가 갈수록 계속 개선 진보되었다. 참으로 탄복하기에 그지없다. 이러한 점은 조선에 있는 우리들이 당시 위정자가 근본 문제를 해결해 준 점에 대해서 충심으로 감 사해야 할 것이다.

그러나 그 이후 전염병, 특히 장티푸스는 경성 외의 도시에서 매우 유행되었던 해이기도 하였다. 내 생각으로는 이것은 사이토(斎藤) 정치 초기에 부결되어 남겨진 전염병연구소 설 치가 위생시설에서 지금 빠져있기 때문이지 않을까 하는 생각이 든다. 항상 유감스러운 일이 라고 생각한다.

신흥 만주국에서는 이미 제1착의 위생시설로 상당한 규모의 위생기술원 즉 전염병연구소를 신설하였으며, 이미 청사의 신축도 완성하였다. 그 사업도 착착 진행되어 자리를 잡고 있다. 실로 그 착안점에 감탄하였다.

더욱이 경성대 의학부는 창설된 지 벌써 10년이 넘었다. 미생물학 강좌는 제1·제2강좌가 있고, 또한 위생학 예방의학의 강좌도 있으며, 이 방면의 연구 교육은 착착 발전 진보하고 있 다. 그러나 교육부에 속하여 각자 별개로 사명을 가지고 있다고 믿는다. 또한 총독부에서도 세균 위생학 시험실이 있어 각자 그 방면에 활약하며 실적을 계속 거두고 있다. 여기에 조선 의 과거와 현재의 실정으로부터 또한 계속 이어가야 하는 조선의 장래를 보더라도 위정자는 새로운 국립 전염병연구소를 설립하고, 이에 위생화학시험 상황을 살펴보며, 민중위생의 지 도기관으로서 또한 고문기관으로 조선에 설치시키지 않으면 영원히 위생상의 문제를 해결할 수 없을 것이다. 이천만의 민중을 포용하는 조선에서는 권위 있는 이 방면의 시설은 민중 보건상 반드시 없어서는 안 될 것이다. 또한 이것이 구체안으로 위생 당담자의 숙의를 기대하며 또한 경제적으로는 종래의 이 방면의 위생시설을 계승하여 개선 확장하면 조금이라도 좋지 않을까. 충분한 조사연구를 할 필요가 있다고 생각한다.

위생 당국의 심대한 노력으로 이질은 확실히 정리하였다. 정신병과 결핵의 문제는 이미 일부는 당국이 안을 작성하였다. 언젠가는 해결하는 때가 올 것이다. (끝) 〈36~37쪽〉

이와이 세이시로(경성제국대학 교수, 岩井誠四郎), 「뇌일혈 이야기」, 『조선급만주』(제338호), 1936년 1월.

뇌일혈이란 예를 들면, 강과 둑의 관계와 같이, 물의 압력이 높아지면 둑이 무너지고, 또한 물의 압력이 크고 높지 않아도 둑이 약하면 물이 새어 나오는 것과 같다. 뇌일혈 상태도 비슷하여 혈압이 높게 되거나 혈관에 병적 변화가 있으면 뇌일혈 현상을 일으킨다. 혈압이 시종 높으면 혈관에 병적 변화를 초래하여 뇌일혈이 된다.

혈관의 병은 무엇이 가장 많을까를 말하자면, 동맥경화증 변화, 미독이 혈관을 침입한 경우, 혹은 출혈성 원인이 있는 병 즉 출혈하기 쉬운 병 등에서 뇌일혈이 온다.

보통 우리들이 보는 경우는 동맥경화증으로 오는 경우가 가장 많다. 그리고 이 경화가 생기는 시기는 40세부터 50세 이후인 사람이 많으며, 드물게 젊은 사람에게 생긴 경우도 있다. 아무튼 상당한 연배의 사람들이라면 일단 뇌일혈에 주의해야 한다. 대체로 부인보다 남자가 많다.

뇌일혈은 주로 혈압이 높은 사람에게 오는 것이 보통이지만, 그러지 않는 사람에게도 뇌일혈 증상이 보이는 경우도 종종 있다. 특히 내과에서 흥미로운 점은 유전적 관계가 큰 영향을 미친다는 것이다. 즉 간단하게 말하자면, 동맥 저항성의 변화·동맥경화증에는 유전적 관계가 있으며, 게다가 모친은 딸에게 부친은 아들에게 공급하는 유전적 관계로 전달된다.

1928년에 내가 뇌일혈 환자 109명에 대해서 유전적 관계를 조사해 본 바로는, 양친계통이 모두 뇌일혈을 증명할 수 없었던 사람은 실제로 근소하게 남자가 10명, 여자가 4명뿐으로 겨우 13% 미만이었지만, 다른 87% 이상에서는 모두 부모의 유전 관계로 뇌일혈을 보았다. 그것을 통계적으로 나타내면 다음과 같다.

뇌출혈 환자 109명 중
1. 부계만 걸리고 모계는 걸리지 않는 사람   49명

그 중 남자환자수	36명
여자환자수	13명
2. 모계만 걸리고 부계는 걸리지 않는 사람	26명
그 중남자환자수	12명
여자환자수	14명
3. 부모양쪽 걸리지 않는 사람	14명
그 중남자환자수	10명
여자환자수	4명

또한, 동맥경화증의 유전과 관련하여 어머니는 그 인자를 딸에게, 아버지는 그 인자를 아들에게 주는 실례를 다음의 2, 3 그림으로 살펴보겠다.

(남자로 유전된 실례)   (여자로 유전된 실례)   (남자가 농후한 실례)

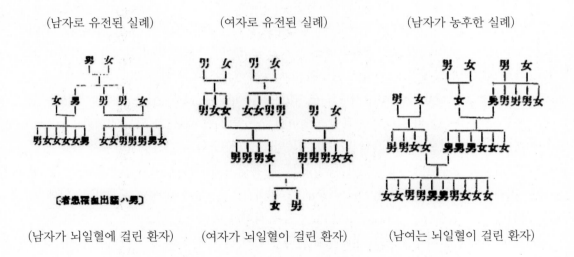

(남자가 뇌일혈에 걸린 환자)   (여자가 뇌일혈이 걸린 환자)   (남여는 뇌일혈이 걸린 환자)

이상의 통계와 실례로 명확하게 보여주듯이, 유전적 관계를 가진 사람들은 가장 주의를 요한다. 혈압을 높이는 일은 최대한 피해야 한다. 또한 정신적인 과로, 말없이 걱정하며 고생하는 일, 과식, 또는 너무 술을 많이 마시거나, 담배를 과도하게 피운다거나, 사람이 많은 곳에 오랫동안 일하거나 하는 일은 혈압을 높이는 원인이 되기 때문에, 평상시에 잘 주의하는 일이 중요하다. 요컨대, 마음을 초조해하거나 애태우지 말고 느긋한 기분으로 항상 혈류를 완만하게 하면 좋다.

혈압은 시종 변화하기 때문에, 조금이라도 흥분할 때 혈압을 재면 매우 평상시와 다르다. 따라서 혈압을 잴 때는 측정 전에 무엇을 하였는지를 조사하는 것도 긴요하다. 부부싸움을 한 뒤에는 물론이고 식사를 한 직후에도 혈압이 반드시 변화한다. 그러므로 혈압의 변화를 줄이기 위해서는 일상생활에 주의해야 한다.

그 외 혈압을 높이는 원인에는 여러 가지 종류가 있지만, 예를 들면 신장이 나쁘거나, 또한 내분비장애 – 뇌하수체 등의 내분비병, 그리고 부인이라면 폐경기에 높아진다. 그 밖에 무엇 때문에 생기는지 원인을 알 수 없는 경우도 있다. 그러나 혈압을 높이는 중추가 뇌에 있기 때문에 정신상태가 혈압에 매우 깊은 관계가 있다는 점은 어쩔 수 없다.

언제 뇌일혈이 일어날지는 좀처럼 예측할 수 없다. 밤중에 수면 시에 갑자기 뇌일혈이 오기도 한다. 이런 경우는 취침 전에 음식물을 너무 많이 먹었거나, 꿈을 꾸다가 갑자기 혈압이 높아져서 혈류가 변했다고 생각할 수 있다. 아무튼 잘 때가 일어나 있을 때보다 혈압이 높은 것은 사실이다.

뇌일혈이 올 것 같다는 예감을 하는 경우도 있다. 평소에 혈압이 높은 사람이 최근에 머리가 아프다고 하거나, 몸 상태가 나빠 힘들다고 호소하면, 역시 뇌일혈이 오는 경우가 있다.

임상에서 병증상은 뇌일혈이라고 해도 출혈의 정도에 따라서 여러 가지 상이한 점이 있다. 먼저, 의식이 없어지며 그대로 회복될 수 없게 되는 사람, 소위 중풍 – 속된 말로 요이요이 (よいよい)라고 부르는 사람은 대체로 중풍이다 – 은 반신불수로 영원히 살아가는 사람도 있다. 그중에는 한때의 출혈로 눌렸던 기능이 둔해졌던 세포가 점차 회복할 수 있게 되어 스스로 자유롭게 움직임이 돌아오는 경증도 있지만, 일단 파괴된 세포만큼은 회복할 방법은 없다. 가장 많은 경우는 뇌의 좌측 부분에 출혈하여 오른쪽이 반신불수가 되는 것이다.

여기에 기묘한 것은 유전적으로 뇌일혈 계통인 사람이 만약 뇌일혈이 일어나지 않는 경우는 일반적으로 장수한다. 따라서 이러한 사람들은 평상시에 양생에 주의하면 오래 살 수 있다는 것이다. 다시 반복하지만, 정신적 과로를 피하고, 알코올과 담배를 자제하고, 단백질, 즉 육류나 계란 등을 많이 섭취하지 말고, 과식을 피하고 배의 8부 정도에서 조심하면 좋다. 당뇨병과 신장병인 사람은 혈관 변화가 초래되기 쉽기 때문에, 충분히 주의해야 한다. 야채를 주로 먹고 육식하지 않는 하층계급의 사람들보다도 많은 음식을 포식하고 여유 있는 사람에게 뇌일혈이 많은 것은 이러한 이유가 상당히 크다. 물론 가난한 사람이라도 대주가이거나, 폭식가라면 뇌일혈에 타격을 받는다.

유전적 관계가 있는 사람이 머리가 아프다거나 혈압이 높을 때에는 의사와 잘 상담해서 처방을 따라야 한다. 그렇다고 해서 무턱대고 걱정한다거나 신경을 쓰는 일은 오히려 해가 된다. 혈압이 높아도 혈관의 벽이 튼튼하면 지장없는 경우도 있어, 혈압이 높은 것만으로 신경 과민이 될 필요는 없다.

또한 뇌일혈의 주요 원인 중 하나로 동맥경화증을 들 수 있는 것은, 처음에 말했지만, 동맥경화가 반드시 뇌일혈만을 오게 하는 것이 아니며, 젊은 사람에도 많은 동맥류나 심장에서는 협심증, 신장에서는 심장염, 뇌는 정신병이 생기기도 하여, 다리와 배에 여러 가지 증상이 오

는 경우가 있는데, 그것들에 대해서는 이번에는 다루지 않겠다. 〈46~48쪽〉

오기노 마사토시(경성부위생과장, 荻野正俊), 「환기에 대한 지식」, 『조선급만주』(제338호), 1936년 1월.

  우리들의 건강과 외부와의 관계는 여러 가지 방면으로 생각할 수 있지만, 공기는 우리들의 생명에 직접적으로 관계가 깊다. 특히 경성의 겨울은 공기(실내공기)에 대해 많이 고려할 필요가 있으므로, 실내공기를 오염시키는 원인 및 환기의 일반에 대해서 이야기하고자 한다.

  1. 탄산가스
  탄산가스의 유독성은 아주 적은 양이라도 비교적 크며, 독성의 영향으로 우리들이 장애를 받는 경우는 아주 흔한 일이다. 예를 들면 공기 중에 천 분의 이십에서 삼십 정도의 대량을 몇 시간 동안 작용해도 경미한 증상을 야기하는 데에 불과하지만, 이것이 다른 오염인자와 종속적인 관계가 되어 즉, 탄산가스가 증가하면 다른 인자도 따라서 악화되는 것이 통례이다. 그래서 종래 이것을 공기 오염측정의 한 척도로 사용하였다. 그리고 실내공기에서는 통상 공기 중에 천분의 일을 초과할 때, 위생상 부적절하다고 한다.

  2. 일산화탄소
  일산화탄소라는 가스는 탄산가스 연소가 불완전한 경우에 발생하는 가스로 겨울에 난방용으로 사용하는 화로, 석탄스토브, 연탄스토브, 가스스토브, 그 외 전기를 제외한 모든 스토브는 굴뚝을 설치하지 않는 한 발생을 피할 수 없다. 특히, 고타쓰(火燵), 온돌은 불완전한 균열이 생긴 경우에 특히 위험이 많다. 일산화탄소의 독성이 매우 강렬하여 백만분의 일 이상의 존재도 허락하지 않는다. 환기가 불충분한 방에서 종종 일어나는 가스 독소는 대부분은 미량의 일산화탄소 발생이거나 다량의 탄산가스의 축적으로 일어난다.

  3. 진애
  다음으로 진애이다. 이것도 종류에 따라서 직접 위해를 끼치는 것과 그렇지 않은 것이 있으며, 다른 전염인자, 예를 들면 세균과 종속적인 관계에 있다.
  진애·백일해·디프테리아 등의 세균은 직접 환자의 기침에 의해 먼지의 세말 속으로 날아가서 감염되는 경우와 세말이 진애에 부착되어 감염 원인을 만드는 경우도 있다.
  진애는 눈으로 뻔히 볼 수 있는데, 햇빛이 내리 쬐며 광선이 들어올 때 무수히 많은 작은 먼지가 떠다니고 있는 사례는 모든 여러분이 평상시에 경험한다. 작은 먼지는 항상 세균이 붙어있는 것이 보통이다. 그리고 많은 진애는 환기가 충분히 되지 않았다는 증거이다. 보통 실내에 떠 있는 먼지양은 방에 따라 다르지만, 공기 1 평방미터 중 2호를 넘으면 위생상 양호하지 않다고 한다. 일상에서 아침 저녁으로 실내 청소를 할 때는 창을 열어 두고 먼지를 털어서 밖으로 나가도록 하던지 전기 청소기를 사용하여 실내에 있는 먼지를 적게 하는 것이 중요하다.

4. 세균

공기 중에 세균 수는 양으로 병원균의 존재를 상상할 수 없다. 공기오염의 하나의 척도로서 다른 인자의 성쇠와 함께 크게 고려해야 한다. 보통 공기 1평방미터 중 2,000에서 3,000가 한도이며, 이를 초과하면 좋지 않다고 한다.

5. 취기

취기도 환기를 충분히 하면 생기지 않으며, 종종 많은 사람이 모여있는 집단에서 경험하듯이 불쾌감이 생기거나 다른 장애를 야기시킨다.

이상 주요한 실내공기 오염에 대해서 분류하여 개요를 말하였다. 이러한 오염은 적당한 환기로 없앨 수 있다. 그리고 환기란 누구나 창을 열어 두면 된다는 것은 알고 있을 것이다. 주로 환기에는 자연환기와 인공환기가 있다. 자연환기는 창이나 문, 천정의 사이나 틈을 통해서 자연스럽게 하는 것이며, 일본건축에서는 자연환기를 하는 곳이 많다. 그러나 비교적 많은 사람이 모여서 화로·스토브가 있는 경우는 적당하게 창을 열어 두고 환기를 시키지 않으면 걱정이 된다. 조선 건축은 겨울에 온돌을 사용하며, 창은 높고 작으며, 모두 종이가 붙여져 있기 때문에 화로를 놓거나, 온돌에 균열이 있으면 그곳에서부터 가스가 들어와서 소위 가스중독을 야기하기 쉽다. 특히 온돌은 환기 설비에 대해 고려해야 한다.

서양건축은 구조상 반드시 환기 설비를 필요로 한다. 특히 다수가 집단으로 있는 곳, 예를 들면 학교, 은행, 회사, 병원, 극장, 영화관 등에는 필연적으로 인공환기 장치가 필요하다. 또한 이 장치는 충분한 기능을 발휘할 수 있어야 한다. 장식적인 것은 안 된다. 이에 대해서 국소적 환기장치로 '프아레(フアレ)'를 달기도 하지만, 건물 전체에서 진애 세균제거를 환기 설비와 동시에 여과 또는 공기 세척이 병용되어 환기 효과를 더욱 만족시키는 방법도 있다. 또한 공기의 온도와 습도 및 공기순환, 이 세 가지의 적당한 조화를 가늠하도록 소위 실내공기 쾌감 조절장치라는 이름으로 최근에 발달하면서 큰 건축에 응용되고 있다. 최근 세워진 저축은행(보통 냉방 장비라고 하지만, 단순히 공기 온도만을 조절할 수 있는 것은 아니다)에 있다.

부민관의 대강당도 환기와 온도 공기의 세척이 병용되고 있다. 실내 환기의 온도와 습도와 공기 순환의 조화가 파괴되어 그 차이가 크면 클수록 우리들의 쾌적함은 없어지면서 이에 따라 종종 장애를 일으켜 공장이나 회사 등에서 일의 능률을 저하시킨다.

우리들은 보통 건강할 때는 체온이 36에서 37도를 유지한다. 체내에서 열이 37도 이상이 되면, 항상 피부나 호흡으로 밖으로 열을 보내서 주위 환기를 통해 체온을 유지시킨다. 대체로 37도를 유지하고 있다.

그래서 우리들이 생활하는 정원에서 쾌감을 느끼는 것은 아무 지장 없이 적당하게 주위에 열을 방출할 수 있는 상태이기 때문이다. 이것에는 온도와 습도와 공기 순환 세 가지가 깊은 관계가 있어, 기온이 높고 습기가 많아지면 피부에서 체온방출이 감소하기 때문에, 무더운 불쾌감을 느끼며, 기온이 높고 습도가 적으면 공기가 건조하기 때문에 산뜻하고 기분 좋은 느낌이 든다.

그래서 많은 사람이 쾌감을 느끼는 온도에서 습도를 적당하게 조합시키는 이러한 온도 범위를 쾌감대라고 부른다. 쾌감대 온도는 화씨 63도에서 71도라고 한다.

우리들은 실내 환기를 생각할 때, 항상 온도, 습도, 공기 순환을 포함하여 고려할 필요가 있다. 그러나 이 조절은 상당히 어려운 경우가 많다.

경성은 일본에 비해서 일반적으로 습도가 높지 않기 때문에 여름은 살기 좋고 무더운 여름밤은 적지만, 겨울의 실내는 건조상태 즉 난방을 한 경우 습도조절이 힘들기 때문에 호흡기 장애를 일으키기 쉽다.

이와 같이 공기의 성분이 청결을 유지하고 또한 위와 같은 쾌감을 느낄 수 있는 이화학적 조건을 가진 경우가 비로소 진정한 환기의 위생을 얻을 수 있다. 〈52~53쪽〉

사이운 마나토(경성, 彩雲學人), 「경성의학부의 전망(3)」, 『조선급만주』(제339호), 1936년 2월.

의학부 교수진의 고참자들, 즉 경성대 개교와 동시에 구총독부 의원 시절의 소위 의관 겸 의전교수에서 경성대교수로 전신한 무리들에 대해서는 이미 언급했기 때문에 다루지 않겠다. 임상 방면에서는 의학부장을 3기에 걸쳐 유임하여 작년 10월에 조직학 우에다 쓰네키치(上田常吉)교수와 교체된 부인과 다카쿠스 사카에(高楠榮) 박사, 이와이 내과의 이와이 세이시로(岩井誠四郎) 박사, 안과의 하야노 류조(早野龍三) 박사, 마쓰이 외과의 마쓰이 곤페이(松井權平)박사, 오가와 외과의 오가와 히게시(小川蕃)박사 .....등으로 또한 기초방면은 현재 의학부장인 우에다 쓰네키치교수, 해부학의 쓰사키 다카미치(津崎孝道)박사, 생리학의 나카니시 마사카즈(中西政周)박사, 미생물학의 고바야시 세지로(小林清治郎)박사, 약물학의 오사와 마사루(大澤勝)박사, 병리학의 도쿠미쓰 요시토미(德光美福)박사....등의 이름을 나열할 수 있다. 그래서 다카쿠스 박사는 이미 언급한 바와 같이, 현재 이와이 박사부터 순차적으로 한 명씩 살펴보고 싶어 한다. 이와이 박사는 1912년 도쿄대를 졸업하고, 그 후 규슈(九州)대에 가서 잠시 조교를 하다가, 야마구치(山口)현 현립병원으로 옮겨서 1921년에 총독부 의원 의관으로 이주하였다. 현재 조선 의학계에서는 내과의 최고봉으로 자타가 공인하는 존재이다. 특히 호흡기계통에서는 조선 전체에서 가장 널리 또한 가장 오랫동안 이름이 알려져 있다. 하지만, 이와이 박사의 전성시대는 경성대 교수이지만 제대로 활동할 수 없는 원로 교수의 존재로 있는 현재보다도 오히려 총독부 의원 시절이었을 것이다. 당시 총독부 의원의 내과, 아니 조선의 내과는 완전히 이와이 박사의 독부대였다고 할 만큼 말해도 과언이 아니다. 특히 사이토(齋藤) 총독 시대까지였던 총독부 의원은 순전히 어용병원이었기에 경성부 쪽에서도 개인적으로도 신뢰가 두터웠다. 경성부 고관사람들의 내과의는 거의 이와이 박사로 한정되었다. 또한 이와이 박사의 주창에 따라 반관반민의 대규모 사나토리움(sanatorium: 결핵요양소)을 경성 남산 기슭 즉 현재 선은(鮮銀) 사택부근 또는 경인선의 ■■근처에 건설하고자 했던 뜻이 때마침 일어난 무렵이었다. 항상 원주민의 강경한 반대로 해결할 수 없었다. 사실 이와이 박사가 조선의 기후는 호흡기 계통의 병을 요양하는 데에 가장 적당하다고 반복하였다. 현재에는 다소 진부해졌지만, 사나토리움의 건설과 경영에는 상당한 집착을 엿볼 수 있다. 오늘날 남산의 서쪽 기슭과 ■■ 부근을 가르키며 사나토리움 이상지라고 하는 박사의 말은 자연히 열의를 띠고 있었다. 또한 학내적으로는 그 풍모를 봐도 쉽게 알 수 있듯이 박사는 원래 고생한 얼굴이며 패기가 없는 면도 상당히 보이지만, 그 대신 세심하게 주의를 둘러보고 항상 교수들 간의 의사소통과 감정의 융합을 위하여 노력을 끊임없이 하기 때문에, 이러한 점에서는 부인과 다카쿠스 박사와 함께 귀중한 존재이다.

2

현재, 말머리 언덕의 최고참은 안과 하야노 류조 박사를 말한다. 1908년에 도쿄대를 졸업하고, 1912년까지 모교인 도쿄대의 가와모토(河本) 안과에 남았다. 그리고, 1914년에 총독부 의원에 전임되어 왔다. 말하자면 1916년 전후로 총독부의원을 황금시대로 만든 한 사람이었다. 내과의 모리야스(森安) 박사, 부인과의 구지(久慈)박사는 머지않아서 도쿄로 돌아갔고, 이비인후과의 사카이 기요시(坂井清)박사는 경성부에서 개업하였다. 당시 인재라고 한 의관들은 세월과 함께 점차 말머리 언덕에서 흩어져 가고 있었지만, 유일하게 당시 기풍과 면모가 온몸에 짙게 드리우며 남아 있던 사람이 하야노 박사이다. 따라서 많은 일을 맡고 있었던 경성대 교수 진영 중에서 항상 초연적인 풍격을 지니며 주위를 살펴보았다. 또한 실제로 하야노 박사는 일본 안과에서 몇 안 되는 권위 있는 사람이라 불린다. 만약 현재 의학부 교수 진영 중에서 중앙학계로 진출하여 안전하게 무대 중앙에 설 수 있는 사람은 이와이 박사와 하야노 박사라고 할 수 있다. 연령상, 다카쿠스 박사의 1년 후배에 해당되지만, 관등이나 경력으로 봐도 현재 경성대 교수 진영중에서 최고에 서 있고, 순서로 말하자면 시가 기요시 박사의 뒤를 이어 제2대 의학부장에 취임하였다. 학내에서 총장선거를 할 경우, 유력한 총장 후보가 될 수 있는 존재이다. 이러한 정치적 소용돌이 속에서 항상 초연할 수 있었던 것은 하야노 박사의 학구적 기질 때문이다. 단지 하야노 박사에게 관료적 색채가 강하게 보이는 것은 무엇보다 총독부 의원 시절의 분위기에 싸여 의관 생활을 보냈던 결과이며 어쩔 수 없는 점이다.

경성대의 외과는 마쓰이 외과, 오가와 외과 및 나카무라 외과로 나뉘어 세 개의 과에서 하고 있다. 마쓰이나 오가와의 두 외과는 일반외과이며, 나카무라 외과는 정형외과이다. 마쓰이 외과의 마쓰이 곤페이 박사는 온후하고 성실한 학자라는 말이 가장 적당하다. 임상의 특히 외과의에게 독특한 화려한 풍모는 성격적으로 조금도 맞지 않는 순수 학자이며, 오히려 해부학자와 비슷하다. 도쿄대를 졸업은 하야노 박사와 동기로 1908년에 하였고, 도쿄대 졸업 후 모교에서 부조교, 조교를 거쳐, 1917년에 여자 의전의 강사로 옮겼다가, 다시 도쿄대에서 4년간 혈청 연구에 힘써왔다. 이 무렵에 고심이 상당히 컸던 것 같다.

1913년에 도후쿠(東北) 제국대학의 강사로 있다가, 총독부 의원의 외과 부장으로 취임하였다. 경성으로 이주는 1914년이다. 임상 방면에서 현재 하야노, 이와이, 다카쿠스 3박사와 함께 활동할 수 없는 4대 원로교수가 되었다. 오가와 외과의 오가와 히게시 박사는 말머리 언덕고참자의 한 사람으로 들어가도 상관없지만, 연령이나 경력 등에서 앞에서 말한 4원로와 비교하면 상당한 거리가 보인다. 1917년에 도쿄대를 졸업하고 잠시 모교에서 부조교를 보낸 후에, 1919년에 고베(神戸)의 미쓰비시(三菱) 조선소의 병원으로 옮겼으며, 그 다음다음 해 1921년에 경성으로 이주하였다.

완강한 외과의다운 풍모와 함께 일종의 명물인 존재이었으로, 대내적으로나 대외적으로도 여러 가지 의미에서 소문의 중심에 있었다. 또한 풍모와 다르게 소심한 점도 다분히 있었으며, 개방적이어서 학생들에게 인기도 많았다. 오가와 박사는 총독부 의원에서 아르바이트하면서 학위를 받았고, 분명 제목은 장폐색에 대해서였다. 아무튼 말머리 언덕에서 자랐다고 해도 지장이 없다. 오가와 외과는 사실 많은 풍문이 있는데, 또 그만한 이유도 있는 것 같다. 오가와 박사는 성격적으로 매사 구속받지 않기 때문에, 예를 들면 조금 어려운 수술도 쉽게 쾌락하여 받아들인다. 즉 지방에서 보낸 절망적인 환자라도 또는 다른 병원에서 온 어려운 환자라도 오가와 박사는 항상 무조건 쾌락하여 어려운 수술을 한다. 따라서 대학 내에서도 절망적인 환자는 오가와 외과로 보내! 라고까지 말할 정도이다. 오가와 박사의 풍문이 많은 원인도 이러한 점에 있는 것 같다. 하지만, 그 반면에 다른 병원이나 의사가 수술칼을 던진 환자를 살려서 기적적인 공적도 당연히 있으므로, 현재는 오가와 외과는 점점 빛을 발하기 시작한다. 오가와 박사의 외모는 거칠지만, 교실에서는 조교, 부조교들을 잘 돌보기 때문에, 의학부 안에서보다는 교실 안에서 신뢰가 상당히 더 큰 것 같다. 〈36~37쪽〉

오사와 마사루(경성대 교수 의학박사, 大澤勝), 「호르몬 이야기」, 『조선급만주』(제339호), 1936년 2월.

앞 호에서는 남성 '호르몬' 이야기를 하였다. 이번에는 당연히 여성 '호르몬'으로 붓을 들어야겠다.

남자는 '남자다움'이 남성 '호르몬'에 있는 것처럼, 여성의 '여성다움'도 역시 여성 '호르몬'에 있다. 특히 여성에게는 영향이 현저하게 나타난다. 그리고 여성 '호르몬'을 생산한 곳은 난소이다. 인간이나 동물은 유년기에 난소 배출을 하면, 일찍 성년기가 되어 정신적으로나 육체적으로 여성으로서의 특징을 보이게 된다. 또한 성년기가 된 사람이 거세 조작을 하면 역시 '여성스러움'을 잃게 된다. 그러나 이 경우에 난소의 이식을 하면 잃어버린 여성스러움을 또한 어느 정도까지는 찾을 수 있다. 즉 이러한 점에서 여자의 '여성스러움'의 근원은 난소에 있다고 해도 과언은 아니다. 난소는 여성 내 생식기의 하나를 이루는 ■■ 소기관이지만, 그 작용은 이토록 두드러진다.

앞 호에서 기술한 뇌하수체전엽이 만드는 '호르몬'은 특히 여성에게 현저한 작용을 나타내고 난소의 작용을 고무시킨다. 그 중 난킨네즈미(南京鼠), 다이코쿠네즈미(大黒鼠) 등과 같은 실험쥐의 암컷에서는 재미있는 변화가 나타난다.

뇌하수체전엽이라는 기관은 단순히 '호르몬'만 보내는 것이 아니라, 적어도 4. 5종류의 물질을 분비하여 내보내고 있다. 그중 난소에 영향을 주는 물질은 '프로란'이라고 하여 '프로란'A와 '프로란'B로 나뉘어 전자는 난소 중에서도 여포의 생장과 성숙을 도와주며, 후자는 황체형성을 돕는 작용을 한다. 그러나 난소의 '호르몬' 생산은 이 두 군데에서 하기 때문에, 결국 뇌하수체전엽은 '호르몬', '프로란'A와 B에 의해서 난소 '호르몬' 형성을 도와준다.

난소 안의 여포와 황체에서 생긴 '호르몬' 작용은 서로 반대의 성질을 가지고 있다. 그리고, 여성의 육체적 및 정신적인 특징을 나타나게 하고, 또한 난자의 착상, 임신 등 여러 가지 여성으로서의 특유한 기능을 발휘하는 것은 두 '호르몬'의 작용 때문이다. 그중 난소 여포에서 나오는 물질은 여포 '호르몬' 또는 발정 '호르몬'이라고 하며, 난소 황체에서 나오는 것을 황체 '호르몬', 임신 '호르몬' 또는 '프로게스틴', '루테오스테론' 등 여러 명칭으로 부른다.

그중 발정 '호르몬'이라는 ■■적인 명칭을 가지고 있는 여포 '호르몬'은 주로 여포 안에 있는 여포수(水)에 있다. 유년기의 동물에게 여포 '호르몬'을 주입하면 생식기의 발달을 촉진하여 성징이 조기에 형성되는 것을 볼 수 있다. 또한 만약 노년기의 동물, 이미 '성의 휴지기'에 들어가 있는 동물에게 주면 다시 활동기로 돌아갈 수 있다. 그뿐만 아니라 거세동물의 자궁의 수란관 퇴행성 변화를 막고 또한 피하지방의 침착을 막는다. 그 외 정신적 성욕의 감퇴를 방지한다.

특히 여포 '호르몬'의 작용을 명확히 알기 위해서는 거세 시험이 적절하다. 이미 나의 교실에서 다케다 마사후사(武田正房) 박사의 연구에 따르면, 충분히 발육되어 성숙한 집토끼의 난소를 꺼내어 거세하면, 이 집토끼의 자궁은 점점 위축되면서 마침내 실처럼 가늘게 되어 원래 가지고 있는 특유한 형태의 운동을 거의 하지 않는다. 우리가 자궁수축약이라고 하는 즉, 자궁에 특히 예민하게 작용하는 여러 가지 약물조차 반응하지 않게 된다. 즉 이와 같은 사실에서 자궁이 체내에서 일정한 영양상태를 유지하여 특유한 기능을 발휘할 수 있는 것은 하나의 난소에 의한 것이며, 바꿔 말하자면 난소의 여포 '호르몬'의 존재로 유지되므로, 여포 '호르몬'에 대한 중요함을 알아야 한다. 따라서 이 '호르몬'의 생성에 이상이 있으면, 부인의 신심에 변화를 일으키기 쉽다. 현재 여포 '호르몬'은 일정한 임상적 의의를 가지면서 또한 이미 약으로 제조되어 시장으로 보내고 있다.

그리고 이를 임상용에서 제품으로 생산하는 데에는 2가지 방법이 있다. 하나는 동물의 난소에서 '호르몬'을 추출하는 방법이고, 또 하나는 임신한 동물의 소변에서 추출하는 방법이다. 그 외 때때로 태반에서도 추출되어 제공된다.

최근 도쿄 아사히 신문이나 요미우리 신문의 월요일의 산업 페이지에 임신한 말의 소변이 제약 원료로 판매되어 말 산지에서는 이것이 부수입이 된다는 기사가 나왔다. 이 또한 여포 '호르몬'을 제조하는 원료가 되는 것이다.

어쨌든, 생산된 제품은 거세된 '마우스'의 발정시험에 의해 효력을 검증하였다. 주사용 제품 1cc 중에 단위를 정하고 또한 정제 1개에 포함한 '호르몬' 단위를 정하여 각 정제에 모두 이를 명시하였다. 또한 최근에는 국제 단위도 제정되었다. '호리클린(フオリクリン)', '오바레닌(オヴレニン)' 등이라고 부르는 물질은 모두 여포 '호르몬'의 일정 단위를 포함한 정제이다. 임상적으로는 이미 말한 바와 같이 생식기의 발육부전, 기능적 신경질환 및 피부질환 등에 이용되어 상당한 효과를 거두고 있다. 아울러 앞으로 연구에 대한 진보와 함께 상용화될 수 있는 범위를 확대해 나갈 것이다.

또 하나의 여성 '호르몬'인 황체 '호르몬'은 난소에서 성숙한 여포에서 배란할 때, 황체에 의해서 생성된 '호르몬'이다. 황체는 배란된 난자가 수태되었을 때 발육한다. 인간의 경우에는 임신기간의 5~6개월까지 충분히 기능을 발휘하다가 그 후부터 점차 작아져서 황색으로 변

하다 백색을 띠며 백체가 된다. 만약 난자가 수정되지 않았을 경우는 2주 정도에서 갑자기 작아진다. 황체에서 나온 '호르몬'은 임신과 밀접한 관계가 있어 동물실험에서 임신 중에 난소에서 황체를 꺼내면 동물은 유산되어 임신중절이 된다. 따라서 황체 '호르몬'은 임신 '호르몬'이라고도 달리 부른다. 다만, 이 '호르몬'은 여포 '호르몬'과 같이 거세한 암컷 동물의 발정 및 자궁과 난관의 수축을 막을 수 있는 힘이 없다. 단지 난소가 있을 시에 임신을 계속 유지시켜주는 것이 주 역할이다. 즉 이 작용으로 수정란의 착상을 위해서 자궁 내벽의 구조에 변화를 준다. 또한 점점 커가는 태아를 수용하기 위해서 자궁발육을 시키고, 일단 한 개의 난자가 수정되면 임신이 종료할 때까지는 이미 더 이상 난자의 숙성은 필요 없으므로, 잠시 난자의 숙성과 배란을 억제하는 매우 복잡한 작용을 한다. 황체 '호르몬'을 유효성분으로 하는 정제도 이미 제조되어 있지만, 효과는 집토끼의 자궁 내벽의 변화를 목표로 하였으며, 생물학적으로 검증된 '루테오그란돌(ルテオグランドール)', '루토렌(ルトレーン)', '프로루톤(プロルートン)' 등이 이 정제이다. 임상 상으로 매독 등과 같이 특별한 원인으로 일어나는 상습유산 또는 월경이상의 경우에 사용된다. 또한 동물실험에서는 이것을 길게 주면 기능적으로 불임이 되는데, 임상상에서 이를 바로 취하면 피임의 목적을 달성할 수 있을지는 아직은 의심스럽다.

일단, 여성 '호르몬'은 이상의 두 가지이지만, 자세히 살펴보면 반드시 그렇지 않다. 이미 현재도 여포 '호르몬'이 난소여포에서만 특이하게 생성되는 물질인가에 대해 의문을 던진다. 거세된 '마우스'의 발정 시험에서 양성 반응을 나타내는 여포 '호르몬'과 같은 물질은 부인의 혈액이나 태반뿐만 아니라 고환이나 남자 소변 안에서도 있는 경우가 증명되었다. 또한 계란이나 생선의 알 속에서도 발견되며, 또한 기생하는 경우는 동물 외에도 식물계에서도 발견된다. '갯버들'의 암꽃 속에서 거세 '마우스'를 발정시킨 물질이 존재하며 또한 효모, 감자와 무청의 종자 안에서도 같은 물질이 존재하였다. '호르몬'과 '비타민'의 관계도 재미있다. 발아한 보리 입자 안에서 발견된 항불임성 '비타민' 즉 '비타민E'라고 하는 물질은 발정 시험에서 양성 반응을 보일 뿐만 아니라 이화학적인 성질까지 여포 '호르몬'과 비슷하다는 학자도 있다.

그러나 이와 같이 여러 가지 물질에서 얻을 수 있는 발정성 물질이 모두 같은 물질로 화학적 구조까지 여포 '호르몬'과 일치하는지는 앞으로의 연구 결과를 기다려 보지 않고서는 말할 수 없다. 단지 당뇨병에 이용되는 췌장 랑게르한스섬의 혈당 강하성 '호르몬' '인슐린'과 같은 혈당 강하성에 작용하는 효모 '인슐린'은 췌장 '인슐린'과 반드시 동일한 조성이 아니라는 점에서 보면, 난소 여포 이외에 특히 식물계에서 발견되는 발정성 물질도 또한 생물학적 작용으로 여포 '호르몬'과 유사해도 조성은 다른 물질이라고 보는 것이 정확할지도 모른다.

또한 한편 황체 '호르몬'과 유사한 임신을 지지하는 물질이 황체 이외의 발견은 명확하게 알 수 없지만, 황체 '호르몬'은 화학적 성질도 대부분 명확하므로 인공적으로 생산까지 하지만,

과연 인공적 산물과 자연물이 완전히 동일할 수 있는지는 한 층 연구가 필요로 할 것이다.

또한 더 나아가서 생각하면, 여성'호르몬'이 여포나 황체가 형성하는 발정성 및 임신에 대해서 지속적으로 작용하는 두 개의 호르몬뿐인지도 의심스럽다. 실제로 나의 교실에서 현재 진행 중인 연구에서도 또한 그밖에 미지의 물질로 흥미로운 작용을 하는 '호르몬'이 존재하는 듯하다.

또한 임신이 되어 일정한 기간이 경과 되면 왜 분만을 할까? 그것도 단지 태아가 일정한 크기에 달했을 때부터 일어난다고 간단하게 정리하면 안 된다. 왜 분만이 끝나면 지금까지 컸던 자궁이 갑자기 작아지는지, 이것도 알 것 같지만 좀처럼 알 수 없다. 우리들의 입장에서 보면 재미있는 형상도 결국 '호르몬'의 신비로운 작용이 많이 있을 거라고 생각하지만, 이는 우리에게 주어진 앞으로의 재미있는 과제이다.

그리고 최근 또한 여성 '호르몬'을 남성에게 주고, 남성 '호르몬'을 여성에게 주면, 어떤 심신의 변화를 일으키는가를 논하겠지만, 이것도 충분한 설명에 이르지 못한다. 단지 발정성 '호르몬'을 다량으로 주면 남성생식기의 위축을 초래한다. 역으로 암컷 동물에게 고환 이식을 하거나 또는 고환 '호르몬'을 주입하면 난소에서 성숙한 여포에서 퇴행성 변화를 볼 수 있으며 따라서 자궁에도 변화가 생긴다는 사실은 이미 보고하였다.

두 성의 '호르몬'을 각 이성에게 주면 정신적으로 어떤 변화가 일어나는지에 대한 사실도 재미있는 문제이며, 이미 다소 성과도 나오고 있는 듯하다. 이것은 독자적으로 우리에게 만 주어지는 문제가 아니라 발전 상태에 따라서 재미있는 실제 문제가 될 수 있을 것이다. 〈42~44쪽〉

오사와 마사루(경성대 교수 의학박사, 大澤勝), 「호르몬 이야기」 3, 『조선급만주』(제340호), 1936년 3월.

앞의 2호에서 서술한 여러 가지 호르몬은 모두 특별한 선에 의해서만 분비되는 물질이다. 즉 고환 '호르몬'은 고환에서, 여성 '호르몬'은 난소여포 및 황체에서만 분비되어 다른 선이나 장기는 이에 관여하지 않는다. 또한 일정한 선에서 나오는 '호르몬'은 선 특유의 물질이 동물의 종류에 따라서 차이가 없다. 즉 소의 고환에서 나온 '호르몬'도 말의 고환에서 나온 '호르몬'도 똑같다. 따라서 소의 고환 '호르몬'으로도 인간의 성징을 유지할 수도 있고, 또한 임신한 말의 소변에서 얻은 여성 '호르몬'으로 거세한 암컷의 '마우스'의 자궁 퇴행을 막을 수 있다. 그러므로 동물 '호르몬'을 인간에게 주면 아무런 장애 없이 '호르몬'요법을 할 수 있게 된다. 그러나 점차 학자의 연구가 진행됨에 따라서 우리들의 몸속에는, 앞에서 언급한 바와 같

이 기관의 특성상 종속특이성이 없는 '호르몬' 이외에는. 보통 우리들의 체성분이 물질대사에 의해 복잡한 분자구조를 가진 물질에서 비교적 간단한 물질로 분해될 때 생기는 소위 중간 신진대사산물이라고 하는 물질이 있다. 학자들은 마치 '호르몬'과 같은 작용을 하는 물질이 존재한다는 것을 점점 밝히고 있다. 그러나 이 방면에 우리 지식은 아직 매우 빈약하여, 이를 기관특이성을 지닌 모든 종의 '호르몬'은 비교적 풍부한 지식으로 비할 바가 아니다. 이미 심장과 같이 자동으로 운동하는 기관은, 그 운동하게 만드는 자극 물질이 어디에서 생기는지를 고대부터 생리학자의 골치를 아프게 한 문제였다. 혈액 중의 탄소가스가 그 역할을 할 것이다, 또는 혈액 중에 있는 '칼륨'의 작용일 것이라고 생각하였지만, 마침내 최근에는 심장이 움직일 때에 생기는 중간 신진대사산물이 역할을 할 것이라고 생각한다. 적어도 최근까지만 해도 신진대사산물은 어떤 역할도 하지 않고, 오히려 때때로 유해한 작용을 하다가 노폐물이 된다고 생각했지만, 실제로 자세하게 관찰하면, 결코 자연은 쓸데없는 것은 없다. 기관에서 생긴 신진대사물질은 복잡한 기관 성분이 분해되면서 만들어지고, 이것이 기관 작용을 고무하는 작용을 한다는 것은 신기한 일은 아니다. 실제로 자연은 아주 쓸데없는 것은 없고, 정말 자연은 굴러다녀도 그냥 맨손으로 일어나지 않는다. 이러한 이치는 심장도 심근 운동을 할 때에 생긴 신진대사물질에 의해서, 심근이 다음 운동을 일으켜야 하는 자극 작용을 심근 자신에게 주면서 그다음 단계의 물질로 변화하게 한다. 심장의 신진대사물질은 기묘하다. 이 재미있는 작용을 최근에 가장 깊게 연구한 사람은 오스트리아의 인스브르크 대학의 생리학자 하버랜드(ハーバーランド)이다. 그는 이와 같은 생리학적 의의가 있는 신진대사물질을 심장 '호르몬'이라고 하였으며, 최초로 심장 '호르몬'은 심장근육 안에서 특별한 구조와 기능을 가지는 물질만을 생산한다고 생각하였다. 그러나 그 후에 많은 학자들이 특히 나의 교실이 있는 기타하라 시즈오(北原靜雄)박사, 도쿠나가 쓰토무(德永勉) 박사, 나가사키(長崎) 의대 약리학교실의 우에다 시게로(上田重郎) 박사의 연구에 의하면, 심장 '호르몬'은 하버랜드 교수의 생각처럼 심장의 근육조직만을 생성되는 것이 아니라 일반적으로 심근이 이것을 만들며, 모든 골격근이 수축 운동을 할 때에 생기는 물질이라는 것을 밝힐 수 있었다. 또한 내 밑에 있는 제군 특히 도쿠나가 박사의 연구에 의하면, 이 물질은 심근 및 일반 골격근과 같이 조직학적인 구조에서 횡문근이라고 하는 물질 이외에 소화관, 방광, 자궁과 같은 자발적으로 운동을 하는 기관의 벽을 만드는 평활근도 이 운동을 할 때에 같은 성질의 물질을 만드는 것을 발견하였다. 그래서 우리들은 이 물질을 심장 '호르몬'이라는 국한된 명칭으로 부르지 않는다. 물론 작업 '호르몬'Arbeitahormon이라고 하는 편이 적당하다고 생각한다. 이러한 물질은 지금까지 우리들이 알 수 있는 것처럼, 단지 심장의 근육수축을 유발할 뿐만 아니라 여러 가지 역할을 하고 있다. 즉 심장뿐만 아니라 보편적으로 근육성 장기의 운동을 높이며, 또한 혈액의 변화를 일으킨다. 마치 이 물질을 주사한 동물은 격렬한 근육노동을 시킨 후의 혈

액 변화와 똑같은 백혈구 증가를 나타낸다.

일상에서 우리도 경험하지만, 우리가 조금이라도 과식하면 배를 움직이기 위해서 산보를 한다. 또한 용변이 불편하거나, 불면증일 때에 의사와 상담하면 적당한 근육노동을 권한다. 도대체 산보를 하면 소화가 되는 걸까. 또한 왜 적당한 노동이 수면을 좋게 하고 용변을 편하게 하는가. 이것은 일상에서 우리가 경험하고 의사도 환자도 권하고는 있지만, 명확한 이유를 설명할 수 없다. 단지 막연하며 이러한 것들은 실험적인 근거가 전혀 될 수 없다. 일신하는 의학이 이렇게 일상적인 일을 설명할 수 없다니 정말로 허술하다. 그러나 앞에서 언급한 작업 '호르몬'의 지식을 보태보면, 비교적 무리 없이 설명할 수 있다. 단지 아쉬운 점은 이 물질을 직접 실험 연구로는 오늘날까지 아직 할 수 없다. 왜냐하면 작업 '호르몬' 존재는 이미 우리들의 손에서 확인할 수 있지만, 화학적인 조성이 불명확하고 또한 여러 가지 실험 연구에 이용할 수 있거나 실제로 임상용으로 제공되는 제품이 없기 때문이다.

근래 영국과 독일의 약리학자들에 의해서 이 물질이 '아데노신' 또는 이와 비슷한 물질이라고 하였다. 또한 직접 근육에서 분리시켜서 또는 효모에서 분리된 '아데노신'을 주요성분으로 한 심장이나 골근육 '호르몬'이 제조로서 이미 두 세개가 시중에 나와 있다. 도쿠나가 박사는 이러한 오류를 자신의 실험 근거로 비판하며 지적하였다. 만약 장래에 또는 우리의 연구가 발달하여 작업 '호르몬'이 제품으로 얻을 수 있게 되면, 임상상으로 매우 재미있는 일이 나타날 것이다. 오로지 앉아만 있는 사람에게 이 물질을 때때로 주면, 때때로 준 만큼 운동시킨 것과 똑같은 효과가 나타난다거나 또는 가능할지도 모른다. 만약 이러한 일이 실현된다면 세상이 많이 변할 것이다. 현재로는 언제 작업 '호르몬'의 대량 제조가 가능할까. 유감스럽게도 예견할 수 없다. 때문에 현재로는 나의 환상이라고만 생각해 주길 바란다.

그러나 조금 더 실용적이며, 약리학적인 작용으로 작업 '호르몬'과 비슷한 물질이 만약 있다면 작업 '호르몬' 제조의 어려움을 한탄하지 않겠다. 다행히 나는 이루 말할 수 없는 일이 근래에 있었다. 작년 현부민 병원 외과의장 미우라 요시오(三浦良雄) 박사가 나의 교실에서 화상 연구를 하면서 왜 큰 화상은 죽음까지 이르는지를 탐구하였다. 그때 미우라 박사는 화상독이라는 물질을 포착하는 데에 성공하였다. 나가미 군이 한 실험 결과를 요약하면, 화상독은 화상국소의 조직의 장애 때문에 조직단백질의 붕괴로 생긴 단백원성이 독소가 된다는 것을 알 수 있었다. 그래서 화상으로 죽음 사람은 이 단백질원성 독소가 일시적으로 대량 혈액으로 들어가서 일으킨 '쇼크사'라는 것을 밝혔다.

그러나 많은 약물에서 대량으로 중독사를 일으킨 물질에서도 소량으로 이용하면 일정한 치료의 가치를 발휘하는 가능성을 감안해 본다면, 나는 화상으로 죽는 원인인 화상 독소가 죽음을 초래할 정도의 대량이 아니라 비교적 미소한 양으로, 인간이나 동물에게 작용시키면 어떤 결과가 나타나는지, 또한 다른 약물처럼 일정한 치료의 가치를 보여줄 수 있는지에 생각하였다. 동시에 뜸의 원리를 생각해 보았다. 왜 사람이 화상 독소와 뜸의 원리를 나란히 생각 하였는지는 설명이 필요하다. 〈36~38쪽〉

마쓰이 곤페이(경성부 위생과장, 松井權平), 「외과의 결핵 이야기」, 『조선급만주』(제340호), 1936년 3월.

　■■■■병은 복잡하여 널리 방중하는 데에는 번거롭지만, 결국 ■■은 상사병 연애병 과 동일하여 화류계에서 전파되어 만연하다는 것을 듣고, ■■하는 노래 제목이 ■■에서 나온 듯하다. 이 병은 초췌하게 말라가며 그 주위 환경이 특히 음산하고 살벌한 기운이 가득 하다. 마침 노래의 가락이 낮고 가는 슬픈 목소리로 스산한 밤을 뚫고 있어, 마치 서리에 기 어다니는 지렁이 소리를 듣는 듯한 생각이 든다. 매우 음침하고 매우 절절한 가락으로 고통 에 참을 수 없는 기분을 느끼게 하므로, 병명을 노래 제목으로 했다고 추론된다. 옛날 에도 (江戸) 게이초(慶長) 시대에 알려진 이 병은 기침이 나오는 경우를 ■해, 기침이 없는 경우 는 ■■로 구별하였다. 또한 여승이 ■■■■병에 걸려서 발열, 기침, 식은땀으로 점점 쇠 약해지면 오늘날의 폐결핵이라고 봐도 크게 틀리지 않다. ■■미인이 동그란 얼굴이 아니면 안 되었던 것은 ■■기피 때문이다. 갑자기 오이얼굴로 나타나면 당시의 ■■기피의 갑작스 러운 결과라고 보았다. 옛날이나 지금이나 폐결핵은 무서운 것은 똑같다. 결핵은 '코흐(コッ ホ)'가 발견한 세균 때문에 일어난다는 것도 주지 사항이다. 이 '세균(バチルス)'은 폐가 그 온 상이며, 폐에서 세균이 번식하여 가래로 밖으로 나와 인간에게 퍼져 나가서 전염시키는 일이 일반지식이다. 따라서 결핵 전염에 대한 위험과 불결함 때문이라도, 사람들의 건강과 상관없 이 가래를 함부로 뱉지 않은 일도 공중도덕이다.
　폭탄이나 독가스에 못지않게, 결핵으로 해마다 능력 있는 젊은이들이 걸려서 그들을 잃어 버린 수는 적지 않다. 국민 보건상 그대로 둘 수 없으므로 정부도 많은 돈을 걸고 박멸까지는 아니더라도 방어에 힘쓰겠다고 하였다. 폐가 망가지는 것 외에도 뼈, 관절, 임파선, 피부와 그 밖의 내장도 상당히 망가진다. 이것이 몇 개월 동안에 좋아지거나 나빠진다고 예측할 수 없다. 3년, 4년 동안 불쾌한 세월을 병상에서 신음하다 결국 일어나지 못한 채 슬픈 일을 보 니, 참으로 역겨운 병이다. 결핵은 뼈에 남은 병변 때문에, 이집트에서는 왕조 전시대부터 이 병의 존재가 알려졌으며, 왕조대와 그 이후의 미라에서 뼈결핵으로 확인되는 병변이 발견되 었으며, 고름이 흐른 흔적까지도 증명되었다. 그러나 결핵은 농촌이 도시화가 된 시대에 많 이 발견되었다. 뼈결핵은 폐결핵처럼 많지 않아서 로맨틱 소설의 소재로도 자격이 빠져있으 며 소설 일부에도 쓰지 않는 병이다. 문필에 종사하여 독서가로 알려져 있는 사람이, '카리에

스(カリエス)'에 걸린 사람이 요코세 야우(横瀬夜雨), 나오키 산쥬고(直木三十五)씨 등과 같은 고인과 지금 건강하게 된 K 씨가 있다. 야우는 1881년 4세가 된 봄, 척수 카리에스에 걸려서, 그해 가을 이즈미 교(和泉橋)가 있는 제국대 제2의원에 입원했다고 야우의 어머니가 기록하였다. 또한 나오키의 자서전에는 폐결핵, 카리에스, 좌골신경통, 치질 등을 앓았으며, 카리에스는 특별하게 치료하지 않고 주사로 치료한 것 같고, 폐와 신경통은 완고했다. 또한 『나(私)』에는 척수가 원인인 신경통이 있다고 기록되었다. 아무튼 두 사람은 힘들고 고통스러운 일을 유감없이, 혹은 실제 이상으로 표현할 수 있는 능력 있는 문인이었기 때문에 육체의 고통뿐만 아니라 정신에 얼마나 영향을 미치는지를 알려주었다. 또한 이러한 작업이 자극되어 머리도 명석하게 되었고 '단념(アキラメ)'하지 않게도 도와주었으며, 정신도 분산되지 않고 한 가지 일에 전념하여 집중할 수 있었던 것을 엿 볼 수 있다. 긴 병환은 만사가 엉망이 되지 않아서 오히려 초조하기도 했다. 결핵은 지금까지 이렇다는 좋은 약도 좋은 치료법도 없어 완전히 하루하루를 대처하는 요법 범위에서 벗어나지 못한다. 성인이라면 나쁜 곳을 완전히 도려내기도 하지만, 그 수술이 듣지 않는 곳도 있어, 기존의 임시방편보다는 좋지 않다. 30년 정도 전에 외과 결핵에 일광요법이 스위스의 동서로 두 곳에서 거의 동시에 각자 독창적으로 개시되었다. 모두 한적하고 정적인 곳이었으며, 특히 서부의 '레이잔靈山(レイザン)'의 산꼭대기 근처로 공기가 깨끗하고, 채광이 높고 풍경은 아름다워 치료성적도 그 시대에 완전히 상상 이외였다. 처음에 대가들도 그 보고를 들었을 때, 진위를 의심할 정도였다. 실제로 확인해 보니 사실이었기 때문에 각 지역에 비슷한 요양소가 생겼다. 멀리 산으로 환자를 보내는 비용을 고려하여 저지대에서도 시도하였는데 성적은 확인해 봐야 할 것이다. 그러나 이 요법도 2년 정도가 걸리기 때문에, 좀처럼 개인의 경영은 어렵다. 내과 쪽에서는 일본에서도 마사키 후죠큐(正木不如丘) 군이 후지(富士)산이 보이는 고원에서 하고 있는 걸로 유명하다.

10년 가까이 되었지만, '게르슨(ケルソン)'이라는 서독일의 한 의사가 '무염식(鹽ダチ)'이라고 할 수 있는 치료법을 고안하였다. 물론 학문상 근거가 있으며 영감이나 신선의 계시는 없다. 원래 인간만이 아니라 생물에는 염분(화학상)이 필수이기 때문에 이것을 섭취하지 않으면 생명이 유지되지 않는다. 게르슨의 식이는 식염을 일체 사용하지 않았다. 이를 대신하여 다른 사람 안에 있는 염류의 필요양과 혼합한 것을 약으로 팔았다. 이를 내복하여 무염식이 요법중인 사람에게 부족량을 보충하였다. 이 용법이 세상에 나왔던 기회는 독일 외과에서 명성이 자자한 '자웰브르츠흐(ザウエルブルツフ)'가 남독일 '뮌헨'에 있는 시절에, 이 요법을 알고 그 문하생을 겔르슨에게 파견하여 이 방법을 전습하여 무염 식이요법을 조직적으로 하기 시작하였다. 잇큐(一休)인지 승려 리(利)인지 잊었지만, 단 음식은 소금, 맛없는 음식도 소금이라고 하며 식염 없이도 맛있는 요리를 하여, 그렇지 않아도 식욕이 없는 결핵 환자에게 맛

있는 음식을 조리하였다. 요리사의 칼이 의사나 영양사 이상으로 훌륭하다는 것을 일반에게 인정받았다. 피부결핵에 유효한 것은 동서에서 시험제로 하고 있지만, 본산인 외과 결핵은 막연하며 아직 해결이 되지 않는 것 같다. 내과에서는 효과가 없는 것 같다.

예방으로는 '칼메트(カルメット Albert Léon Charles Calmette)'가 묵묵히 20년 동안이나 소결핵균을 배양하여 거의 무독에 가까운 것을 유아에게 내복시켜서 면역성을 부여하였다. 끈기와 인내에 경의를 표할 수 밖에 없다. 〈40~41쪽〉

사이운 마나토(경성, 彩雲學人), 「경성의학부의 일면 (5)」, 『조선급만주』(제341호), 1936년 4월.

1.

피부과의 히로타 야스시(廣田康) 박사는 1930년 5월경부터 2년간 즉 1기 동안 부속 의원장으로 근무하였다. 히로타 박사는 호평을 받으며 피부과 교수로서 명성은 물론이거니와 의원장으로서도 잘 알려져 있었다. 다분히 실무적인 재간을 타고났다.

현재 의학부 교수진 중에서 조선 내에서 개업하여 가장 안정적이라고 생각되는 교수를 찾으라고 하면, 내과의 이와이 세이시로(岩井誠四郎) 박사와 산부인과 다카쿠스 사카에(高楠栄) 박사 그리고 히로타 박사의 이름을 쉽게 들 수 있다. 히로타 박사는 1914년 도쿄대를 졸업하고, 졸업 후 도쿄대에 남아서 부조교를 하다가 1919년에 나가사키(長崎) 의전 교수로 옮겼고, 그 후에 경성의전 교수로 이주한 해가 1924년이다. 학위는 다음 해 1925년에 받았다.

경성의 황금정 모퉁이의 일본 생명 건물 옆에 개업한 와타나베 스스무(渡邊晋) 박사는 이전에 경성의전 교수였지만, 도중에 방향을 바꾸고 개업하였다. 와타나베 박사의 뒤를 이어 총독부 의관이 된 사람이, 이름은 거론하지 않겠지만, 현재 경성의전의 피부과 과장이며 경성대 개교와 함께 의전으로 옮겼기 때문에, 대학의 피부과는 히로타 박사가 담당하게 되었다.

해부학의 이마무라 유타카(今村豊)교수는 풍모와 함께 일종의 명물같은 존재라고 해도 좋다. 원래 해부학의 교수는 전반적으로 신경질이 많지만, 이마무라 박사의 경우는 그 정반대이다. 모자를 대충 쓰고 파이프를 피우면서 교내 길을 유유히 걸어 다니는 교수 모습을 때때로 발견한다. 실제 대학 내에서 신경질적인 분위기를 유쾌하게 일축시켰다고 충분히 생각할 수 있다. 이마무라 박사는 학생 시절부터 수영부 선수였으며, 지금도 또한 경성대 수영부 부장 역할을 맡고 있으며, 학생들과 함께 되어 갓파(河童)와 같은 존재감을 발휘하고 있다. 취미가 많은 것이 자랑인 듯하지만, 수영과 낚시만큼은 확실히 뛰어나서 전문가의 영역에서도 손꼽을 수 있다. 일반적으로 해부학 교수는 무슨 원인인지 모르겠지만, 아무튼 생각지도 못한 죽음으로 만년을 불행하게 끝내는 경우가 많다. 예를 들면, 가장 대표적인 경우가 일대의 석학이었던 고 오사와 다케타로(大澤岳太郎)이며, 더 가까운 예로 말하자면, 기인이라고도 말하는 경성의전의 고 구보 다케시(久保武) 박사가 있다. 두 박사는 전형적인 신경질적인 학자였다. 하지만, 이마무로 박사에게는 이러한 숙명적인 신경질 영향은 조금도 볼 수 없기 때문에 아마도 기질상 원만한 일생을 끝낼 수 있는 해부학자라고 소문이 난 것 같다.

히로타 박사는 교토 제대의 의학부를 1921년에 졸업하고 바로 모교의 교실에서 조교를 하였다. 1924년에 경성의전 강사의 직함 하에 서양 유학을 갔다. 경성대 개교와 함께 의학부 해부학 제1강좌를 담당하며 오늘날까지 이르고 있다. 30세도 되지 않아서 교수 자리에 앉았기 때문에, 확실히 순조로운 경로를 고생 없이 밟고 있는 셈이다.

2.

이비과(耳鼻科)의 고바야시 시즈오(小林靜雄) 박사는 도쿄대를 1915년에 졸업하고 졸업 후에 모교의 조교를 하였으며, 1917년에는 청도(靑島)로 가서 수비군민정부의 의관을 역임하고 1922년에 나고야(名古屋)로 옮겨서 아이치(愛知) 의전의 강사, 아이치 의전이 나고야 대학으로 승격된 뒤에는 나고야 대학의 강사가 되었고, 총독부 의원으로 이주한 것은 1925년이었다. 즉, 총독부 의원 시대의 스코(須古) 교수가 경성대 개교와 동시에 의전으로 옮겼기 때문에 그 뒤를 이었던 것이다. 그 경로를 보더라도 대충 알 수 있듯이 반드시 순조롭다고는 말할 수 없지만, 현재는 우선 안정된 곳에서 자리 잡는 듯하다.

소아과의 강좌를 담당하고 있는 쓰치하시 고타로(土橋光太郎) 박사는 1916년에 규슈대(九大)를 졸업하고, 모교에서 부조교·조교를 1923년까지 하고 총독부 의원으로 1924년에 왔다. 대체로 의학부의 교수진은 도쿄대계를 중심으로 하여 교토대와 규슈대가 외진을 싸고 있다. 도쿄대계의 아카데미와 비교하면 교토나 규슈대 계의 교수는 전반적으로 패기가 있고 대인관계도 부드럽다는 점에서 일반적으로 호평을 받는다. 특히 쓰치하시 박사는 내과의 ■■박사와 함께 활기가 넘치며 붙임성 좋은 대표적인 존재이다.

법의학의 사토 다케오(佐藤武雄) 박사는 1912년에 도쿄대를 졸업하고 1913년에 부조교를 하고, 1914년에 치바(千葉) 의대 강사를 하였으며, 1915년에 다시 도쿄대로 돌아와 조교가 되었다. 도쿄 지방재판소의 위탁을 겸하면서 또한 도쿄 여자 의전에서 교단에 섰다. 1928년에 학위를 받고, 경성제대로 이주한 것이 1929년이다. 기초의학면에서도 법의학 연구실에서도 그냥 두기에는 아까울 정도로 사교성이 풍부하고 다분히 학생 기질을 담고 있기 때문에 임상 방면으로 전향해도 충분히 잘해 나갈 수 있을 것이다. 특히 여자 의전 시절에 학생들 간에 상당한 인기가 있었던 모양이다. 당시 학생들의 소문에 의하면, 수업 후에도 사토 교수를 둘러싸고 잡담 시간을 보내는 것이 즐거움 중에 하나였다고 하였다. 그래도 사토 박사의 이름은 전공 특성상, 조선에서는 아직 그다지 알려지지 않은 듯하다. 조선의 범죄는 법의학상 문제가 되는 사건이 결코 적지 않지만, 사토 박사가 이런 실제적인 방면에서 활동하는 무대에 혜택받지 못한 것은 조선 문화가 거기까지 발달하지 않았기 때문일지도 모른다. 하지만, 경성대 법의학 교실이 가지고 있는 무대는 앞으로 조선 문화의 발달과 함께 반드시 커질 거라고 말 할 수 있다.

의화학의 고스기 도라이치(小杉虎一) 박사는 1920년에 도쿄대를 졸업한 다음, 1921년에 게이오(慶應)대학 조교, 1923년에 강사, 1924년에 경성대 의전 강사가 되었고 그 뒤, 바로 유학을 갔다가 1926년에 경성대 개교와 함께 조선으로 돌아와서 조교수가 되었다. 1927년에 교수가 되었다.

위생학과 예방의학의 미즈시마 하루오(水島治夫) 교수는 전년도 강좌를 퇴각시킨 와타히키 아사미쓰(綿引朝光) 교수의 뒤를 이었다. 경성의전으로 이주한 해는 1913년으로, 말하자면 다년간 쌓아 놓은 두터운 학문의 연구자이다. 〈36~37쪽〉

나기라 다쓰미(경성치과의전 교장 의학박사, 柳楽達見), 「충치의 원인과 그 예방법」, 『조선급만주』 (제341호), 1936년 4월.

이제껏 수정처럼 아름다운 치아를 가지고 있었던 젊은 부인들이 한 번의 임신 및 출산 이후 급격히 십수 개의 치아가 충치가 되는 일은 우리 임상가로서는 종종 볼 수 있는 현상입니다.

그렇다면 왜 임신 중에 충치가 많이 발생하는 것일까요. 이것에는 여러 가지 설이 있습니다. 현재의 학설에서는 아직 확실한 원인이 판명되지 않았습니다만 대체로 다음과 같은 것이 가장 큰 원인을 형성하고 있습니다.

하나, 불완전한 구강 청소입니다. 대부분의 부인들은 임신 전에는 몹시 명랑한 성질의 분이라도 임신 중에는 다소 쾌활함이 부족해지고 오히려 음침한 성질이 되는 법입니다. 또 식욕이 감소하고 나아가서는 타액의 분비도 감소하게 됩니다. 타액의 분비량이 감소하면 구강 안은 점차 건조한 상태가 되어 타액은 몹시 끈적거리게 됩니다. 따라서 이와 이 사이에 낀 음식물 등이 치아의 표면에 부착하여 이것이 발효를 일으키고 그 결과 유산이 생겨 그 산 때문에 치아 표면이 용해되어 충치를 형성합니다. 또한 음울성에 의해 가글 또는 칫솔의 사용 등도 태만하게 되는 일이 종종 있습니다. 치아 청소가 불충분하면 이 사이에 낀 음식물이 치아의 표면에 부착하여 이것 때문에 산이 발생해 충치의 원인이 되는 것입니다.

둘, 임신 중 특히 입덧 때에 위의 내용물을 토해 입안에 머금는 일이 있습니다. 위액은 산성이기 때문에 따라서 때때로 구토를 하게 되면 이 산 때문에 치아 표면이 용해되어 충치가 생깁니다.

셋, 임신 때에 많은 부인들이 이전에는 단 것을 좋아했던 분들이 급격하게 취향이 바뀌어서 산성 물질을 좋아하게 됩니다. 예를 들어 귤 중에서도 단 것이 아니라 푸르고 신 것을 좋아하게 되거나 혹은 여름밀감 같이 몹시 신 것을 좋아하게 된다는 것은 여러분도 다들 잘 아실 것입니다. 대개 과실 중에서 신맛이 있는 것은 모두 산류를 포함하고 있고 특히 여름밀감이나 매실절임 같은 것은 몹시 많은 산을 포함하고 있습니다. 따라서 매일 많이 먹는다면 직접 그 산 때문에 치아 표면의 가장 단단한 부분의 법랑질이 용해되어 충치가 되는 것입니다.

넷, 임신 중에는 모체에서 태아에게 다량의 석회분을 공급합니다. 그래서 모체 자체에서 모체의 치아에 공급할 석회분이 부족하게 되므로 치아의 경조직에 변화를 불러와 충치를 형성하는 것이라고 합니다.

다섯, 임신 중에 충치가 다량 발생하는 것은 아마도 타액이 산성으로 변화하여 이 산 때문에 치아의 표면이 용해되어 충치가 생기는 것이라고 합니다.

대체적으로 이상에서 서술한 원인에 의해 임신 중에 충치가 많이 발생하는 것 같습니다. 그렇다면 임신 중에 발생하는 충치의 예방법이 중요할 것입니다. 다음과 같은 점을 특히 주의해주셨으면 합니다.

하나, 구강 청소를 완벽히 할 것. 앞서 말씀드렸듯이 임신 중 충치의 가장 큰 원인이 되는 것은 치아 표면에 부착한 다양한 물질입니다. 따라서 이것을 미연에 제거한다면 충치의 발생을 예방하는 데에 가장 효과가 있다고 생각됩니다. 적어도 1일 3회 아침에 일어났을 때, 점심 식사 후, 취침 전에는 반드시 칫솔을 사용해서 치아의 청소를 실시하는 것이 가장 필요합니다.

둘, 가글할 것. 임부 중에는 타액의 분비가 감소하고 게다가 타액이 끈적끈적해져 다소 산성을 띠기 시작하는 경우가 있습니다. 따라서 1일에 적어도 5, 6회 미온수로 가글을 하거나 또는 가장 효과적인 것은 중조수로 가글을 하는 것입니다. 이것은 중조를 물에 용해해서 다소 짠맛이 날 정도가 좋습니다. 예를 들어 컵 한 잔의 물에 한 스푼의 중조를 넣는 정도의 농도입니다. 각 가정에서 만드시면 됩니다. 모두 잘 아시는 대로 중조는 '알칼리성'이므로 이 '알칼리성'을 응용해서 구강 안의 산성을 중화해 무해한 상태로 만들고 또 구강 청소의 도움이 되기도 합니다. 그리고 충치의 발생을 예방합니다.

셋, 산성 물질, 즉 여름밀감이나 매실절임 같은 산성이 강한 과일을 먹은 후에는 반드시 중조수로 가글을 하는 것을 잊지 않는 것입니다.

넷, 입덧 시기에 때때로 구토가 올라와 위의 내용물을 머금는 경우가 많은데 이러한 경우에도 또한 중조수로 가글을 하는 것을 잊어서는 안 됩니다.

다섯, 칼슘 및 염류를 포함한 음식을 섭취할 때 주의할 필요가 있습니다. 임부는 태아의 발육을 위해 모체에서 다량의 '칼슘'을 빼앗깁니다. 따라서 힘써서 '칼슘'을 포함한 음식물을 섭취해야 합니다. 음식물 안에 '칼슘'을 포함하고 있는 것은 채소류 특히 양배추, 시금치, 당근 같은 것들입니다. 그 외 해초류는 다시마, 미역 등이며 또한 우유 등도 석회분이 몹시 풍부하게 포함되어 있습니다. '칼슘'이 풍부한 음식을 다량으로 섭취하면 태아에게 석회분이 충분히 공급되어 태아의 발육에 가장 효과가 큽니다. 또 임신 중일 때뿐만 아니라 산후 수유기에도 '칼슘'을 다량으로 함유한 음식을 섭취한다면 유아의 뼈 발육이 양호해지고 또한 치아의 발육도 완전해져서 충치 예방에 도움이 될 것입니다.

여섯. 익힌 음식보다 생식이 충치 예방에 도움이 됩니다. 예를 들어 사과, 배, 감, 그 외의 과실류는 무엇보다도 충치의 예방상 효과가 큽니다. 왜냐하면 과자류 혹은 조리를 한 음식은 모두 치아 표면에 부착하기 쉽기 때문입니다. 과일류는 부착성이 적고 또 씹거나 할 때 찰력에 의해 치아 표면이 자연스럽게 청소됩니다. 이것을 우리는 자정작용이라고 부르고 있습니다. 또한 설령 치아 사이에 이들 과실이 다수 남아있어도 익힌 당분류처럼 발효하는 작용이 별로 일어나지 않으므로 충치가 발생할 걱정이 없습니다. 이러한 점에서 아이들에게 과자를 주기보다 과일을 주는 편이 충치가 적어지는 이유입니다. 〈41~44쪽〉

경성 원남 은사(苑南隱士), 「경성의전의 전망 1」, 『조선급만주』(제342호), 1936년 5월.

(1)

경성의전의 창립은 한국 시절 종말기 즉 통감부 시절에 시작되어 상당히 오랜 역사를 가지고 있으며 진정한 의미의 의전으로서 학교 형태와 기능을 정비하여 출발한 것은 1928년으로 경성대 의학부가 분주하게 출현한 결과이다. 말하자면 1928년까지 의전은 총독부의원의 부속적 형태로 부자연스러울 정도로 변형되어있어 교수들도 총독부의원 의관이 부업으로 의전 교수를 겸임하고 있다고 해도 지장이 없을 정도였다. 그러나 경성대 의학부의 출현은 총독부의원을 대학의원으로 바꾸고 동시에 간부급 의관을 경성대 교수로 대량 이동하게 한 결과, 당시 의전은 총독부의원에서 전락하여 격식이 한층 떨어진 것이라는 소문을 불러왔지만 사실은 그 반대였다. 예를 들어 규모는 작지만 어쨌든 하나의 의전으로서의 학교 형태와 내용을 독립적으로 정비하여 종래의 종속적 지위에서 벗어났기 때문이다. 더욱이 교사(校舍)는 대학의원의 배후에 근거지를 확보하고 세력을 넓혀 종래의 교사에서 달라진 점이 없지만 1928년에 부속의원을 일반 대중이 알고 있듯이 본부 옆에 신설하여 본래의 궤도에 오르기 시작했다. 따라서 그 후의 경성의전은 학교경영 면을 보면 질은 다른 문제로 치더라도 일단 전국에서 입학지원자가 다수 모여들어 입학시험의 수험률이 전국에서 최고의 부류에 들어갈 정도였으니 상당히 높이 평가해도 좋을 것이다. 또한 병원 측은 경성부 내의 각 병원 즉 대학, 적십자, 부립, 철도, 각 병원과 비교하여 반은 정부 관리하에 있고 반은 학구적인 독특한 지위를 견실하게 구축해 의전병원의 팬이 결코 적지 않았다. 어쨌든 학교도 병원도 경영 측면에서 보아 현재 가장 순조로운 궤도를 걷고 있다고 해도 틀린 말은 아닐 것이다. 그러나 그것은 그렇다고 쳐도 이 기사의 목적은 의전 교수의 일면을 개별적으로 엿보는 것에 있으므로 쓸데없는 말은 피하고 목적했던 방향으로 펜을 서두르고자 한다.

(2)

순서상 첫 번째로 교장인 사토 고조(佐藤剛蔵) 박사에 대해 언급하는 것이 당연하겠지만 이 교장에 대해서는 이미 일반 대중에 널리 알려진 데다가 또한 본지에서도 꽤 상세한 글이 게재된 적이 있는 듯하므로 이번에는 언급하지 않고 넘어가고자 한다. 다만 한마디 해두고 싶은 것은 사토 박사가 경성의전의 '늙은 성주(老城主)'라고 불리는 것에 적합할 정도로 25년에 걸친 경력과 공적을 가지고 있다는 점이다. 오늘날 학교경영 수완이라는 측면에서 말하자면 경성의과의전의 나기라 다쓰미(柳樂達見) 박사와 함께 전 조선에서 쌍벽을 이룬다. 따라서 여기에서 당연히 하나의 숙제가 생긴다. 결과적으로 말하자면 사토 교장과 그 후에 오는 사람 간의 간격 거리가 경력상으로도 연령적으로도 너무 멀어져 버린 것이다. 만약 현재의 의전 내부에서 사토 박사의 후임으로 적당한 교장을 찾는다면 해당자가 전혀 없다고 할 수 있다. 현재의 의전은 이미 서술했듯이 완전히 순조로운 궤도로 견실하게 상승하고 있지만 만약 불안한 점을 찾는다면 늙은 성주 사토 박사의 퇴임으로 인해 생기는 후임 문제로 인한 성질의 것이다. 아직 불안은 장래에 남겨져 있는 셈이지만 또한 동시에 언젠가 반드시 직면해야 할 인사상의 숙제이다. 사토 교장은 그만큼 오랜 지반을 의전에 쌓아올렸다. 하지만 동시에 의전의 사토식 분위기를 일신하기 위해 사토 교장의 은퇴를 바라는 의견을 내는 사람이 없지는 않다.

현재 의전의 교수는 20명이 채 되지 않는 소수인데 여기에 5, 6명의 조교수, 10명 정도의 강사가 있으므로 의전의 규모치고는 반드시 큰 편은 아니다. 원래 총독부의원 시절에는 의원 내에 대학파의 교수와 의전파의 교수가 교차 교류하고 있었지만 경성대 의학부의 개설과 함께 대학파가 경성대로 가고 동시에 의전파가 독립하여 의전에 버티고 있는 것처럼 일반 대중에게는 전해졌다. 소문은 어쨌든 간에 현재의 의전 교수 대부분이 총독부의원 시절의 의관 겸 의전교수였고 총독부의원에서 절연하여 의전에 잔류한 사람들인 것은 사실이다. 예를 들어 사토 박사는 의전의 교감이었는데 분립 승격하여 교장으로 취임한 것이며 사토 박사를 수장으로 하여 내과의 나리타 오스케(成田央介) 박사, 안과의 사타케 슈이치(佐竹秀一) 교수, 내과의 히라오카 다쓰지(平岡辰二) 교수, 이비과의 스코 히데오(須古秀雄) 교수, 소아과의 히로나카 스스무(弘中進) 교수, 피부과의 가타오카 야쓰카(片岡八束) 교수, 생리학의 오쓰카 구니오(塚九二生) 교수 등이 잔류 그룹이다. 특히 사타케, 히라오카, 스코, 나리타 교수는 총독부의원 의관이었던 기간이 상당히 길었기 때문에 현재 의전교수진 중 간부로 꼽히고 있다.

내과의 나리타 교수는 1918년 도쿄 대학을 졸업하고 다음 해인 1919년에 본부 위생기사 직책으로 총독부의원으로 옮겨왔고, 다음 해인 1920년에 의원의 의관으로 전직하여 이와이 내과에 남아 1921년에 의전교수를 겸임했다가 1928년에 의전병원의 개업과 함께 초대 원장으로 취임했다. 1892년 출생이라고 하니 올해 45세 정도일 것이므로 의원장으로 취임한 것은 37세 전후였던 것이다. 37세 정도의 의전병원장이라고 하면 전국에 예를 찾아보기 힘들 정도의 젊은 연령의 이례적인 출세라고 할 수 있다. 물론 여기에는 분명 원인이 있었을 것이다. 이 교수는 시가 기요시(志賀清) 박사와 인척관계에 있다고 전해지기도 했는데 설령 인척관계가 없다고 해도 실질적인 교류는 인척 이상이었으므로 시가 박사가 총독부의원장 시절에 서소문정(西小門町)의 시가 박사의 관사에 임시로 거처하고 있었을 정도였다. 말하자면 시가 박사의 신뢰가 도타웠다고 하기보다 가장 깊게 사랑받았다고 보는 것이 적확한 듯하다. 그 나리타 박사를 원장으로 한 것은 물론 사토 박사이지만 이 점이 사토 인사의 특징이다. 나리타 박사는 그 풍모로 보나 성격으로 보나 완전히 내과의에 걸맞은 임상가형으로 소위 프로페서형의 인간은 아니며, 이것이 오히려 의전의원장에는 적당했던 듯 해서 원장으로서는 정말 의외일 정도로 호평이었다.

(3)

사타케 교수는 안과이다. 1942년에 가나자와(金澤) 의전을 졸업하고 다음 해부터 가나자와 병원에서 근무했지만 1913년에 총독부의원으로 옮겨와 하야노(早野) 박사 밑에서 한동안 일하다가 1916년에 의전 조교수가 되었고 같은 해에 교수로 취임했다. 경력과 연령으로 말하자면 의전교수 중에서 최고참이지만 그런 것치고 관등이 낮은 이유는 의전 졸업이기 때문인 듯하다. 진지한 임상가로 현재 딱 맞는 자리를 찾아간 형태이다.

내과의 히라오카 교수는 풍모가 몹시 ■않기로 정평이 나있어서 그 방면에서는 때로 소문을 낳기도 하지만 부인은 뛰어난 미모로 알려져 있어 의전교수진 중에서는 최대의 행운아라고 말해지고 있다. 규슈(九州) 대학을 1918년에 졸업했고 1920년에 경성대 조수로 한때 근무했으며 다음 해인 1921년에 총독부의원으로 옮겨왔다. 말솜씨가 뛰어나지 않아서 매우 재미있어야 할 진단의 강의 등도 무서울 정도로 재미가 없다는 비평이 있지만 정이 두텁고 성실하다고도 할 수 있다.

이비과의 스코 박사는 1916년 구마모토(熊本) 의전을 졸업, 졸업 후에는 규슈 대학의 이비과에 들어갔지만 얼마 지나지 않아 1918년에 경성으로 옮겨왔다. 총독부의원 시절에는 말 그대로 말단이라 상당히 고생도 많이 했던 듯한데 특히 그 학위논문은 엄청난 노력과 고생의 결과라고 전해지고 있다. 구마모토 출신인데 구마모토 사람이 공통으로 지닌 성격 때문에 동향인을 잘 보살펴 준다고 알려져 있다. 현재가 가장 숙련된 시절이라고 말해도 지장이 없을 것이다.

　소아과의 히로나카 박사는 1921년 도쿄 대학을 졸업했는데 졸업과 동시에 총독부의원에서 근무했기 때문에 단적으로 말하자면 총독부의원에서 자라난 것이나 다름없다. 1923년에 의관 겸 의전교수에 취임했지만 1928년에 의전의 전임이 되어 총독부의원에서 떠났는데 대학에 남을 야심이 상당히 강했던 듯 해서 의전행에는 불만도 있었던 것 같다. 하지만 원래가 임상가 타입으로 소아과의로서는 전형적이라고 해도 좋을 정도이다. 현재는 병원장의 자리를 차지하고 있지만 대내적으로는 차치하더라도 대외적으로는 호평 일색인 존재이다.

　산부인과의 신타니 지로(新谷二郎) 박사는 요코야마 박사 사임 후를 이어받아 2, 3년 전에 게이오(慶應) 대학에서 옮겨왔으며 취임한 지 얼마 되지 않아 일반 대중에게 정평이 나지는 않은 듯하다. 하지만 경성중학 출신으로 '경성 토박이'이기도 하므로 이 점은 뭐니뭐니해도 신타니 박사의 강점이다. 아직도 학생적인 기분을 다분히 가지고 있으며 부인과 의사로서는 드물 만큼 쾌활한 성격의 소유자로 장래가 기대되는 임상가로서 전망되고 있다. (계속) 〈42~43쪽〉

경성 원남 은사(苑南隱士), 「경성의전의 전망 2」, 『조선급만주』(제343호), 1936년 6월.

　(1)

　「경성의전의 전망」기사는 제2고로 넘어와 지금 펜을 새로 고쳐잡게 되었다. 그러므로 우선 먼저 독특한 풍모와 함께 명물적 존재가 된 학생감 마노 요시히코(眞能義彦) 교수에 대해 얼마간 언급해 두고 싶다. 경력 측면에서부터 살펴보면 교토의 제3고등학교 경유로 1910년에 교토(京都)제국대학 철학과를 졸업, 1912년에 히메지(姬路) 사범학교에 봉직, 경성고급 즉 현재의 경성 제1고등보통학교로 옮겨온 것이 1917년으로 1921년에 경성의전으로 옮겼다. 다음다음 해인 1923년에 경성고공으로 옮겼지만 1924년에 다시 의전으로 이동하여 학생감으로 자리 잡게 되어 현재에 이르고 있다. 이 경력을 보면 쉽게 알 수 있듯이 마노 교수는 의학 방면의 교수가 아니기 때문에 의전에서는 말하자면 제2선 이후라고 하는 그다지 존중받지 않는 위치에 있다. 따라서 광채 넘치는 존재라고는 할 수 없지만 아무튼 학문에 열심이고 무난한 학생감이다. 경성의전으로서도 마노 교수에게 있어서도 적재적소의 인선이라고 해도 지장이 없을 것이다. 작은 몸집이지만 백발이 섞인 긴 머리는 그 동안미 넘치는 풍모에 잘 어울리며 교육자 분위기를 온몸에 휘감고 있는 것이 아니라 너무나도 세속을 초월한 철학자를 방불시키기에 충분한 모습이다. 그렇지만 반드시 속세를 초월하고 있는 것만은 아니며 때로는 필요한 만큼 세상 물정에 필요한 재주도 갖추고 있다. 예를 들어 몇 년 전에 학생 중 일부가 마노 교수를 옹립하여 학내에서의 항쟁적인 계획을 세웠을 때 교수는 이 일 때문에 해임 될 경우 일가가 곤란해지는 점 등을 진지하게 말하며 그들을 사절했던 에피소드가 들려올 정도로 보신술도 상당히 갖추고 있다고 볼 수 있다. 야구 열성팬으로 경성 그라운드에서 언제나 찾아볼 수 있는 익숙한 멤버 중 한 명으로 알려져 있다. 특히 의전의 야구부에는 절대 없어서는 안 되는 존재로 일본 원정 때에는 반드시 따라가서 응원을 아끼지 않으므로 학생들도 친밀감을 느끼기 쉬운 감사한 존재이다. 또한 졸업생의 취업 등도 적극적이라고까지는 못하더라도 상당히 잘 보살펴주는 편이기 때문에 이러한 점에서도 넓은 범위에서 지지를 받는 듯하다. 그렇다고는 하지만 마노 교수는 의전에 취임한 지 이미 14~15년이 되므로 고참적인 존재가 되어서 우선 현재의 자리가 최후의 무대가 될 것이라고 생각한다.

(2)
여담은 그만하고 전 호에서 간부급 교수진의 단편적인 모습을 간단히 살펴보았는데 말할 것도 없이 진영의 전모를 전부 본 것은 아니었기 때문에 이 원고에서는 뢴트겐과의 스즈키 모토하루(鈴木元晴), 생리학의 오쓰카 구니오(塚九二生), 해부학의 시바타 이타루(柴田至) 등 각 교수에 대해 언급하는 것이 당연한 순서인 듯하다. 다만 그 전에 꼭 말해두고 싶은 것은 경성의전의 졸업생 중 교수진에 참가하고 있는 인원이 결코 적지 않다는 점이다. 원래 조선 내의 전문학교 이상의 학교에서는 자교의 졸업생을 교수진으로 삼는 것을 환영하지 않는 경향을 다분히 가지고 있는 듯하다. 하지만 이 점에서 의전은 다른 학교와 비교하면 확실히 다르며 학생들이 혜택을 받고 있는 것이 사실이다. 즉 의화학의 히로카와 유키오(廣川幸郎), 외과의 백인제(白麟濟), 병리학의 무토 다다쓰구(武藤忠次), 해부학의 니시오카 다쓰조(西岡辰蔵), 미생물학 세균학의 마쓰오카 겐코(松岡憲固) 등 각 교수 및 외과의 하이다 시게오(灰田茂生) 조교수를 비롯해 신용균(申龍均), 우에히라 마사오(上平正男), 오호 겐사쿠(於保源作) 등 각 조교수와 여기에 더해 5, 6명의 강사는 경성의전의 졸업생이다. 물론 의전이 총독부병원에 부속하고 있었던 시절에는 조교수가 되는 것도 매우 어렵다고 여겨졌다. 하지만 의전이 총독부병원의 종속관계에서 떠나 독립한 1928년 이후 급격히 자유롭고 관대하게 자교의 졸업생을 교수 진영에 참가시키는 경향을 띠기 시작했다. 말하자면 경성대의 출현은 의전으로부터 총독부의원을 빼앗았지만 그 결과는 오히려 의전의 학내 자치 형태를 뚜렷하게 하여 자교의 졸업생을 우대하는 길을 열 수가 있게 된 것이다. 따라서 경성대의 출현을 어떤 의미에서 가장 기뻐해야 하는 것은 아마도 의전이라고 해도 크게 틀리지 않을 것이다. 그래서 필자는 현재 교수 진영 중에서 경성의전 졸업생의 풍모를 살펴보고 싶은 흥미가 자연스럽게 생겨나 얼마간 이 방향으로 글을 써보고자 한다.

현재 교수 진영을 보고 첫 번째로 주저 없이 이름을 거론하고 싶은 사람은 병리학의 무토 다다쓰구 박사이다. 무토 교수는 단순히 선배적인 존재일 뿐만 아니라 학문에 열심인 인격자로서 신뢰를 모으고 있다. 누군가가 말했듯이 의전의 졸업생 및 학생에 대해 생각하고 또 의전을 생각하는 것은 무토 다다쓰구 교수 한 명뿐일지도 모른다고 할 정도이다. 재기환발(才氣煥發)하지는 않지만 반대로 노력가이며 어디까지나 진실성을 가진 타입의 인물이다. 출신 중학교는 경성중학교로 소위 경성 토박이이지만 본가가 재정적으로 그다지 풍족하지 않았기 때문에 중학시절부터 상당히 고생도 많이 했던 듯하다. 이 점에서는 현재 도호쿠제국대학에서 사회학을 가르치고 있는 신메이 마사미치(新明正道) 교수와 함께 마침 적당하게 화제에 오르고 있는 것 같다. 신메이 교수도 경성중학교 출신으로 본가가 경제적으로 풍족하지 않았고 또 이상할 정도로 노력가였던 점은 무토 박사와 좋은 대조가 되어 때때로 화제를 낳고 있다. 분명 경성의전의 졸업생 중에서 최초로 학위를 딴 사람이 무토 교수였다고 들었는데 의전 졸업 후 딱 5년째에 논문을 제출했기 때문에 의전 졸업생으로서는 전국적으로도 드물게 지름길을 걸었다고 말해도 지장이 없을 것이다. 총독부의원 시절은 현 경성대 교수인 도쿠미쓰 요시토미(德光美福)와 몇 해 전 의전을 은퇴한 이나모토 가메고로(稻本龜五郎) 두 박사 아래에 있었지만 1928년에 의전이 총독부의원에서 분리 독립함과 동시에 도쿠미쓰 박사는 경성대로 옮겨갔고 이나모토 박사는 오사카여자의전으로 가서 무토 박사가 그 뒤를 이었다. 그런데 이나모토 교수가 옮겨간 이유는 말할 것도 없이 후진에게 길을 터주기 위한 은퇴였고 나아가 무토 박사에게 길을 열어주기 위한 것이었다. 이것은 뭐라 해도 사토 인사의 좋은 방면의 결과임이 틀림없으므로 의전의 졸업생은 다분히 사토 교장의 가치를 인정해야 하는 부분이다. 그렇다고는 하지만 의전 졸업생의 일부가 무토 교수가 장래의 교장이어야만 한다는 식으로 이야기하는 것을 필자는 들은 기억이 있는데 만약 졸업생 중에서 장래의 교장을 찾는다면 당연히 무토 교수가 유일한 존재이며 또 졸업생을 중심으로 해서 의전의 중앙을 지키는 일에도 가장 적합하고 신뢰성 넘치는 견실한 존재이다.

(3)

외과의 백인제 박사는 무토 교수와 함께 졸업생 중 쌍벽을 이루는 인물이다. 특히 백교수는 조선 측의 의학계에서는 현재 최고의 지위에 서 있고 일반 대중으로부터 일종의 우상적 존경을 받고 있다고 들었다. 조선 측의 사정은 잘 모르지만 내지 측에서도 드물 정도로 신뢰가 두텁기 때문에 임상가로서의 팬도 결코 적지 않은 듯하다. 의전 졸업 후에는 도쿄대학이었던가 분명 내지의 제국대학에 얼마간 가서 연구실에서 혈청-주로 혈액의 연구를 하고 왔다고 하는데 혈액형의 연구에서는 상당한 자신이 있다고 한다. 특히 수혈에 대해서는 임상적 수완과 더불어 경지에 달했다고 해도 과언이 아니다. 또 기억력이 뛰어난 것으로 정평이 나 있다. 예를 들어 십 년도 훨씬 전에 겨우 한두 번 진찰한 적이 있는 환자라도 잘 기억하고 있어서 처음에는 잠시 생각하다가 곧 "당신은 내가 언제 언제쯤 진찰한 적이 있다……."라는 말을 해서 대개의 환자들은 놀라고 감동해버리는 것이다. 체격도 좋고 위압감도 있어서 실로 외과의로서가야 할 길을 현명하게 선택했다고 할 수 있다.

여기에서 꼭 이름을 언급해야 하는 것은 의화학의 히로카와 유키오 박사이다. 의전 졸업 후 바로 의화학 연구실에 남아 사토 박사의 조수를 하고 있었는데 학위는 상당히 빨리 딴듯하다. 연구실에 남아있는 한편 서대문형무소에 다니고 있었는데 학위논문의 재료도 그 방면의 것이었기 때문에 형무소에 수용 중인 수형자의 음식의 영양가에 대해 매일 형무소에 가서 수감자의 분변을 소중히 가져와 연구실에서 시험관을 상대로 코를 쥐어가며 착실히 해나갔던 모양이다. 실제 여름에는 무더운 연구실 안에 분변 냄새를 풍겨서 주위 사람들에게도 그다지 좋지 않았기 때문에 학위논문의 가치는 차치하고라도 분명히 문자 그대로 구리터분한 연구였음이 틀림없었던 것 같다. 하지만 그것은 그렇다고 해도 강의의 성질에 따른 것이겠지만 졸업생 중에서 강단에 서서 강의를 시작한 것은 히로카와 박사가 가장 빨랐다고 한다. 빈틈없고 붙임성 좋은 사교가로 오히려 연구실에 박혀 있는 타입이 아니라고 하는 편이 적절할 것이다.

여기에서 언급한 세 교수는 졸업생 중에서도 초기에 속하는 교수로 그 이후 해부학의 니시오카 교수 외 다른 여러 명의 조교수에 비교하면 상당히 연령상 혹은 졸업 시기에 있어서 현격한 차이를 보인다. 현재에는 이 세 교수가 의전의 최고 선배에 해당한다고 볼 수 있다. 무엇보다 올해 4월에 대구의전에서 온 마쓰오카 겐코 교수는 무토 교수들과 동기 정도인 듯 하지만 이 세 교수에 비하면 모든 점에서 늦은 데다가 한동안 타교에 있었던 사정 등도 있어서 일반적으로 제2기의 교수군으로 간주된다고 한다.

그렇다고는 해도 이미 언급한 점이기는 하지만 자교의 졸업생을 교수진으로 꽤 많이 참가시키고 있는 점은 여러 비평도 있는 사토 인사의 가장 좋은 일면이라고 반복해서 말해두고 싶다. 총독부의원 시절은 경성의전 졸업생은 교수진에 참가시키지 않고 또한 해외에 유학시키지 않는 것이 엄격한 불문율이었기 때문에 현재의 의전은 그 점에서 훨씬 명료하고 학내 자치의 분위기가 생기기 시작했다. 다만 해외 유학은 현재까지는 아직 한 명도 파견되지 않은 듯한데 이것도 오히려 시기 문제로 조만간 유학 파견이 실현되는 것이 아닌가 기대하고 싶다.(이 원고를 끝내고 나서 백인제 박사의 해외 유학이 발표되었다.) 〈39~41쪽〉

오기노 마사토시(경성부 위생과장 의학박사, 荻野正俊), 「사회 위생면으로 본 결핵」, 『조선급만주』 (제344호), 1936년 7월.

　결핵이 사회적 질환인 것은 이제 와서 말할 필요도 없습니다.

　결핵이 어떻게 인류에게 위해를 끼쳐왔는지 나아가 이 병의 발생 및 만연의 역학적 특성을 사회적으로 고찰할 때 한층 사회적 질환으로서의 결핵을 그려낼 수 있을 것입니다.

　결핵의 만연은 예부터 세계에서 뿌리내린 인류의 위협이었습니다만 그중에서도 특히 일본의 결핵은 실로 국민적 질환 중 1위를 점유하고 있습니다. 국민의 사망원인으로 보아도 결핵은 높은 비율을 보이고 있으며 유력한 사인요소를 이루고 있다는 점에서 다른 질환과 비교가 되지 않는 상태입니다. 더욱이 이 병이 국민 모두의 건강을 훼손하고 활동을 저해한다는 점에서 이 병의 만연이 청소년에게 많아 국민의 능률을 저하한다는 것을 역설할 수밖에 없다고 생각합니다.

　현재 일본 내지에서 사회적 질환으로서의 결핵의 중요성에 대한 인식이 최근에 들어서야 일반적인 것이 되었을 뿐 아직 유럽과 미국 여러 나라에 비해 부족하다는 사실을 부정할 수 없습니다. 특히 조선의 경우에는 결핵 및 전염병이 사회위생적 질환으로서의 대책, 즉 사회위생 시설에 의한 부분이 몹시 많은 것을 통감하는 바입니다.

　여기에서는 급성전염병에 대한 언급은 생략하고 결핵에 대해서만 말씀드리겠습니다. 국민 간에 결핵의 병독 만연 상태는 결핵 사망수, 결핵 발병수 및 병독 보유수, 병독 전파의 방법 및 종별 등을 고찰함으로써 일부 명확해졌습니다.

　결핵의 사망률 즉 결핵의 사망통계는 사인으로서의 결핵의 정확한 진단, 결핵에 대한 민중의 공포 습관 등에 의해 정확을 기하기 어렵습니다. 그러나 현재 세계의 결핵 역학 관찰에 의하면 국민 결핵 사망률은 국민 일체 사망률의 대략 10%를 점유한다고 볼 수 있습니다.

　그러나 나라에 따라서 차이가 있습니다. 예를 들어 호주의 경우 결핵 사망률은 극히 낮은 6% 이하이지만 15%에 이르는 국가도 있습니다.

　지금 두세 나라의 경우를 보면 미합중국 7.0%, 네덜란드 9.2%, 일본 9.8% 프랑스 10.5%, 헝가리 13.1%, 노르웨이 15.2% 등입니다.

　다음으로 결핵 발병률 즉 결핵 환자의 수를 정확히 아는 것은 예방에 있어 극히 중요합니다. 하지만 그 조사는 어려운 일입니다. 정확히 알기 위해서는 강제신고제도의 방법이 좋지만 여러 사정 때문에 정확을 기하는 것이 곤란해서 일반적으로 실제보다 현저히 적은 수를 나타내고 있습니다. 오늘날의 실제 환자 수는 '추정수'이고 결핵 사망에 일정한 계수를 곱해서 환자 추정수로 하고 있습니다. 각 나라마다 다르지만 오늘날 일본에서 많이 쓰이고 있는 것은 독일의 클리겔율(率)입니다. 즉 결핵 사망자의 10배를 결핵 추정 환자수로 하는 것입니다.

여기에 따르면 일본에서 통계상 약 13만 명의 결핵 사망자가 있으므로 약 130만 명의 결핵 환자가 있는 것이 되며, 조선에는 약 8천 명이므로 약 8만 명의 결핵 환자가 존재하는 것이 됩니다. 그런데 결핵이라고 하면 여러분은 무조건 기침을 하고 열이 나서 누워있는 '폐병자' 즉 폐결핵 중기, 말기의 환자를 상상하실 것입니다. 그러나 결핵은 널리 만연하고 있으며 조기에 적당한 치료를 받거나 혹은 건강한 체질의 사람이라면 자연 치료가 되기도 하는데 이러한 경우까지 결핵의 수에 넣는다면 이 정도의 수치라는 것입니다. 도시 생활자로 15세 이상인 사람은 97~98%는 투베르쿨린 반응이 양성인 점에서 추정해 보아도 상당수에 이른다고 생각됩니다. 결핵 사망자의 10배는 아마도 병으로 치료를 받아야 하는 사람의 수라고 생각합니다.

결핵 사망의 정세는 유럽에서는 매년 인구 1만 명당 비율은 감소하고 있습니다. 독일을 예로 들자면 1881년 무렵은 31.7, 1891년(10년 후)에 27.7, 1901년 21.2, 1911년에는 16.0, 1921년에는 13.6, 1929년에는 8.7로 해마다 감소하고 있습니다.

일본의 30개년의 정세는 해마다 다소의 차이는 있지만 대체적으로 19명 내외로 특별히 최근 감소하는 경향을 보인다고 생각되지는 않습니다.

특히 10만 이상의 도시의 경우를 살펴보면 24.9명입니다. 도시가 결핵뿐 아니라 전염병 발병률도 시골보다 높은 수준에 있는 것은 일본뿐만이 아닙니다.

프랑스의 결핵 사망인구는 1만 명당 17명이지만 파리만 보면 22.9명, 독일 8.7명이 베를린 10.1, 미국 8명이 뉴욕 8.9로 되어있어 도시의 결핵 사망률은 몹시 높습니다. 도시의 예방시설이 시골과 도시와 대비했을 때 도시가 부족한 점을 개선하는 것도 하나의 방법이라고 생각합니다.

즉 생활환경의 개선, 예방책의 실시, 생활 조건의 향상, 경제적 환경의 향상, 인체 저항력의 향상 등을 생각할 수 있습니다.

또한 결핵 감염원을 사회적 입장에서 보았을 때 결핵 감염은 가정 내 감염을 특히 주목해야 합니다. 가정 내에서 장기 배균자가 있을 때에는 가장 위험한 농후감염을 중시하고 특히 소아가 가정 내에서 감염되는 경우를 많이 목격합니다. 부모가 결핵(개방성)에 걸린 소아의 결핵 사망률은 건강한 가정의 소아보다 훨씬 높으며 특히 어머니 쪽의 결핵은 아버지의 결핵보다 감염사망률이 높습니다. 특히 유아는 결핵 감염에 예민합니다. 그리하여 부모의 결핵이 말기라면 어느 정도 감염율이 높고 또한 아이의 결핵 사망률도 증가합니다. 그 외에 소아의 가정 외 감염은 그 30% 정도라고 말해지고 있으며 게다가 애쉬하임은 가정 내 감염보다 예후가 무섭다고 말하고 있습니다.

결핵의 사회적 인자를 생각해 보면 우선 영양을 헤아려야만 합니다.

결핵의 침윤 침습에 대해 영양의 공급이 유력한 관계가 있는 것은 명백합니다. 독일에서 유럽 대전 중 국민 영양의 저하에 의해 결핵 사망률이 14.1이었던 것이 22.9까지 올라갔던 것은 너무나도 유명한 사례입니다.

다음으로 주거 관계 문제입니다.

결핵의 가정 내 감염이 병독을 퍼뜨리는 유력한 인자라는 것을 보면 주거는 결핵 감염에 중요한 의의가 있다는 것을 알 수 있습니다. 또 도시에서 결핵 사망률이 높은 것은 도시 생활자 특히 빈민 밀집지이며 잡거, 광선의 결핍, 출결, 먼지, 비위생적인 생활 등에 의해 얼마나 영향을 받는지 상상하기 어렵지 않을 것입니다. 도시 생활자는 비교적 주거에 많은 돈이 요구되며 숙박소, 아파트, 셋방, 셋집 등을 전전하여 교대, 소독을 하지 못하는 것은 결핵을 너나 할 것 없이 힘써 배양하고 있는 것이나 다름없다고 극단적으로 말씀드려도 과언이 아닌 상황입니다. 또한 이에 무관심한 사람들이 비교적 많다는 것을 보여 준다고 생각합니다.

수입과 생활 조건 또한 결핵에 중대한 관계가 있습니다. 결핵과 빈곤에 인과관계가 있다는 것은 앞서 말씀드렸지만 영양, 주거, 가정 내 감염 방지 등등 빈곤해서는 싸울 수가 없습니다. 국민의 수입이 양호해지고 바른 위생상의 인식 향상은 결핵의 감염을 줄일 수 있습니다.

또한 도시의 공업화는 도시발전에 있어 환영할만한 일이지만 이것이 경영에 있어서 종사자의 결핵 예방 및 전염병 예방이라는 측면을 충분히 고려하고 또 매연방지 등까지 생각해야 합니다.

경성부의 경우 셋집의 의류 소독, 오래된 옷, 오래된 그림, 오래된 책 등도 완전히 소독할 수 있는 시설을 가지고 있으므로 꼭 이것들을 이용하시고 특히 소아가 있는 가정에서는 소아의 결핵 감염 방지에 만전을 기하시기 바랍니다. 〈32~34쪽〉

경성 원남은사(苑南隱士), 「경성의전의 전망 3」, 『조선급만주』(제344호), 1936년 7월.

세균학의 마쓰오카 겐코(松岡憲固) 교수는 분명 경성중학교의 졸업생으로 의전 시절에는 다케조(武蔵) 박사와 동기 정도이다. 의전을 졸업하자마자 총독부의원이던 시가 기요시(志賀潔)박사의 연구실에 남아 말 그대로 잡일을 했다. 학교 시절의 성적은 몹시 나빴기 때문에 마쓰오카 교수가 현재 교수진에 있는 것은 졸업생 사이에서도 다소 기이하게 여겨지고 있는 듯하다. 그러나 마쓰오카 교수가 교수진에 참가할 수 있었던 것은 결국 학위를 땄기 때문이며 또한 이 학위도 시가 박사 아래에서 십 년간 일했기 때문에 이룬 결실이 아닐 수 없다. 그리고 대구의전이 의학강습소로 창설되자마자 대구로 부임한 일 또한 시가 박사의 추천이었다. 원래 시가 박사는 말할 것도 없이 세계적으로 저명한 세균학자였지만 학자적인 특수한 성격이 원인이 되어 그 연구실에는 안쓰러울 정도로 수재가 들어오지 않았기 때문에 마쓰오카 교수가 의전 졸업 후 바로 시가 박사의 아래에 남은 것은 선견지명이 있었다고 하기 보다는 오히려 요행이었던 것이다. 또 다른 일면으로 보면 설령 학교 시절의 성적은 나빠도 훌륭한 스승 아래서 다년간 일한다면 언젠가 어떻게든 된다는 사례를 마쓰오카 교수의 경우를 통해 명백하게 볼 수가 있는 것이다.

이미 서술한 대로 이번 봄 새로운 학기에 대구의전에서 경성으로 돌아와 교단에 서게 되었는데, 원래 손재주가 좋아서 실험의 시절에는 손기술이 몹시 화려하여 그 방면에서는 학생에게 호평을 얻었다고 한다. 또 대구의전 시절에는 시가 연구실 시절의 산물인 무슨 백신인가를 팔아서 경제적으로도 상당히 괜찮았다고 전해질 정도이다. 그러니 의외로 허술하지 않은 면도 다분히 가지고 있다고 볼 수 있다.

졸업생 중에서 가장 행운아는 외과의 하이다 시게오(灰田茂生) 조교수라고 말해도 과언이 아닐 것이다. 아마 1927년 무렵 졸업이었던가. 졸업과 동시에 경성의 우에무라(植村) 병원에서 일했는데 얼마 후 2~3년이 지나자 경성의전의 조교수로 취임한 것이다. 학교 시절의 성적이 특히 뛰어났던 것은 아니었기 때문에 졸업 후 겨우 3년 만에 게다가 개업의 밑에 있다가 바로 모교의 조교수로 취임한다고 했을 때는-경성의전에서는 물론 최초이자 최후이겠지만-전국의 대학전문학교 등에서도 극히 드문 파격이라고 말할 수 있는 것이다. 우에무라 준지(植村俊二) 박사는 총독부의원 시절의 의관이었고 사토 고조(佐藤剛蔵) 교장에게도 선배에 해당하여 우위의 위치에 있었다. 따라서 우에무라 박사의 추천 발언이 보람이 있었던 것이 틀림없으나 그래도 하이다 조교수의 선배에 해당하는 졸업생들이 모두 모교에서 겨우 강사에 그쳤을 때 돌연히 임상 분야의 조교수로 취임한 것이므로 당시에는 분명 주위에 이론(異論)이 있었다. 하지만 다른 측면에서 말하자면 이것은 의전의 졸업생들에게 오히려 그때까지 꿈꿀 수 없었던 자극과 희망을 주는 일이 되었기 때문에 하이다 조교수의 재주와 솜씨는 차치하더라도 신선미가 풍부한 유의미한 인선이었다. 따라서 사토의 인사와 관련된 공적 중 하나로 추가해도 좋을 것이다. 게다가 하이다 조교수는 상당히 패기도 있고 학생들에게 친절했기 때문에 일반 대중들에게 친근감을 주고 있는 모양으로 너무나도 자교 출신의 조교수에 걸맞은 형태를 갖추고 있다.

니시오카 다쓰조(西岡辰蔵) 교수는 해부학자이며 졸업은 하이다 조교수와 동기이거나 혹은 그 전후 정도이다. 졸업 후에는 우에다 쓰네키치(上田常吉) 교수 아래에 남아 있었지만 경성대 개교와 함께 우에다 해부학이 의전에서 대학으로 이주했기 때문에 학위를 획득하고 얼마 지나지 않은 니시오카 박사가 우에다 교수의 전출 후를 노려 강의를 시작한 것이다. 우에다 교수와 인척 관계에 있으며 여기에 미묘한 경위도 있는 듯 전해지는데 물론 이 점도 다분히 작용하고 있는 것은 틀림없지만 상당한 노력도 있었을 것이다. 또 니시오카 교수 외에 해부학에는 마찬가지로 같은 학교 출신인 우에히라 마사오(植平正男) 조교수가 남아있다. 게다가 자교 졸업생으로서는 내과의 신용균(申龍均), 병리학의 오호 겐사쿠(於保源作) 두 조교수를 말할 수 있을 것이다.

앞에서 말한 것처럼 의전의 교수진은 조교수를 더해서 겨우 23~24명 정도이지만 그 진영 중에서 10명 정도의 자교 졸업자를 참가시키고 있으므로 점차 학내 자치의 경향이 농후해지고 있다는 것을 쉽게 엿볼 수 있다. 그러므로 현재의 학생들에게는 장래적으로 희망찰 것이다. 그러나 현재의 학내는 그렇지만 적어도 현재의 자교 졸업생 교수, 조교수가 학생이었던 시절의 의전 정세는 전혀 달랐기 때문에 졸업생이 교수진으로 참가할 자리는 원칙적으로 전혀 마련되어있지 않았다. 따라서 현재의 교수와 조교수들은 장래 교수진이 될 것을 꿈꾸며 학생 시절을 보낸 것도 아니고 또한 마찬가지로 꿈을 꾸며 졸업 후 연구실에 남아있던 것도 아닌 듯하다. 졸업생을 자교의 교수로 채용하기 시작한 것은 말하자면 경성대 출현의 결과이다. 의전의 교수가 대다수 경성대로 전임했고 동시에 의전이 구 총독부의원과 종단적인 관계를 절단하고 분리 독립하여 의전의 교수진에 큰 공석이 발생했기 때문에 자교 졸업생 교수들은 행운이 넘치는 기회를 우연히 맞이할 수 있었던 것이다. 여기에도 사회에 대한 하나의 교훈이 포함되어 있다. 실제로 의전에도 때로는 학문적인 야심가도 있었을 것이고 수재가 없었던 것은 아닐 것이며 또 졸업 후 연구실에 남아있던 이들도 적지 않았을 것이다. 하지만 대부분이 버티지 못하여 장래를 단념하고 단기간으로 다른 곳으로 전출해 버리는 것이 보통이었다. 나아가 목표를 찾아 조건이 좋은 취직자리를 찾아서 분주하게 연구실을 떠나 버렸던 것이다. 그리고 장래의 희망도 딱히 없이 그저 묵묵히 연구실에 남았던 사람들이 어쩌다 행운을 붙잡은 것이다. 현재의 자교 출신 교수들 중 학생 시절의 수재가 남아있지 않은 것도 원인은 여기에 있는 것이다. 다만 다케조 박사만은 예외로 아마도 학생 시절부터 교수가 될 목적으로 공부했으며 당연하고 확실하게 그 길을 걸어왔다. 〈34~37쪽〉

고바야시 하루지로(경성제국대학 의학부 의학박사, 小林晴治郎), 「모기와 말라리아」, 『조선급만주』(제345호), 1936년 8월.

모기의 일종인 학질모기류가 말라리아의 매개체가 된다는 것은 오늘날 거의 누구나 알고 있는 상식 중 하나이다. 그러나 그 본성, 그 관계에 대한 실체는 오히려 아직 잘 알려지지 않은 점이 많다. 첫 번째로 학질모기의 실물을 모르는 사람이 상당히 있을 것이다(박물학을 다소 배운 사람이라도). 학질모기는 일본 내지와 조선의 각지 대부분에서 극히 일반적이다. 그런데 어쩌다 우연히 이것을 발견하면 희귀한 것처럼 생각하는 사람이 있다. 두 번째로 말라리아의 병원체-이것은 균이 아니다. 균이라고 하면 식물이 되는데 말라리아 병원체는 명백한 동물이다−의 혈구 내에 기생하는 상태를 현미경으로 본 사람은 훨씬 적고, 게다가 이 모기의 몸 안에 있는 시기의 병원체를 본 사람은 전문가 외에는 몹시 드문 일이라고 생각한다. 그런데 그중 특히 말라리아 병원충의 발육에 관한 그림은 오히려 모기의 관계와 함께 많은 사람들에게 친숙한 것 같다(중등학교 교과서에는 대개 있다). 이렇듯 서적상으로는 몹시 친숙하지만 실질적으로는 비교적 알려지지 않은 말라리아와 모기의 관계는 결과적으로 꽤 틀리게 해석되는 현상이 있다고 생각하므로 한두 가지 깨달은 점에 대해 말해보고자 한다.

1. 학질모기에 물리면 항상 말라리아에 걸리는가. 물론 그렇지 않다. 학질모기 중에서도 병원체를 가지고 있는(유효한) 것과 없는 것이 있다. 병원체가 없는 모기에게 물리면 위험하지 않은 것은 당연하다. 자연의 모기에게는 독이 없는 것이 대다수이다. 일본 내지 및 조선에 가장 흔한 말라리아 전파 모기는 중국학질모기이다(학질모기는 현재 160여 종이 알려져 있으며 그중에서 40종이 좀 안 되는 종류가 말라리아 매개체가 되는 모기라는 사실이 증명되어있다). 이 중국학질모기가 자연스럽게 감염시키는 것을 내지에서 실제로 본 사람은 내가 아는 범위에서는 아직 없다(조선에서는 최근 알려졌다. 대만이나 동인도 제도에서는 종래부터 실제로 발견되고 있다).

즉 비율적으로 드물다. 원래 학질모기가 인체에 말라리아를 전염시키는 것에는 다음의 여러 조건을 갖춰야 할 필요가 있다.

1. 우선 말라리아 환자를 흡혈하는 것(병독 매개에 좋은 조건을 갖춘 환자는 결코 많지 않다).
2. 흡혈 후 적어도 10일에서 2주간 경과, 말라리아 병원체가 모기의 몸속에서 발육하여 병원체의 감염형이 완성되어 모기의 침선을 거쳐 주둥이까지 도달할 것.
3. 이때(혹은 그 이후) 건강한 사람을 물 것. 즉 적어도 한 생애에 두 번 흡혈해야 하고 그 사이에 일정한 간격이 필요하다. 모기는 1회 흡혈하면 난소가 성숙해서 알을 낳는다. 이 산란 후에는 빨리 죽는 개체가 꽤 많다. 이리하여 첫 번째로 환자를 흡혈할 기회가 이미 적은 데다가 그 같은 개체가 병원체 완성 후에 다시 인체를 물 기회는 전자보다 훨씬 더 희소하다. 모기는 사람의 피만을 빨지 않는다. 짐승과 쥐의 피도 즐겨 빤다. 만약 동물의 피를 빨면 동물에게는 인체의 말라리아 병은 전염되지 않기 때문에 그때도 매개는 끊긴다.

즉 학질모기에 의해 말라리아가 매개되는 것은 오히려 예외적이고 희귀한 기회이다(적어도 일본 및 조선에서는). 그런데 일본에서도 조선에서도 항상 말라리아 환자가 있고, 조선의 어떤 지방에서는 지방병으로 유행하고 있는 현상을 생각해 보면 얼마나 사람들이 모기에 물리는 일에 무관심한지 알 수 있다.

실질적인 예방법, 말라리아 예방은 모기−학질모기에 한한다−에 물리지 않도록 하면 된다. 그 근본적 방법으로서 모기 발생 방역법을 강구하는 것은 실로 합리적이다. 그러나 그 방법으로 하수에 석유를 뿌려 효과를 올리려고 하는 것은 다소 방향을 잘못 잡은 것이다. 조선에서 학질모기의 발생지는 실로 넓다. 한마디로 말하면 풀이 자라는 웅덩이에는 모두 발생한다. 실제로 논, 늪, 습지, 못(특히 주위가 얕은 초생지), 용수로 등에 이르는 곳에서 발생하는데 풀이 자라지 않는 하수에는 보통 발생하지 않는다(빨간집모기는 하수구 도랑에 주로 생긴다. 또한 경성에 많은 숲모기, 즉 조선숲모기 및 금빛숲모기는 인가 부근의 일시적인 인공적 웅덩이에 발생한다). 그 때문에 석유로 학질모기의 유충을 박멸하는 것은 좀처럼 쉽지 않은 일이다. 그보다도 각자 가정에서 모깃불을 피우는 것이 상당히 효과가 있다. 모기장도 물론 필요하다. 또 일반적으로 배수를 좋게 하고(하수뿐만이 아니라) 쓸모없는 물웅덩이를 없애고 논은 완전히 제초한 후 충분히 비료를 뿌려서 잘 경작하면 학질모기 발생을 막는 데 크게 효과가 있다.

또한 중국학질모기가 흐르는 물에 있다고 쓴 곤충서가 있는데 오해가 원인이 된 기술이다. 열대지방의 학질모기 중 흐르는 물(산간의 흐르는 물) 속에 발생하는 종류가 있긴 하지만 중국학질모기는 보통 흐르는 물에는 생기지 않는다. 다소 흐름이 있는 물속이라면 물가 가까운 곳에만 있다. 또 학질모기는 깨끗한 물에만 있다고 생각하는 사람도 있지만 중국학질모기의 발생지는 일본과 조선에서는 솟아나는 물이 아니라 유기물이 꽤 많은 물이 보통이다(단 앞서 서술한 것처럼 물풀이 있는 곳에 한한다).

이상 말했듯이 말라리아와 학질모기에 대해 비교적 실질적인 사실이 알려지지 않은 원인은 단순히 외국서적 등의 내용에만 의존하고 실제 관찰은 부족한 것이 원인이다. 당사자 및 대중이 주의하길 희망한다. 〈37~38쪽〉

경성 가쿠도 마나토(鶴堂学人), 「경성 적십자 병원의 일면」, 『조선급만주』(제345호), 1936년 8월.

(1)

전국의 수많은 이십몇 개의 적십자병원 중에서 순수하게 경영면에서 흑자를 내고 있는 곳은 도쿄와 경성의 두 병원이라고 보통 말한다. 도쿄는 차치하고 경성의 적십자병원이 창립 이래 의외라고 생각될 정도로 좋은 흐름을 타서 항상 흑자를 유지하고 있는 것은 사실이다. 창립은 1923년이니 오늘부터 셈하면 약 14, 5년 전에 지어졌으며 처음에는 서대문 밖 현재의 부지를 총독부로부터 무상으로 양도받아 상설구호소로서 1923년 11월에 개업했다. 1926년에는 마침내 내용을 개조 확충하는 동시에 병사를 증축하여 일본적십자사 조선총지부병원의 인가를 받아 종래의 구호소를 일본적십자 조선본부병원으로 개칭하고 이후 궤도에 올라 현재에 이르고 있다. 사실 이 14, 5년간의 경영 성적은 분명 의외라고 생각할 정도로 풍족해서 현재에는 예부터 현안이었던 병원의 이전계획이 실현되어 현재 부지의 배후에 새 부지를 구입하여 신축 중이다. 따라서 아마 내년 봄에는 이전하게 될 텐데 이 새 부지의 매수 방법은 너무나도 적십자병원에 걸맞은 정책의 결과였던 듯하다. 즉 현재의 협소한 부지를 매각하고 뒤쪽으로 이전하면서 광대한 새 부지를 매수하여 신축하는 것인데, 현재의 부지는 최근 수년간 부지 일대가 도시계획의 진척과 함께 급격하게 지가가 폭등했기 때문에 자연히 고가로 매각이 가능했다. 게다가 그 매각금으로 더욱 넓은 새 부지를 매수하는 것이 가능했으니 분명 현명한 계획임이 틀림없다. 보통이라면 현재의 부지는 그대로 두고 접속지를 매수하여 확충하겠지만 그렇게 하지 않고 용단을 내려 뒤쪽으로 이전하는 수완은 실로 훌륭하다. 게다가 창립 당초 무상으로 양도받은 토지를 지금 고가로 매각하니 더욱더 훌륭한 정책 진행이었다고 할 수 있다. 이런 부분이 너무나도 적십자병원식이라고 해도 좋을 것이다.

그렇다고 치더라도 적십자병원은 창립 당초부터 대중의 평판이 무서울 정도로 좋았다. 그 무렵은 총독부병원이 아직 존재하고 있고 마침 의전병원이 개업하기 전년도에 적십자병원이 죽첨정(竹添町)의 한구석에 신설되었기 때문에 시기가 좋았던 것도 있다. 하지만 무엇보다 총독부의원이 환자에게 거만한 경향이 다분히 강했던 것에 비해 확실히 적십자병원은 친절하고 봉사적 태도였던 것을 일반 대중이 반겼던 것도 사실이었던 듯하다. 또 한편으로 의사들이 반드시 학자적인 지위 긍지를 가지고 있었던 것은 아니지만 창업에 걸맞은 패기와 열의를 가지고 있었던 것은 분명했다. 더욱이 개업 시기가 좋았던 것과 의사들의 노력 이 두 가지가 현재의 강고한 기초를 쌓은 결과라고 할 수 있다. 예를 들어 전년 개설된 부민(府民)병원과 비교해 보아도 쉽게 알 수 있듯이 부민병원은 배경적 장소가 다소 뒤떨어지고 또 의사들에게 창업 시절에 걸맞은 패기가 부족했기 때문에 따라서 창립 당초의 적십자병원과 비교하면 훨씬 생기가 부족했다. 그러나 현재의 적십자병원은 이미 기초와 신용이 완성되어 있어서 외부에서는 조금도 흔들 수 없을 정도로 견실한 경영방침을 수립하고 있지만 설령 창업 시절에 비해 현재가 신축이전 등으로 인해 외관이 좋아지고 경제적으로 풍족하다고 해도 일반 대중에 대한 여론이 어느 정도 바뀌어 온 것은 당연한 일인 듯하다. 즉 창업 당시의 의사들이 점차 다양한 사정으로 퇴거하고 환자에게 너무나도 영리 본위적인 경향을 농후하게 띠기 시작했던 것과 월급이 싼 의사를 모으는 것에 급급해 그 수완이 다른 대형병원에 비해 떨어진다는 비평이 있다. 그러나 그것은 그렇다고 치고 여기에서는 먼저 의사 진영의 각 인물의 풍모를 얼마간 엿보기로 하겠다.

(2)

의사 진영을 전반적으로 살펴보면 내과의 이와부치 도모쓰구(岩淵友次) 박사, 외과의 소마 다이지(相馬第二) 박사, 소아과의 하라 히로타카(原弘殼) 박사, 부인과의 하시모토 히로시(橋

本博史) 박사, 안과의 고영목(高永穆) 씨, 이비인후과의 사토 다케시(佐藤猛) 씨, 피부비뇨과의 모리야마 기로쿠(森山儀六) 박사, 치과의 요코치 슈메이(橫地秀明) 씨, 약제과의 이케가미 다쓰고로(池上達五郞) 씨 등이 각자 각 과의 의장으로 있으며 그 밑에 과별로 3, 4명의 의원이 있으므로 의사의 수는 약 30명 정도이다. 따라서 종합병원으로서는 꼭 대병원의 부류에 들어가는 것은 아니고 오히려 중위라고 부르는 편이 적절한 듯하다.

내과의 이와부치 박사는 병원장인데 창립 당시부터 계속 병원장이었고 현재에 이르고 있다. 말하자면 '이와부치 병원'이라는 느낌을 줄 정도로 이 병원에서 빼놓을 수 없는 근저를 가지고 있다. 군의 출신이지만 군의와는 어울리지 않는 온정적인 풍모의 소유자인 듯하다. 말수도 적고 진찰도 정성스러워서 신뢰성이 넘치는 내과의이다. 하지만 내부 사람들에게는 상당히 엄격하고 규율을 존중하는 면이 뭐라 해도 군의 출신이라는 것을 수긍하게 하기 때문에 적십자의 조직기구에 적재적소의 인물이라고 해도 좋을 것이다. 원래 조선의 적십자 총본부는 역대 정무총감이 회장에 취임하고 있고 현재는 이마이다(今井田) 총감인데 이와부치 박사는 이마이다 회장을 비롯한 각 국장들의 신뢰를 받고 있다. 이러한 관계 때문에 상당히 무리한 환자를 억지로 떠맡고 또 입원 상 특별 취급을 해줘야 하는 경우도 있는 것 같다. 하지만 그러한 방면에도 성의를 가지고 노력을 아끼지 않아서 점점 더 호평을 받고 있다. 정교한 사교가라고는 할 수 없지만 고관 부인들의 모임에 초대받으면 반드시 가서 상식적인 위생 강의를 한 자락 하는 노력을 아끼지 않았을 정도였다. 다른 의원들은 창립 이래 거의 경질되어버렸으므로 현재는 이와부치 박사가 최고이고 또 제일 오래 되었다. 그런데 동시에 현재의 지위는 이와부치 박사의 마지막을 장식할 무대가 될 듯하다. 이와부치 원장에 대한 호평은 딱히 나쁘지 않지만 슬슬 적당히 은퇴해서 새로운 원장을 맞이하여 병원의 침체된 분위기를 일신할 필요가 있다고 하는 의견도 있다.

외과의 소마 박사는 초대 외과의장이었던 이나다 씨가 본정(本町)에 개업을 위해 사임한 후 뒤를 이어 1932~1933년 무렵 취임했다. 현재의 적십자의 외과 지반 혹은 정평은 이나다 씨 시절에 강고히 쌓아진 것으로 당시의 적십자는 외과가 지탱하고 있다고 말할 정도였다. 게다가 외과는 이나다 외과 그 자체였다. 이나다 씨는 분명 이 병원 건설의 큰 공로자임에 틀림없지만 이에 관해서는 또 다른 날 기술할 기회가 있으면 그때로 미뤄두고자 한다. 그저 현재의 소마 박사는 이나다 씨의 지반의 뒤를 이어받은 만큼 비교적 편한 점도 있겠지만 동시에 그 반대로 고생도 상당히 컸다고 말해두고 싶다.

부인과의 하시모토 박사는 분명 구마모토(熊本) 의대 졸업으로 기억하고 있는데 졸업 후에는 모교의 연구실에 남았고 이후 규슈(九州)대학으로 옮겨 연구실에 남았다가 1933년에 사메지마(鮫島) 씨와 교체했다. 사메지마 씨는 창립 이래 활동하여 부인과를 세웠지만 1933년에 학위를 따기 위해 2년 예정으로 모교인 구마모토 의전 즉 현재의 구마모토 의대에 특별히 출장갔고 그 후에 임시로 하시모토 박사가 취임한 것이었다. 하지만 사메지마 씨는 2년간 논문을 완성하지 못했던 점과 또 하나 운 나쁘게 당시 구마모토 의대에 학위 의혹이 발생했기 때문에 그의 학위 통과가 점점 연기되어 버렸다. 겨우 최근이 되어서야 교수회를 통과했을 정도이다. 본래였다면 경성의 적십자에 취임할 예정이었지만 결국 복직이 허락되지 않는 사정이 된 듯하다. 결국 하시모토 박사가 이어받아 유임하게 되었다. 하시모토 박사는 이와부치 박사와 마찬가지로 본부 쪽의 호평을 받고 있고 또 학자로서도 임상가로서도 적십자병원에는 아깝지 않은 부인과의이기 때문에 병원으로서는 쉽게 놓아줄 수 없는 것이 오히려 당연한 일이다. 사메지마 씨는 구마모토에 가기 전후의 평판이 상당히 높았던 만큼 오늘날 복귀할 수 없는 것은 안타깝다는 평가이다. 또한 부인과에는 경성의전의 요시이(吉井) 씨가 하시모토 박사 아래에서 근무하고 있는데 군의 스타일의 쾌남아로 대외적으로 호평인 듯하다. 대체로 적십자병원에는 의장 아래에서 일하고 있는 것은 경성의전의 졸업생이 많은데 요시이 씨는 이 학교의 졸업생으로 적십자에 근무하고 있는 사람들 중에서 이미 고참자이기도 하며 또한 가장 넓은 무대를 가진 유일한 존재이기도 하다.

소아과의 하라 박사는 1923년 규슈대학을 졸업, 졸업 후에는 규슈대학 부속의원에 남아 있었지만 1928년에 경성제국대학으로 이주하여 강사로 취임, 1933년에 학위를 따는 동시에 교수가 되었다. 전년도 이와나가(岩永) 씨가 경성에서 개업을 위해 사임하자 그 뒤를 이어 적십자로 옮겨간 것이다. 그 경력이 나타내듯이 학자 타입이고 오히려 교수 스타일이지만 임상의로서도 소아과에서는 중요한 존재가 되었다. 적십자병원은 애국부인회와 제휴하여 영유아의 건강진단을 예년 개최하고 있으므로 실질적으로 대중과 접할 기회도 많아 자연스럽게 일반 대중의 신뢰를 얻고 있다. 장래성이 다분히 있는 인물인 만큼 적십자 소아과에 틀어박혀 장래 이 병원의 큰 기둥이 될지 혹은 적당하고 좋은 기회에 다른 곳으로 옮겨갈지 아직 알 수 없다. 부인과의 하시모토 박사와 함께 꼭 이 병원에 없어서는 안 될 귀중한 인물이지만 환자에게 조금 더 친절하면 좋겠다는 평도 있다. 아무래도 소아과 의사인 하라 박사가 자신의 아이를 가진 경험이 없기 때문에 다소의 비난은 피할 수 없다.

(3)

이미 말한 것처럼 적십자병원의 의사들은 원장의 이와부치 박사를 제외하고 창업 시절의 의사는 전부 경질되었다고 말해도 될 정도이고 현재는 창업 시절의 패기와 열의를 의사들 사이에 찾아볼 수 없는 것도 사실인 듯하다. 하지만 그 대신 창립 시절의 의사들이 순수한 임상가이자 개업의적이었던 것에 비해 현재는 대학교수적인 혹은 학자적인 형태와 분위기를 보이기 시작하고 있다. 따라서 의사들의 개개인에 대해서 말하면 점차 학자적인 자질이 향상되었다고 말할 수 있으므로 지금 적십자병원은 분명 완만한 곡선을 그리며 내적으로도 변화하고 있다고 할 수 있다. 하지만 적십자병원은 역시 실지파인 쪽이 좋은 것 같다. 또 이 병원이 최근 영리주의적인 태도를 취하게 된 것은 예를 들면 그날 각과의 진료통계를 그날 오후 즉시 정리해서 각 과에 배포하여 성적을 발표하는 것을 보아도 쉽게 알 수 있다. 이러한 사소한 부분도 자연히 각과의 성적경쟁을 나타내게 되는 것은 부인할 수 없다. 물론 이러한 성적경쟁은 의사들의 희망이 아니라 조선총본부의 지령에 따른 것일지도 모른다. 만약 그렇다고 한다면 너무나도 점잖지 못한 지휘라고 할 수 있을 것이다. 그렇지만 적십자병원 의사의 승급이동 등 인사상의 실권은 총본부가 가지고 있으므로 기술가인 의사와 사무가인 총본부와의 사이에 다소의 간극이 생기는 것은 어쩔 수 없다. 하지만 그렇다 하더라도 너무 영리본위적 지령을 내리는 것은 봉사적인 병원이라는 지금까지의 세간의 평을 생각해도 아쉬운 점이 있다.

이비과의 사토 씨는 규슈대학을 1931년에 졸업, 졸업 후는 얼마간 모교의 이비인후과 교실에 남아 보조원을 하다가 다음 해인 1932년에 적십자병원으로 옮겨왔다. 최근 졸업했고 또 각과 의장 중에서도 최연소자이니 당연히 장래가 촉망되는 의사임이 틀림없다.

모리야마 박사는 피부비뇨과인데 1923년 나가사키(長崎) 의전을 졸업하고 졸업하자 승격 후의 나가사키 의대로 옮겨가 보조원, 조수 등을 거쳐 1929년에 학위를 따고 얼마 지나지 않아 적십자병원으로 옮겼다.

마지막으로 말해두고 싶은 것은 적십자병원의 의사들이 거의 규슈대학을 중심으로 한 규슈계통의 명문 학교 졸업생으로 점유되어있다는 점이다. 이 현상은 또 단순히 적십자병원에 그치지 않고 조선 내 각지의 도립의원 혹은 개업의들에게도 많이 보이는 현상이다. 이는 병합 전후에 현재의 규슈대학 병원 즉 후쿠오카(福岡) 의과대학이 조선 내에 강고한 지반을 가지고 있었던 것의 결과이다. 그러나 최근 각지의 도립의원 등이 점차 각 학교의 출신자로 채워져 규슈파벌이 딱히 뚜렷하게 나타나지 않게 되었지만, 그중에서도 이 파벌이 가장 노골적으로 드러나는 것이 적십자병원이라고 할 수 있을 것이다. 〈41~43쪽〉

「전 조선에 전염병 격증」, 『조선급만주』(제346호), 1936년 9월.

본부 위생과 조사에 따른 1월부터 7월 말일까지에 걸친 전 조선의 전염병 발생수는 장티푸스 3,174명(그중 사망 470명)을 필두로 적리 2,162명(그중 사망 341명), 두창 1,383명(사망 366명), 디프테리아 1,096명(사망 325명), 발진 티푸스 1,178명(사망 123명), 성홍열 737명(사망 122명), 유행성 뇌척수막염 268명(사망 123명), 파라티푸스 226명(사망 13명) 순으로 통계상 10,323명(그중 사망 1,883명)이다. 이것을 전년도 같은 시기와 비교해 보면 환자 발생이 109명 증가, 사망은 16명 감소를 나타내며 7월 중 발생으로는 적리가 필두로 1,497명,

작년보다 484명 증가, 장티푸스, 두창, 성홍열, 디프테리아 등은 작년보다도 감소하고 있으며 총 환자수 2,392명, 사망자 373명으로 작년에 비해 환자는 373명, 사망 41명으로 양쪽 모두 증가했다. 〈53~57쪽〉

경성 성북 은사(城北隱士), 「경성의 의료계 전망(1)」, 『조선급만주』(제346호), 1936년 9월.

(1)

필자의 지인 중 경성의 어느 학교를 졸업하고 나서 십 년 가까이 모교의 연구실에 남아 학위를 딴 남자가 있었는데 딱히 교수가 되는 것이 목적이 아니었던 모양으로 학위를 딴 지 얼마 지나지 않아 연구실을 떠나버리고 말았다. 처음에 그는 경성부 내에서 개업할 희망이 있었기 때문에 2, 3개월간은 거의 매일 열심히 부내를 돌아다니며 적당한 개업 장소를 찾았지만 결국 '어디를 가도 의사 간판 2, 3개 걸려 있지 않은 곳이 없어서 놀랐다'라고 탄식을 내뱉으면서 개업을 단념하고 지방의 어느 병원에 근무하며 봉급생활을 시작했다. 실제로 도시 중심주의는 의사만 그런 것은 아니지만 전국의 도시에 엄청나게 많은 개업의가 범람하고 있는 것은 사실이다. 확실히 경성에도 마찬가지로 개업의 홍수가 범람하여 동업자에게 위협이 되는 동시에 대중의 경계를 다분히 필요하게 되었다. 어느 개업의의 이야기에 따르면 개업의는 우선 첫 번째로 위풍당당하게 외관을 꾸며야 하고 외관이 빈약하면 환자가 안심하고 올 수 없다는 것이었다. 물론 외관을 꾸미면 경영비는 올라가지만 경영비만큼은 신기하게도 대개 수지가 대충 수습이 되고 그 대신 축재 쪽은 곤란하다는 말도 덧붙였다. 현재의 경성에서는 외관을 필요 이상으로 꾸미는 일이 반드시 개업의의 첫 번째 조건이라고까지는 말할 수 없지만 일본의 대도시에서는 분명히 사실이 그러하므로 설령 명의라 하더라도 보통 병원이 빈약하면 환자에게 안심감을 주지 못하는 것이 사실이며 이러한 경향은 경성이 도시적이고 팽창, 복잡화함에 따라 당연히 일어나는 일임에 틀림없다.

개업의에게 있어서 외관의 위세와 동시에 필요한 것이 사교성인 것은 말할 필요도 없다. 예를 들어 대학병원의 교수들의 말투로 말하자면 개업의의 사교성을 문테라(Mund Therapie의 약어, 즉 언어 치료의 의미)라고 부르며 경시하고 있는 듯 하지만 개업의인 이상 이 문테라가 실질적으로 필요하고 또 환자 쪽도 이것을 요구하고 있으므로 어쩔 수 없는 듯하다. 다만 경력 혹은 학위가 아무리 우수해도 사교성이 없는 개업의는 보통의 경우 경영적으로 실패할 수밖에 없다고 봐도 틀린 말은 아니다. 예를 들어 경성의 어느 학교의 졸업생으로 현재 여서(麗西)에서 개업한 안과의가 있는데 필요 이상으로 외관을 멋지게 지어 성공했고 또 문테라 기술도 뛰어나 딱 적당한 사례라고 말해지고 있을 정도이며 그의 진찰실은 분명 설비가 잘 갖춰져 있는 데다가 항상 명랑하다. 환자가 "선생님 제 눈이 반드시 나을까요?" 하고 불안한 듯 물으면 그는 "응 괜찮아!"라고 명쾌하게 즉답하고 또 환자가 "만약에 낫지 않으면 선생님 어떻게 하실 거예요?"라고 추궁했을 때, 그는 정말이지 진지한 얼굴로 "괜찮아. 나을 테니까 안심하게. 낫지 않으면 내 눈을 자네에게 주지."라고 대답했다.

어쨌든 환자의 안심과 신뢰를 얻는 수단은 특히 개업의에게 필요한 것이며 따라서 외관을 필요 이상으로 꾸미고 설비를 갖추고 또 문테라가 당연히 필요시 되지만 동시에 환자도 그것을 자연스럽게 요구하는 것이다. 또 이것이 현대의 도회적인 대중 심리일지도 모른다.

(2)

경성의 경우 병원은 대학, 의전, 적십자, 철도, 부민, 세브란스 6개 병원으로 그 외는 전부 개인적인 소규모 개업의이며 일반 개업의는 이 6개 병원을 대상으로 여러 의미로 경쟁해야 한다. 그런데 많은 개업의 중에 6개 병원을 초연하게 백안시하여 학자적 활동을 계속하는 의사는 일단 없다고 해도 될 것이다. 그렇지만 예를 들어 학자적 활동은 계속하지 않더라도 6개 병원과 대등한 자부심을 가지고 개업해 활동하고 있는 사람들은 결코 적지 않다. 하지만 그 대부분은 일찍이 경성대 및 의전병원의 전신인 총독부 병원을 본거지로 근무했다. 바꿔 말하면 관립 종합병원에 다년간 근무하여 명예퇴직한 후 개업한 사람들이 많기 때문이며 그들은 이미 일정한 지반과 명예를 재직 중에 얻은 후 자리에서 물러나 독립한 것이므로 일반의 개업의와 비교하면 훨씬 유리한 조건이라고 할 수 있다. 예를 들어 외과의 우에무라 슌지(植村俊二) 박사, 부인과의 후지이 도라히코(藤井虎彦) 박사, 이비인후과의 사카이 기요시(坂井清) 박사, 피부비뇨과의 와타나베 스스무(渡邉普) 박사 등은 총독부의원 출신으로 이미 견고한 정평이 나 있다. 또 이 외에 산부인과의 하시모토 기치조(橋本吉蔵) 박사, 외과의 이나다 히로시(稲田博) 씨 등은 일찍이 총독부의원에 재직했다. 더욱이 경성대 및 경성의전의 졸업생은 말할 것도 없지만 그 지방 학교의 졸업생 이외에도 학위 관계 등으로 보아 경성대 연구실의 편의를 얻고 있는 자가 적지 않다. 예를 들어 산부인과의 기누가사 시게루(衣笠茂), 내과의 혼다 다쓰요시(本田建義) 및 이마무라 도요하치(今村豊八) 세 박사의 이름을 쉽게 예로 들 수 있을 정도이다. 단적으로 말하자면 경성대-총독부의원 시절을 포함해서-가 점차 조선 의학계의 중심 세력이 되기 시작한 것은 부정할 수 없는 사실이다. 하지만 또한 당연히 그래야만 하는 성질의 일이다.

그래서 총독부의원 혹은 대학병원 시절에 초연히 일반 개업의를 냉안시하고 있었던 의관 또는 교수들이 일단 그만두었을 때의 태도는 분명 흥미롭게 지켜볼 수 있는 것이 보통이다. 말할 것도 없이 신변에 개업의적 사교성을 강하게 내뿜기 시작하는 것이 일반적이다. 예를 들어 영락정(永樂町)에서 개업한 앞서 말한 외과의 우에무라 슌지 박사는 총독부의원 시절은 취임의관으로서 그 직책에 걸맞은 만큼의 관료적 기질을 다분히 가지고 있었기 때문에 연회 등에서 다른 의관 혹은 관리의 부인들이 출석한 경우는 반드시 부인들의 좌석을 남편의 관등 순으로 지정하고 만약 부인들이 그 좌석 순서를 틀렸을 경우 자신이 일일이 지명해서 자리를 바꾸게 했을 정도로 관료적이었다. 물론 길에서 만나도 자기보다 아래 관등인 자에게는 결코 먼저 인사하지 않았다. 하지만 일단 자리에서 물러나 개업하자 이 편협한 태도는 급변해 갑자기 개업의적으로 사교성을 존중하고 만약 길에서 지인 등을 만나면 반드시 먼저 인사하는 것을 잊지 않는 정도가 되어서 사람들을 놀라게 했다. 이것은 물론 우에무라 박사의 경우에 한한 것이 아니라 일반적으로 해당하는 것이며 우에무라 박사만 이런 모습을 보이는 것이 아닌 듯하다. 대중이 이것을 희망하기 때문에 대학교수는 대학교수답게 학자적인 태도를 보이고 개업의는 개업의다운 사교성을 보이는 것이 요구되므로 어쩔 수 없다. 그렇다고 해서 대학병원을 비롯한 각 공립병원의 의사의 환자에게 통명스럽고 칼같이 냉담하기 그지없는 불친절한 태도가 좋다고 하는 것은 물론 결코 아니라는 것을 덧붙여두고 싶다. 우에무라 박사는 현재의 개업의 중에서는 가장 앞서가는 존재로 외과의로서 뿐만 아니라 의학계에서 움직일 수 없는 지위를 가지고 있다. 우에무라 박사는 1876년 출생으로 올해 61세이다. 도쿄대학을 졸업하고 러일전쟁에는 군의로서 구마모토(熊本), 히로시마(廣島), 만주의 각 육군병원에 근무했고 전쟁이 끝나고 얼마 지나지 않아 진로를 바꿔 1909년에 도쿄대 대학원에 입학하여 졸업, 1912년에 총독부의원으로 옮겼다. 당시의 총독부의원장은 군의 출신인 하가(芳賀) 씨였으므로 우에무라 박사의 총독부의원 이주도 물론 하가 원장의 양해가 강했던 사실을 쉽게 엿볼 수 있다. 그러나 또한 그 경위도 분명히 순조로웠기 때문에 1913년에 외과장이 되었다. 학위를 딴 것은 1917년이고 칙임 의관을 그만두고 물러난 것이 1924년이다. 퇴관 후 즉시 현재의 장소에 개업해서 오늘날에 이르고 있으므로 개업한 지 이미 16~7년이 되어 개업술도 경지에 이르러 현재 경성의전의 졸업생 한 명을 조수로 두고 부원장으로 삼아 자신은 큰 선생님이다. 듣자니 우에무라 씨는 많이 벌었기 때문에 근자에 경성의 병원을 다른 사람에게 양도하고 일본으로 돌아가 만년을 유유자적하게 보낼 것이라고 한다. 〈58~61쪽〉

경성 성북 은사(城北隱士), 「경성의 의료계 전망(2)」 『조선급만주』(제347호), 1936년 10월.

(1)

경성 의료계의 시초는 일반적으로 말하면 병합 전 경성 부근에 의료기관이 갖추어 있지 않은 것을 동정했던 해군성이 경비 4, 5만 원을 출자해 설립했던 한성병원으로 현재 명치정(明治町)의 공설시장이 그 신축 병원 터이다. 당시 경성 내지인의 인구는 불과 1만여 명으로 현재의 부청(府廳)에 상당하는 일은 거류민단에서 취급하고 있었기 때문에 이 병원은 최초에는 공사(公使) 또는 영사의 감독 아래 있었으나 머지않아 전술한 거류민단의 경영으로 옮겨갔다. 그 후 이토(伊藤) 총감의 계획으로 대한병원이 1908년에 창설됨과 동시에 한성병원은 폐쇄됐는데 대한병원은 병합 후 총감부 병원으로 전신(轉身)하여 현재 대학의원의 전신(前身)이 되었던 것이다. 때문에 경성 의료계의 개척자는 전술한 한성병원에 근무하고 있던 의사들이라고 보면 대체로 틀림이 없다. 동 병원이 최초에 해군성 출자로 설립된 것이어서 원장에는 군의관 출신의 와다 야치호(和田八千穂) 씨가 취임했는데 그 외에 현재 경성에서 개업하고 있는 동 병원의 의사였던 사람들로는 명치정의 중국 영사관 앞의 외과 병원을 경영하고 있는 와다 박사와 그 앞에 문을 연 이이즈카(飯塚) 치과의원의 이이즈카 도루(飯塚徹) 씨, 남미창정(南米倉町) 경성 부인병원의 구도 다케키(工藤武城) 씨, 명치정 에가시라(江頭) 안과병원의 에가시라 도미오(江頭富雄) 씨, 장곡천정(長谷川町) 나카무라(中村) 이비인후과의원의 나카무라 박사의 아버지, 몇 해 전 작고했던 남산정(南山町) 이케다(池田) 소아과병원의 이케다 스에오(池田季雄) 씨 등의 이름을 쉽게 거론할 수 있다. 이 중에 나카무라 및 이케다 씨는 모두 서거해 고인이 되었다. 나카무라 병원은 아들이, 이케다 병원은 종제가 경영하고 있다. 다른 의사들은 모두 제일선에 서서 활동하여 어떤 의미에서 확실히 경성 의료계의 공로자인 동시에 오늘날에는 명물적 존재가 되어 이미 일반적으로 정평이 나 있다.

와다 씨는 군의관 출신으로 러일전쟁 당시는 군함을 타고 실전에 참가했는데 풍모는 심히 좋아보이지 않으며 해군 사관의 씩씩했던 모습은 존재하지 않는다. 햇볕에 그을린 붉은 얼굴에 해군 시대의 잔영이 조금 남아 있는 정도이다. 개업의로서는 이미 공을 달성했기 때문에 현재는 오히려 은거하며 일하고 있다고 해도 무방한데 참으로 십 년을 한 달처럼 혼자서 홀연히 업무에 정근하고 있다. 65, 6세의 노령이지만 기개는 상당히 왕성해 장자(壯者)를 업신여기는 말투가 항상 신변에 떠다니고 있다. 병원은 명치정이며 사택은 진동(眞洞)에 있는데 작년 화재로 사택이 전소했던 일은 상당한 타격이었던 듯하다. 하지만 축재도 여유가 있었기 때문에 보통의 신래(新來) 개업의와 달리 그다지 고통도 아니었던 것 같다. 사교성이 풍부하며 특히 해군 시대의 수확이라 할만한 영어 회화가 특기로 무슨 일이 있으면 곧바로 외국인을 붙잡고 영어로 얼추 떠들지 않으면 마음이 편치 않은 사교가의 일면을 지니고 있다. 수렵에서는 경성 아니 조선에서 유명한 일인으로 어느 설에 의하면 와다 씨의 사냥 솜씨가 좋은 것은 개가 뛰어나기 때문이라고도 하는데 개도 확실히 명견임에는 틀림없으나 총도 그 이상으로 명사수인 듯하다.

이이즈카 씨는 경성 치과의사 중의 대원로로 현재 치과의사 회장을 맡고 있다. 솜씨도 확실한 사람으로 경성의 부르주아 계급은 그가 있는 곳에 모인다고 한다. 그러나 이이즈카 씨도 다가오는 세월의 파도에는 이기지 못하는지 근래 부쩍 은거하고 있다.

구도 다케키 씨는 특수한 풍모를 지니고 있어서 단세쓰(擔雪)라는 펜네임으로 불리며 서화는 물론 한시, 와카(和歌) 등에 뛰어나 대체로 취미의 폭이 넓은 점에서는 경성의 소위 명사들 중에서 비견할 수 있는 자를 찾는 일은 조금 곤란할 정도이다. 예를 들면 응접실에는 항상 벼루와 색지 등을 갖추고 있어서 방문객이 있으면 경쾌하게 기염을 올리며 하이쿠(俳句)·와카·송죽매 등을 휘호(揮毫)하여 기탄없이 기증하는 일, 단세쓰라는 펜네임도 아취(雅趣)를 풍기며 애호하기 때문인지도 모르겠으나 박사라는 칭호에 상응하는 풍격의 소유자이다. 메이지 34년에 구마모토(熊本)의 제5 고등학교 의학부를 졸업하고 곧바로 상경해 도쿄(東京) 산부인과병원에 근무하는 한편 외국어학교를 다니면서 독일어 등을 배웠고 1901년에 졸업하자 독일로 건너가 바이에른 대학에서 수학, 1905년에 닥터 메디치네 칭호를 얻었다. 같은 해 4월부터 프로이센 대학으로 옮겨 잠시 머물렀다가 같은 해 말에 조선으로 귀국해 한성병원에 들어갔다. 그후 동 병원을 이임하고 현재 장소에 개업해 오늘날에 이르고 있는데 1913년에는 약 일 년간 정도 다시 양행(洋行)한 바 있다. 이 양행 때에는 파리의 의학회에서 연구논문을 발표했는데 당시는 아직 일본이 유럽에 충분히 알려져 있지 않았기 때문에 구도 씨의 고심의 논문은 박사 학위를 획득할 가치가 충분히 있었지만 일본인이라는 이유로 완전히 묵살당했다는 추억담도 있을 정도이다. 이 때의 논문은 상당히 자신이 있었던 듯하다. 그러나 학위논문을 일본의 대학에 보내지 않고 외국의 학회에서 발표한 일은 자못 구도 씨 다운 점이다. 이런 연유로 박사의 실력이 있으면서도 박사 학위를 가지고 있지 않다. 정평이 난 기염가로 종종 청중이 항복당하는 일도 있을 정도지만 확실히 유쾌하고 식견이 넓은 딜레탕트(호사가)이다. 현재는 사위에게 원장을 물려주고 고문직이 되어 끝까지 박학의 기세를 떨치고 있다.

(2)
수많은 개업의 중에서 변종으로 일반에 알려져 있는 것은 욱정(旭町)의 세토(瀨戶) 외과의원의 세토 기요시(瀨戶潔) 씨를 우선 거론해두고 싶다. 문테라(구두 치료 요법)는 개업의에게 필수적인 부수물이지만 세토 씨의 경우는 대략 그 반대로 때에 따라서는 진료실에서 환자를 신랄하게 혼내고 태연하게 있으며 또 그것이 오히려 일반을 즐겁게 하고 있다. 또한 다분히 유머스러운 맛도 있어서 진료실은 상당히 밝은 편이다. 보통 환자에게 있어서 가장 불안한 것은 수술 치료비, 약값과 병의 치료 여부 등 두 가지 문제이다. 예를 들어 세토 씨는 환자가 나을 수 있을지 아닐지 질문하면 "그런 건 몰라."하고 퉁명스럽고 태연하게 대답한다. 하지만 약값 등을 물어보면 "돈이 없는 거라면 어쩔 수 없지. 이것밖에 돈이 없지만 이만큼 나을 수 있게 제발 치료해주십시오 하고 부탁한다면 좋아."라고 내뱉는다. 물론 환자가 사정을 말하면 비용도 상당히 할인해 주기 때문에 오히려 대중성도 있는 것이다. 세토 씨는 규슈(九州) 제국대학을 졸업하고 1915년에 현재의 장소에 개업해 오늘에 이르고 있다. 개업 이래 이미 25, 6년이 되었기 때문에 지반도 상당히 넓고 경제적으로도 아무런 우려가 없을 테지만 딱히 병원을 확장할 의향도 없어 경영은 극히 손쉬운 편이다. 조선 내 규슈 제국대학파의 선배적 존재로서 자타 모두 인정받고 있으며 또한 그에 상응하는 존재이다.

내과의에서 문호도 상당히 크고 지반도 강고한 것은 소문정(小門町) 다나카마루(田中丸) 병원의 다나카마루 지헤이(田中丸治平) 씨와 영락정(永樂町) 사토(佐藤) 내과의 사토 고고로(佐藤小五郎) 박사의 이름을 당장 거론할 수 있다. 동시에 고초정(苦草町) 이마무라(今村) 병원의 이마무라 도요하치(今村豊八) 박사 및 황금정(黃金町) 혼다(本田) 병원의 혼다 다쓰요시(本田建義) 박사를 거론하지 않을 수 없다.

다나카마루 씨는 도쿄대 출신으로 졸업 후에는 전염병 연구소에 잠깐 근무했으나 1913년에 총감부 의원 의관 겸 경성 의학전문학교 교수로 취임했다가 하야하고 개업한 것이 1917년이다. 전문은 내과로 특히 전염병 방면을 연구해서 개업 후에는 개인병원으로서는 경성에서 상시 유일의 전염병 환자를 수용 가능한 병원을 창설해 소위 신기축을 생각해 내어 활동 영역을 확장했다. 대중성이 풍부한 병원이며 또 경찰관 방면과의 연락(聯絡)이 있어서 치료입원비용 등을 봉급에 따라 할부로 지불하는 편의 등을 마련하고 있을 정도이다. 영락정의 사토 고고로 박사는 아이치(愛知) 의학전문학교를 졸업, 내지에서 잠시 병원에 근무하고 있다가 1909년에 조선으로 건너와 우선 인천의 본정(本町)에서 개업했다. 1912년부터 3년간 독일로 유학해 1915년에 조선으로 귀환, 1917년에 마찬가지로 인천의 중정(仲町)에 병원을 이전, 그 후 다시 경성으로 진출해 본정의 현재 이나다(稻田) 외과가 있는 장소에 개업했다가 몇 년 뒤 영락정의 현재 장소에 병원을 신축 이전했다. 병원 경영에 뛰어난 재능을 지니고 있으며 그 점에서는 경성의 의사 사이에서도 제일인자의 부류로 손꼽히고 있는 듯하다. 암의 수술치료가 간판으로 이 방면의 환자도 상당히 많다.

혼다 다쓰요시 및 이마무라 도요하치 박사는 동시에 학위 취득을 했기 때문에 종종 함께 화제에 오르는 것이 보통이다. 혼다 박사는 도쿄대 졸업 후 나가노 현(長野縣)에서 개인 병원에 한때 근무하고 있다가 1913년에 경성으로 이주·개업하고 그 사이에 독일로 유학해 베른 대학에서 닥터 메디치네 칭호를 획득했다. 정치적 재능이 있는 사교가로 현재 경성부회 의원인데 그 외에 경성부 경무국 촉탁, 학교의, 의사회 부회장 등을 역임해 활동 범위가 넓다. 이마무라 박사는 니혼(日本) 의학전문학교를 졸업 후 1913년에 경성으로 이주해 처음에는 토지조사국의 촉탁의로 근무했다가 1918년에 개업, 학위를 딴 것은 1930년으로 혼다 박사와 동시였던 것이다. 경성의 개업의로 개업하는 한편 연구에 임해 비교적 만학으로 학위를 따는 일은 매우 드물기 때문에 두 사람 모두 경성대 의학부의 연구실을 빌려 논문을 작성했다. 특히 이마무라 박사는 1926년 무렵부터 일시 경성대학 전공생이 되어 대학에 다니고 있어 이른바 독학(篤學)의 전사이기도 하다. 혼다 박사가 정치적 재능이 뛰어난 것에 비해 이마무라 박사는 어디까지나 병원 본위로 몇 해 전에 현재의 장소로 신축 이전해 일류 병원으로서 명성을 떨치고 있다. 전술한 사토 고고로 박사도 개업하는 한편 박사를 땄는데 그의 경우는 1925년 무렵부터 교토(京都) 제국대학 내과에서 3, 4년간 정도 두문불출하며 논문을 작성했으며, 혼다 박사도 물론 만학이긴 하지만 독일에 체류 중 논문을 작성해 경성대는 단지 실험상 차용했으므로 진짜 의미에서 개업 중에 학위를 취득한 것은 이마무라 박사가 유일하다고 해도 과언이 아닐 것이다. 학위가 반드시 의사의 수완과 관련된다고는 생각하지 않지만 일반적으로 말하면 환자가 신뢰할 수 있는 가장 유력한 요인이기 때문에 의사, 특히 개업의에게 있어서 매력으로 작용한다는 사실은 말할 것도 없는 것이다.

그것은 그렇고 안과는 특수한 영역이므로 동업자의 수도 극히 적어서 약초정(若草町)의 가나이(金井) 안과병원과 명치정의 에가시라 안과의원이 우선 강고한 지반을 독점하고 있는 듯하다. 가나이 도요하치(金井豊八) 씨는 도쿄대 안과 출신으로 졸업 후 다시 도쿄 현미경원 등에서 수학했지만 1905년에 군의생이 되어 제1사단에 입단, 다음 해인 1906년에 창립으로 바쁜 대한의원으로 옮겨와 안과부장 겸 의학전문학교 교수로 취임, 1910년에 사임하고 현재의 장소에 개업했다. 그리고 에가시라 도미오 씨는 나가사키(長崎) 의전을 졸업, 잠시 나가사키 현립병원에서 근무하다가 메이지 40년에 경성으로 옮겨와 한성병원의 안과부 주임으로 취임하고 1907년에 개업해 오늘에 이르고 있다. 말하자면 두 사람 모두 경성 의료계의 선각자이자 다른 추수(追隨)를 허락하지 않고 조금도 동요하지 않는 노포(老鋪)에 걸맞은 존재이다. 〈52~54쪽〉

경성 성북은사(城北隱士), 「경성의 의료계 전망(3)」, 『조선급만주』(제348호), 1936년 11월.

(1)

경성 개업의들의 단체기관은 내지인 단체에 경성의사회·조선 측에 한성의사회가 있으며 친목, 상호부조 등의 기관으로 작용하고 있다. 그런데 이 의사회 조직은 법적으로 말해도 근거가 극히 박약하여 내지 각지의 의사회와 비교하면 권위가 낮은 듯하다. 예를 들면 경성의 의사회는 반드시 시내의 개업의가 참가하는 것은 아니며 입회는 자유이다. 내지에서 개업의는 각지의 의사회에 반드시 입회해야만 하는 것이 보통이다. 물론 경성의 의사회는 개업의 대부분이 자발적으로 입회하고 있지만 한편에서는 참가하지 않는 개업의도 결코 그 수가 적지 않으므로 이 주변의 사정은 조선의 사회조직이 정비되어 있지 않은 사정으로도 볼 수 있으며, 또한 조선의 독특한 외지적인 개인주의적 감정과도 관계가 있는 듯하다. 하지만 약제사 관계가 경성약학회와 조선약학회 두 파로 대립하고 또 치과의학회가 경성대파와 치과의

학파 두 개로 나누어져 때때로 표면적인 대립을 노골화하고 있는 것에 비하면 의사회는 자못 신사적이며 특히 세력상의 당파적 정쟁 혹은 내분 등은 보이지 않는다. 그러나 반면, 권위 혹은 세력이 약체이며 현재에는 필경 일종의 내륜적인 사교기관의 범위 내에 그치고 있다. 현재 경성의사회의 회장은 본정(本町) 삼정목(三丁目) 내과 및 소아과의 고노 마모루(河野衛) 박사이다. 또 한성의사회(조선인)의 회장은 관철정(貫鐵町) 내과의 심호섭(沈浩燮) 박사이다. 고노 박사는 총독부의원 시대의 소아과 부장에서 하야해 오늘에 이르고 있으며 주로 상류계급 환자 사이에 지반을 다지고 있는데 온후한 신사로 의사회장에 썩 알맞은 존재이다. 심박사는 1913년 무렵 경성의전을 졸업하고 그 후 총독부의원에 한때 남아 있었지만 이윽고 도쿄대의 이나다 료키치(稻田龍吉) 박사의 내정과에서 다년간 사사한, 이나다 박사의 비장의 제자 중 한 명으로 알려진 뛰어난 인재이다. 경성으로 돌아가 세브란스병원 내과에 근무하는 동시에 세브란스 의전 교수를 겸하고 있다가 그 후 퇴임해 현재의 장소에 개업했다. 현재는 경성의전 외과의 백(白)박사와 나란히 조선 의학계의 젊은 준재로서 신망을 모으고 있다.

한편, 조선인 측의 한성의사회는 잠시 제쳐놓고 경성의사회의 윤곽에 대해 다소 기술해보고자 한다. 현재 회원은 약 120명으로 회장은 앞서 기술한 고노 마모루 박사, 부회장은 한강(漢江) 거리의 하라 시마지(原志磨治) 및 약초정(若草町)의 가나이 도요하치(金井豊八) 2명, 이사는 강기정(岡崎町)의 이나가키 기이치(稻垣基一), 욱정(旭町)의 이나모토 요시타네(稻元義胤), 의주(義州) 거리의 니시야마 도시■오(西山壽■雄), 영락정(永樂町) 사카이(酒井) 병원의 나나시마 아카미치(七島赤道), 북미창정(北米倉町)의 우에다 하야토(上田隼人), 한강 거리의 모노에 가즈시(物江一志) 등 6명이다. 또 평의원은 영락정의 사카이 이치로(酒井一朗), 약초정의 이마무라 도요하치(今村豊八) 박사, 황금정(黃金町)의 이키 유키요시(壹岐幸義), 한강 거리의 하세가와 요시로(長谷川與郎), 명치정(明治町)의 와다 야치호(和田八千穂), 본정 삼정목의 와다 시게우에몬(和田繁右衛門), 한강 거리의 요시다 도쿠지(吉田得次), 황금정 이정목(二丁目)의 무라카미 다쓰요시(村上龍義), 북미창정의 구도 다케키(工藤武城), 대화정(大和町)의 후지이 도라히코(藤井虎彦) 박사, 본정 사정목(四丁目)의 기타지마 히사오(北島尙勇), 영락정의 미야치 다카마키(宮地高牧), 원정(元町)의 스가 소지(菅總治), 본정 이정목의 스기모토 시게루(杉本茂), 명치정의 이치반가세 게이지로(一番ケ瀨慶次郎) 등 15명이다. 업무는 이사가 실행하기 때문에 현재는 나나시마 씨가 거의 혼자서 취급하고 있는데 그는 온후하며 남을 돌봐주기 좋아하는 성격이라 적재(適材)라고 한다.

(2)

경성의 중심가를 이야기의 대상으로 삼아 개업의의 편모를 살펴온 필자는 여기서 다소 시야를 바꾸어 구룡산(舊龍山) 방면을 일별(一瞥)하고 싶은 흥미에 사로잡히는 바이다. 지리적으로 말해도 일류 병원은 본정을 중심으로 산재해 있으며 구룡산은 다소 불리한 위치에 놓여 있다. 하지만 일반인들 사이에서는 의외일 만큼 ■도(■道) 병원의 팬이 대중적으로 다수를 차지하고 있다. 그 외에는 본정 거리의 병원을 존중하고 있으며 긴요한 그 고장의 개업의는 보통 종종 낮게 평가되는 경향이 많다. 그러나 구룡산 방면도 결코 수가 적지 않으며 그중에서 가장 대표적인 것은 원정 부근에 산재하고 있다. 우선 그 예를 들면 이정목 외과의 모치즈키 가즈마(望月憲磨) 씨, 일정목 내과소아과의 마에가와 시게하루(前川重春) 씨, 이정목 내과소아과의 스가 소지 씨 등이 있다.

모치즈키 씨는 단순히 의사로서 뿐만 아니라 구룡산의 개척자 중 한 명으로 알려져 있는 존재로 러일전쟁 당시 육군 간호병으로서 조선에 건너왔지만 그후 머지않아 제대해 맨 처음에는 한지(限地) 개업으로 개업했다가 다시 의사 자격을 취득했다. 의사들 사이에서 자산가로 말하자면 경성 구룡산을 통틀어 굴지의 한 명으로 손꼽히는데 그 병원의 문호도 위풍당당하며 동산은 물론 부동산에도 빈틈이 없어서 현재는 일종의 지주로서 전셋집을 많이 소유하고 있다.

스가 소지 씨는 현재 부회(府會)의원이며 구룡산의 소위 유지로서 뭔가 일이 있을 때에는 반드시 불려 나와 그 방면에서도 상당히 다망한데 원래가 부지런한 활동가이기 때문에 지반도 상당히 넓은 듯하다. 맨 처음에는 오사카(大阪)의 치과의학교를 졸업하고 이후 다시 도쿄의전을 졸업. 1922년에 조선으로 건너와 평양의 개인병원에 잠시 근무했다가 다시 서소문정(西小門町)의 다나카마루 병원으로 옮겨서 1926년에 퇴직한 이후 개업했다. 개업 때부터 병원 규모도 상당히 커서 구룡산에서는 조금 드물 정도였는데 개업 당시는 확실히 현명하게 활동해 자전거로 즉시 환자의 집으로 달려가는 태도 등으로 고장의 대중적 신뢰를 다분히 얻고 있었다. 그런데 최근에는 공직자 또는 유지 등 그 고장의 유력자로서의 활동도 동반되어 다소 일반 환자에 대한 태도가 변했다고 한다. 하지만 개업술에 관해서는 항상 교묘하게 누비고 다니고 있어서 구룡산에서는 공직자 또는 유력자들 사이에서 존중받는 존재가 되어 그 방면의 지반이 점차 강고해지고 있는 모양이다.

마에가와 시게하루 씨는 정말이지 개업의다운 개업의이다. 대화를 좋아하는 사교가이지만 대외적인 사회적 활동에는 무관심하며 온후한 인망가라는 점에서 보자면 어쩌면 구룡산에서는 유일할지도 모를 정도이다. 야요이(彌生) 병원의 촉탁도 겸하고 있어서 그 방면의 지반이 의외로 깊은 듯하여 일반에게 친숙해지기 쉬운 개업의의 대표적인 형태이다. 이번 봄부터 경성대 의학부에 재학하고 있던 아들이 제주도 한라산에서 눈보라 속에 행방불명 되었다가 마침내 사망했던 일은 마에가와 씨에게 확실히 충격이었는지 한때는 망연자실해 있다고 전해졌는데 이때 마에가와 씨에 대한 고장 사람들의 동정은 대단히 컸던 것이다. 〈59~61쪽〉

고스기 도라이치(경성제국대학 교수 의학박사, 小杉虎一), 「암 이야기」, 『조선급만주』(제349호),
1936년 12월.

암종(癌腫)과 육종(肉腫)

환자의 악성종양 즉 성질이 나쁜 종물(腫物)이라고 하는 것 중에 그 대표자는 암종과 육종
입니다.

일반적으로 암종은 노인에게 육종은 젊은 사람들에게 생긴다고 하지만 물론 때때로 예외가
있어서 유소아에게 암종이 발생하거나 또 노인에게 육종이 발견되는 경우가 있습니다.

그러나 대다수의 경우 암종은 대략 45세 이후에 생기는 것이 많으며 따라서 우리는 이 연
령부터 그 이후를 암종연령이라 명명하고 있습니다. 결국 암종 발생의 위험이 농후해졌다는
의미입니다.

암종은 몸의 모든 부분에 생길 수 있는 것이며 따라서 그 종류도 상당히 많습니다. 하지만
그중에서도 특히 우리의 경험상 자주 조우하는 종류에 한정해서 보면 몸의 표면에 생기는 것
은 보통 표피암으로 특히 안면이나 두부의 피부층에 많으며, 또 특별한 국소를 골라보면 예
를 들면 음경암 등이 비교적 많습니다. 또 사마귀에서 흑색암(黑色癌)의 발생을 보는 경우도
드물지 않습니다.

그리고 체내의 병으로는 우선 호흡기에 기관암(氣管癌), 폐장암(肺臟癌)이 있으며 소화기
에는 구순암(口脣癌), 설암(舌癌), 식도암, 위암, 직장암, 간장암, 췌장암 등을 꼽을 수 있습
니다. 비뇨기에서는 신장암, 방광암, 생식기에서는 고환 및 난소암, 전립선암, 자궁암, 유방
암 등이 주된 것입니다.

이처럼 암종은 발생하는 장소에 따라 명칭도 다르고 그 성질 및 상태도 결코 동일하지 않으
며 각 경우 및 종류에 따라 다양한 특징을 띠고 있어서 모든 것을 일괄하여 이야기하는 것은
오히려 설명이 지나치게 추상적이고 그 개념을 이해하는 일이 곤란하므로 이제부터 두세 가
지 사례를 들어 대체 암종이란 무엇인가 하는 점에 대해 지극히 통속적으로 기술해보고자 합
니다.

통계상으로 말하면 가장 자주 볼 수 있는 것은 남성의 경우는 위암 및 식도암, 여성은 자궁
암 및 유방암입니다.

위암 및 식도암

위암 및 식도암은 병세가 조금이라도 진행되면 치료가 곤란하며 의사로서 완전히 속수무책
인 상태에 빠져서 환자 자신은 아직 그 정도로 격심한 자각적 증상을 호소하지 않는 시기에
이미 죽음의 선고를 받아야만 하는 운명에 이르게 되는 우려가 있으므로 특히 이에 대한 예

방 혹은 초기 치료의 시기를 놓치지 않도록 해야만 합니다.

일반적으로 악성종암은 발생 이후부터 시일이 많이 경과하지 않으면 그만큼 근본적인 치료 즉 근치할 가능성이 크지만 조금 때를 놓치게 되면 의사가 진찰해서 깨끗하게 암종 또는 육종이라는 진단을 쉽게 내리게 되는 경우는 극히 예후가 나쁩니다. 바꿔 말하면 설령 과감한 치료 예를 들어 외과적인 수술을 받아도 그 결과는 매우 기대하기 어렵습니다. 아직 진단이 확실하지 않은 경우 요컨대 악성종암이 의심되는 가벼운 병세 초기에 신뢰할 수 있는 의사의 충분한 치료를 받는 것이 이 무서운 병으로부터 벗어날 수 있는 최선의 방법입니다.

그런데 위암 발생의 경우는 통상 거의 오랜 기간 가벼운 정도의 위의 고장을 호소합니다. 예를 들면 가슴이 뜨겁거나 아픈 경우 혹은 소화불량 등의 위 장해는 반드시 의사에게 가야 할 만큼 증상이 심하지 않기 때문에 위약 등으로 그 순간 참아버리며 게다가 이 증상이 만성이 되면 여느 때와 같은 일이라며 지극히 태평하게 생각하는 경향이 있습니다만 대단히 주의해야 하는 일입니다.

암종이 생기면 이것이 일정 크기가 되는 경우, 환자 자신이 이미 뭔가 딱딱한 종기가 생겼다고 느끼게 되는데 이는 이미 병세가 상당히 진행된 시기여서 전문의가 진찰하면 이미 완전히 암종의 징후를 완비하고 있는 경우입니다. 따라서 그 치료도 몹시 곤란하게 되는 것입니다.

한마디로 말하자면 암종은 알아차리지 못하는 중에 점점 진행되어 조금 방심하는 즉시 익숙해져 버리는 병입니다.

유방암

유방암은 유방 안에 처음에는 작고 단단한 망울이 생기고 이것이 극히 서서히 커집니다. 물론 유선염이라고 해서 젖을 만드는 조직에 염증을 일으키면 마찬가지로 망울이 생기는데 이 경우는 다소의 통증을 동반하는 것이 특색입니다. 하지만 암종은 처음부터 대부분 거의 통증을 느끼지 못하고 따라서 별거 아니라고 생각하기 쉽습니다. 그러나 유방 안에 망울이 생겼다고 해서 바로 암종이라고만은 할 수 없기 때문에 환자는 처음부터 비관할 필요는 조금도 없습니다. 단 신중을 기할 필요가 있으므로 가능한 한 신속히 의사에게 진단받기를 권유합니다. 특히 유방암은 다행히 직접 외부에서 제거가 가능하며 따라서 비교적 병의 초기에 수술할 수 있으므로 설령 유방암 진단이 확정된다 하더라도 결코 절망할 필요는 없습니다.

자궁암

자궁암의 경우 환자가 첫 번째로 알아차리는 증상은 출혈입니다. 이것은 월경과는 무관계하며 불규칙 혹은 소량의 혈액이 시종 나오는 불쾌한 증상을 호소합니다. 통례상 월경이 끝난 연령 전후부터 이후 발생하는 병으로 훨씬 전에 월경이 멈춘 사람은 이상한 출혈을 바로 알아차리지만 월경 폐지기에는 종종 월경이 불규칙하거나 혹은 시기가 늦어지거나 빨라지기도 하며 출혈량이나 기간이 불규칙해지므로 자칫하면 암종 초기의 출혈이라는 것을 알아차리지 못해 출혈을 크게 신경쓰지 않고 지나칠 위험이 있습니다. 따라서 설사 통증이 없더라도 만약 불규칙한 출혈이 계속된다면 신속히 전문가의 진단을 받을 필요가 있습니다.

암종의 발생

암종의 발생은 학리상 지극히 곤란한 문제 중 하나입니다만 현재 일반적으로 자극설 요컨대 어떤 자극이 지속해서 일정 장소에 가해지면 그곳에 암종이 발생할 수 있다는 학설이 일반에 신용되고 있습니다. 말할 것도 없이 이는 단지 암종 발생의 하나의 예일 뿐이며 이 외에 이것과 동일한 혹은 그 이상으로 유력한 조건이 예상되고 있지만 현재로서는 충분 명료한 해결을 얻지 못하고 있습니다.

자극설을 지지하는 사실로서 언제나 예로 들 수 있는 것은 구순암으로 입술의 한 부분에 항상 파이프를 무는 습관이 있는 사람이 가끔 그 부분에 암종이 발생하는 경우가 이것입니다. 설암 또한 충치와 접해있어서 항상 기계적 자극을 받고 있는 부분에 암이 생기는 경우가 있으며 또 식도암도 원래 비교적 좁은 부분에 발생하는 경향이 있습니다. 위암도 음식에 의한 기계적 또는 화학적 자극이 가장 강하게 미치기 쉬운 곳에 생긴다는 경우 등을 들 수 있어서 사실 우리는 만성적으로 지속되는 자극이 암종의 발생에 매우 중대한 의의를 지닌다는 점을 인정해야만 합니다.

암종의 예방과 치료

따라서 이러한 의미에서는 암종 발생을 예방하기 위해서는 입술에 자극을 주는 파이프 사용하지 않기, 충치의 빠른 치료, 위병 특히 만성 위병을 등한시하지 않기 등의 주의가 가장 중요합니다. 또한 뭔가 이상하다고 생각되는 경우에는 신속히 전문가의 진단을 받아야만 합니다.

유감스럽게도 현재 암종에 대한 특수 요법이 없으므로 단지 가능한 한 조기 진단을 받아 외과적 수술을 받거나 뢴트겐 혹은 라듐 방사에 의한 치료에 그 회복을 기대하는 것 외에는 방법이 없습니다.(끝) 〈31~33쪽〉

오기노 마사토시(경성부 위생과장 의학박사, 荻野正俊), 「도시민의 건강에 대해서」, 『조선급만주』 (제349호), 1936년 12월.

'도시는 인생의 무덤이다'라는 오래전부터 전해오는 속담이 있습니다.

필자는 이 속담을 여러분과 함께 잘 음미해볼 필요가 있다고 생각합니다.

옛 의학이 발달해감에 따라 과도기의 도시위생시설 및 주민의 보건사상은 자주 실지 경험에 의해 '도시는 인간 세상의 무덤이다'라는 사실과 싸우기를 여러 번 반복한 끝에 개선 발견하여 오늘에 이르고 있다는 사실은 의학사상 자주 볼 수 있습니다. 그 한두 가지 예로 머나먼 로마제정 시대에 이미 물에 의한 위해를 얻었던 경험에 의해 상수도를 설치했고, 유럽에서 1600년대 이래 페스트·콜레라 등의 유행병과 싸워서 방역의 근본이 될 수 있는 환자의 격리, 오염 물건 소각 등을 실시했으며, 그다지 멀지 않은 파나마 운하 개척에 있어서는 열대 '말라리아'를 마침내 정복했습니다. 한편 인공적 면역 즉 종두·장티푸스·성홍열·디프테리아 등의 예방주사에 관한 업적이 발표됐으며 치료 의학의 진보와 함께 예방의학의 진보를 보여 지금에 이른 것입니다.

그리하여 유럽 도시의 보건위생 상황은 현재에는 볼만한 것이 많지만 일본의 도시는 어떨까요. '도시는 인간 세상의 무덤이다'라는 말이 들어맞는지 아닌지는 여러분과 함께 진중하게 토의해야만 하는 부분입니다.

일본의 최근 사조로서 인구의 도시집중 경향은 점점 현저해지고 있습니다. 따라서 일본의 도시에서의 보건시설 문제는 옛날의 배로 검토되고 있으며 진지하게 고려해야만 하는 상세 (狀勢)에 놓여있습니다.

게다가 도시 생활자의 체력소모, 도시 생활자의 사망률, 장수율, 전염병 이환율(罹患率), 결핵의 이환율 및 사망률을 보면 어느 것이나 불량한 성적을 보이고 있습니다. 지금 각 도시가 도시주민의 보건문제를 검토 고찰해 확고한 기초를 확정 짓지 않을 시에는 실로 인간 세상의 무덤을 우리가 건설하는 것이며 나아가서는 일본 국력의 쇠퇴를 초래하게 되는 것이 아닐까 우려됩니다. 9월 14일부터 3일간, 교토 시(京都市)에서 개최됐던 도시문제회의에서도 제2의제로 도시의 보건시설 문제가 거론되어 상수도·하수도·오염처리·분뇨정화처리·공원시설·학교시설 및 학생양호·도시주택문제·도로·매연방지 및 도시매연조사·도시 소음, 기타 화장장·묘지에 관한 사항 등 광범한 범위에 걸쳐 토의가 이루어졌습니다. 또한 도시 생활자의 사망률이 높은 점, 전염병의 이환율이 높은 점, 도시 생활자의 체력이 점차 저하하고 있는 점과 그 원인 및 구제방법 등까지 논단했습니다. 필자도 다행히 이 회의에 출석해 견문했는데 여기에서 모든 사항을 이야기하기는 도저히 곤란하므로 두세 가지 정도만 기술해 보고자 합니다.

우선 하자마(挾間) 내무성 위생국장의 주요 보고 '도시보건 문제의 특질과 그 대책'에 대해 크게 요약해서 기술하겠습니다.

일본의 인구가 도시에 집중하는 것은 농촌의 인구가 이미 포화상태가 된 관계로 농촌에서 도시로 일자리를 구하거나 혹은 향학(向學)을 위해 집중하는 것이 가장 큰 원인입니다. 따라서 도시의 연령 구성은 한 집안의 기둥이 되는 연령이 많고 따라서 도시는 이 연령층 및 아동 사망률이 굉장히 높습니다. 학교 아동을 그 예로 들면 인구 10만 명 이상의 도시 거주자의 호흡기병 이환율은 시골의 2배 이상이며 결핵에 의한 사망률은 인구 10만 명 이상의 도시에서는 인구 만 명당 25명이지만 시골은 17명인 상태입니다. 도시의 보건문제는 특수한 상황에 놓여 있으며 도시보건시설은 진중하게 고려해야만 합니다. 예를 들어 공장위생에 관해서는 감독관청에서 충분히 감독을 격려하고 상업종사자는 현재는 각 점주의 임의로 되어 있지만 도시행정청이 관여해 지도 감독할 필요가 있습니다. 분뇨처리 혹은 그 도시위생에 관해서는 종래의 단속 위생에 지도위생을 더하는 편이 그 효과를 향상시키는데 중요합니다. 따라서 그 실시방법도 예방의학의 교육을 받은 기술자 또는 공중위생간호부 등이 주부를 대상으로 위생사상의 향상 조장을 도모하는 것이 효과적이라고 합니다. 그런데 저도 같은 생각을 가진 사람으로서 정(町) 회의 모임 등에 가서 특히 부인에게 기회를 노려 말을 걸고 있습니다.

그리고 육군성 의무국장 고이즈미(小泉) 군의총감의 특별보고였던 '장정의 체력을 통해 본 도비(都鄙) 위생 문제'를 소개해보겠습니다. 일본 장정의 신체검사 성적은 1912~1926년 사이에는 검사 인원 천 명에 대해 병(丙)·정(丁)은 약 250명 내외이며 이것이 1931년에는 350명 내외가 됐습니다. 1935년에는 1만 405명으로 상승해 해마다 증가 경향에 있으며 이것을 부현(府縣) 별로 보면 대도시가 있는 부현의 비율이 높은 점, 이를 도쿄 시 및 그 부근의 장정에 한정해 보면 학생이 많은 구(區)가 가장 성적이 나쁘고 다음으로 공장지구, 이어서 상업지구 순의 상태인 점, 또 신편입 지구를 보면 편입 전보다 도쿄 시와 교통기관의 편의가 많은 정(町)은 병·정의 비율이 높고 교통이 그다지 좋지 않은 정은 낮은 점, 또한 해마다 병·정의 고율은 지금까지 좋았던 지구에 달하는 점 등의 경향이 있습니다. 또 직업별로 해부해서 살펴보면 학생 수험자 전체의 5~6할이 불합격으로 최고를 나타내고 있으며 다음으로 직공의 4~4.5할, 이어서 상점원의 4할이 근골박약자입니다. 게다가 화류병 또한 상당 부분 도시 생활자에게 이환율이 높으며 교육의 정도가 높아짐에 따라 증가 경향이 있는 현상을 보입니다.

그리고 우리 국민의 체력은 특히 지구력 '저력'이 강한 것은 하늘이 주신 선물이었습니다. 이 사실은 일본 역사에서 확인할 수 있습니다. 다만 지금까지 기술했듯이 최근 일본 국민의 체력은 점차 저하해 소위 근골박약자가 증가하여 '끈기' 있는 사람이 계속 줄어들고 있다는 것은 국민보건상 우려해야 하는 일이라는 것이 논지였습니다. 상기 두 사람의 보고와 같은 상태는 나아가서는 일본 국력의 증진에 큰 영향을 미치는 일이라고 할 수 있습니다. 따라서 이 점에 대해 부민 여러분은 충분한 관심을 가지기를 희망하는 바입니다.

요컨대 도시 생활자는 태어날 때부터 불우한 입장에 놓여있으므로 일본 도시계획 및 도시 행정에 있어서 적극적으로 보건위생에 대해 연구하고 시설계획을 수립하는 한편, 도시민 자체가 자신의 체력 증진과 보건위생에 관해 이해하고 협력일치하여 그 목적 관찰을 위해 나아가야 한다고 생각합니다.

또 도시와 시골의 생활환경 차이에 영향을 받는다는 결과를 보여주는 통계를 기술해보면 일본 6대 도시에서의 장정 갑종(甲種) 합격자는 23%, 15만 이상의 도시생활자는 20%, 그 외의 곳은 34%, 도시에서 태어나 소학교를 졸업하고 시골로 전출한 사람이 28%, 시골에서 태어나 소학교를 졸업하고 도시에 온 사람이 21%입니다. 어느 쪽이든 도시의 공기를 호흡한 사람은 갑종 합격자 비율이 확연히 낮다는 사실에 새삼스럽게 전율을 느낍니다.

그렇다면 현재 도시의 결함은 무엇일까요. 첫 번째 인구밀도가 지나치게 높다는 점입니다. 좁은 곳에 지나치게 많은 사람이 모여 있어 채광환기도 생각할 수 없으므로 심히 불량해 마치 창문이 없는 집에 살고 있는 듯한 상태이기 때문에 좀 더 분산하여 공기가 청정한 곳으로 나갈 필요가 있습니다. 이를 위해서는 우선 현존하는 도시 안에 좀 더 많은 공터를 갖출 필요가 있습니다. 즉 도로의 폭원 및 공원·운동장 건평에 대한 부지 비율을 늘려야 합니다. 특히 도시의 주택은 셋집이 많고 셋집은 수지가 높기 때문에 집의 방향이나 공터 등은 신경쓰지 않고 좁은 땅에 가능한 한 넓은 집을 세우려고 해서 건강이나 위생 같은 것은 조금도 고려하지 않는 경우가 많습니다. 하지만 도시 생활자는 어쩔 수 없이 이런 셋집을 빌려서 살게 되고 그 결과 우리 도시 생활자의 신체에 불량한 결과를 초래하게 됩니다. 셋집 뿐만이 아닙니다. 애써 교외에 자가(自家)를 짓기 시작할 때는 분양지도 메우지 않기 때문에 공터도 많이 넓지만 점점 그 분양지도 메워서 모두 부지만 가득한 집을 세우면 이윽고 도시 중심의 셋집에 사는 것과 하등 다를 바 없는 상태가 되는 것입니다.

바꿔 말하면 도시의 건설은 관청이 담당하고 있는 것이 아니라 주민의 손에 의해 만들어지고 있으므로 부민의 손으로 이상향도 만들 수 있으며 또 반대로 불량 도시를 만들 수도 있다는 점을 인식하기 바랍니다. 부민 여러분, 부(府)의 고원(高遠)한 이상과 계획은 기설한 대도시가 걸어온 도정을 검토하여 그 실수를 흉내내지 않고 명랑한 도시건설에 각 부민이 각각의 입장에서 연구 노력해야 하지 않겠습니까.

게다가 정신적 육체적으로 일본의 도시 생활자의 최근 경향은 자신의 생명을 단축시키는 일을 굳이 하고 있다고 밖에 할 수 없습니다. 이는 종래 도시 생활자의 식당에 대해 조사한 자료에 따르면 총 수입 5.8할~6할까지는 식비에 할당하고 있던 것이 최근에는 수입의 3할 5분 내외로 그 비율 금액이 감소하고 있기 때문입니다. 식비에 지출하는 비율이 감소하고 그 잔여는 어디에 사용하고 있는지 살펴보면 대부분은 오락 비용에 소비하고 있습니다. 체력을 유지하고 내일의 활동의 자원이 되는 것은 영양과 휴양이라는 사실은 모두 알고 있을 것입니다.

도시 생활자가 자신의 체력 자원을 감소시키고 밤늦게까지 신체의 휴양을 내버려둔 채 오락에 시간과 돈을 지출하는 경향은 그늘진 도시 생활자의 보건위생을 파괴할만한 일대 원인입니다.

도시의 보건시설은 도시 거주자에 대한 올바른 위생사상의 보급이 그 근본이며 도시행정청의 과감한 시설과 서로 어우러짐으로써 그 효과를 볼 수 있다고 생각합니다.

마지막으로 최근 도시계획사업은 도시의 보건시설을 제일의로 해야합니다. 이를 위해서는 인구 10만 이상의 도시를 만들지 않고 인구 10만 이하의 전원도시를 만들며 기설 대도시는 특별 시정(市政)을 펼치는 것, 이것이 일본의 국민보건상의 급무이자 소위 국토계획의 일부라고까지 할 수 있는 시기가 되었다는 사실을 말씀드리며 필자의 이야기를 끝내겠습니다. 〈33~36쪽〉

「구룡충(九龍蟲) 수난-해충으로서 금지되다」, 『조선급만주』(제351호), 1937년 2월.

최근 '살아있는 호르몬' 내지는 '신비적 특효가 있는 강장제' 등으로 부르며 구룡충을 사육해 산채로 복용하는 미신적 풍습이 만연하여 노인, 초로자가 두 명 이상 모이면 반드시 화제에 오르고 가정 내에서 조선 인삼, 감귤류 등의 귀중 식물을 먹이로 주며 몰래 사육 복용하고 있는 호르몬 광자(狂者)도 상당수에 달하며 이를 판매하는 약재 가게도 상당수에 이르렀다. 그런데 이 미신적 풍습은 내지에도 전해져 부인잡지 등에서도 과대하게 이를 취급한 결과, 도쿄 시내에서도 이미 십수 집이나 구룡충을 판매하는 약국을 찾아볼 수 있는 상태가 됐기 때문에 감시청 위생부에서 마침내 조사 연구한 결과, 이 구룡충이라는 것은 길이 2분(分), 폭 1분 정도의 흑자색 갑충으로 복용은 1회에 산 채로 14마리 정도 삼킨다고 하는데 백 마리가 10원 내외나 하는 고가임에도 불구하고 이 갑충은 껍질이 몹시 단단해 위생상 유해할 뿐만 아니라 약효는 단순히 전설상의 공론으로 과학적 사실이 아니라는 결론에 달했으므로 최근 단연 판매를 금지하게 되었다. 〈65~66쪽〉

사사 노부토라(의학사, 佐々信寅), 「혈액 잡담」, 『조선급만주』(제352호), 1937년 3월.

인간은 건강한 이상 혈액 등에는 그다지 관심을 가지지 않는다. 원래 여성은 성숙하면 멘

스라고 하는 현상이 있기 때문에 월경폐지기에 이르기까지는 피와 연이 멀지 않은 편이 오히려 생리적이지만 여하튼 '피를 본다'라는 말을 듣는 것만으로도 어쩐지 이상한 것이 연상될 만큼 피라는 단어에는 그다지 친숙함이 느껴지지 않는다.

그러나 혈액은 인간의 생존에 가장 밀접한 관계를 가지고 있는 것이며 우리가 혈액에 관한 것을 염두에 두고 있지 않음에도 불구하고 그것은 시중 끊임없이, 또한 우리들의 생명의 탄생부터 관에 들어갈 때까지 혈액과의 교섭 없이는 인간다울 수 없는 것이다. 게다가 혈액에 관한 연구가 근대의학이나 생리적 연구에서 가장 중요한 부문을 차지하고 있다는 것은 의심할 여지가 없는데 여기에서는 전문적인 것은 제쳐 놓고 일상, 일반인에게도 유용한 혈액에 관계된 사항에 대해 두세 가지를 해설해 보고자 한다.

혈압

젊은 사람들은 혈압을 별로 신경쓰지 않지만 요즘 대부분의 노인은 혈압에 몹시 관심을 가지고 있다. 그중에는 혈압이 청년 수준이라며 건강함의 바로미터인 것처럼 선전하는 적극성도 있지만 대부분은 이제 슬슬 혈압을 신경써야만 하는 연령이 됐다며 비관적 의미에서 관심을 지니고 있다.

그것도 무리는 아니며 본래 혈압이란 혈액이 심장의 박동으로 동맥 안으로 밀어내기 위해 혈관벽이 혈액으로부터 받는 압력이기 때문에 무릇 피가 돌고 있는 자라면 누구나 혈압이 없을 리는 없지만 이 혈압이라는 것은 일반적으로 연령과 함께 증가해가기 때문에 고령자에게는 보다 중대한 문제인 것이다.

예를 들면 5세까지의 소아에서는 최고 혈압은 75미리미터 내외이지만 10세에서는 85미리미터 내외, 15세에서는 105미리미터 내외, 20세에서는 120미리미터 내외로 유년기부터 성년기에 걸쳐 신장과 체중이 증가함에 따라 급속하게 증가해 20세 이후에는 3년 내지 8년씩마다 1미리미터 증가하여 50세에 128미리미터 내외에 달하고 그 이후에는 약 2년씩마다 1미리미터 증가하여 65세에 136미리미터 내외가 된다.

현재 일본인의 표준혈압은 다음과 같다.

20세까지 110미리미터

21세~30세 115미리미터

31세~40세 120미리미터

41세~50세 125미리미터

51세~60세 130미리미터

혈압은 연령과 함께 증가하는데 남성은 여성보다 높고 또 대개 체중이 많이 나가는 사람, 신장이 큰 사람은 그만큼 혈압이 높다.

혈압은 심실이 수축해 혈액을 압출할 때의 최대혈압과 압출된 혈액이 이행한 다음 하강한 최소혈압이 있으며 이 양측의 차이는 맥압이라 부르고 있다. 보통 혈압이라고 하면 최고혈압을 의미하는데 순환계의 건부(健否) 상태를 정확하게 판단하기 위해서는 맥압 또한 중요성을 지닌다. 보통 상태의 최대혈압·최소혈압·맥압은 3·2·1의 비율이다.

혈압의 고저는 심장에서 혈액을 압출하는 힘의 강약과 심장에서 압출하는 혈액량의 다소, 그리고 혈관에서의 저항력의 대소에 따라 정해지는데 일반적으로 적당한 정도의 운동은 최대혈압을 높이며 최소혈압을 낮춘다. 격한 정신적 흥분이나 자극 및 질병 등은 혈압을 높이고 수면은 혈압을 낮춘다. 직립 자세에서 옆으로 엎드리는 위치로 자세를 바꾸면 최고혈압을 증가시키고 반대로 최소혈압을 낮춰서 맥압이 커진다. 식사 직후와 식후 약 3시간은 혈압이 오르며 또 음주 후 약 30분이면 현저하게 상승하고 끽연도 혈압을 높인다. 기온이 온후하면 대체로 혈압이 낮아지고 한랭하면 오르며 하루 중에는 이른 아침에 혈압이 낮고 오후 3~7시에 최대가 되었다가 다시 하강한다. 신장염·위축신(萎縮腎)·동맥경화증 등은 현저히 혈압의 상승을 초래한다. 이상에서 기술한 것처럼 혈압에 이상한 관심을 가지고 지나치게 앞당겨 걱정하는 일은 오히려 혈압을 증가시킨다는 사실에 주의해야 한다. 혈압을 정확하게 측정하려면 측정하는 사람이 정신과 신체를 평정하게 하고 적당한 온도의 실내에서 식사 직후를 피하고 배뇨를 본 후 측정 전 2, 30분간 가로로 누워있어야만 한다. 따라서 왕왕 시중에서 보이는 애매한 혈압측정기를 믿고 곧바로 우울해지는 것은 귀면(鬼面)에 위협당하는 부류일 것이다.

연령에 상응하는 정상 혈압보다 높아지면 여러 가지 불쾌한 감각이 느껴지고 점차 내장 제기관에 이상이 발생하게 된다. 이것이 혈압항진증이다. 앞서 기술한 것처럼 50세 내지 60세 남성은 혈압 130미리미터 내외가 보통인데 150 이상 200, 때로 250 내지 300에 달하는 경우가 있다. 만약 150 내지 200미리미터로 상승하면 일반적으로 여러 가지 증상이 나타나서 혈압 150미리미터가 혈압항진증의 경계라고도 할 수 있다.

혈압항진증 증상은 다양한데 맨 처음에는 두부동맥에 고동(鼓動) 압박감이 발생하고 전두부에 작열감 혹은 둔통을 느끼며 이명·눈부심을 느껴 심장부의 자침양감(刺針樣感)·협착감·심박항진을 호소한다. 또 수면이 어렵고 정신불안이 되며 흥분하기 쉽고 기억력·정신집중력이 쇠퇴하며 야간요의를 불러일으키는 일이 많아지고 소변량도 증가한다. 후에는 신장이 쇠약해져 동맥경화에 의해 혈액순환은 장해를 초래하며 호흡이 절박해져 흉부 압박감이 발생해 뇌일혈을 일으키기 쉬워진다.

혈압항진증이라고 하면 세간에서는 동맥경화증부터 생각하는 것 같지만 혈관에는 아무런 이상 없이 만성신장질환 특히 위축신인 사람, 니코틴·모르핀·납 중독자, 또는 월경폐지기의 부인 등에서 항진하는 사람도 있다. 또 아무런 원인이 없이 자발로 혈압이 지속적으로 높은 경우도 있다.

혈압항진증은 앞서 기술한 증상 외에도 뇌일혈을 일으키기 때문에 위험하며 또 인혈(人血)·망막출혈 등도 일으키기 쉽다. 그 치료법은 첫 번째로 정신안정이다. 정신안정을 유지할 수 있는 사람은 혈압 200에 달해도 아직 길게 건강을 잘 보존할 수 있다. 그럼에도 불구하고 혈압항진을 두려워해 금방이라도 뇌일혈로 쓰러질 것처럼 느끼는 것은 죽음을 앞당긴다. 과격한 운동을 피하고 심신의 과로를 삼가며 바둑·장기 등에 몰두하는 것을 금하고 음주나 육식을 절제하며 과식이나 염분이 많은 음식을 피하고 잠을 충분히 자고 변통을 좋게 하고 자유로운 산책을 하는 것이 좋다. 혈압항진증이 심해진 경우에는 절대 안정을 취하고 유동물을 섭취하며 염분 섭취를 제한해야만 한다. 현재 다양한 약제가 판매되고 있는데 효과는 모두 일시적이어서 사용기간에 그치며 사용 후까지 효과가 지속되는 것은 아직 없다.

혈압이 항진하는 것과 반대로 지속적으로 강하하는 혈액강하증이라는 것도 있는데 이것은 극히 드문 질환으로 대부분은 35세 전후에서 인정되는 것에 불과하므로 이에 대해서는 생략하기로 한다. 〈70~73쪽〉

혼다 다쓰요시(의학박사, 本田建義), 「병열과 하열제에 대해서」, 『조선급만주』(제352호), 1937년 3월.

보통 감기나 유한(流寒)이 유행하고 이러한 것들이 시초가 되어 기관지 카타르(catarrh)나 폐염·늑막염 혹은 폐첨(肺尖) 카타르 등의 질병을 일으키는 경우가 상당히 많다고 생각합니다. 그런데 이상의 병은 물론 기타 여러 가지 병이라고 부르는 대부분의 질병은 반드시 발열을 동반하기 때문에 세간에서는 마치 열 그 자체를 병의 전부인 것 마냥 생각해서 어떤 병이라도 열이 내리면 병이 완쾌되는 것처럼 지레짐작하는 사람이 많을 만큼, 열이라는 것은 대부분의 병에 공통하는 가장 주요한 증후 중 하나입니다. 요컨대 의사의 경우도 환자를 진찰할 때는 맥을 진찰함과 동시에 반드시 우선 체온계로 체온을 잰다는 것은 주지의 사실입니다. 이처럼 열과 병은 밀접한 관계가 있으므로 '병열과 하열제에 대해서'라는 제목 아래 발열이 인체에 미치는 영향, 병열과 세균의 관계, 해열 방법, 하열제의 사용 목적, 하열제 부작용, 하열제의 사용상 주의점 등에 관해 지극히 간단하게 설명해보고자 합니다.

대기의 기온은 사계절에 따라 상당한 차이가 있다는 것은 주지의 사실로 하루중에서도 아침-저녁, 낮-밤, 날씨 등 여러 가지 사정 아래 승강(昇降)하며 일정한 상온을 유지하는 것은 불가능합니다. 이처럼 끝없이 변동하는 기온 내에 서식하면서도 우리 인간은 건강한 경우에는 거의 일정 체온을 유지하고 있습니다. 즉 겨드랑이로 쟀을 때 유럽인은 평균 37도, 일본인은 평균 36.2도 내지는 36.8도이며, 유럽인과 일본인의 차이는 일상의 식이 관계나 기타 이유 때문으로 큰 의미는 없습니다. 전술한 것처럼 건강체의 체온이 일정 온도를 유지하고 있는 것은 인간의 뇌의 일부인 중뇌(中腦) 속에는-인간 뿐만 아니라 모든 동온동물 즉 온혈동물은 모두 동일합니다-체온의 발생 및 그 방산(放散)을 합리적으로 조절하는 중추가 구비되어 있어 이것이 항상 그 조절 작용을 하고 있기 때문입니다. 하지만 병에 걸린 경우에는 이 조절 기능을 상실하여 평형을 유지하지 못하기 때문에 이상한 체온의 승강 요컨대 병열이 되는 것입니다. 이 병열 중에 평균 체온보다 떨어지는 경우는 극히 드물며 대부분의 경우는 평열(平熱)보다 오릅니다. 다시 말해 체온 상승으로 보통 열이라고 부르는 것입니다. 열은 초기에는 대부분의 경우 우선 오한을 느끼고 혈관은 수축해 안색이 창백해지며 몸 표면으로부터의 열 방산은 감소하고 체내 열의 발생은 증가해서 체온은 마침내 각 병의 종류에 따라 여러 가지 고도(高度)에 다다르게 됩니다. 그리고 이때 온도 조정 중추는 병의 종류에 따라 각각 일정 온도를 유지하기 위해 작용하는 경향이 있습니다. 예를 들면 40도의 고온에 있는 환자에게 냉수 요법을 실시하거나 또는 하열제를 내복하게 하여 일시 고열을 하강시켜도 그 치료를 중지하거나 약효가 떨어지면 다시 곧바로 오한을 초래하여 피부는 창백해지고 소름이 돋으며 근육은 경련이 일어나 전율을 초래하고 체내의 산화작용은 왕성해져 발열량을 증가시켜서 눈 깜박할 사이에 원래 고온인 40도에 도달해 비로소 온도 조정 기능이 안정적으로 복귀하게 됩니다.

다음으로 열은 어째서 나는지에 관해 기술하자면 여기에는 여러 가지 원인이 있습니다. 가령 티푸스처럼 세균이 신체에 들어와 발열하는 경우도 있으며 몸속 어딘가에 농(膿)이 있는 부분이 있어서 열이 나는 경우도 있습니다. 또 열사병과 같이 오랫동안 더운 열기 속에 있어서 열이 신체 안에 머무르기 때문에 열이 나는 경우도 있습니다. 그리고 신경열이라고 해서 히스테리가 일어날 때 나는 열도 있습니다. 열이 나는 것은 이처럼 다양한 경우가 있습니다만 각각의 질병에 따라 열이 나는 방식이 대개 정해져 있습니다. 예를 들어 티푸스라면 처음부터 점점 나날이 열이 올라서 마치 계단식으로 한 단 한 단 올라가는 것처럼 열이 상승하다가 극도로 오르면 일시적으로 그 상태에 있다가 점점 내려오게 됩니다. 또한 폐결핵의 경우, 아침에는 평열이다가 오후 3, 4시부터 저녁에 걸쳐 열이 오르고 다음날 아침이 되면 원래대로 떨어지는 식으로 각 병에 따라 특유의 열이 오르는 방식이 정해져 있는 것이 상당히 많습니다. 그래서 의사는 열이 오르는 상태를 보고 대부분 어떤 병인지 대개 짐작하는 경우가 많습니다.

열이 나는 방식은 이상과 같이 다양합니다만 열의 형태를 의학적으로는 계류열(稽留熱), 이장열(弛張熱), 간헐열(間歇熱) 세 가지로 구별하고 있습니다. 계류열이란 하루에 최고온도와 최저온도의 차가 1도 이하 혹은 1도인 것을 말하며 격■포성(格■布性) 폐렴 흔히 급성폐렴·발진티푸스·성홍열·홍역 등에 초래되며 기타 장티푸스의 제2기, 재귀열(再歸熱) 또는 때때로 급성 속립(粟粒)결핵 및 폐로(肺癆: 폐결핵)에서 나타납니다. 이장열은 하루에 열 온도의 차가 1도 이상이 넘는 것을 말하며 장티푸스의 제3기, 농독증(膿毒症)·화농성(化膿性) 질환·패혈증 그 외에 종종 폐로·급성 관절류머티즘 등에 나타납니다. 간헐열은 하루에 최저온도가 정상 온도 혹은 그 이하 정도로 최고온도가 극히 현저한 것을 가리키며 말라리아 특유의 정형입니다. 이 외에 아침에 체온이 고온이었다가 저녁에는 하강하는 전위성(轉位性) 정형도 있습니다만 이는 거의 없는 경우라 그다지 설명할 필요가 없습니다. 그리고 1도 상승했던 병열은 크게 구별하여 두 가지 형식으로 하강합니다. 이 중 하나는 분리성(分利性) 감퇴이며 다른 하나는 환산성(渙散性) 감퇴입니다. 분리성 감퇴는 열성병의 급격 쾌유를 향한 결과, 체내에서의 발열이 가장 급격하게 감소하는 한편 체표(體表)에서의 방산 작용도 격증하여 마치 건강할 때 외부의 서열(暑熱) 상태에 순응해 체온을 방산하는 것과 같이 환자는 동시에 열감을 자각하고 피부는 홍조를 띠며 발한이 격심해 그때까지 39~40도였던 열이 잠깐 사이에 평상 온도 또는 그 이하로 급강하는 경우로 급성폐렴 등에 잘 보이는 열이 떨어지는 방식입니다. 한편 병열이 차츰 쇠퇴해 병이 서서히 쾌유를 향하여 체온의 발생량 및 체표에서의 방산량이 전자와 같이 급격하게 증가하지 않고 점점 하강하여 마침내 정상 체온 즉 평열로 복귀하는 것을 열의 환산성 감퇴라고 칭하고 있습니다. 그리고 발열 즉 체온의 상승은 단순히 질병의 증후 중 하나에 지나지 않으며 모든 병에서 발열이라는 증후 이외에 혹은 병독의 직접 관계로 심장·신장·중추신경계 등에 장해를 일으키는 경우도 있고 그 외에 다양한 증상이 더해지기 때문에 병의 난이(難易)는 단지 발열의 정도만으로 운운할 수 없습니다. 하지만 발열 그 자체가 인체 즉 환자에게 미치는 영향은 대단히 큰 측면이 있습니다. 예를 들면 발열 환자의 통유성(通有性)이라고도 볼 수 있는 소변의 질소배설량 증가는 신체의 장기(臟器) 단백질 분해에 의해 일어나며 주로 병독소(病毒素)의 중독작용이 그 분해 원인이 되지만 체온의 상승 또한 큰 원인 중 하나라는 사실은 근래의 연구에 의해 명확하게 인정되는 부분입니다. 또한 체온 상승의 직접 결과로서 호흡수 및 심장박동수가 현저히 증가한다는 사실은 일반에 알려져 있습니다만 이와 동시에 체내의 물질대사도 증가해 자주 의외의 위험을 초래하는 경우가 있습니다. 현재까지 실시된 동물실험 결과에 따르면 온혈동물은 그 생리적 체온보다 섭씨 약 6도가 상승하면 대부분은 사망하게 됩니다. 그래서 병열의 병원균 멸살 효과 여부의 문제가 많은 학자들의 연구 항목이 되어 왔는데 대부분의 병원균은 인류의 혈온(血溫) 이상의 열을 만나면 그 생활력을 잃거나 감약(減弱)하는 사실이 명백해졌습니다. 예를 들면 임질의 원인인 임균(淋菌)은 섭씨 40도의 열에 의해 사멸하기 때문에 뭔가 다른 급성 열성병의 경과 후에 우연히 임질을 치료한 사례가 적지 않습니다. 〈73~76쪽〉

오기노 마사토시(경성부 위생과장 의학박사, 荻野正俊), 「성홍열, 디프테리아 등의 예방 이야기(예방주사는 유효하다는 사실이 입증되었다)-'농아를 말하다' 방송을 듣고-」, 『조선급만주』(제353호), 1937년 4월.

지난 2월 17일 밤 경성중앙방송국의 '마이크'를 통해 경성대 의학부 교수 고바야시 시즈오(小林靜雄) 박사가 '농아를 말하다'라는 강연 제목으로 실험담과 그 영애의 이야기 또 그 모친의 체험담에 대해 방송한 사실은 아직 독자 여러분의 기억에 새로운 분이 있을 것입니다. 저는 시종 눈물을 훔치며 들었습니다. 많은 독자분들 또한 마찬가지였을 것입니다.

이 방송은 자식이 있는 부모들에게 여러 가지 교훈을 주었다고 생각합니다. 가련한 불구의 자식에 대한 부모의 마음, 불구이지만 이야기할 수 있도록 눈물겨울 만큼 노력했던 양친의 수고, 광대한 부모의 자애에 새삼스럽지만 자세를 바로하고 자신을 반성하게 만드는 것이었습니다. 저는 이 영애가 어렸을 때 성홍열에 걸려 내이(內耳)에 병이 들어 마침내 농아가 된 경과를 듣고 저의 입장에서 일반 부민(府民)에게 적극적으로 위생사상을 보급하고 올바른 보건위생을 가르치는 것이 급무라는 사실을 깨달았습니다.

경성부 내의 전염병 중 아이들의 병으로 많은 것은 홍역과 성홍열, '디프테리아'입니다. 고바야시 교수의 방송 내용은 성홍열에 걸려 내이를 앓아 귀머거리가 된 실험이었기 때문에 여기에서도 성홍열을 예로 들어 그 예방에 대해 또 '디프테리아'의 예방에 관해 기술하여 여러분의 참고 자료로 삼고 싶습니다.

과거에 부내의 성홍열 유행 상황은 그 해의 유행에 좌우되어 환자수에 영향이 컸던 해와 적었던 해가 있습니다. 다이쇼(大正) 연간(1912~1926)의 경우 1915년 내지인 발생 220, 사망 60, 환자 백 명에 대한 사망률 36.5, 조선인 발생 129, 사망 39, 사망률 30, 1921년 내지인 발생 376, 사망 163, 사망률 43.5, 조선인 발생 16, 사망 9, 사망률 56이었던 해가 많았던 해입니다. 한편 1919년 내지인 발생 32, 사망 0, 조선인 발생 2, 사망 1, 사망률 50의 경우가 적었던 해입니다. 예전에는 사망률이 대단히 높아 경성은 겨울은 조금 추워도 여름이나 봄가을은 살기 좋은 곳이나 아이들의 강적인 성홍열의 유행이 있고 게다가 걸리면 태반이 사망하는 일이 있으므로 경성에 오래 살고 싶은 기분이 들지 않는다, 경성에 와도 아이는 내지에 두고 온다는 등의 이야기를 자주 듣습니다.

제가 학교 의사로서 경성부에 봉직했을 때, 학교 아동 중에 성홍열 환자도 많았고 이로 인해 불행히 사망한 아동도 상당히 있었습니다. 그 예방에 대해 종종 조사 연구했습니다만 종래 각지에서 실시했던 사항 외에 손쓸 방법이 없어 할 수 없이 단지 아동에 대해 ■■, 인후가 나쁜 아동에 대한 약품 도■, 환자가 발생한 학교의 주간 휴학, 교실 소독 등의 수단 방법에 힘을 기울였습니다. 하지만 이것으로 환자 이환율(罹患率)의 저하를 기대하지 못했으며 또 사망률도 저하시키지 못했습니다. 때마침 미국에서 ■■ 씨가 성홍열 환자로부터 분리한 용혈성(溶血性) 연쇄상구균이라는 세균을 사용해 성홍열 감염 인체 시험에 성공했고 이 균에서 산생(産生)시킨 독소로 예방주사 방법을 발견했다는 보고가 나왔습니다. 당시 일본에서는 다롄 시(大連市)에서 처음으로 이 방면의 실제적 연구를 진행해 학교 아동에 대한 예방주사를 실시한 결과 효과가 있다는 사실이 보고됐기 때문에 저도 현재 경성의전 병원장인 히로나카 스스무(弘中進) 박사와 함께 다롄으로 건너가 ■■ 씨가 분리한 연쇄성구균과 다롄에서 분리한 균을 운반해 왔고, 1926년에 우리가 경성부 안에 유행했던 환자로부터 분리한 균을 배양해 독소를 추출하여 처음으로 부내의 학교 아동에게 예방주사를 시작했습니다. 일본에서 두 번째이며 조선 및 내지에서는 첫 시도였습니다. 여하튼 완전하게 예방주사를 끝내려면 주사를 6회나 놓아야만 했고 그중에는 예방주사의 부작용으로 발열이나 전신에 성홍열과 같은 발진이 돋기도 해서 그때마다 아동의 가정에 병문안을 가거나 다음날 주사액을 만들 때 오전 3시 무렵까지 일해서 실시했습니다. 그중에는 학교 당국이나 학부형으로부터 정설(定說)이 없는 예방주사를 아이에게 놓아서 실험동물로 쓰는 일은 당치 않다는 말까지 듣기도 했습니다. 그러나 전술했듯이 성홍열의 예방은 소극적인 것만 있었고 자연의 유행에 맡겨야만 하는 상태였습니다. 적극적인 예방은 개체를 예방하는 수밖에 없으며 또 실제로 한 번 성홍열에 걸린 사람의 대부분은 다시 걸리지 않는다는 사실과 환자가 발열하는 ■■도 몹시 붉을 때는 100%로 이 용혈성 연쇄상구균을 발견하는 사실로부터 이 예방주사 외에는 다른 적극적인 예방방법은 없으며 시일이 지나면 이것이 해결 지을 것이라는 결심으로 매년 예방주사를 실시했습니다. 12년 뒤인 현재 과거를 추억하며 감개무량합니다. 학교 아동의 성홍열 이병율(罹病率)은 1928년에 아동 천 명당 17.45명이었던 것이 해마다 감소해 1929년에는 15.45명, 1930년은 10.22명, 1931년은 7.4명, 1932년은 6.4명, 1933년은 4명, 1934년은 5.6명으로 매년 감소하고 있습니다. 또 부내의 성홍열 환자 사망률도 1930년 이후 급격하게 감소해 1926년의 14.3명이 1930년에는 6.2명이 됐고 1933년은 2.4명까지 감소했습니다. 이 성적을 통해 일반 부민 특히 소학교 보통학교 아동보다 어린아이를 위해 경성부 위생시험실에서 무료로 실시하고 있습니다만 좀처럼 일반 학부형은 예방주사에 대해 주의를 기울이지 않았습니다.

그래서 1934년부터 환자가 발생했던 가정에 권유했더니 점차 주사를 맞으러 오는 사람이 늘어났습니다. 올해는 게다가 디프테리아의 예방주사를 학교 아동에게 실시함과 동시에 일반 부민을 대상으로도 실시한 결과, 의외로 많은 사람들이 찾아왔으며 또 시험실에도 매일 30명 내외가 찾아오게 되어 마음이 든든해지게 됐습니다. 그리고 한층 더 나아가 부민이 경성부의 시설계획에 대해 관심을 가지게 되기를 강하게 희망하고 있습니다. 〈56~59쪽〉

이마무라 라엔(今村螺炎), 「경성 화류계의 변천」, 『조선급만주』(제354호), 1937년 5월.

조선인 요릿집

경성 화류계의 변천을 이야기해 보고자 하는데 우선 조선인 측부터 시작하기로 하겠다.

예전에는 조선인 사이에 요릿집이라는 것은 없었다. 양반의 연회는 자신의 집에서 하든지 관유(官有) 건물의 누정에서 기생을 명령으로 불러 시중을 들게 했고 따라서 축의를 낼 필요가 없었기 때문에 요릿집이 필요하지 않았던 것이다.

그럼 보통의 부자나 젊은이들은 어땠냐 하면 그들은 기생집에 놀러 갔다. 그러나 보통이라고 해도 아무나 마음대로 기생집에 갈 수는 없었다. 번화가를 배회하는 불량배라고 해야 할까, 일종의 젊은이들의 단체가 있어서 여기에 다리를 놓지 않으면 기생집 출입은 불가능했다. 이를 오입장(誤入匠)이라고 했는데 여기에 인사하지 않고 나가려고 하면 괴롭힘을 당하거나 두드려 맞는 등 심한 일을 당했다. 물론 다리를 놓기 위해서는 상당한 돈을 지불해야 했다. 기생 쪽에서도 오입장의 비위를 건드리는 일이 있으면 심한 일을 당했지만 한편으로는 보호해주기 때문에 충분히 이용가치는 있었던 것이다. 어쨌든 이런 수속을 거쳐 기생집에 가도 기생은 온돌 상석에 앉아 가야금 등을 튕기고 있고 신입 손님은 말석에 찌그러져서 그것을 듣고 있는 형편이었다. 게다가 점차 단골이 되어 정약(情約)도 가능하게 되기까지는 상당한 돈이 들었으므로 가난한 사람에게는 좀처럼 손도 뻗지 못하는 곳이었다.

시골의 부자는 자신의 권력으로 기생집에서 놀았던 자이다. 술과 쌀을 말에 싣고 가서 한 달이고 두 달이고 틀어박혀 유련(流連)하는 일도 드물지 않았다.

이것은 비교적 상류계급이 하는 것으로 하층 사람들은 색주가(色酒家: 선술집을 가리킨다. 색주란 다양한 술이라는 의미로 정사와 술이라는 의미가 아니다) 등에서 한 잔하는 정도였다. 이곳을 근거지로 하는 갈보(매춘부)는 값이 싸서 손쉬웠지만 가령 양반 정도 되는 자는 결코 이런 곳에는 발을 들여놓지 않았다. 그만큼 불결하고 변변치 않은 곳이었기 때문이다.

요컨대 예전의 조선인 측 화류계는 극단적으로 고급스러운 곳과 극히 저속한 곳 두 가지로 크게 나뉘어 있었다.

근대에 들어 화류계도 점점 사회의 요구에 따라 현대화 되어 우선 명월관(明月館)이 현재 동아일보사가 있는 장소에 훌륭한 조선식 건물로 된 최초의 요릿집을 열었다. 당시 한국의 대신과 일본의 차관들, 또는 통감 이토 히로부미(伊藤博文) 공까지 출입한 것이다.

그렇지만 그 무렵의 기생은 자신의 집을 가지고 있었고 현재와 같이 권번(券番)제도 등은 없었다. 격식이 높아 정3품, 정4품 등의 벼슬을 지닌, 공연스레 일본 헤이안(平安) 시대의 유녀를 떠올리게 만드는 우아함이 있었다. 그도 그럴 것이 고종이 갑오개혁 때에 관중의 관기를 해방하고 밖에 나가 자치의 길을 도모하라고 명령했을 때, 적당한 곳에 시집을 가든지 혹은 기생이 되어도 결코 품위를 잃는 일이 없어야 한다고 엄히 가르쳤기 때문이기도 할 것이다. 이러한 기생이 메이지(明治) 41년 무렵에도 5, 6명은 남아 있었던 듯하다. 그러나 이것도 시대의 변천과 함께 점점 변해 현재의 권번제도가 생겨나 대중적이고 값싼 것이 되어 가고 있는 형편이다. 예전에는 좀처럼 내지인의 요청에는 쉽게 응하지 않았던 것이다.

한편 기생 이하 중에 갈보가 있었던 사실은 앞에서도 잠깐 기술했는데 조선인을 상대하는 갈보 외에 내지인을 상대하는 갈보도 있었다. 현재의 경성우편국 뒤의 명치정(明治町) 일대에 낙동(駱洞)이라고 부르는 곳이 있었는데 여기에는 그런 여자들이 7, 80명이나 있었고 그 외에 여기저기에 조금씩 있었다. 단골손님은 인력거꾼이나 기타 내지인 노동자로 당연히 매우 하등한 소위 당시에 일 원짜리 등으로 부르던 자들이 그것이다. 〈125~127쪽〉

혼다 타쓰요시(의학박사, 本田建義), 「일광과 위생」, 『조선급만주』(제357호), 1937년 8월.

속담 중에 '햇볕이 들지 않는 집에는 의사가 온다'라는 말이 있습니다만 햇볕이 얼마나 우리의 신체에 필요한 것인가 하는 문제에 대해 위생상의 견해에서 해석을 시도해보고자 합니다. 햇볕의 원천은 말할 것도 없이 태양인데 이 태양은 실직경이 8천 6만 6천리라고 하며 지구와의 거리는 9천 2백 83만리로 계산되고 있습니다. 그리고 태양의 표면은 백열하는 금속이자 비등하고 있어서 여기에서 발하는 광선 즉 '에테르'의 파동이 우리의 시각을 자극하기 위해 광감(光感)을 야기하기 때문에 이 무한 '에너지'의 햇볕이 생물계에서의 제반 활동의 근원을 이루는 것입니다. 태양에 관한 일종의 전설은 고래부터 많이 있지만 태고의 인류가 아직 동굴 생활을 하고 있던 시대조차 태양이 없는 암흑을 두려워하고 햇볕이 있는 밝은 곳을 가장 안전한 장소로 여기고 있었습니다. 또한 햇볕은 만물의 창조주 혹은 보호자로서 존숭되어 특히 현대문명의 시조 인종인 '이집트인'이나 '바빌로니아인' 등은 햇볕을 신으로 받들어 이들 민족의 시가(詩歌) 속에도 항상 햇볕을 인류에게 건강과 활동력을 주는 것으로 여긴 사실을 많이 볼 수 있습니다. 또한 햇볕은 질병을 치료해 죽음에서 구하는 능력이 있다고 여겨졌습니다. 따라서 이러한 신념에 의해 세계 어떤 나라를 불문하고 인류의 사상 중에 아침 일찍 일어나 태양을 향해 배례하는 관습이 존재했던 토지가 많은 것입니다. 그리고 그리스·로마 시대에는 이미 햇볕을 질병 치료에 응용했습니다. 특히 일광욕장을 만들어 활발하게 일광욕을 했던 흔적이 있습니다. 이처럼 국가와 동서고금을 막론하고 태양광선을 쐬서 질병을 치료하거나 혹은 신체를 강건히 하는 일에 노력해 왔으며 시성(詩聖) 괴테는 최후에 "좀 더 많은 빛을…."이라고 말했습니다.

이상과 같이 태양광선은 우주 만유에 신비적인 작용을 하며 만물화육(萬物化育)의 원천으로 모든 생물은 이에 의해 생육하고 또 그 은혜에 의해 생명을 보존하며 한없는 생활력을 우리 인류에게 부여하는 것입니다. 따라서 햇볕을 쐬는 일의 다소가 인간생활에 지대한 영향을 미친다는 사실은 당연합니다. 즉 일상 바깥에서 일하는 사람과 실내에만 있는 사람과의 건강상 차이가 있다는 점도, 먼지와 매연이 많은 도시에 사는 사람과 청정한 공기의 해변이나 전원에서 생활하는 사람과의 보건 상에 큰 차이가 있다는 점도 주로 이 햇볕을 쐬는 일의 다과(多寡)에 기인하는 것입니다. 원래 평지에서의 태양광선 특히 도회지에서의 그것은 매연이나 수증기 등으로 인해 그 유효광선이 현저히 흡수되어 버립니다. 원래 태양광선은 단일한 광선이 아니라 여러 가지 파장을 달리합니다. 즉 종류를 달리하는 광선의 집합이어서 광선기로 이것을 분석해보면 빨주노초파남보 7가지 색이 됩니다. 그렇다면 이중 어떤 광선이 우리 인간의 보호 상 유효한 광선인가 하면 우리들 눈에 보이는 상기의 7가지가 아니라 육안으로 볼 수 없는 곳의 화학선인 자외선이 주요한 것입니다. 대저 태양광선은 앞에서 간단하게 설명했듯이 각각 다른 '에테르'의 파장을 지닌 것인데 육안에 보이는 7색 중에서는 붉은색이 가장 파장이 길고 주황색·노란색·초록색·파란색·남색 순으로 짧아지며 최후의 보라색이 가장 파장이 짧습니다.

그런데 상기의 화학선인 육안에 보이지 않는 자외선은 보라색보다도 파장이 짧기 때문에 태양광선중에서는 가장 파장이 짧고 게다가 화학작용이 가장 강렬합니다. 따라서 태양광선 중에 보건위생 상 소중한 역할을 하는 것은 주로 이 자외선인 것입니다. 한편 이 외에 육안에 보이지 않는 것으로 붉은색 보다 더 파장이 긴 적외선이라는 것이 있는데 이것은 주로 온열작용을 하는 것입니다. 그래서 대도시 혹은 공장지대의 빈민이나 스웨덴·노르웨이 같은 북국 또는 산속에 서식하고 있는 소아 등의 혈색소가 겨울에 감퇴하고 여름에 격증하며 또 실내에 칩거하는 습성이 있는 '캐시미어' 부인에게 골연화증이 많고 남미산 작은 원숭이가 햇볕이 적은 '런던' 동물원에 오면 얼마 지나지 않아 폐사합니다. 또 '런던' 동물원에서 실험한 결과 사자나 기타 동물의 우리에 자외선 투과 유리를 이용해 사육하면 현저하게 사망률이 감소하며 또 번식력이 증가한다는 사실과 같이 모든 햇볕 특히 자외선이 얼마나 생물계에 유효하며 필요불가결한 것인지를 이야기하는 이유라고 생각합니다. 그리고 햇볕 중 자외선의 양은 앞에도 설명한 것처럼 매연이나 수증기 등에 흡수되는 관계로 토지가 높으면 높을수록 또 공기가 깨끗하면 깨끗할수록 다량 포함되어 있습니다. 그리고 이 자외선은 보통의 유리는 대부분 투과하지 못하기 때문에 유리문을 통과한 햇볕은 유감스럽게도 이 소중한 자외선이 전혀 없다고 해도 지장이 없습니다.

이처럼 햇볕 중에는 소중한 자외선이 포함되어 있기 때문에 우리는 가능한 한 햇볕을 많이 쐬는 기회를 만드는 일이 보건위생 상 대단히 필요한 이유입니다.

그렇다면 햇볕이 인체에 직접 어떻게 작용하고 어떤 효과가 있는지 여기서 잠시 구체적으로 설명하기 위해 우선 피부에 대한 작용에 관해 기술하겠습니다. 우리의 피부에는 항상 일종의 내분비작용이 일어나고 있으며 이것이 교감신경에 작용을 미침으로써 혈압 조절 등이 가능한 것입니다.

그래서 햇볕이 항상 직접 피부에 작용하면 우선 첫째로 피부에 색소의 증가를 초래해 소위 피부가 검어지게 됩니다. 그리고 이와 동시에 상피세포의 내분비를 촉진합니다. 즉 평소 태양에 신체를 노출시키고 작업하는 농부나 어부 기타 노동자의 피부가 색소가 많아서 암갈색을 띠고 있다는 사실은 이미 주지의 사실입니다. 이러한 사람들이 일반적으로 신체가 강건한 것은 햇볕의 자극에 의해 피부 내분비 기능이 계속 촉진되어 혈액순환을 좋게 하고 또 혈압 조절과 피부 저항력 증진 등 여러 가지 좋은 영향을 미치기 때문입니다.

이어서 햇볕이 인체의 신진대사에 미치는 영향에 대해서 조금 자세히 설명해보면 우선 태양광선이 신경을 자극하고 이것을 신경중추에 전달함으로써 신진대사 기능을 왕성하게 만듭니다. 또한 태양광선 중 직접 유효한 화학적 작용을 하는 자외선에 의해 신진대사가 활발해져서 소화력도 활발해집니다. 요컨대 동물을 암실과 밝은 방에 나누어 사육하는 실험을 해보면 밝은 방에서 기르는 동물은 매우 활발하게 생육하는 것과 반대로 암실의 동물은 나태하고 불활발하며 배출하는 탄소량을 계산해 봐도 밝은 곳의 동물은 암실의 동물보다 약 12분의 1 내지는 4분의 1 정도 다량이라는 사실이 판명되었습니다. 그리고 이것이 날씨가 흐리면 그 차이가 갑자기 소실되어 거의 동량이 됩니다. 요약하자면 이러한 사실은 햇볕이 얼마나 신진대사에 현저한 영향을 미치는지를 보여주는 증거입니다. 최하등 생물에게 동일한 시험을 해봐도 역시 같은 결과를 얻을 수 있습니다. 즉 어두운 곳에 있는 생물은 완전히 죽은 것처럼 조용히 있지만 한 번 이것을 광선이 들어오는 곳으로 옮기면 마치 되살아난 것처럼 활발하게 운동을 일으킵니다. 식물의 경우 또한 햇볕이 풍부한 방향을 향해 활발하게 성장한다는 것은 주지의 사실입니다. 이는 햇볕이 식물세포의 원형질에 미치는 화학적 작용 때문입니다.

이어서 햇볕이 정신작용에 미치는 영향은 어떤가 하면 햇볕은 전술했듯이 육체적 뿐만 아니라 정신작용 상에도 다대한 영향을 줍니다. 요컨대 흐린 날씨나 비가 오는 날에는 누구라도 정신이 침울해지고 활력을 잃으며 기운이 없고 좌우간 신음, 탄식의 소리를 발합니다만 이와 반대로 맑은 날 햇볕으로 사방이 반짝반짝 빛나고 풍물이 상쾌하여 창공의 끝에 눈이 시리기에 이르면 정신과 몸이 갑자기 상쾌함을 느끼고 6척의 체구 우선 긴장하고 혼이 날아오르며 마음을 움직여 방에 틀어박혀 있을 수 없는 기분이 되는 것은 이미 모두 경험하는 사실입니다.

이상과 같이 햇볕이 모든 생물에게 주는 은혜는 실로 광대하고 무한하여 그 어떤 것이라도 이 은혜가 미치지 않는 것이 없다고 해도 좋기 때문에 모든 우주의 만물이 햇볕에 의해 생육해 가는 것입니다. 오직 하나 하등생물 중에서 세균만은 햇볕 앞에서 생존하는 일이 곤란 내지는 불가능합니다. 즉 햇볕은 세균의 발육을 저해하거나 혹은 이를 멸살하는 힘이 극히 강대합니다. 다시 말해 햇볕은 직접 세균의 원형질에 작용하여 광학적 내지는 화학적 변화를 초래함으로써 세균에게 생활 장해를 일으키며 더 나아가 이를 멸살합니다. 예를 들면 '페스트균'에 햇볕을 직사해보면 1시간 내지는 4시간 안에 사멸하며, 햇볕이 직사하지 않는 실내에서는 5~8시간 안에 차츰 사멸합니다. 또 '티프스균'·'홍역균'·'콜레라균' 등도 마찬가지로 햇볕을 직사하면 30분 내지 2~3시간 안에 사멸합니다. 그리고 결핵균은 직사광선에서는 2~3분 사이부터 2~3시간, 실내의 분산광선에서는 5~7일 사이에 사멸합니다. 이 외에 햇볕의 작용이 충분한 수면과 광선이 충분히 도달하지 않는 심층수의 세균 함유량은 극명한 차이를 보입니다. 이는 햇볕에 의한 물의 자정작용이란 것으로 물의 위생학상 중요한 작용 중 하나입니다. 또 근래 구루병을 연구했던 학자의 설에 따르면 햇볕은 직접 인간의 혈액 속에 '비타민'을 발생시키는 작용이 있다고 합니다. 요컨대 구루병 환자에게 직접 햇볕을 쏘게 하면 음식에 아무런 변화를 주지 않아도 치료된다는 것입니다. 구루병은 간유(肝油)의 복용으로 치료하는 병인데 여기에는 '비타민A'가 다량 함유되어 있습니다. 즉 햇볕은 간유와 마찬가지로 '비타민'을 발생시키는 작용이 있다는 사실을 충분히 알 수 있습니다.

이상의 이유로 햇볕을 의료 목적으로 사용한 것은 상당히 예전부터 이루어져 왔습니다만 특히 근래 일광요법으로 과학적 진보를 불러오고 이를 여러 종류의 질병 치료에 응용하게 됐습니다. 또한 최근에는 천연 햇볕 외에도 인공적으로 태양광선 속의 유효광선인 자외선을 그것도 햇볕보다 몇 배나 다량으로 함유한 태양등이 고안되어 시간이나 장소와 상관없이 원할 때 원하는 곳에서 이를 질병 치료에 응용할 수 있게 되었습니다. 〈40~42쪽〉

고도 다케시로(경성부인병원 의사, 工藤武城), 「시국과 인구문제-시국에 즈음하여 일본부인에게 고함」, 『조선급만주』(제360호), 1937년 11월.

〈일본부인에게 바란다〉

이상 누누이 주장한 바와 같이, 현재의 중일전쟁은 결코 일본의 본의가 아니고, 아시아의 일국으로서 중국이 각성할 것을 기회이기 때문에 서양과 미국에 의존하는 것은 잘못된 국시라는 것을 채찍으로 가르친 것이다. 다음에 오게 될 건곤일척의 백인과 자웅을 정해야 하는 전쟁의 서막에 지나지 않는다. 그럼 일본의 5배의 인구를 가진 중국이다. 결과는 불을 보듯 뻔하지만 많은 장정을 희생해야 할지 모른다. 어느 쪽이든 아주 막대한 수가 될 것이라는 것을 미리 각오해야 한다.

우리 일본이 아시아를 짊어지고 백색인종과 최후의 결전을 맞이할 때, 그것이 군사적인 것이든, 경제적인 것이든 따질 일이 아니다. 일본이 패배한다면 전 아시아민족의 패배이다. 아니, 전 유색인종 15억의 패배를 의미한다. 어느 정도 전망이 좋았던 아시아민족해방은 좌절하고, 다시 허무하게 백인의 폭학과 착취 하에 신음하며 그 잔인한 채찍 아래에 자자손손 가여운 노예가 되어 미래에 영원히 탈출할 기회는 없다. 멸망의 일로를 걸을 뿐이다. 전 아시아의 운명을 짊어진 일본민족의 사명은 한없이 무겁고 직면한 운명은 가늠할 수 없이 힘들다. 그리고 그 최후의 승패는 일본부인의 분만율의 다소에 귀결된다. 이 생명력, 민족운동의 원천은 부인의 산아력 이외는 없다. 이것이 없이는 군사도, 경제도, 교육도, 외교도, 아무런 의미도 없는 것이다.

동종동교, 함께 연대하여 아시아의 아시아를 건설하도록 노력해야 한다. 형제와 같은 중국마저도 싸워야 하는 처지이다. 국제연맹에서 일본 하나와 상대하는 것은 42개국이다. 동아의 작은 섬 일본은 글자 그대로 고립이다. 믿을 것은 우리 일본민족뿐이다. 이 시국에 즈음하여 강건한 아이들을 나라에 헌납하는 것은 일본부인 최대의 책임이다.

현재 싸우고 있는 중국은 토지가 전 유럽을 합친 것보다 넓고, 일본에 비교하면 15배나 되는 990만 평방 미터, 인구도 유럽의 총계 4억 5천만에 필적하는 4억 2천 4백만이 있다. 아시아가 직면하고 있는 외우를 깨닫지 못하고 일본에서 구제의 손길을 보내도 이를 거절하고 영미러에 의존하여 수 세기에 걸쳐 잠식당하고 있으며, 또 4백여 주 적화의 위험도 자각하지 못한다. 형제가 서로 싸우는 어리석음을 반복하고 있지만 반드시 빨리 각성하고 아시아를 위해 일하는 시대가 올 것이다.

우리 의학자도 모두 민족 대립을 격화시키는 전화를 원하지는 않는다. 평화로운 상태 그대로 전 아시아민족의 자유를 완성하고, 마침내 유색인종이 노예 상태에서 해방되어 영토가 인구에 맞게 분배된다면 기쁘게 전쟁에 나갈 것이다.

그러나 이것도 허망한 꿈일 것이다. 가쓰라 내각 시절에 남만주철도가 일본에 속하는 것을 불만으로 삼아 끼어들어서 중국 분할을 목적으로 한 책동을 한 나라도 있고, 일본이 노력으로 진출한 것에 대한 질투와 분노에 맹목적으로 만주 독립과 세계 평화에 큰 손해를 입힌 나라도 있다. 이것을 백인 헌병의 손에 맡길 것을 주장한 나라도 있다.

평화를 희망하지만 각오는 전투를 대비하지 않으면 안 된다. 고립된 일본이 한 사람의 민족이라도 많지 않으면 안 되는 이유가 여기에 있다. 일본부인의 분만율에 부인과 의사가 최대의 관심을 갖는 이유도 여기에 있다.

조용히 세계의 움직임을 관찰하면 외교도 경제 통제도 이를 움직이고 힘을 붙이는 것은 국민의 생산력의 약동이다. 이것이 없이는 아무것도 할 수 없다. 국민의 생명력의 약동이란 무엇인가. 부인의 분만력이 그것이다. 한 사람이라도 충용한 병사를 낳고 충용한 병사를 낳을 여자를 낳아서 군국에 바치는 것이 그것이다.

지금이야말로 우리는 전하고 계승해 온 전통적인 대일본제국의 민족정신을 그 이름대로 동쪽에 해가 뜨는 야마토도의 뿌리인 태양과 같이 아름답고 강렬하게 천지인을 일관하는 왕도로서 전 세계의 빛을 받고 전 국민 한 사람 한 사람이 아시아를 짊어지고 분연히 일어나는 유색인종을 짊어지고 채찍과 쇠사슬에 울부짖는 민족을 가슴을 열고 자유롭게 대기를 호흡하게 하고 독립독행, 국제민족전장리에 선 비장한 일본의 모습을 보라. 아이가 없는 부인은 이식적이든 무의식적이든 군국에 대해 책임을 지지 않으면 안 되는 이유를 자각하자.

여기에 한마디 기술하고 싶은 것은 세상에는 한 부부에 두 명의 아이가 있으면 그것으로 국민의 의무를 다한 것으로 생각하지만 이것은 아주 잘못된 생각이다. 최소한도의 현재 인구를 유지하기 위해서 필요한 분만 수를 부인과에서는 최소 유지가라고 하는데 이 최소 유지가는 한 부부에 두 명의 아이로는 턱없이 부족하다.

분만된 아이는 가혼 연령이 되지 않고 사망하는 것이 상당히 있다. 현재 일본에서는 천 명 중 3백 명은 이 연령이 되지 않고 사망한다. 그래서 최소 유지가는 한 부부에 2.86명의 아이가 있어야 한다.

또 가혼 연령이 되었다고 해서 그대로 결혼한다는 보장도 없다. 평생 독신으로 사는 일본인이 0.8% 있다. 이를 감안하면 최소 유지가는 3.1이 된다. 결혼하더라도 아이가 없는 부부가 평균 10%이기 때문에 최소 유지가는 3.4명으로 올라간다. 일본부인이 아이를 나을 수 있는 자가 3명 반을 낳아서 겨우 오늘의 인구를 유지할 수 있지만 이것으로는 단지 답보상태로 조금도 증가하지 않는다. 즉 지금과 같이 북중국과 중중국에서 밤낮으로 다수의 장정을 호국의 영령으로 죽게 하고 있기 때문에 어지간히 분발하여 아이를 낳지 않으면 따라갈 수 없다.

20세기에 들어서부터 민족이 인구수로 싸우는 경향이 뚜렷하고, 일본처럼 쇄국주의를 숭상하여 수 세기 뒤처진 나라에서는 더욱 이것이 필요하다.

현재 중일전쟁에 직면해서 우리 조국은 한 사람이라도 강건한 장정을 요구하고 있다. 현재 전장에 사랑스러운 아이를 보내는 어머니는 자랑스럽고 나라에 바칠만한 아이가 한 명도 없는 여자는 슬퍼해야 한다.

차세대 아이에 대한 관심은 날마다 시급을 다툰다. 부인과 전공의 학자가 직책보국에 분기하는 이유도 여기에 있다. 국운국력의 성쇠소장은 동서고금을 막론하고 인구증가율과 밀접한 인과관계가 있는 것은 모든 논의를 초월하여 엄연한 사실이다. 문명의 퇴화 현상, 도덕의 퇴폐 경향은 아주 민감하게 여자의 분만율 감퇴가 되어 나타나는 것은 역사가 명백히 증명하는 바이다.

공허한 코스모폴리탄의 몽상. 잘못된 인터내셔널의 선전과 같은 것에 현혹되지 말아야 한다. 우리 일본제국의 흥융을 기뻐하지 않고 그 인구증가를 두려워하는 나라는 모든 가면을 쓰고 그럴듯한 학설을 날조해서 밤낮으로 이를 억제하려고 부심하고 있다. 일본 부인 여러분은 서로서로 깊이 경계하고 무엇보다도 일본민족의 증가를 도모해야 한다.

이제 우리 민족정신은 화염처럼 불타오르고 모든 것을 불태울 기세를 보이고 있고, 민족의 생명력은 폭풍처럼 일어나고 있다. 조류처럼 펼쳐지고 전 국민 한 사람 한 사람이 우리 대일본의 영광을 위해, 군국의 방위를 위해 피와 살을 바치고 있다. 아시아 구제를 위해 중국에 대해 각성을 기원했지만 보통의 수단으로는 이 숭고한 목적을 알리는 것이 불가능하기 때문에 결국 최후의 수단인 무력에 호소할 수밖에 없는 경우에 직면했다.

싫든 좋든 다음에 올 것은 일본을 맹주로 한 유색인종과 백색인종의 싸움이다. 3억 인도 교도, 2억 5천만의 회교도는 치열한 대쟁투를 향해 준비태세를 하고 있다. 만약 그때에 즈음하여 우리 일본의 생명력, 민족 에너지의 약동이 중도에 좌절한다면 우리가 갈 길은 15억의 유색인종과 함께 노예의 길로 전락하는 길밖에 없다.

매일 10만 명의 영혼은 묘지로 가기를 서두르고 15만의 어린 아기는 태어나서 처음으로 뜨거운 물을 맞이한다. 라마제국의 패업도, 나폴레옹 대제의 유럽 통일도, 엘리자베스 시대의 영국이 세계해상권을 제패한 것도 그 배경에는 당시의 여자 분만력이 높았기 때문이다. 고립전국 일본의 여자들이여, 불임은 불충이며, 다산은 충의로다. 낳자, 늘리자, 간곡히 당부하고 기원한다. 〈53~55쪽〉

니시키 산케이(조선총독부 위생과장, 西亀三圭), 「콜레라 이야기」, 『조선급만주』(제360호), 1937년 11월.

(이번 가을에 조선에서 콜레라 발생은 부산에서 1명의 환자가 나온 것뿐이고 거의 근절된 것으로 보아도 좋지만, 아직 상해나 특히 홍콩 등은 겨울철에도 상당히 온난하기 때문에 만족할 만큼 종식될 것 같지 않다. 또 조선에도 작년에는 11월에 인천에 콜레라가 발생한 적도 있고 겨울철이라도 방심할 수는 없는 것이다. 따라서 앞으로도 언제 어디에서 병독의 침입을 받을지 알 수 없기 때문에 조심하는 것이 최선이다. 10월 19일 담화)

조선에서는 십수 년 동안에 콜레라의 유행이 5회 있었는데 그중에 1919년과 1920년의 유행이 가장 큰 것이었다. 당시 병독이 규수에서 조선 남부로 전염되어 마침내 조선 전역에 만연하여 4만 수천 명의 환자가 발생했고, 그중에 2만 5천여 명의 사망자가 나와 참담한 상황이 되었다고 한다. 당시 그 비참한 상황을 목격한 사람들은 지금도 이야기의 화제로 삼고 있을 정도이다. 또 그 방역을 위해서 사용한 금액은 국비만으로도 3백 7십여 만 원에 이르지만, 이것에 지방 경비나 개인의 비용을 더하면 적어도 5백만 원 이상에 달할 것으로 생각된다.

이 사례를 보더라도 위생 사상이 보급되지 않고, 또 이 때문에 얼마나 많은 인명을 잃고 얼마나 큰 경제적 손실을 볼지를 상상할 수 있을 것이다.

그 후 수년마다 여러 차례의 유행이 있었지만 얼마 전 대유행이 큰 교훈이 되고 공중에도 방역이 중요하다는 것을 드디어 알리게 되고 따라서 적절한 방역이 행해지게 되었기 때문에 한 지방에 국한하지 말고 전 조선에 대유행이 일어나지 않고 마무리된 것이다.

이번 유행에서는 올 8월 하순에 상해에서 환자가 발생하고 점차 만연하여 오늘까지 이미 수천 명의 환자가 발생했는데 그 병독이 마침내 히로시마에 전파되어 많은 유행을 일으켜서 그 지방과 밀접하게 교통이 관계된 조선, 특히 조선 남부 지방에도 병독의 침입 우려가 있고, 만일 유행을 일으키는 것과 같은 일이 생기면 시국 상에 영향을 주는 바가 아주 크기 때문에 총독부에서는 각 도와 협력하여 방역에 만전을 기하고 있는 것이다. 그러나 가령 병독이 침입하여 환자가 발생하더라도 조기에 이를 발견하여 적당한 조치를 강구할 수 있다면 금새 이를 박멸할 수 있기 때문에 특히 조기 발견에 최선의 노력을 다하는 것이다. 그런데 지난 9월 25일에 부산부 대신정에서 환자 1명이 발생하게 되었는데 경상남도의 주도한 경계로 조기에 이를 발견해서 안전환 격리, 소독을 하였기 때문에 그 후 오늘날까지 더 이상의 발병은 나타나지 않는 상태이다. 그래서 이 계통에 속하는 병독은 이미 완전히 근절되었다고 보아도 될 것이다. 만약 처음 환자를 놓치거나 또는 그 발견이 늦었다면 부산의 지형상, 혹은 일본 이상으로 병독이 퍼져 널리 만연하였을 것으로 추측할 수 있다. 따라서 그렇게 되지 않고 즉시 근절할 수 있었던 것은 단지 부산만을 위한 것이 아니라 전 조선을 위해서 아주 좋은 일이다.

그러나 일본에서는 그 후에도 히로시마, 온도, 고베, 도쿠야마, 쓰노 등에서 여러 명의 환자가 발생하고 있고, 또 다롄에서도 3명이 발생했다. 그 밖의 정보에 의하면 다구, 칭다오 방면에서도 유행이 있는 모양이기 때문에 중국 내부의 각지에서는 상당히 유행하고 있다고 상상할 수 있다. 그러한 상태이기 때문에 조선에서도 언제 어디에서 다시 병독의 침입을 받을까 예측할 수 없기 때문에 절대 방심할 수 없다. 그리고 만에 하나라도 처음 발병한 환자의 조치가 늦어지면 되돌릴 수 없는 유행을 일으킬 수 있으므로 시국 상 일반 사람들에게도 더욱 주의를 당부하고 당국과 협력하여 재해를 미연에 방지하도록 노력해야 한다. 이에 주요해야 할 점만을 간단히 기술해 두고자 한다.

1. 조기 발견의 주의

앞서 기술한 것처럼, 방역 상 가장 중요한 것은 초기 환자를 조금이라도 빨리 발견하여 격리, 소독을 하는 것이다. 대유행이 될지 안 될지는 주로 초기 환자의 처치 여하에 달려 있기 때문에 만약 의심스러운 증상이 있는 환자가 발생했을 때는 즉시 의사의 진찰을 받든가 경찰에 신고하기 바란다. 그리고 증상에 대해 간단히 설명할 필요가 있다. 병독이 음식물을 통해 체내에 들어왔을 때는 빠르면 수 시간, 늦어도 4, 5일까지 증상이 나타나지만 그중에는 중증인 경우와 경증인 경우로 차이가 있다. 중증의 경우는 심한 설사나 구토를 일으키고 하루 이내에 사망한다. 경증의 경우는 단지 수 회의 설사만으로 끝나기 때문에 보통의 장카타루와는 세균검사를 하지 않으면 구별할 수 없다. 또 유행지역에서는 아무런 증상이 없이 균을 배출하는 소위 보균자가 있다. 이러한 경증 환자나 보균자에게서 병독이 퍼져서 유행을 일으키는 경우가 적지 않기 때문에 특히 특히 주의를 요한다. 그리고 특히 이야기해 둘 필요가 있는 것은 앞서 기술한 바와 같이 초기 환자의 발견에 노력하고 있는 관계로 다소나마 의심스러운 증상이 있는 환자는 다시 한번 세균검사를 하도록 하고 있기 때문에 이러한 사실을 보고 즉시 신문에서 어느 지역에서 유사 콜레라가 발생했다고 크게 보도하는 경우가 있는데 실제로 경계를 요하는 경우에는 가능한 당국에서 발표하기 때문에 그 외에는 대중들에게 불안을 조장하지 않도록 하기 바란다.

2. 음식물 주의

잘 알고 있는 것처럼 콜레라는 병균이 혼입된 물이나 음식으로부터 감염하기 때문에 유행지에서는 수도 이외의 물은 끓여서 사용하고 음식은 삶은 것을 활용하도록 주의하기 바란다. 그러나 그것도 유행의 정도에 따라 하는 것으로 지나치게 도를 넘는 공포에 빠져서는 안 된다.

3. 오물 처리의 주의

기존에 유행했을 때 환자의 오물을 우물가에서 씻거나 강이나 바다에 흘려보내는 경우가 많았다. 이 때문에 한 번에 많은 환자가 폭발적으로 증가하는 사례가 여러 번 있었다. 한 사람의 부주의로 대유행을 일으키고 다수의 인명을 잃게 되기 때문에 가령 콜레라가 아니더라도 설사 환자의 오물은 반드시 소독하도록 주의하기 바란다.

4. 파리 주의

이것도 말할 필요가 없지만 파리가 오물에서 음식물에 옮겨 감염의 원인이 되는 경우가 많기 때문에 적어도 음식점 등에서는 파리 구제를 권장하기 바란다.

5. 화장실 소독의 주의

유행 시에는 음식점 특히 해안 지방의 선박 출입이 많은 곳에서는 병독 전염의 중심이 되는 경우가 많기 때문에 어촌이나 그 외 선착장의 음식점 등은 가능한 청결을 유지하고 특히 화장실은 매일 석탄 소독을 권장하기 바란다.

6. 예방주사의 주의

여러 가지 예방주사 중에 가장 효과가 있는 것은 콜레라와 장티푸스 주사이다. 기존의 성적에 의하면 콜레라 유행지에서는 예방주사를 맞은 사람이 발병하는 비율은 맞지 않은 사람이 발병하는 비율의 15분의 1 내지 30분의 1 정도에 해당한다. 이 비율은 유행 상태에 따라 다른 것은 물론이지만 뚜렷한 효과가 있는 것은 분명하기 때문에 앞으로 도 또는 경찰에서 예방주사를 장려할 경우는 적극적으로 접종하기 바란다.

이상은 예방상 특히 필요한 점만 기술한 것에 지나지 않는다. 마지막으로 최근 특히 바라는 것은 의사회, 약제사회, 위생조합, 청년단, 어업조합 등의 협력과 원조이다.

종래 전염병의 예방에 대해서는 항상 이들 단체의 협력과 원조를 받고 있는데 앞서 기술한 대로 만일 유행이 일어나면 시국 상 그 영향이 아주 크기 때문에 이번 방역에 대해서는 특히 원조와 협력을 바란다. 더욱이 마지막으로 반복하지만 한 사람의 부주의가 한 사람의 태만이 또 한 사람의 부덕의가 원인이 되어 다수의 인명을 다치게 하고, 많은 위협을 가해 산업과 교통을 방해하고, 경제적으로도 많은 손실을 입을 것 같은 예상할 수 없는 두려운 결과를 초래하기 때문에 극히 이러한 도리를 설파하여 각자가 상호 간에 충분히 주의를 함과 동시에 당국의 시설에 협력해서 방역에 만전을 기하기 바란다.(끝) 〈56~58쪽〉

니시키 산케이(조선총독부 위생과장, 西亀三圭), 「국민체위의 향상에 대해」, 『조선급만주』 (제361호), 1937년 12월.

작년 말 육군성, 내무성, 문부성 등의 발표에 따르면, 최근 일본의 장정, 청장년, 학생, 노동자, 그 외 일반 국민의 건강상태가 점차 불량해지고 있고, 즉 병환율이 증가하고, 체격이 나빠지며, 소위 국민체위가 저하하는 경향이 있다는 것이다.

일본 장래의 발전을 위해서는 정신의 건전이 필요함과 동시에 모든 활동의 원동력이 되는 신체의 건강 내지 체력이 우수한 것이 필요한 것은 말할 필요가 없다. 그래서 전술의 경향이 있다는 것은 실로 우려할 만한 일로 빨리 이러한 나쁜 기운을 만회할 방책을 강구해야 한다. 그러기 위해서는 먼저 왜 이러한 상태가 되었는가, 그 원인을 검토하는 것이 가장 중요한 문제이다.

그것은 최근 사회적 사정에 급격한 변화가 일어났고 예를 들면 도시의 팽창, 산업의 발전, 교통기관의 발달, 교육의 보급, 생산난의 증가, 그 외 일상생활의 복잡화 등으로 한편에서는 심신의 과로에 의한 체력이 약화 되었으며, 다른 한편에는 각종 질병, 그중에서도 결핵 만연의 기회가 빈번해졌기 때문이지만, 이를 행정적으로 보면 종래 위생행정의 기관이 각각 나누어져 거의 통일되지 않을 뿐 아니라 각 기관의 시설이 소극적 고식적으로 앞서 기술한 사회적 사정의 변화에 적응하는 시설이 실제로 설치되지 않았기 때문이라고 말할 수 있다.

그래서 이러한 견지에서 이들 기관을 종합 통괄해서 강력한 하나의 기관을 만들고 근본적인 방책을 수립하여 적극적으로 이를 실제로 설치하게 하는 것이 현 정부의 중요한 사명이라는 것은 주지하는 바이다.

조선에서도 부분적이지만 학생 그 외의 건강상태에 대해서 조사한 성적에 의하면 아주 걱정할만한 사실이 나타나고 있기 때문에 더욱 세밀한 조사를 하면 일본과 비슷하거나 혹은 그 이상 우려할만한 사실이 판명되지 않을까 생각된다.

이러한 상황이기 때문에 조선에서 위생의 관리에 있는 우리는 물론 청소년의 교육을 지도하고 있는 자도 또한 가까운 일본에서 실시하는 시설 및 그 성적에 대해서는 특히 많은 주의를 하고, 그중에서도 조선의 실정에 적합한 것이 있다면 그 본보기를 따라 이를 실제로 설비하여 소위 국민 체위의 향상에 노력해야 한다. 그러한 의미에서 우리는 먼저 일본에서 국민 체위를 저하시키고 있는 것은 구체적으로 어떠한 사실을 가리키고 있는지 다음으로 그들의 사실은 어떠한 원인에서 일어나는지, 다음으로 그 개선을 위해 어떠한 시설을 행하려 하는지를 잘 알아 둘 필요가 있다.

이러한 사정에 대해서는 이미 누누이 관보나 신문이나 공중위생에 관한 잡지 등에서 발표하고 있기 때문에 대부분은 알고 있으리라 생각하지만 다시 이를 정리해서 내용의 요점을 결론적으로 적기하고 또 몇 가지 우견을 기술하여 참고로 삼고자 한다.

1. 군과 관련해서는 최근 십수 년 장정의 합격률이 현저히 감소하고 있다. 그러나 불합격의 주된 원인은 가. 체격이 나빠졌다. 즉 신장, 체중, 흉위의 절대 수는 증가하고 있지만 체중 및 흉위의 증가가 신장의 증가에 병행하지 않는다. 즉 신장에 대한 체중, 신장에 대한 흉위의 비가 감소하고 있다. 특히 근골박약의 비율이 증가하고 있다. 나. 근시, 충치, 그 외 위장질환의 비율이 증가하고 있다. 다. 최근 장정, 학생의 지구력, 즉 분발력이 감소하는 경향이 있다. 분발력은 일본의 특징이기 때문에 이를 유지, 조장하는 방법을 강구해야 한다. 이러한 현상은 도시의 장정, 특히 학생, 점원에게 특히 강하지만 농촌 장정에게도 또한 이러한 경향이 있다고 한다.

2. 내무성과 관련해서는 가. 일본 출생률, 사망률, 인구증가율은 여러 외국에 비해 현저하게 높지만, 이 세 비율의 모두 점차 감소하는 경향이 있다. 사망률의 감소는 기뻐할 일이지만 다른 두 개의 비율은 우려할만하다. 나. 영아 유아의 사망률이 여러 외국에 비해 현저하게 높다. 특히 지방에서 높다. 이것은 주로 육아 지식의 결핍으로 인한 것으로 생각된다. 다. 국민의 평균 수명이 여러 외국에 비해 거의 10년 정도 짧다. 그것은 일반 건강 상태의 불량을 의미한다. 라. 결핵 사망률, 발병률이 아주 높다. 1년 결핵 사망 수는 12만여 명으로 환자 수는

백 수십만 명에 달한다. 게다가 청장년자가 그 대부분을 차지하고 있기 때문에 국방상, 산업상, 교육상 큰 지장을 초래하고 있어 근본적인 대책이 필요하다. 마. 현재 경찰기관의 조직으로는 결함이 있으며, 국민보건 및 복지에 지장이 있기 때문에 사회의 실정에 적응하도록 합리화할 필요가 있다. 바. 종래의 위생행정은 단속행정에 편중되어 있고 지도 방면이 불충분하기 때문에 이를 개선해야 한다. 사. 종래 행정상의 중심인물이 위생문제에 대한 인식이 부족하다. 관심이 부족하다. 그 때문에 위생시설에 필요한 경비의 지출이 극히 적기 때문에 필요불가결한 시설조차 실행이 불가능하고 우선 이점부터 고쳐야 한다고 한다.

3. 문부성과 관련해서는 학생의 건강상태도 양호하지 않다. 가. 학생의 체격이 점차 나빠지는 경향이 있기 때문에 더욱 체육에 중점을 두어야 한다. 특히 중등학교, 여학교에서는 교수과목을 정리하고 체육시간을 늘릴 필요가 있다. 나. 종래 체육에는 일본 학생의 체육으로 적절하지 않는 것이 많기 때문에 연구해서 근본적으로 고칠 필요가 있다. 다. 전문학교 이상의 학생으로 결핵 발병자가 아주 많다. 그 원인은 주로 소학교 및 중등학교 시절에 있기 때문에 이 시대의 위생시설에 특히 주의를 해야 한다. 라. 교직원은 다른 직업자에 비해 결핵 발병자의 비율이 아주 낮은 것은 좋지만 그러나 발병자가 있는 경우에는 아동의 보건상 큰 영향을 주기 때문에 이에 대해서는 조기 요양과 치료시설을 강구해야 한다. 또 중요한 교육의 임무가 있기 때문에 더욱 건강증진을 도모하여 명랑견실한 심신을 유지해야만 한다고 한다.

4. 공장과 관련해서는 직공의 보건 상태도 양호하지 않다. 가. 조년기 예를 들면 12세부터 노동에 종사한 자의 체격은 16세 내지 18세 이후부터 종사한 자에 비하면 아주 뒤떨어져 있기 때문에 노동 종사의 연령에 대해서 특히 고려해야 한다. 나. 노동 시간의 연장, 특히 철야작업에 대한 휴양의 부족은 건강상에 아주 악영향을 끼치는데 이러한 것은 직공의 수입에 관계하기 때문에 양자를 모두 생각해서 가장 적당한 제한을 행해야 한다. 다. 직공 중 결핵에 걸린 자도 상당히 다수이며, 게다가 이들이 농촌으로 돌아가 그 지방의 결핵 만연의 원천이 되는 경우가 많기 때문에 이에 대해 적당한 시설을 행할 필요가 있다고 한다.

각 관계자의 의견의 대략은 대체로 이상과 같으며, 모두 사회에 주의를 요하지 않으면 안되는 중요한 사항이지만, 이들은 최근 들어 비로소 판명된 것이 아니라 군이 장정의 체격 내지 건강 상태와 관련하여 소위 국민 체위의 저하와 이에 대한 대책을 제창하고 순차적으로 사회의 주의를 환기하는 기세를 몰아 종래의 여러 각 관계자 사이에 문제가 되고 있는 사실을 더욱 널리 선전하고 시설의 개선을 철저하게 하도록 하고 있는 데 불과하다. 그리고 이상의 시설은 모두 개선을 요하는 중요한 것이지만, 이를 통람하면 특히 체격의 개선과 결핵의 예방에 가장 중점을 두는 것이 분명하기 때문에 이 중에 체격의 개선에 대해서 간단히 나의 의견을 기술하고 독자가 참고로 하기 바란다. 〈33~35쪽〉

이노우에 시게호(경성약학전문학교교수, 井上滋穂), 「근대적 독가스전에 대한 도시민의 각오와 준비(1)」, 『조선급만주』(제361호), 1937년 12월.

근대전에서 도시공습의 필연성

근대의 전쟁은 소위 국가총동원의 국력전이다. 따라서 전쟁은 제일선의 전장만으로 승패가 결정되는 것이 아니다. 특히 오늘날처럼 항공기가 발달해서 공군의 위력이 충분히 발휘하게 되면 전장은 단지 총알과 포탄을 교환하는 전장뿐 아니라 멀리 후방의 본국 내의 도시에까지 이르게 되는 것은 분명하다. 그래서 국내의 도시민은 개전 전부터 전쟁의 전 기간에 걸쳐 계속 적의 공습을 받는 것을 각오해야 하는 것이다.

일본은 다행히 아직 일찍이 국토를 적극에게 유린당한 적이 없다. 하지만 공포스러운 공군이 출현하는 오늘날 앞으로도 또 영구히 이 국토를 침범당하지 않을 것이라고는 누구도 보증할 수 없을 것이다. 그뿐 아니라 이와 같은 불상사가 언제 돌발할지 모르는 것이 오늘날의 정세이다. 그것은 근대전의 결정적인 전법이 적의 전의를 굴복시키는 것이 제일이라고 생각하기 때문이다. 이렇게 되면 그것 때문에 여러 수단이 강구되는데 무엇보다도 먼저 효과적인 수단으로서는 상대국의 수도권 혹은 산업경제 주요 도시, 군수공업의 중심지, 수륙교통의 요지 등 그 외 국가의 생명적 지역을 폭파하고 일격하여 교전 능력을 없애는 한편 전력의 근간을 이루는 무저항의 도시민에 대해 참혹한 피해를 주고 또 막대한 정신적 타격을 주어 전쟁에 대한 공포심을 조장하고 국민적 전의를 상실하는 수단을 활용함에 틀림없다고 생각한다. 따라서 만약 도시민이 공습에 관한 아무런 지식이 없고 또 평소 방공의 훈련을 쌓아두지 않았다면 가령 1, 2기가 침입해 오더라도 시내가 금새 대혼란에 빠지는 것은 불을 보듯 뻔하다. 즉 폭탄에 따라 가옥은 파괴되고 소이탄에 의해 불타버리면 도시는 순식간에 불바다, 불지록의 거리가 되고 말 것이다. 그뿐만이 아니다. 이에 혼란된 시민이 아비규환, 우왕좌왕 피난하는 곳에 이번에는 독가스의 공격이다. 아무리 군대의 활동이 있어도 경찰, 소방, 방호단 등이 필사적으로 활동하더라도 통제 없는 시민에게 그 활동을 방해받아서는 결국 참담한 초토와 시체더미의 참사를 일으킬 뿐 손쓸 방법이 없을 것이다. 즉 근대의 전쟁은 전선만이 비참한 것이 아니다. 후방 본국까지도 그 피해를 받는 것이다.

이와 같은 비참한 상태가 만약 매일 눈앞에서 전개된다면 어떨까? 자칫하면 시민 중에서 항복의 비명을 지르는 사람이 나올지도 모르는 것이다. 1차 세계대전 중이던 1916년 1월 31일 츠에츠베린이 37개의 폭탄을 런던 및 그 근교에 투하했을 때처럼 침착하고 냉정하기로 세계에 정평이 나있는 영국인조차 이 때문에 국내에서 아주 동요하였다. 또 독일의 라인강 연안에 있는 케룬, 아인츠 등이 2년 동안 약 6백 회의 공습을 받아 점점 그 회수가 많아짐에 따라 시민은 비로소 아군의 불리한 전황을 알게 되고 마침내 국민적 붕괴의 원인을 만든 것 등은 가장 좋은 예이다.

이 때문에 도시의 방비가 충분하지 않거나 시민의 발호 훈련이 충분하지 않으면 가령 전선에서는 연전연승하고 있더라도 본국 내에서 붕괴하여 패배하고 말지도 모른다. 그렇기 때문에 앞으로의 전쟁은 관민일치 국가총동원으로 전쟁에 대한 것과 함께 도시민은 반드시 적기의 습격을 각오하고 방공준비훈련에 주의할 필요가 있는 것이다.

도시공습에 사용하는 현대의 폭격기

제1차 세계대전 후, 이미 20 수년의 세월이 흐르고 있지만 그동안에 항공기의 진보는 실로 대단한 것으로 대전 당시와는 전혀 비교도 할 수 없는 정도이다. 특히 오늘날 폭격기의 진보 발달은 실로 엄청난 것으로 전투기의 추격을 허락하지 않는 폭격기의 출현은 세계를 아주 놀라게 하고 있다. 영국의 네카하토기와 같은 것은 1만 미터의 고공에서 전폭 중량 1,950톤에 실로 301킬로미터의 빠른 속력을 낸다.

이 폭격기의 목적은 적의 공군 근거지를 파괴하고 적 공군의 활동을 정지시키고 또 아군의 전황을 유리하게 하기 위해 적군의 머리 위에 폭탄을 투하하고 이를 괴멸시키는 등의 활동을 하기 위한 것이지만 도시 공격에서도 사용되고 있다. 원래 도시나 중요지를 공격하기에는 몇 가지 곤란을 돌파해야 한다. 즉 먼저 아주 원거리를 비행하지 않으면 목적지에는 이르지 못하는 것이다. 또 목적지에 가까워질수록 견고한 방어진이 있기 때문에 이를 돌파하기에는 대단히 우수한 성능을 갖추지 않고 단지 비행기면 될 리가 없는 것이다. 그렇기 때문에 공습 중에 오늘날 가장 위력이 있는 폭격기가 도시 공격에서 사용되는 이유이며 이와 같은 하늘의 전함에 비유되는 폭격기에서도 이를 구별하자면 경폭격기, 중폭격기, 초중폭격기 등 세 종류가 있다.

주간 폭격을 행하는 경폭격기는 5백 내지 8백 마력의 발동기 혹은 5백 마력 내외의 발동기 2개를 부착하고, 적어도 3백 킬로미터 많게는 8백 킬로미터의 행동반경을 가진다. 한 기에 2백 내지 7백 톤 많게는 천 톤의 폭탄을 탑재하고 대낮에 당당히 적의 고사포의 맹렬한 공격과 적의 전단기의 맹습을 아무렇지 않게 목적지에 돌진하는 것이다. 또 야간 폭격을 행하는 중폭격기 같은 것은 이것이야말로 하늘의 전투기에 비유할 만한 것으로 적의 전투력의 생명적 기관을 겨냥하는 사나운 매이다. 도시 또는 중요지의 공격에 임하는 비행기는 주로 이것으로 거대한 기체에는 다수의 무서운 폭탄 또는 소이탄을 탑재하고 큰 건축물을 단번에 파괴하고 대도시를 몇 분 동안에 맹화의 바다로 바꾸는 군용기 중의 마왕이라고 할만하다. 즉 발동기와 같은 것은 450 내지 1천 마력의 것을 한 개 내지 여러 가지를 장착하고 적어도 4백 킬로미터 많게는 1천 2백 킬로미터 이상의 행동반경을 가지고 있으며, 한 기에는 1천 톤 내외로 엄청난 것은 3천 톤 혹은 때로는 8천 톤의 폭탄을 탑재할 수 있다. 최근 각국에서 놀랄만한 대형의 소위 초중폭격기가 제조되고 있는 것 같은데 독일의 윤켈 G38호나 이탈리아의 카브로니와 같은 것이 그것이다. 윤켈기는 폭탄 5톤을 실었을 때 2백 킬로미터의 행동반경을 가지고, 3톤을 실으면 3백 킬로미터에 달하기 때문이다. 또 키브로니기는 3톤 반의 폭탄을 싣고 5백 킬로미터의 행동반경을 가지고 있으며 2톤 반의 폭탄을 실으면 살로 그 행동반경은 천 킬로미터에 달한다. 이처럼 최근에 각국의 폭격기는 그 성능이 실로 놀랄만한 것인데 게다가 그 진보 발달은 날이 갈수록 뚜렷해지고 현재 소련연방이 블라디보스톡에 정비하고 있는 폭격기 같은 것은 수천 톤의 폭탄을 탑재하고 또 천 5백 킬로미터 이상 행동반경을 가지는 우수한 것이라 한다.

이와 같은 세계의 폭격기계의 정세에서 일본의 도시는 공습에 대해서 과연 안전할지 많이 검토해 볼 필요가 있다. 〈41~43쪽〉

이노우에 시게호(경성약학전문학교교수, 井上滋穂), 「근대적 독가스전에 대한 도시민의 각오와 준비(2)」, 『조선급만주』(제362호), 1938년 1월.

근대적 독가스전 시대

헤이그에서 체결된 독가스 사용금지 국제조약은 유효한 것처럼 보이지만 실질적으로는 성립된 것이 아니라는 것은 이미 앞 호에서 기술한 대로이다. 또 그것이 국제조약으로서 잘 성립한다고 하더라도 국가존망의 중대한 시기에 즈음해서는 국제조약으로서 아무런 권위도 없는 공허한 문서와 같고 가련한 한 조각의 쓸모없는 종이에 불과하다는 것은 1차 세계대전의 예로 잘 알게 되었다. 게다가 1차 세계대전의 결과에 의하면 독가스는 일반 병기보다도 오히려 인도적 경제적 병기라는 것이 증명되었고, 또 이것이 연구나 준비를 금지하려고 해도 화학연구의 본질, 평상시 화학공업의 관계상 그것은 도저히 불가능한 것이라는 것도 인식할 수 있었다.

당연한 것이지만 프랑스의 고 포쓰슈 원수는 일찍이 '다음 전쟁은 과학전으로 독가스도 반드시 사용될 것이다. 독가스의 사용을 금지할 수 있다면 전쟁의 발발도 금지할 수 있을 것이다.'고 갈파한 적이 있는데 사실 오늘날 독가스는 현대 병기의 총아가 된 것이다.

왜 독가스가 이렇게 근대전의 인기 병기로서 취급받게 되었는가 하면, 이는 앞서 기술한 독가스가 인도주의론에 근거한 부분이 많은 것은 물론 결국에는 이것은 종래의 포탄을 활용한 전쟁이 어떤 의미에서 막다른 길에 이른 결과로 새로운 화학적 위력을 이용하려고 하는 기운이 점차 농후해진 것 때문이다. 지금 이를 1차 세계대전 동안에 주요 독가스 사용의 변천에 대해 살펴보면,

사용 초기의 시기	사용 초기의 나라	독가스명
1915년 4월	독일	염소
1916년 2월	프랑스	호스겐
1916년 5월	독일	치호스겐
1917년 1월	독일	크롤비크린
1917년 7월	독일	치스엘 발화비소
1917년 7월	독일	이베릿
1918년 6월	독일	치후엘 청화비소

적요

방사공격에 의한 근대적 독가스전이 개시되었다. 영국은 동년 9월 처음으로 사용했다. 탄환에 탑재하여 처음 이를 전장에 사용했다. 영국은 1917년 봄, 독일은 동년 가을 처음으로 사용했다. ■십자라는 탄환에 탑재하여 사용했다(■래 독가스 전법은 가스탄 사격이 주가 되고 가스방사는 부수적이 되었다.)

즉 1915년 독일군이 이플에서 독가스 공격의 역사적 화학전의 막을 올린 이래 얼마나 이 독가스에 각국이 노력을 했는지 이 표에 잘 나타나 있을 것이다. 이렇게 새로운 독가스의 발견과 공격법의 진보와 함께 비행기와 독가스가 조합된 전투방법이 근대전의 중심으로 등방한 것도 당연한 것일 것이다.

사실 근대의 전쟁에서는 독가스전의 준비 없이 전장에 임하는 것은 도저이 불가능한 상태지만, 근대전과 함께 후방 도시의 공격에도 방독의 준비 없이는 도저히 도시 방어는 할 수 없다. 이와 같이 독가스는 우리 도시민에게도 직접 밀접한 관계를 갖게 되었으며, 독가스전이야말로 근대의 전쟁에서 아주 중요한 역할을 갖게 되었다.

독가스전 후에 대한 여러 외국의 준비

각국의 군대에서는 오늘날 아주 유력한 화학전 부대라는 것을 가지고 있다. 화학전 학교 또는 화학전 연구기관이라고 하는 것도 가지고 있어서 여러 가지 연구정비에 전념하고 있다. 하지만 민간에서 방공방독협회라고 하는 민중방공방독기관을 만들고, 도시의 가스 방어를 위해 진심으로 연구나 교육을 실시하고 있는 것은 크게 주목할 만하다. 오늘날 각국의 이러한 상황에 대해 하나하나 기술하는 것은 삼가겠지만 다만 우리의 가장 관심사인 곳인 소련의 상황을 예로 기술하고자 한다.

소련에서 화학전의 준비는 각 나라 중에서 미국과 함께 세계 제일일 것이라고 알려져 있는데 민간 시설로서는 오소아비아히무라는 국방비행화학협회가 있고, 왕성한 활동을 하고 있는 것은 전 세계가 너무도 잘 알고 있는 사실일 것이다. 이 협회가 목적하는 바는 항공기 및 화학병기의 진보 발달을 도모하는 것이라고 하는데 그러나 최근에 이 협회의 임무는 아주 광범위하고 예를 들면 청소년에 대한 군사훈련, 항공사업의 발달 보급, 대 화학전 및 방공, 군용견과 전답구의 양성, 해ㅏ, 농업, 마사에 관한 사업 등의 형태로 직접적 간접적으로 국방에 관계있는 거의 모든 일을 하고 있다. 그래서 민중의 국방담임기관으로서 극히 중대한 의의를 지니는 존재가 되고 있는 것이다. 따라서 정부 당국은 이 협회에 상당한 원조를 주고 그 사업의 조장을 도모하고 있는 것이다. 현재 1천 8백만 명 이상의 회원이 있고 그중 6백만 명의 부인회원도 포함되어 있는 것 같은데 부인을 국방 업무에 익숙하게 하고 또 무장 정신의 양성에 노력하는 등 대단한 기세로 그 조직을 완비하게 하는 것은 이러한 종류의 단체로서는 세계 제일이라고 하는 것이다.

그러나 원래 이 협회는 방공방독의 지식을 보급하고 이것의 훈련을 실시하는 것을 중심으로 탄생한 것인 만큼 일반 민중에 대한 방공교육 및 대 가스교육에 대해서는 전력을 다하고 있는 것이다. 즉 오소아비아히무대라고 하는 것을 조직하고, 부인을 포함하는 부대를 150명 내지 200명으로 편성하고 이를 경계반, 화학반, 소방반, 위생반, 예비반 등으로 나누어 계속해서 군대식의 훈련을 하고 있는 것이다. 게다가 그 훈련이 아주 철저한 것은 너무도 실제적이고, 예를 들면 일요일 등에는 방공방독을 포함한 전쟁야외극을 일반 민중에게 보여주고 있는데 이 극 중에 적기가 습격한 장면이라도 되면 관중조차 전부 방독면을 쓴다고 하는 철저한 훈련 양상을 보인다. 따라서 구경을 가기위해서는 우선 방독면을 휴대하고 가야 한다는 것이 보급된 것이다. 또 방독연습과 같은 것은 각종 단체, 공장, 병원 등에 이르기까지 이를 실시하고 훈련을 하고, 최근 이야기로는 방독면을 쓰고 몇 시간 일을 하는 데 견딜 수 있는가 하는 기록 경쟁까지 열심히 장려하여 훈련을 실시하고 있다고 한다. 이와 같이 소련은 아주 유력한 민중 방공방독시설을 가지고 있고, 그 활동도 앞서 기술한 바와 같이 아주 정성을 들이고 있는 것으로 타산지석이 될만하지 않는가.

최근 우리 조선의 각 도시에서는 도시민 스스로 도시 방어를 담당하는 각오로 방호단을 편성하고 여러 훈련을 실시하고 있는 것 같은데 일반 민중의 관심은 아직 희박하고, 최신 화학전에 대비하기에는 너무나도 한심하기 짝이 없다. 도시민은 더욱더 자각하고 진심을 다하지 않으면 도저히 도시 방어의 결실을 거둘 수 없다는 것을 통감한다. 〈58~60쪽〉

「한기와 인간의 저항력」, 『조선급만주』(제362호), 1938년 1월.

전 세계에서 가장 낮은 기온을 기록한 것은 영하 67.8도이고, 일본의 최저 기록은 사할린 오치아이의 영하 45.6도이다. 조선에서는 중강진이 1919년 1월에 영하 43.6도였던 것이 최저로 경성은 1913년 12월에 영하 23.1도가 가장 추운 기록이었다. 이러한 한기 중에서도 극히 익숙한 사람에게는 영하 45도부터 49도까지는 견딜 수 있다고 하기 때문에 일본이나 조선에서는 우선 추워서 사람이 살 수 없다는 곳은 없는 셈이다. 만주에서도 가장 추운 계절에는 영하 40 몇 도라고 하는데 북중국에서는 대개 영하 22, 3도가 보통이고 텐신 주변은 훨씬 높아서 영하 10도 내외까지라고 한다. 인간의 체온으로는 최저 30도까지 저하한 경우에 사망한 사람도 있지만, 한편에는 20도까지 하강하더라도 생명에 지장이 없거나 극단적인 예로 섭씨 24도 혹은 23도까지 체온이 내려가더라도 다시 회복했다는 이야기도 있다. 그러나 의식이 확실한 것은 섭씨 26도 정도라고 한다. 〈116쪽〉

이마무라 도요하치(의학박사, 今村豊八), 「폐렴의 증상과 처치에 대해서-최근 독감은 폐렴이 되기 쉽다」, 『조선급만주』(제364호), 1938년 3월.

겨울이 끝날 무렵부터 봄이 시작되는 시기에 걸쳐 폐렴에 걸리는 사람이 상당히 많다. 특히 올해처럼 독감이 대유행하면 그 후에는 한층 더 많은 것 같다. 그래서 폐렴에 대해서 조금 이야기해 보자. 폐렴에는 가타루성 폐렴과 그루브성 폐렴의 두 가지가 있다.

가타루성 폐렴

가타루성 폐렴은 직접 폐에 세균이 들어가서 일으키는 병이 아니다. 주로 기관지염에서 진행하는 것이 보통이다. 감기나 독감 등에 의한 폐렴이 가장 많은 것 같다. 그리고 처음부터 가타루성 폐렴으로 오는 경우도 드물지만 있다.

처음에는 전신의 권태, 가래, 호흡곤란, 흉부의 통증을 호소한다. 오한, 전율을 일으키는 경우는 거의 없다. 열은 그다지 높지 않고, 38도 내지 39.5도 안팎이다. 그러나 때로는 고열이 나는 경우도 있다. 기관지염으로 고열이 계속 나면 이 병으로 생각하는 것이 지당하다. 객담은 점액의 상태이고, 농도가 짙고 가끔 혈액이 섞여 있는데, 그루부성 폐렴처럼 ■색이 되는 경우는 없다. 경과는 일정하지 않다. 해열의 상태는 분리상이 아니라 점차 내려가는 것이다.

소아의 가타루성 폐렴

소아의 가타루성 폐렴에 대해서는 이제 조금 더 상세히 기술해 보자. 소아의 폐렴은 요즘 일어나는 병 중에는 가장 많으며 중증이 되는 질환의 하나이다. 처음에는 모세 기관지염 증상이 있고, 그것이 진행되고 오는 것이 보통이지만 모세기관지염과 폐렴의 구분은 비전문가에게는 어렵다. 단 39도 이상의 열이 여러 날 계속되는 때는 이 병이 발병한 것으로 생각해도 좋다.

증상으로는 호흡이 빠르고 얕아지며 호흡근의 강한 긴장, 비■의 호흡운동이 현저해진다. 또 병이 있는 부분에는 흡기가 있어서 공기가 충분히 들어가지 않기 때문에 늑간근이 함몰하는 경우가 있다. 호흡수는 60에서 80, 혹은 그 이상에 달하는 경우도 있다. 대부분의 경우는 통증을 지닌 기침이 나고, 가래는 대부분 아이들이 밖으로 내뱉지 않는다.

일반적인 증상을 중태로 불안하고 무감각, 무의식이 되는 경우고 있고, 안색은 창백하게 된다. 분명히 짙은 보라색을 띤다. 맥박은 140 내지 160, 그리고 열은 높기 때문에 저녁은 특히 높아서 40도 이상에 달하는 경우가 많다. 이 병은 아이들에게는 아주 악성이고, 방심할 수 없는 병이며, 평소 약한 체질의 아이는 예후가 좋지 않고, 어릴 수록 사망률이 높다.

그루부성 폐렴

그루부성 폐렴은 폐렴균에 의해 일어나는 병이다. 많은 예에서 갑자기 30분 내지 1시간 정도 계속하는 오한, 전율을 일으키기 때문에 그 기원이 실로 명확하다. 오한과 함께 두통, 구토, 권태를 호소한다. 그리고 처음부터 감습의 통증을 호소하고, 기침이 나오지만 대부분은 나중이 되어서 나타나는 경우가 많은 것 같다.

그리고 드물지만 폐렴이 서서히 발병하는 경우도 있다. 이러한 경우에는 그 기원이 확실한 구분이 없다.

병이 있는 가슴에 통증이 나타나고 호흡이 얕고, 불규칙하며, 음성도 낮고 더욱이 호흡곤란이 일어난다. 호흡은 1분 동안에 30회 내지 40회, 맥박이 100에서 120, 기침이 나고, 2일째부터 특유의 점액으로 ■색의 가래가 나온다. 식욕 부진, 불안으로 ■언이 없다. 또 입술 주변에 헤르페스가 생긴다. 열은 아주 고유하게도 고열을 내며, 39도에서 40도, 7일째 정도에 발한과 함께 열이 없어지는 것이다.

그루부성 폐렴과 폐의 변화

이 폐렴의 폐의 해부적 변화는 제1기가 충혈조라고 하고 병에 걸린 폐엽이 충혈하고 제2기인 적색변간기에는 참출된 액이 응고하여 간장과 같이 된다. 그리고 제3기인 회백변강기가 된다. 이 시기에 녹아서 가래가 많이 나와 낫는다.

폐렴과 의료

가타루성 폐렴도 그루부성 폐렴도 처음부터 치료를 받는 것이 가장 중요하고 자가치료는 생명을 위험에 빠뜨리는 원인이 된다. 다음에서는 간호법에 대해서 간단히 기술하고자 한다. 가타루성 폐렴이나 그루부성 폐렴이나 거의 간호법은 같기 때문에 정리해 둔다. 〈41~42쪽〉

니시키 산케이(조선총독부 위생과장, 西龜三圭), 「총후의 결핵예방 시설에 대해」, 『조선급만주』 (제366호), 1938년 5월.

1. 국가총동원과 국민 체위의 향상

과거의 전쟁과 오늘날의 전쟁은 큰 차이가 있다. 과거의 전쟁은 군대와 군대가 전장에서 싸우는 것 위주였지만, 오늘날의 전쟁은 그뿐만 아니라 쌍방의 국민 전체의 싸움으로 가령 전장에서 군대가 아무리 정예여도 만약 총후를 지키는 국민 전체가 일심동체가 되지 않으면 최후의 승리를 이끌기 어렵다. 즉 국민 전체가 일치단결해서 전장의 군인에게 정신적 물질적 후원을 하는 것은 물론 국내에서 산업, 공업 그 외의 사업 능률을 증진시켜 국방의 충실을 도모하지 않으면 최후의 목적을 달성하기 어렵다. 특히 전쟁이 길어지면 길어질수록 더욱 그 필요성이 생기게 된다. 중일전쟁 발발 이래 소위 생업보국, 시한극복이 강조되고, 국민정신 총동원, 국가총동원이 계획된 이유도 여기에 있음은 기술할 필요가 없다.

그리고 생업보국이든 국가총동원이든 그 목적의 달성에 필요한 근본 조건은 국민의 견실한 정신과 국민의 강건한 신체라는 것 또한 기술할 필요가 없지만, 작년 이후 어려운 문제가 되고 있는 국민 체위 저하의 가장 주된 원인은 결핵의 만연에 있으며, 결핵 때문에 국방상, 산업상, 교육상, 그 외의 방면에서 큰 손해를 입고 있기 때문에 조속히 예방시설을 촉진해야 하는데 더욱이 1차 세계대전 후 독일을 비롯하여 여러 관계국에서 결핵이 현저하게 증가하고, 국방의 회복에 큰 지장을 준 사례를 고려할 때 특히 국방의 충실을 도모해야 하는 일본의 현상에서는 국민 체력의 저하를 방지하고 더욱 그 증진을 도모하는 것이 아주 긴요한 문제라는 것을 통감하는 것이다.

2. 1차 세계대전 후의 결핵 만연과 그 원인

그래서 우리가 알아두어야 할 것은 1차 세계대전 후의 결핵 만연의 상태와 그 원인이다. 전쟁의 영향으로 결핵이 가장 증가한 것은 독일로 그 다음은 폴란드와 오스트리아인데 프랑스와 영국, 그 외의 나라도 다소의 증가를 보이고 있다. 그중에서도 독일은 전쟁 전까지는 여러 종류의 예방시설에 의해 결핵률이 상당히 감소하였는데 전후에는 다시 2, 30년 전의 구태로 돌아갔고, 인구 1만에 대한 1년간의 결핵 사망자는 전전은 13명 내외였지만 전후에는 20명 이상에 달하기에 이르렀다. 여기에서 주의를 요하는 것은 이러한 결핵의 증가를 초래한 주된 원인은 무엇인가이다.

이것을 간단히 기술하자면 첫째는 식량의 결핍으로 인한 영양의 악화이다. 독일은 전전까지는 다른 나라로부터 식량을 수입해 왔는데 개전 후 갑자기 이것이 끊긴 것과 국내의 노동 능력이 감소한 탓으로 식량의 생산이 갑자기 감소한 때문으로 그 결핍이 국민을 영양불량으로 빠지게 한 것이다. 영양불량은 결핵의 발생에 가장 밀접한 관계가 있기 때문에 이러한 결과가 생긴 것이다.

식량의 공급에서는 일본은 독일, 그 외의 나라와는 큰 차이가 있지만 가령 전쟁이 장기간에 걸치더라도 식량의 결핍을 초래하는 것과 같은 일은 없지만 그렇다 해도 현재의 정세를 고려하여 적어도 식량의 증가와 그 합리적 사용에 대해서는 특히 주의할 필요가 있다고 생각한다. 특히 쌀과 그 외의 일상식량 및 주여한 부식물에 대해서는 생산 관계 및 영양학적 견지에서 일정의 표준을 정하고 국민이 실행에 옮겨야 한다고 생각한다. 그러나 쌀에 대해서는 이미 연구가 진행되어 백미의 사용은 경제상으로 보더라도 영양적 가치상으로 보더라도 이를 폐지하고 현미 또는 7부 정미를 사용해야 한다는 것은 이미 정론이 되고 있기 때문에 종래의 관습 및 사용상의 편리에서 수년 이래 현미의 사용을 장려하고 있지만 아직 충분히 철저하지 않는 것은 아주 유감이다. 둘째는 일가의 가장 또는 일꾼이 소집되었기 때문에 가정의 생활난으로 영양이나 그 외에 위생상태가 불량하게 된 것이다. 셋째는 전장에서 군인은 심신 모두 과로에 빠졌고 결핵의 발병률이 증가했기 때문이다. 넷째는 전시에는 군수공업이 발흥하고, 그에 종사하는 노동자의 수가 증가하며 더욱이 일의 성질상 아주 바빠서 과로, 그 외 비위생적인 관계로 결핵의 발생률이 증가했기 때문이다.

3. 일본의 결핵 만연과 그 원인

이밖에도 여러 가지를 생각할 수 있지만, 이것에 대해서는 일본에서도 여러 가지 적당한 시설을 강구하기 위해 이미 착수하고 있다. 그중에서도 결핵 때문에 퇴역한 군인의 요양에 대해서는 이미 작년 국비로 요양소를 설치하고 있고, 이번 전쟁을 위해 더욱 관계 기관을 확장할 계획을 세우고 있다. 그러나 결핵의 예방은 단지 전쟁뿐만 아니라 일반 국민의 문제이기 때문에 여기에서 현재 일본의 결핵 만연과 예방시설의 개황을 기술하고 더욱 장래에 필요한 시설에 대해 간단히 이야기하고자 한다.

일본에서 1년에 결핵 때문에 사망하는 인수는 약 13만 명으로 현재 환자 수는 1백 수십만 명에 이른다. 더욱이 15세부터 40세까지의 청장년자가 그 대부분을 차지하고 있기 때문에 앞서 기술한 대로 국방, 산업, 교육 각 방면에 얼마나 큰 영향을 주고 있는지를 알고 또 1년에 결핵 때문에 입게 되는 경제적 손실 즉 전 환자의 요양비와 노동능력의 소모에 동반하는 금액을 합하면 아무리 적게 잡아도 6억 원 이상에 이른다고 하기 때문에 이를 보아도 국가가 얼마나 큰 손해를 입고 있는지를 엿볼 수 있다. 그러나 일본 결핵 사망 비율을 유럽 여러 나라와 비교하면 2배 내지 3배에 상당한다.

유럽 여러 나라에서도 2, 30년 전까지는 일본의 현상 또는 그 이상으로 만연하였는데 국민전체가 결핵 예방이 긴요함을 각성하고 협력해서 예방에 주력한 결과, 오늘날에는 앞서 기술한 바와 같이 그 당시의 2분의 1 내지 3분의 1로 감소한 것이다.

그렇다면 일본만 왜 이렇게 만연하는 것일까? 왜 감소가 되지 않는가 하면 일본의 사회적 상태가 최근 20수 년 이래 급격한 변화, 특히 도시의 팽창, 생활난의 증가 등이 초래하였고, 이들은 생활환경이 아주 비위생적이고 한편에서는 체질을 약하게 하고 다른 한편에서는 결핵 감염의 기회를 늘어나게 한 것이다. 또 한편에서는 이들의 사회적 변화에 적응하는 예방시설을 등한시했기 때문이다. 따라서 결핵 예방의 대책은 한편에서는 환경을 위생적으로 하고 체질의 강화를 도모함과 동시에 다른 한편에서는 감염 기회를 적게 하는 것으로 말하자면 단지 좁은 범위의 위생적 시설만이 아니라 넓은 사회 각 방면의 시설, 그중에서도 도시계획, 건축물, 공장, 학교 등에 대해 결핵 예방상의 견지에서 특별한 고려를 해야 하는 것이다. 이들에 대해 직접 결핵 예방시설에 대해 간단히 이야기하고자 한다.

4. 일본의 결핵 예방시설

예방에서 가장 필요한 것은 첫째는 예방 지식의 보급을 도모하는 것이고, 앞서 기술한 바와 같이 국민 전체가 결핵 예방의 가장 중요한 것을 인식하고 협력해서 시설의 촉진을 도모해야 하는 것이다.

둘째는 일상생활을 위생적으로 하는 것으로 종래의 소위 소극적인 위생이 아니라 적극적으로 건강증진 방법을 강구하는 것이다. 결핵 감염되는지 아닌지는 주로 체력, 즉 저항력의 강약에 관계하기 때문이다.

셋째는 요양소의 설치이고 결핵은 조기에 적당한 요양을 하면 대부분은 완치할 수 있기 때문에 이런 환자를 수용 치료할 목적의 요양소가 필요하고 또 이미 병독을 전파하는 중증 환자를 격리하고 주위에 위험을 방지할 목적의 요양소도 필요하다. 일본에서는 현재 약 1만의 병상을 가지고 있는데 이것만으로는 부족하기 때문에 10만 병상을 목표로 하여 확장 계획을 추진하고 있다.

넷째는 예방에 대한 지도기관을 설치하는 것으로 일본에서는 종래 각지에 결핵 조기 진단소 또는 건강상담소가 설치되어 있고 더욱이 작년 보건소법이 제정되어 각 도시에 점차 이와 같은 지도기관이 만들어지고 있다.

다섯째는 허약 아동의 양호시설로 허약한 아동 특히 결핵의 잠복기 중인 자는 적당한 요양을 하면 장래의 발병을 방지할 수 있고, 결핵 예방상 큰 의의가 있기 때문에 일본에서는 백십자회가 중심이 되어 해변학교, 임간학교 등을 설치하고, 그 외의 도시 학교에서도 소위 요양학교를 편성하고 있는 곳도 있어서 상당한 성적을 올리고 있는 것이다.

여섯째는 소독기관의 설치로 적어도 도시에서는 병독에 감염된 물건, 예를 들어 환자가 사용한 의류, 이불 등이나 거주한 집의 소독을 행하는 기관을 필요로 하는데 일본의 대도시에는 모두 이것이 설치되어 있다.

일본에서는 이상의 여러 시설에 대해 최근 점차 개선 확장시키고 있는데 더욱이 후생성의 설치에 의해 특히 결핵 예방에 주력하고 있기 때문에 앞으로 상당한 성적이 나타날 것으로 생각한다.

5. 조선의 결핵 예방시설 상황

다음으로 조선의 상황에 대해서 간단히 기술하고자 한다. 조선에서는 의료기관 그 외의 관계상 정확한 통계를 얻을 수 없지만 일본의 비율에서 추정하면 1년 동안 결핵 사망자 수는 4만 명이고 환자 수는 20수만 명이라고 하는 놀라운 수에 이른다.

그런데 예방에 대해서는 재정의 상태 그 외 여러 사정으로 아직 여기에 기술할 정도의 기관이 설치되어 있지 않은 것은 심히 유감이다. 요양소 같은 것도 불과 2, 3개소의 사립요양소가 있을 뿐 각 도립의원 등에 결핵동 또는 병상을 가지고 있는 것도 있지만 전체 병상 수는 불과 2백여 개에 불과하다. 그 외에 예방 기관으로서는 몇 개의 도에 건강상담소가 설치되어 있지만 극히 불완전한 것뿐이고 충분한 성적을 올릴 수 없는 것이다.

이와 같은 상태이기 때문에 앞으로 사정이 허락하는 한 조속히 앞서 기술한 여러 시설을 실현하여 결핵의 만연을 방지하고, 소위 국민 체력의 유지증진에 노력함으로써 국방에 충실을 기해야 하기 때문에 이들의 사정을 이해하고 앞으로 지원을 희망하는 바이다. 〈35~38쪽〉

다카이 도시오(경성제국대학 조교수 의학박사, 高井俊夫), 「역질의 예방과 치료」, 『조선급만주』 (제367호), 1938년 6월.

녹음이 짙은 초여름이 되자 우리 소아과에 종사하는 사람은 일종의 형언할 수 없는 긴장상태에 들어간다. 그것은 올해야말로 격렬한 역질에 대해 어떻게든 싸워나가자, 더 적절한 치료법이 없는가 하는 마음이다. 한 번 발생하면 폭풍처럼 모든 것을 낚아채서 가는 엄청난 경험을 해보지 않은 사람은 알 수 없으며 역질이 '하야테(나고야지방)'라는 별명으로 불리거나 혹은 북규수지방에서 '기우쇼'라고 하는 이름으로 불리는 것은 그러한 이유 때문이다. 따라서 각 가정에서도 이에 대한 충분한 준비와 마음가짐을 갖는 것이 꼭 필요하다.

역질이 가장 많은 것은 5월 말부터 6월, 7월, 8월에 걸쳐서 이고, 특히 6월, 7월의 후텁지근한 장마기 전후에 가장 많다. 습도가 높은 저녁 등 병원에서 당직을 서고 있으면 경련을 일으킨 2, 3명의 중증 어린이가 입원하는 경우가 자주 있다. 연령으로 보아 가장 역질에 걸리기 쉬운 것은 4세부터 7세 정도이며, 이 기간의 연령을 우리는 특히 경계하고 역질 연령이라고 하여 특별히 주의를 하게 된다.

　우선 역질은 처음에 어떤 증상이 나타나는지 말하면, 지금까지 건강하게 다녔던 아이가 이유 없이 생기를 잃고 축 늘어지는 것이다. 예를 들면 아침에 일어나면 보통은 바로 일어나서 뛰어나갈 아이가 오늘 아침은 왠지 힘이 없는 것 같다. 눈동자가 왠지 흐리고 힘이 없다. 축 늘어져서 불러도 분명한 대답을 하지 않는다. 머리에 손을 대보면 왠지 뜨겁고, 실제로 체온을 재보면 38도 전후의 열이 있다. 이런 상태로 먼저 발병한다. 가정의 부모야말로 아침저녁으로 자신의 아이를 가장 잘 관찰하기 때문에 이 아이가 평소에 어느 정도 기운이 있는지 분명한 눈동자, 탄력 있는 얼굴 등을 잘 알 수 있으니 처음의 약간의 증상으로 부모님이 가장 먼저 알게 될 것이다. 그런데 역질은 시각을 다투는 병이기 때문에 이럴 때 어떻게 하면 좋은지 나는 무엇보다 상담할만한 설비가 있는 병원으로 가는 것이 가장 중요하다고 항상 생각하고 있다. 자주 누누이 우리는 우선 역질일 때는 한시라도 빨리 피마자유를 마시게 하고 의사를 기다리라고 들었고, 또 책에서도 그러한 것이 씌어 있었는데 역시 역질에 피마자유는 정말 그럴 때는 가장 필요한 처치이지만, 그러나 여기에서 생각해야 하는 것은 실은 역질의 초기 증상과 비슷하지만 실은 그렇지 않은 병의 성질이 있다.

　그 하나가 맹장염이고 소아에는 비교적 적지만 하복부의 통증이나 발열 등으로 나타나는 증상은 전문가도 상세한 검사가 필요한 경우가 있으며, 비전문가에게는 좀처럼 감별할 수 없는 것이다. 또한 소아에게 많은 장중■증이라고 하는 병은 여기에다가 혈액이 섞이거나 해서 더욱 알아보기 어렵다. 이러한 경우에 빨리 역질이라고 판단을 내리고 빨리 피마자유를 주면 그 결과는 실로 놀라울 정도이며, 맹장염에 가장 금물인 설사를 한 탓에 복막염을 일으키는 경우도 있다. 또 장중■증이라는 병에는 피마자유 때문에 장의 ■동운동이 더욱 심해지기 때문이다. 그렇기 때문에 우선 피마자유를 마시게 하고 가정에서 상태를 살피는 것보다는 먼저 조금이라도 빨리 의사라는 생각을 하는 것이 중요하다. 피마자유보다 빨리 가정에서 바로 해야 하는 처치가 있다. 그것은 관장을 해서 배에 차있는 숙변을 충분히 내보내 버리는 것이다. 관장은 설령 그것이 맹장염이라도 장중■증이라도 결코 위험한 것은 아니고 언제라도 빠르면 빠를수록 좋다. 자주 피마자유를 충분히 마셨기 때문에 우선은 괜찮다고 생각하는 사람이 있는데 피마자유가 아무리 좋다고 하더라도 그것이 효능이 있어서 장의 내용을 깨끗하게 내보내기까지는 1시간이나 2시간은 걸린다. 그것보다는 먼저 관장으로 대장에 차서 점점 독소가 흡수되고 있는 숙변을 배설하는 것이 가장 중요한 것은 말할 필요가 없다.

　동시에 배설한 변은 반드시 변기로 받아서 밝은 곳에서 젓가락으로 충분히 저어서 검사한다. 역질의 변에는 통상 상당한 점액이나 고름, 또 많은 경우는 이질과 같은 혈액을 포함하고 있다.

　이러한 병적인 변은 처음부터 나오는 것이 아니다. 처음 관장했을 때는 덩어리진 보통의 변이 나오고 나중에 관장을 해서 혹은 저절로 나쁜 변이 나오는 경우가 있다.

이렇게 처음에 축 늘어진 상태는 조금 지나면 아이의 의식이 점점 혼탁해지고 불러도 분명한 대답이 없다. 그러는 동안에 손발이 꿈틀거리고 작은 경련을 일으킨다. 눈이 치켜 올라가서 흰 눈동자가 된다. 구토를 한다. 마침내는 큰 경련을 일으킨다. 맥은 작아서 맥을 짚을 수도 없게 된다. 입술 주변이 보라색이 되고 소위 차노제라는 상태가 되어 점차 중태에 빠진다.

그런데 역질의 치료에는 어디까지나 조기 진단, 조기 치료가 중요하다. 그럼에도 불구하고 이 역질은 상당히 예후가 나쁘기 때문에 이에 대해서는 새로운 치료법이 없는지 근본적으로 더 좋은 방법이 없는지가 우리 소아과에 종사하는 사람의 염원이다.

최근 소위 이시하시법이라고 하는 방법이 행해지게 되었다. 이것은 도쿄의 이시하시 박사가 창안한 것으로 정맥 내에서 계속해서 맥이 좋아질 때까지 주사를 놓는 방법으로 자세한 것은 전문적인 것이어서 생략하지만 그 외에 이때의 ■■의 본래 증상은 뇌쪽 혈관의 경련이라는 원칙으로 그쪽에 주사를 해서 상당한 효과가 있었다고 보고되고 있다. 우리도 이러한 방법을 시험해보는 등 모든 방법을 강구하고 있다. 이러한 방법에 의해 역질은 아직 무서운 병이지만, 최근 분명히 이 병의 발병률이 감소하고 있다.

이 무서운 역질이 왜 발병하는지를 말하면 거기에는 크게 두 개의 원인이 있다. 하나는 역질도 이질과 같이 식음으로부터 균이 전염되는 경우가 있다. 그래서 하기에는 되도록 끓인 것을 줄 것, 또 한편 과일, 야채 등은 반드시 가르키(염소)에 담가서 주는 것이다. 역질의 진정한 학문상의 정의에 대해서는 오늘날 아직 이론이 많아 정리되어 있지 않다. 통상 이질균 혹은 그와 유사한 균이 어느 종류의 체질의 아동에게 감염했을 때 증상이라고 해석하고 있고 학문상 큰 차이는 없는 것이다.

지금 한가지 발병에 중대한 이차적인 요소가 있다. 역질은 균의 감염이 있으면 백발백중 발병하는가 하면 결코 그렇지는 않다. 대부분의 경우 거기에 과로, 철야, 배탈, 과식 등 아이들에게 아주 불리한 조건이 더해졌을 때 특히 소화기가 약해졌을 때에 함께 격렬한 증상을 일으키는 것이다. 그것을 증명하는 흥미로운 예를 경험한 적이 있다. 이전에 내가 후쿠오카에 있었을 때 주지하다시피 북규슈는 옛부터 일본에서도 유명한 역질이 많은 토지인데 하카타에서는 초여름에 유명한 구시다신사의 마쓰리가 있다. 이때에는 용맹스런 피부의 하카타 출신의 아이의 등에 메달리고 아이도 머리띠에 엉덩이를 드러내어 하루종일 땡볕에서 가마를 따라 돌아다닌다. 그 전후의 저녁에 당직을 서고 있으면 실로 놀라울 만큼 계속해서 역질이 걸린 아이들이 실려왔다. 이것은 하나는 부주의하게 여러 가지 음식을 먹은 탓이지만 다른 하나는 땡볕에 엉덩이도 배도 내놓고 돌아다닌 탓이다. 배가 차가워지거나 과로하거나 이렇게 이차적 원인이 반드시 큰 역할을 하는 것이다. 또 계속해서 아이스크림 등을 먹어서 역질에 걸리는 것은 반드시 이러한 것 속에 균이 있기 때문만이 아니라 아이스크림을 여러 개

먹고 배가 차가워지고 따라서 소화 능력이 약해진다는 것은 빼놓을 수 없는 원인이다. 따라서 예방으로서는 반드시 여름에는 되도록 생물의 염소에 담근 것을 먹도록 할 것, 밤에는 빨리 자게 해서 과로하지 않도록 하고, 잠자기 전 음식은 금한다. 밤에는 배가 차가워서 배탈이 나지 않도록 배를 잘 덮어주는 등에 주의해야 한다.(문책재기자) 〈38~40쪽〉

「신경의 화류계-반기 매상 결산 92만원」, 『조선급만주』(제369호), 1938년 8월.

신경 구 부속지 즉 중앙통 경찰서 관하의 매춘 거리는 대신경검방, 신경검방, 대신경요리점조합, 두도구만인요리점조합의 네 조합으로 구성되어 있다. 이들 조합의 올해 1월부터 6월까지의 반기간에 걸친 예작부에 대한 화대 매상은 다음과 같다.

대신경검방(19채)

화대 매상금 339,800원, 예기 총인원 1,650명, 유객 총인원 50,300명

신경검방(5채)

화대 매상금 161,8000원, 예기 총인원 550명, 유객 총인원 24,000명

대신경요리점조합(조선요리점 모두 19채)

화대 매상금 158,100원, 작부 총인원 1,500명, 유객 총인원 38,000명

두도구만인요리점조합(31채)

화대 매상금 240,500원, 기녀 총인원 4,200명, 유객 총인원 285,000명

총계는 화대 매상금 902,000원, 예작기녀 총인원 7,900명, 유객 총인원 3775,300명이라는 막대한 숫자를 나타내고 있으며 이 숫자에서 추정하여 재경일본인이 약 70,000명으로 보고 남녀노소를 막론하고 한 달에 한 번은 매춘 거리를 방문한 것이 된다. 또 예작기녀 한 사람이 한 달에 버는 돈은 평균 140원, 상대인 유객은 50명, 하루로 환산해서 한 사람 당 6명분 이상이 된다. 두도고만인조합에 대해서 보면 기녀는 하룻밤에 2명 이상의 유객을 접하는 것으로 과연 저녁에 다이라 씨를 맞고 아침에 미나모토 씨를 보내는 ■■ 옛날 그대로의 시대와 다름이 없는 이 사회를 여실히 보여주고 있다. 이와 같은 국■의 남성이 무작위로 이들 매춘 거리의 여성들에게 던져 넣는 902,000원은 결코 적지 않기 때문에 가정의 부인에게 있어서는 경이적인 숫자일 것이다. 더욱이 작년 동기에 신경 양검번 및 대신경요리점 3조합의 예작부 화대 매상금과 비교하면 작년은 520,000원, 올해는 658,000원, 즉 작년보다 156,000원 수입이 증가하게 되고 매춘 거리로 본 올해의 경기는 결코 나쁘지 않다고 할 수 있다. 〈27쪽〉

노쓰 다카시(野津隆), 「전쟁과 영양학」, 『조선급만주』(제372호), 1938년 11월.

　1차 세계대전에서 왜 독일이 패배했는지 여러 가지 원인이 있었을 것이다. 그러나 먼저 무엇보다도 거론할 수 있는 것은 당시에 그들은 국민의 식량 배급에서 상당한 타격을 입은 것이다. 그 결과 그들은 마침내 국민 영양의 결핍을 초래하였고 전쟁은 패배하고, 결국 패전의 굴욕을 참아야만 했다. 즉 패전의 최대 원인은 영양의 결핍이었던 것이다. 이렇게 생각해 볼 때 병식의 연구, 즉 전쟁과 영양학은 하루도 소홀히 할 수 없는 문제이다. 1차 세계대전 당시는 독일은 물론 영국, 프랑스도 각각 식량정책에는 고민을 많이 하였다. 중일전쟁이 일어나고 1년여가 지난 오늘날 다행히 일본은 식량문제에는 어려움이 없다. 그러나 전선에서 장병의 식량에는 충분한 주의를 요한다. 즉 전쟁과 영양이라고 하는 것은 전쟁의 제일 조건이다. 그래서 우리 군대에서도 이점에 대해서는 충분히 연구되고 있는 것이다. 즉 주식품을 늘리고 영양에 필요불가결한 것을 증가시키고, 종래의 기본정량, 대용정량으로 나눠있던 양식 정량을 기본정량, 특수정량, 환급 정량의 세 가지로 나누고 칼로리의 증대를 목표로 분량을 증가하였다. 지금 그 주된 내용을 기술하자면, 쌀은 종래 1일 640그램이었던 것이 660그램이 되고 20그램 증가, 보리가 200그램이 210그램이 되어 10그램 증가, 생야채 500그램이 600그램으로 100그램 증가, 건물류도 110그램이 10그램 증가하여 120그램이 되고 육류도 종래의 150그램보다 200그램 범위에서 적정 지급한 것을 210그램이 되었다. 우메보시, 후쿠진츠케(절임) 등의 절임류도 종래의 40그램이 450그램이 되었다. 또 칼로리 부족을 보충하기 위해 압착영양식을 새롭게 지급하는 등 피로회복에 필요한 설탕도 5그램 정도 급여하고 가루 간장 등이 휴대용으로 더해졌다. 지금 여기서 1차 세계대전 당시의 참전 각국의 군량식 하루 양에 대해 상세 내용을 기술하면 아주 흥미 있을 문제이지만 그 요점만을 기술하자면 개전 당시(1914년) 영국의 국내부대는 생빵 1파운드와 4분의 1, 생육 1파운드와 4분의 1을 지급 받았는데 1917년에는 빵 14온스, 생육은 1파운드로 감소되었고, 각국은 각각 점차 식량의 지급을 감소시켜 간 것을 비추어 우리 군은 그런 일이 없도록 즉 전선 장병에 대한 식량 영양에 대해서 충분한 급여에 노력하고 있다.

　황군은 지금까지 상해를 무너뜨리고, 남경을 함락하고 이제는 한구를 공격하여 진군에 진군을 계속하고 있으며 1일 1리 이상 강행군을 하는 일도 진기하지 않다고 한다. 이 내구력은 3천년 이래의 쌀 식량에 키워지고 자란 위대한 힘이라고 할 수 있다. 쌀밥을 먹지 않으면 기운이 나지 않는다는 것도 당연하고 일본군이 위급한 상황이 되면 내구력이 강하고 마지막 끈기가 강한 것도 쌀 식량 때문이라고 할 수 있다.

　그러나 쌀에서 힘을 얻는다고는 하지만 쌀에 편중되고 쌀만 의존하는 것은 식량문제의 입장에서도 영양학상의 입장에서도 불가하다. 쌀을 먹어도 만약 비타민B를 보충하지 않으면 내구력은 오히려 떨어진다. 비타민B는 쌀의 주요 성분인 함수탄소의 신진대사와 밀접한 관계가 있고, 충분한 전투능력을 유지하기 위해서는 운동량에 비례해서 비타민B를 마노이 필요로 한다. 만약 비타민B의 보급이 충분하지 않으면 각기가 되는 것은 많은 사람이 알고 있는 바이다. 각기환자는 상당히 중병이라도 일견 건강한 것 같지만 운동능력 즉 분투능력은 극히 약하다.

이점은 오늘날 아주 충분히 연구되어 있고, 그 결과 일본군의 전투능력은 절대적으로 향상되어 있다. 명치유신 후 유럽식 병제 채용 이래 일본군에는 각기환자가 엄청나게 발생했다. 1880년경의 기록에 의하면 원양항해를 나간 군함의 승조원 276명 중 169명의 각기환자가 나왔고 그중 25명이 사망했다는 실로 비참한 사실이 있었다. 청일, 러일 두 전쟁에서도 각기 발생은 청일전쟁은 천 명당 254명, 러일전쟁 당시는 천 명당 205명이라는 엄청난 수를 보이고 이 때문에 전투능력이 상당히 저해되었다.

그러나 비타민B를 보급하자 각기는 되지 않았다. 비타민B를 풍부하게 포함한 현미를 먹어야 한다는 연구가 발표되었고, 1928년 전 육군이 현미식을 단행한 이래 각기는 일본 육군에서 거의 그 자취를 감췄다. 만주사변 당시는 천 명 중 겨우 6.2명의 환자가 나오는 데 그쳤다. 즉 과학의 성과는 일본군의 전투력을 러일전쟁 당시와 비교해서 수 배 증가하였다고 할 수 있다. 그 외에 모든 영양학상 연구가 행해지고 식량 영양학상으로도 황군의 전투력은 점점 향상되고 있는 것이다.

다음은 비타민C를 잊을 수 없다. 이것도 역시 전투력과 아주 관계가 있는 영양소로 이것이 결핍되면 괴혈병이 된다. 보불전쟁 중의 파리 농성군에게도 러일전쟁의 여순 농성의 러시아군도 괴혈병에 고통을 받았다. 여순 농성 러시아군과 같은 경우는 5만 명 중 2만 명이 괴혈병이었다고 알려져 있다. 괴혈병의 예방에는 말할 것도 없이 비타민C를 보급하는 것이 필요하고 이를 위해서는 가장 많은 비타민C를 함유한 신선한 야채, 과일을 먹어야 한다.

1차 세계대전에서도 식량 보급이 여의치 않아서 역시 각 전선의 곳곳에 괴혈병이 발생했다. 남아프리카 토인군은 1,700명 중 450명의 괴혈병 환자가 나왔고, 1916년 메소포타미아 방면의 영국군 전선에서는 1,700명의 환자가 발생하였다. 이탈리아군은 1,400명의 환자가 발생했고, 더욱이 그 대부분이 사망했다고 한다.

오늘날에는 비타민C는 포도당에서 간단히 인공합성할 수 있고 아주 저렴한 가격으로 얻을 수 있단 만약 3천 킬로그램의 비타민C의 결정을 준비하면 천 명의 병사에게 1년간 보급할 수 있다. 한편 동시에 야채가 함유하는 비타민C를 파괴하지 않고 건조하여 보존하는 연구에 성공하여 이번 전쟁에는 출정하는 군인에 대해 건조 야채가 보내지고 있다. 건조 야채는 물에 담그면 생으로 돌아온다. 그것을 삶거나 무침으로 먹는 것이다. 압축 건조한 시금치 한 덩어리에서 1개 중대분의 무침을 만들 수 있다.

농성이나 참호 생활 때 괴혈병 예방상 콩나물도 효력이 있다. 남극 탐험을 한 바드 소장이 극지에서 야채 결핍을 보충한 것도 콩나물이다. 콩에 온도와 습도를 주면 150시간 정도에 콩나물이 된다. 게다가 비타민C를 아주 풍부하게 함유하고 있다.

이번 전쟁에서 산서공략전에서 ■■부대가 추격에 추격을 하여 더욱이 산악전에서 식량의 보급이 극히 곤란하여 아주 고생을 했는데 괴혈병의 발생을 두려워하여 뽕 새싹을 먹고 비타민C의 보충을 했다고 한다.

이와 같이 비타민B 및 C가 운동능력과 지대한 관계가 있기 때문에 그의 만화 영화에서 수병 뽀빠이가 시금치 통조림을 먹고 갑자기 기원을 낸 것도 결코 웃을 일이 아니다.

그런데 이상 기술한 것은 전쟁에서 식량의 영양 문제를 질의 방면에서 고찰한 것이지만 다음으로 이를 양의 방면에서 검토하지 않으면 안 된다. 그러나 이것을 상세하게 기술하는 것은 군기밀에 관한 것이 되어 생략하고자 한다. 이미 서두에서 기술한 바와 같이 군의 식량에서도 분말 간장, 혹은 분말 된장 스프, 분말 음료, 건조야채와 같이 탈수 식량이 지급되고 탈수 압착한 것으로 주식, 부식 전부를 함유하고 일본인에게 적합한 휴대식량이 만들어져 있다. 그 외 특수한 것으로는 '열량식' 혹은 '비타민 환약', 특수항공식량 등등 근대의 군식량은 정비되고 있다. 중국 전황은 이미 수천 킬로미터에 걸쳐 있다. 전선은 점점 확대되고 있다. 전선의 확대는 병사의 신속한 운동성과 강대한 전투력을 요구한다. 이렇게 무한대로 확대되고 있는 전선에서 마지막까지 분발할 수 있는 전투력을 구비하기 위해 군의 식량은 양도 중요한 관계가 있는 것이다. 〈45~46쪽〉

아카츠카 세이치(양우회조선본부 육군주계중위, 赤塚正一), 「식량문제 소견」, 『조선급만주』 (제389호), 1940년 4월.

1. 서문

기름진 벼의 나라로 스스로 자랑스러운 식량에 관한 한 태산과 같은 편안함과 같다고 생각한 제국 식량계는 일대 파란이 일어났다. 작년 여름 조선 및 서일본의 가뭄 피해가 미친 영향이 의외로 크고 생활필수품인 만큼 당국자는 물론 국민 모두가 이를 극복하는데 매진하여 관민 혼연일체가 되어 노력하고 있는 것은 정말 존경할 일이다.

각종 잡지에 더욱이 과거에 그다지 식량문제를 다루지 않았던 잡지도 최근에는 식량문제의 중요성이나 대용식의 필요성을 논하게 되고, 너무나도 충족되어 있어서 그 은혜에 익숙해 있던 제국의 일반인에게 그 인식을 깊게 한 것은 식량사에서 특기할 만한 사항이다. 이점은 국가를 위해 경축하지 않을 수 없다. 그러나 어느 부분에서는 출판물을 통해 혹은 사람들의 이야기를 통해 시국의 식량 사정을 충분히 알면서도 스스로 실천한다고 하면 태평스럽고 어딘가 남의 나라 일처럼 생각하는 자가 없지 않은가. 너무나도 귀에 익숙해서 면역이 되었으며, 사바에서 생긴 일은 사바에서 해결한다는 정도가 될 것이다. 자기 한 사람 정도는 쌀 절약이나 대용식을 하지 않더라도 대국에 영향이 없을 것으로 생각하는 사람이 없는지 우려스럽다. 자기 한 사람만 생각하면 혼자지만 사회나 국가도 결국은 개인의 집단이다. 한 사람 정도라는 한 사람이 정말 무서운 것이다. 요는 한 사람도 빠지지 말고 전 국민이 결속해서 식량문제 해결에 노력할 필요가 있다.

2. 현 시국의 식량문제 해결을 위한 변

현재의 식량문제를 해결하기 위해서는 세 가지의 큰 요소가 있다고 생각한다. 그리고 식량문제는 단지 올해, 내년만의 문제가 아니다. 작년 가뭄 피해만이라면 상당한 풍년이 여러 해 계속되면 해결될 일이지만, 인구증가에 더해 제국이 대륙에서 크게 비약하고 있고, 또 기대는 하지 않지만 앞으로 장기에 걸쳐 대전쟁이라도 일어날 것을 생각한다면 좀처럼 대충 해결될 일이 아니라 상당한 마음가짐과 실행력을 요한다. 그리고 그 해결의 요소는 시정자, 생산자, 소비자의 삼자가 성의 있는 노력을 다해야 한다고 생각한다.

가. 시정자의 성의 있는 노력

현재 식량에 관한 여러 정책은 많은 비판을 받고 있는데 누가 하더라도 어렵고 힘든 일로 비판을 하는 사람에게 하게 하더라도 과연 잘 할 수 있을지는 아주 의문스러운 점이 많을 것이다. 아무튼 피나는 노력으로 정책을 행하고 있고, 국민은 이유를 따지지 말고 먼저 그 방침에 부응하도록 실행에 노력하는 일이 필요하다.

손자병법에 '전쟁에서 승리는 무리의 숫자가 아니라 사람의 단결에 있다'는 말이 있는데 시정자는 진정으로 나라를 사랑하는 지성의 마음으로 대책을 세우고 민중은 일치단결하여 이를 행하면 어떤 문제라도 어느 정도의 해결은 어렵지 않을 것이다.

제국의 군대가 강한 것은 지휘관의 책략대로 몇만, 몇십만의 사람들이 마치 한 사람처럼 유기적으로 활동하는 점에 있는 것으로 지휘관의 명령은 절대적이고, 군대는 그 명령대로 움직여서 비로소 성과가 크듯이 시정자의 정한 방침을 민중은 어디까지나 지키고 방침을 완수하는 방향으로 절대적인 노력을 하는 일이 불가결한 것이다. 시정자의 정책에 대해서는 언급할 부분이 아니기 때문에 생략하지만 말하자면 이미 행해지고 있지만 앞으로도 시정자로서 성의 있는 노력으로 재난을 복으로 바꾸도록 충분한 선처를 희망한다.

나. 생산자의 성의 있는 노력

생산자라고 해도 넓은 의미의 생산자이지만 이러한 사람도 자신들의 국가에 봉공하는 길은 생산자에게 주어진 올바른 길이라고 존중하고, 많은 양품을 생산하여 저렴하게 또 원활하게 공급하여 자타 모두 이익을 얻는다는 생각으로 대승적인 큰 포용력 있는 마음을 가지고 생산을 할 필요가 있다.

한 번의 괭이질에도 정성을 다하고 수확의 낫에도 조국애에 불타는 마음으로 자신들의 직무를 다하는 것이 즉 대군에 충성을 다하는 것이고 또 성전을 승리로 이끄는 원동력이기도 하다는 것을 충분히 인식하여 자랑스러운 생산의 기쁨 속에 국가에 공헌하고 있는 것이라는 것을 잊지 않기를 바란다.

이러한 생각이 마음 속에 흐르고 있어서 생산에 종사하면 모든 것이 원만하고, 신의 뜻에 따라 생산하며 신의 의도대로 사회에 공급한다고 하는 분위기가 양성된다. 한때 보였던 것처럼 어느 부분에서는 지금 현재도 나타나고 있는 생산품 배급이 원만하지 않는 것이나 판매를 꺼리는 것과 같은 일은 없어지게 될 것으로 생각한다. 모 잡지에서 일본도 성전 4주년을 맞이하여 마침내 물자가 부족하고 올 것이 왔다는 식으로 쓴 것을 보았는데 그것도 하나의 견해일지는 모르지만 적어도 식량에 관해서는 (올해는 특별한 사정이 있으니 어쩔 수 없지만) 생산자로부터 소비자로의 흐름을 원활하게 하면 그리고 소비자 스스로도 올바른 소비를 하면 아무런 불안도 없고 안심하고 생활할 수 있을 것으로 생각한다.

식량의 불안이 인심에 미치는 영향이 가장 크다. 식량이라는 것은 인간 생활의 최소한의 욕망이며, 이것이 부족하면 생활을 확보할 수 없기 때문에 당연하겠지만 아무튼 생산자는 이때에 잘 알고 있는 말이지만 '정신일도 하사불사성'을 음미하고 모든 능력을 발휘하여 생산에 종사하고, 생산자의 성의 있는 노력을 유감없이 발휘해야 하는 가을이라고 생각한다.

다. 소비자의 성의 있는 노력

현재 식량문제 해결을 위해 식량의 양을 증가시키기 위해 생산증가도 해외로부터의 흡수도 당연히 필요한 일이지만, 그것과 병행해서 역시 소비부문에서 협력도 상당히 큰 역할이 될 것으로 생각한다.

신문이나 잡지에서 쌀 절약, 대용식의 장려라는 글씨가 눈에 띌 정도로 보이고 있다. 아마도 이 정도로 진지하게 이를 지상에서 보는 것은 십수 년 이래 없었던 것으로 생각된다. 그럼에도 불구하고 실행의 방면은 의외로 적정한 것 같지 않고 사람들의 이야기가 정말이라면 일본에서 94% 비율의 도정을 규정했는데 여전히 전쟁 전과 아무런 변화도 없는 하얀 백미가 있고, 대용식 혼식을 선정하는데도 흰 쌀밥을 먹고 있다는 것이다. 그점에서 조선은 비교적 철저하게 하고 있고 보리, 옥수수, 콩, 고량, 조 등의 혼식을 하고 열심히 쌀 절약을 장려하고 있다. 〈23~25쪽〉

「천연두를 모르는 사람의 판별과 예방법」, 『조선급만주』(제389호), 1940년 4월.

천연두는 다른 전염병과 달리 잠복기가 12일로 한정적이고, 이 동안은 전혀 증상을 보이지 않는다는 점에서 무섭다. 천연두를 모르는 사람이 빨리 판별하는 법과 예방법 및 대륙도항자에 대한 주의에 대해서 전염병연구소 야나베 히데타케(矢邊秀武) 박사는 다음과 같이 발표하였다.

모르는 사람이 판별하는 법 세 가지

1. 처음에 가볍게 발열하고 두통, 요통이 심하며 자칫 감기로 착각하기 쉬운 증상을 나타낸다.
2. 그것이 4일 정도 지나면 점차 열이 높아지고 39도에서 40도에 이른다.
3. 1주일 정도부터 열이 내리기 시작함과 동시에 신체 각 부분에 증상이 나타나거나 또 하복부, 허벅지 안의 일부에 발진하고 이어서 중증으로

예방 방법

감기 증세라고 생각하더라도 즉시 의사의 진단을 받을 것. 또 천연두의 병독은 공기 전염이 심하여 환자가 발생한 지점을 중심으로 천 미터 이내는 전염 가능성을 가지고 있기 때문에 언제 어디서 감염할지 모른다. 이럴 때는 종두를 맞는 것이 가장 중요하고, 종두가 ■■ 경우는 2개월부터 3년간은 안전. 종두는 횟수를 거듭할 때마다 확실한 면역성을 발휘한다.

천연두를 일본으로 전파한 일본의 환자 165명

지난 1일 시부야에 진성환자가 발생한 것을 시작으로 도쿄의 천연두는 겨우 보름 만에 미카와시마, 아사쿠사에 8명의 환자가 발생했는데 이 천연두는 중국 대륙은 겨우 약해졌고, 만주, 조선도 현재 점차 약해지는 상태이다. 그러나 올해 1월 이후 환자는 1천 800명으로 늘었고, 일본도 그 영향 하에 놓였다. 1933년 이래 큰 유행을 한 것이다.

일본은 오사카의 28명을 시작으로 야마구치 24명, 히로시마 17명, 구마모토 12명, 에히메 9명, 도쿄, 사이타마, 미야기 각 8명, 오이타, 후쿠오카 각 7명, 나가사키 6명 등 1도 3부 22현의 광범위에 걸쳐 총계 165명, 그중에 사망자는 13명에 이르고, 전염 계통은 조선에서 12부현, 만주에서 7부현, 남중국에서 1부, 불명이 6현으로 조선 경유가 압도적이다. 〈52쪽〉

미우라 박사 이야기(三浦博士談), 「전쟁과 음식물」, 『조선급만주』(제389호), 1940년 4월.

나는 10년 동안 계속해서 만주의 생활, 힘든 의식주 문제에 대해서 더욱 합리화해야 한다고 주장해 왔다. 이번에 이러한 운동이 다시 크게 제기된 것은 상당히 유쾌한 일로 생각한다. 또 오늘은 의식주 전반에 걸친 이야기는 도저히 시간이 부족하기 때문에 그중에서도 가장 우

리에게 절실한 문제인 음식에 대해서 한마디 하고자 한다. 잘 알다시피 일본에서는 점점 식량의 부족, 특히 쌀이 부족하다고 한다. 이것은 앞으로 어떻게 될지 또 현재 식량이 어느 정도 있는지는 나도 잘 모른다. 작년 가을 무렵부터 지금의 정세로 가면 7부 도정 정도로는 해결될 수 없다고 예상되고 있다. 그래서 우리는 지금부터 이렇다 할 대책을 강구하고 어느 정도의 식량을 취하면 건강상에 지장이 없는지 한도를 연구해 둘 필요가 있다. 이것에 대해서 여러분의 참고가 되도록 이전에 1차 세계대전에 돌입했을 때 독일이 어떻게 했는지를 잠시 이야기 하고자 한다.

1914년 전쟁 직전까지는 독일도 아주 다량의 식량을 외국에서 수입했는데 전쟁 발발과 동시에 전혀 식량 확보 방법이 끊긴 것을 알고 즉시 그 대책을 세우기에 들어갔다. 영국도 현명하기 때문에 독일을 식량으로 곤란하게 하기 위해 외국에서 들어오는 식량의 봉쇄를 행하였다. 그리고 영국 쪽도 물론 공업국이기 때문에 경작지가 얼마든지 있을리 없었다. 밀가루도 대부분은 캐나다에서 오기 때문에 그 외 자국에 있는 재고만으로는 3, 4개월 정도만 유지할 수 있는 상태였다. 다행히 영국은 대 해군력을 갖고 있기 때문에 그 점이 강점이었다. 하지만 독일은 영국의 해군력에 눌렸고 또 러시아와의 전쟁으로 식량이 들어오지 않았기 때문에 자연히 현재 있는 식량을 절약하는 수밖에 없었다.

그래서 독일에서는 즉시 그 방면의 조사연구에 착수하였고, 장차 외국으로부터 식량이 수입되지 않을 경우에는 도대체 어느 정도 국내에서 공급할 수 있는지를 상세하게 조사하였다. 한편 국내의 학자, 의학자, 영양학자를 총동원하고 생활의 표준을 어느 정도까지 내리면 좋을지를 연구, 발표시켜 영양의 한도를 국민에게 알렸다. 그리고 사실 식량은 점점 부족해질 뿐 국민의 음식은 점점 하락하였는데 가장 심각한 것은 1917년 전쟁이 일어난 3년째 봄에 물론 배급제도였지만 당시 베를린 시민에게 배급된 식량은 질이든 양이든 정말 심각한 상태였다. 그럼, 도대체 독일인은 종래 어느 정도의 식량을 취해 왔는가 하면 그 유명한 호이트나 루브네루 등의 세계적인 영양학자가 있는데 그 사람들의 학설이 표준이 되어 1일 한 사람당 평균 2,800칼로리, 단백질이 120그램, 어린이 100그램, 육류는 대체로 150그램이라는 통계치가 나왔다. 그러나 전쟁 3년째에는 칼로리도 절반인 1,400칼로리, 즉 식량을 절반으로 줄인 것이다.

상당히 배가 고팠을 것으로 생각한다. 육류 등도 야윈 소나 야윈 돼지를 하루에 겨우 30그램이다. 그리고 주식은 우선 감자가 200그램 정도, 밀가루라고는 하지만 밀가루 외에 연맥이나 나맥 등 종래는 가축의 사료로만 사용했던 것까지 먹는다. 빵은 정백하지 않은 현미로 만든 흑빵이다. 내가 독일에 간 것은 그 후지만 그때도 아직 빵보다 감자를 먹는 편이 많았고, 빵이라고 하더라도 말랑하게 부풀어진 것이 아니라 딱딱한 빵이었다. 그것을 하루에 작은 것 5개, 감자와 함께 500그램 정도니까 아주 적다. 그 외에 무류가 300그램, 이것이 야채이다.

우유도 지금까지는 1일 한 사람당 1리터가 표준으로 소비되었지만, 전쟁 이후에는 아기에 한해서 1일 1리터 정도이고 어른은 공급이 없었으며, 버터도 인공 버터뿐으로 아주 절약했다.

지방을 좋아하는 독일인이기 때문에 이 인공 버터로는 여러 가지 비난이 있었지만 강행했다. 그리고 설탕도 아주 제한해서 적었다고 한다. 그리고 그 결과는 어떠했을까. 유감스럽게도 역시 별로 좋지 않았다. 먼저 건강한 사람만은 아니었기 때문에 보통보다 약한 사람은 일을 하더라도 힘이 나지 않고 결핵 환자도 전전에 비해 5배 정도 늘어났다고 한다. 그 외에 여러 가지 병도 나타나서 어린이의 영양, 교육도 아주 악화되었다. 그래서 이렇게 극단적으로 하면 결과는 나빠진다. 만약 중간 정도로 그만두게 되면 그다지 영향은 없었다고 생각된다. 아무튼 환자가 늘어난 것은 별도로 두고, 일상적으로 취하는 음식이 절반으로 줄어드는 것은 힘든 일이며 독일인도 매일 고픈 배를 움켜쥐고 오랜 기간은 갈 수 없었을 것이다. 마침내 항복하였지만 그래도 그 후 1년 이상 견뎌야 했다. 독일인은 그 점에서 실로 대단했다고 생각한다.

그런데 독일의 이야기는 이 정도로 하고 일본은 결코 그런 상태에 빠지는 잘못도 하지 않고 또 그런 경우가 되면 큰일이겠지만 독일인의 강한 참을성을 생각하면 우리가 지금 쌀 7부 도정이나 고량밥을 먹는 정도의 일은 아무것도 아닌 일이라고 생각한다. 그것을 더욱 국민이 알도록 이야기하고 또 빨리 면밀한 준비를 하는 것이 중요할 것이다. 7부 도정이 된 것은 아주 좋은 일이고 해마다 각기로 사망하는 사람이 일본 전국에 1만 명 이상 그 외에도 환자 수는 얼마나 있는지 모른다. 그래서 지금까지 현미를 먹고 7부 도정을 먹을 것을 몇 년이나 말해 왔지만 좀처럼 실행되지 않은 것을 이번에 일제히 먹게 된 것이기 때문에 이것으로 각기도 아주 감소할 것이다. 〈62~63쪽〉

아카츠카 세이치(양우회조선본부 육군주계중위, 赤塚正一), 「식량문제 소견(속)」, 『조선급만주』 (제390호), 1940년 5월.

4. 식량문제에 대한 국민의 각오
정책적인 부분은 생략하고 여기에서는 어떠한 각오로 생산하고 어떠한 각오로 소비의 절감을 도모할 것인가라는 점에 대해서 다음과 같이 생각하는 바를 기술하고자 한다.

1) 생산 방면
  가. 창의적인 궁리에 의한 생산 확충
  현재 상당히 노력 경영을 하고 있는 것이라고 하면 이전의 생산 확충은 결국 면적의 증가, 기술에 의한 단당 수량의 증가 등의 수단에 의하지 않으면 안 된다고 생각하지만 또한 그 단당 수량의 문제도 그렇게 간단히는 진행되지 않고 토양 비료, 투하 노력 등 복잡하지만 결국 비상 상황에 처한 수단으로서 더욱이 비상시■의 방법이 없는 것인가, 창의적으로 궁리하는 점이 없는 것인가라고 생각한다. 예를 들어 조선 주민의 벼농사에는 지도자의 독촉에 의해 비로소 제초를 하거나 이른 봄 일본에서는 자주 보는 보리밟기 등도 조선의 시골에서는 별로 볼 수 없는데 그러한 점에서도 역시 작물을 키우는 데 있어서 성의 있는 노력이 바람직하다고 생각한다.

나. 수면 이용의 철저

독일, 영국 모두 전쟁이 격화됨에 따라 해면의 이용을 잘하여 단백질의 보급을 꾀하고 있는데 역시 수면의 이용은 상당히 중요한 것이라고 생각한다. 혹 기술자의 이야기에서 인간의 식량자원은 결국 태양 에너지가 고정한 것이고 태양 에너지는 지구상에서는 바다가 육지의 2배 즉 지구상의 3분의 2는 바다에 고정하고 있고, 그렇기 때문에 바다를 절대적으로 이용하는 것이 식량문제에는 중요한 일이라는 것인데 의미 있는 흥미로운 견해라고 생각할 정도로 바다는 비료도 주지 않고 또 자신의 소유하는 면적도 필요 없는 게다가 누구의 소유물도 아닌 것을 자유롭게 취할 수 있기 때문에 식량자원을 바다에서 구하는 것은 필요하다고 생각한다.

다. 생산자의 마음가짐

이미 성의 있는 노력이라고 해서 기술하였지만 생산자는 생산의 기쁨을 맛보는 심경에 도달하기까지 정신을 집중할 필요가 있다. 그리고 생산의 기쁨을 느끼기 위해서는 단지 추산만 하여 작물을 경작하는 것이 아니라 자기 나라에 보답하는 길은 이 작물을 훌륭하게 기르고 수확을 늘리는 것이 최상의 수단이고 작물은 자신의 충의의 정신을 구현해 주는 것이다는 기분이 되지 않으면 진정으로 열의가 있는 생산자라고는 말할 수 없다고 생각한다. 그렇게 해서야말로 생산물에 자신의 혼이 들어가고 그래서 성적이 향상하는 것이다.

항상 생각하는 것이지만 춘궁기를 생각하면서 그 준비가 적당하지 않다. 예를 들면 그 준비로서 집의 나무담 대신에 옥수수를 심고 밭 한쪽에 혹은 산의 경사지를 이용해서 감자를 키운다. 도로의 양측에 콩을 심는다는 것과 같이 설령 심은 것을 수확할 때는 다른 사람이 수확하더라도 결국은 제국 내의 국민의 식량이 되기 때문에 관계없다는 식의 큰 마음으로 더욱 생산에 노력할 필요가 있다.

또 비료도 곡물의 껍질을 그대로 비료로 하지 말고 소나 돼지, 양, 토끼 등을 사육하고 한번 동물의 배를 통해서 비료로 하도록 하면 그 가치도 향상되고 그동안에 동물성의 단백질도 얻을 수 있게 된다.

인간 생활의 원동력인 음식을 생산하는 숭고한 직책이 있다는 것을 충분히 인식하고 굳건한 견인지구의 정신을 가지고 생산에 종사하는 마음가짐이 필요하다고 생각한다.

2) 소비 방면

가. 소비의 합리화

과거의 인습이나 오감의 느낌이 없다고 하는 것이 아니라 과학적인 기초하에 합리화된 소비를 행하는 것이 필요하다. 이를 위해서는 오랫동안 사용한 백미가 완전히 세상에서 자취를 감추고 현미나 7부 도정 현미가 이것을 대신하더라도 어쩔 수 없다. 아니 오히려 크게 환영할 만한 일이라고 믿는다.

또 잡곡류의 상용화라든가 또 가루 음식이나 분말 음식으로 바꾸는 일도 하나의 추진법이라고 생각한다.

나. 식량자원의 확장

현재 일상식량의 수확량에는 자연히 한도가 있다. 또 그 한도가 인구의 증가나 또는 ■■■ 사정에 기초하여 ■■라고 한다면 단지 선조로부터 전래된 식문화를 금과옥조라고 생각하고 아침저녁으로 쌀과 보리를 먹는다는 것이 모순된다는 것이 된다. 그리고 증산계획도 물론 좋지만 역시 잡곡도 오곡으로 오랜 옛날부터 전해오는 음식이고 또 신이 아마 그 필요성을 인정해서 주신 것일 것이라고 생각할 때 이들을 이용하고 식자원의 확충을 할 필요가 있다고 생각한다. 이러한 의미에서 대용식의 장려가 주장되고 점차 실시되고 있는 것은 아주 기쁜 일이다.

다. 식량 통제에 대한 순치

식량 통제는 전반의 관계상 필요가 있어서 행하는 것으로 통제를 감수하고 이를 참고 견딤으로써 국가 비약의 원동력이 배양된다는 것을 생각하고, 그 옳고 그름을 논하지 말고 정책에 부응하도록 실시하고 익숙해져서 나아가서 습관이 되도록 마음을 가지면 아무런 고통도 없고 또 불평도 하지 않고 통제를 받아들이고 곤궁한 속에서 명랑한 생활을 영위할 수 있다고 생각한다.

5. 서언

성전 제4년의 봄을 맞아 구석구석 작년 여름의 한발 피해로 인한 식량문제가 상당히 좋아지고 있지만 아직 음식점에서 주문한 식품이 한 접시로 줄거나 밥을 세 공기 이상 먹지 말라는 말 등이 보이지 않는 것은 제국의 식량자원의 튼튼함을 여실히 말하고 있는 것으로 생각한다. 그러나 방심은 큰적, 구르기 전에 지팡이를 짚을 필요가 있다. 사회문제로 보나 치안의 문제로 보나 아마도 그 원인을 식량문제로 삼고 있는 것이 있고 결국은 인간의 위장의 문제가 상당히 장난이 아닌 것이다. 따라서 이와 같은 문제로 대동아건설에 누를 끼치지 않도록 오히려 말하자면 총후에 속하는 문제는 제국 국민의 일치단결에 의해 왕성한 정신력 및 생업 보국의 튼튼한 결의와 물은보사의 신념에 의해 극복할 수 있는 것이고 협력일치의 성업을 익찬하여 섬기는 마음가짐이 필요하다고 믿는다.(끝) 〈28~30쪽〉

「취업과 결핵, 오사카에 모인 전국 소학교 졸업생 32%가 보균 반응」, 『조선급만주』(제391호), 1940년 6월.

오사카부 취업과에서는 먼저 후생성의 지시에 의해 취업지도에 필요한 신체검사의 일부분으로 올해 3월 소학교를 졸업한 취직자에 대한 결핵반응검사를 실시하였는데 홋카이도, 오키나와, 조선, 대만을 포함한 전국 44도부현(이와테, 이바라키, 군마, 사가를 제외) 각지에서 오사카부 내에 취직한 소학교 졸업자 2,525명 중 824명(32%)이 양성반응을 보였다는 국민보건상 주목할 만한 결과가 판명되었다.

이것을 각 도부현 별로 보면 도치기의 2명 중 2, 야마나시의 8명 중 8, 각 100%, 아오모리의 5명 중 3, 60%, 오키나와의 27명 중 14, 52%를 제외하면 과연 오사카 시내 출신자 440명 중 152명, 45%가 가장 많고, 오사카 내 641명 중 188명, 36%가 다음, 농촌출신자보다도 도시출신자에게 결핵균 보유 혹은 질환이 여전히 많다는 사실이 분명해졌는데 취업과에서는 3개월 후에 다시 이 검사를 실시하고 각 지방 청소년의 보건상태가 그동안 어떻게 변화하는지 흥미있는 조사를 하게 되었다. 〈39쪽〉

하기노 마사토시(경성부 위생과장, 萩野正俊), 「발진티푸스와 예방법에 대해서」, 『조선급만주』(제392호), 1940년 7월.

최근 경성에는 발진티푸스가 아주 창궐하고 있다. 경성의 5월 중 발생을 보면 200건을 나타내고 있다.

발진티푸스의 병원체는 리켓차, 프로와츠에키라고 하는 것으로 세포 속에 흑점이 생긴다는 정도로 아직 그 병원체의 증명에 충분한 연구가 완성되어 있지 않다.

장티푸스와는 전혀 그 계통을 달리하고 있으며, 원래부터 장티푸스의 예방주사로는 아무런 효과도 없다. 발진티푸스의 예방법으로는 현재 아직 완전한 것이 발견되지 않았다.

발진티푸스의 전염 계통은 이에 의해 매개된다는 것만은 판명되었다. 환자에게 부착되어 흡혈한 이의 위장 상피 세포 내에 집단으로 생식하고 있는 병원체가 세포에서 나와서 위장 속에 산재할 때 이 이가 다른 인체의 피부를 찌름과 동시에 병원체가 인체의 혈관으로 침입하여 발진티푸스의 환자가 되는 것이다.

발진티푸스는 그 외에 로키산열, ■■■, 양충병 등의 병명을 가지고 있으며, 광산의 광부 등이 이 병에 걸리면 10명, 12명이라는 식으로 점점 만연하는 것이다. 이런 경우에 그 광부를 조사하면 모두가 반드시 이를 가지고 있다.

환자는 유소자에서 성인인 노인 쪽이 걸리기 쉽고 앞서 기술한 바와 같이 전염 계통이기 때문에 하층 계급자의 환자가 가장 많다.

발진티푸스의 증상을 말하면 대부분은 오한 또는 전율을 느끼고 발열을 일으킨다. 그리고 하루 이틀이 지나서 39도 또는 40도의 고열이 난다. 맥박은 극심하게 되어 120 또는 점차 그 이상이 되는 경우가 있다. 심장은 점점 쇠약해져 간다.

4, 5일째 정도부터 발진이 나타난다. 발진은 많이 나오고 또 계속해서 서로 융합하는 것이다. 출혈성이어서 지압에 의한 통증은 그다지 없다. ■■은 장티푸스보다도 빨리 나타난다. 그리고 신경증상이 뚜렷하고 환자는 심하게 두통을 호소하며 의식은 혼탁한 상태가 되어 횡설수설조차 하게 된다. 말하자면 열형, 맥성, 발진 및 신경증상이 발진티푸스의 특징이라고 한다. 하지만 경증으로 발진이 적은 때는 그 진단도 아주 곤란하다고 한다.

이 병의 잠복기는 통상 8일부터 12일 정도로 가장 짧은 것은 4일, 긴 것은 14일이고, 장티푸스와 비교하면 발병기가 빠른 것 같다.

발병은 대부분의 경우 급격한 발열로 시작하고 두통이 생기며, 전신의 권태를 느낀다. 그리고, 오한, 전율, 구토 등을 일으킨다.

체온은 하루 이틀에 극도에 달하고 3, 4일 동안에 비교적 빨리 내려가서 평열을 회복한다. 드물게는 하루 평열이 되었다가 며칠 후에 다시 하루 혹은 이틀간 경도의 발열을 하는 경우가 있다.

이 병의 사망률은 100명에 대해 0.86의 비율이다. 이전에는 발진티푸스의 발병은 오로지 하층 계급에서 많았지만 최근에는 상류사회에서도 상당한 발병환자가 나오게 되었다. 이것은 앞에서도 기술하였지만 이에 의한 전염 계통이기 때문에 인구의 증가라든지 생활의 진보에 수반되어 하인이나 하녀를 고용하는 가정이 많아지게 되고 하인이나 하녀 등이 옮기는 이로부터 자연스럽게 발병률이 높아지게 된 것이다. 또 전차나 목욕탕, 그 외 사람이 모이는 자리에서 이가 붙지 않도록 주의하는 것이 중요하다.

경성대학에서는 최근 이 발진티푸스의 병원균의 배양에 성공했다고 하기 때문에 멀지 않아 이 혈청도 완성될 것으로 생각한다. 아무튼 현재 이것의 예방법으로는 먼저 청결을 실행하는 것 외에는 없다. 만일 발병환자가 발생했을 경우에는 이의 출처를 조사하고 철저하게 이를 퇴치해야 한다. 혈관의 침입 이외에 전염하지 않기 때문에 이만 퇴치해버리면 그 병원은 절멸되는 것이다.

이 토치에는 제충제 등도 효과적이지만 의복 등은 조선식의 세탁법은 가장 이상적이다. 그러나 현재 반도의 생활상태로는 아직 옛날의 습관도 있고, 그다지 목욕을 하지 않기 때문에 자연히 신체 그 자체가 불결하기 때문에 모처럼의 이상적인 세탁법도 그 효과가 없다고 말할 수 있다. 모든 병은 비위생에서 발생하는데 발진티푸스 등은 가장 좋은 예가 아닐 수 없다. 비상시국에 직면해서 국민체육이 중요시되고 있는 때이기 때문에 부민 전부가 위생 사상을 새롭게 해야 한다고 생각한다.

아울러 1939년도 및 1940년도 5월 중에 경성부의 전염병 환자의 발생 수 통계를 게재하여 많은 참고가 되도록 하고자 한다.

	1939년도	1940년도
콜레라	–	–
이질	1,260	30
장티푸스	452	122
파라치푸스	66	7
역질	6	26
발진티푸스	488	204
성홍열	214	10
디프테리아	795	44
유행성척추늑막염	42	7
페스트	–	–
계	3,317(행려병사인 427을 포함)	448(행려병사인을 포함)

〈48~49쪽〉

하기노 사헤이(경성수상경기연맹 이사장, 萩野佐平), 「신체제 하의 체육」, 『조선급만주』(제395호), 1940년 10월.

신체증강의 문제가 오늘날만큼 진지하게 주창된 시대는 없다. 성전 수행이 한창인 가운데 늦은 감이 없지는 않지만 주창되지 않는 것보다는 나은 것은 물론이다. 스포츠가 나아가야 할 방향도 역시 재고되고 그 정도로 돌아가도록 하고 있다. 세상은 신체제의 소리로 시끄러운데 신체제라고 하는 것은 성전 수행을 위해 설정된 특별편성의 열차처럼 여겨서는 안 된다. 본래 그 있어야 할 원래의 모습으로 되돌아가는 것이며 성전 완수의 ■에는 구체제로 돌아가는 등은 어떻게 생각되어질 것인가. 생각해 보면 명치유신 이후 오랜 과도기가 계속된 것이다. 서구화 운동에 바쁜 나머지 긴 검은 머리를 짧게 자르고, 단정히 하거나 부모에게 물려받은 훌륭한 눈썹을 없애고 아무것도 없는 곳에 눈썹을 만들거나 영국의 식민지라도 되듯이 젊은 학생이 영어로 고통받고, 중학교 생활이라는 것은 영어를 숙지하는 시대라도 되듯 기현상이 일어난 것이다. 더욱 이상한 것은 로쿠메이칸 시대를 역사의 획기적인 사실로서 웃었던 쇼와시대가 된 것조차 입학시험 준비를 위해서는 국어, 산술을 제외한 다른 학과를 거의 희생한 듯한 소학교, 영수국한을 전념하고 과목을 버려버린 중등학교. 그런 경우에는 수신이나 체육학과는 제일 먼저 말살되어 버린 것 같다. 학교 당국이 학과의 ■■을 스스로 보인 영향은 학생들에게 얼마나 강하게 영향을 줄지 상상하는 것조차 두려운 일이다.

학무당국의 영어에 의한 입시 개혁안에 의해 초등학교 측의 학과 편중은 일소된 것 같은 느낌을 받지만 중등학교 측에서는 외국어에서 우선 그 폐해 개혁의 첫발을 내디딘 것은 정말 기쁜 일이다.

종래와 같이 서양에 의존하는 방식의 느낌을 받는 입시 방법을 제거하는 것은 청소년 학생인 일본인 연성에 얼마나 장애가 되었는지 알 길이 없다. 특히 조선에서 교육을 생각할 때 종래의 그것은 함께 섞이지 않을 수 없는 느낌도 있었다. 황국신민양성은 먼저 국어를 존중하는 것부터이다. 입시문제에 관해서는 조선은 먼저 일본에 모범을 보였다고 할 수 있다. 이러한 견지에서 입시개혁을 실시한 것은 일본에서는 육해군의 학교 이외에 어느 정도일까. 신체제라고 하니까 사람들은 혼란스러워 하거나 기이한 느낌을 갖고 있고, 신체제라고 하면 누구나 종래의 병폐를 일소하고 진짜 일본적 자각 위에 선 조직이라는 생각을 할 수 있는 것이다. 입시개혁은 신체제조직으로 향한 일보전진이다. 다음으로 체육 문제인데 체육에서 종래의 병폐청산을 주장하고, 종래의 좋은 점인 스포츠를 통해 실행해 온 인간 연성까지 버려버린 것이다.

병에 걸리지 않는 것이 연성이라고 하는 생각은 낡았다. 병에 걸리지 않는 것뿐만 아니라 나아가 난국에 대처할 수 있는 불굴의 정신과 그것을 견딜 수 있는 신체를 가져야 한다. 스포츠의 정신적인 방면을 몰각하여 이를 배격하고 대신 체조로 대체하는 것 등은 재고할 문제이다. 체조가 아무런 의미가 없다는 것이 아니라는 것은 말할 필요가 없다. 결점을 보완하기 위해 좋은 점도 버리는 것과 같은 일이 있어서는 안 된다는 것뿐이다. 진정한 체제가 되어야 할 신체제로 모든 부문은 진지하게 돌진해야 한다. 일부에서는 진의를 모르고 눈앞에 바뀐 것으로 무턱대고 신체제라는 말을 사용하는 무리가 사람들을 아주 오해하게 만드는 것이다.

다음으로 황국신민연성에 전념하는 학교행사에 빠질 수 없는 것으로 작업교육이 있다. 나는 본지의 올해 2월호에 운동장의 교육적 가치를 기술하였는데 내가 말하는 작업교육은 이론이 아니라 토공작업실시를 말하는 것이다. 교사와 학생이 ■을 나르고 돌을 버리고 ■를 떨치는 것이다. 근골이 튼튼한 학생들의 ■이 나이든 선생님들의 그것보다 무거운 것을 웃으며 화제로 삼는 바람직한 작업장 풍경이다. 최근 실시하라고 정해진 근로봉사를 일상생활에 보편화하는 것이다. 가능하다면 적어도 하루에 한 번은 작업하는 것을 원칙으로 하고자 한다.

교실에서의 수업만으로 학교 행사라고 생각하는 것은 맞지 않다. 학교란 무엇을 하는 곳인가부터 재출발하지 않는 사람도 상당히 있을 것이다. 황국신민연성을 목적으로 하는 학교는 교실 훈화, 교과서의 설명만으로는 목적의 달성은 곤란하다. 세계에 우뚝 선 일본군인 양성의 도장인 사관학교 병학교에서는 도둑에게 유명한 검인 마사무네를 준 것과 같은 교육은 결코 해서는 안 된다. 황국신민연성을 잊고 무턱대고 지식 교육만을 전개한 구체제 시대의 학교는 자칫하면 어린이에게 칼을 쥐게 하든가 도둑에게 무술을 가르치는 것과 같은 인간을 양성하는 상황이 아닐 수 없다. 육해군의 학교에서는 입학식 다음 날부터 교과서의 강술에 거의 하루도 빠지지 않는 것보다는 입학 때부터 뼈의 ■부터 인간의 개조를 도모하는 것, 스스로가 공부하는 목적, 살아있는 목적, 이 세상에 태어난 목적을 분명히 알고 그 무기가 될 학과 공부를 개시하는 것이다. 이점은 다른 모든 학교가 배워야 하는 중점이라고 생각한다. 앞으로 돌아가서 토공작업은 인부의 대용으로 학생이 일하는 것이 아니다. 일하는 정신의 체득은 땀을 흐리고 일하지 않으면 알 수 없는 것이다. 강당의 훈화로는 체득할 수 없는 것이다. 작업은 농업과 같이 대지에 발을 딛고 실행력 있는 착실한 인간이 하는 것으로 체력향상에도 정신연마에도 모든 관점에서 학교 교육이 교실의 교육으로 끝나버리는 폐해를 구원하는 유일한 구제방법인 토공작업을 실시해야 한다. 난이와 분량은 학년에 맞추고, 체력에 맞춰서 행해야 하는 것은 당연하다. 구체제 시대의 교육은 노동의 신성함을 가르치더라도 실제로 활동하지 않기 때문에 언제나 말뿐인 인간을 양성하는 폐해에 빠져있었다. 상급학교에 진학할수록 직접 실천하는 인간이 아니라 말만 하는 인간이 되는 경향이 많았다. 실행력이 수반되지 않는 인간의 양성은 백해이며 전혀 도움이 되지 않는다. '얼굴이 창백한 인텔리여' 따위의 욕을 했는데 그 인텔리는 누가 만들었는가, 반성해야 한다. 원인을 밝히지 않고 결과를 바라는 것은 무책임하다.

하루에 한 시간이나 두 시간의 작업을 하고 공부에 지장을 초래하는 듯한 인간은 학교를 졸업하더라도 시국 하의 일본인에 도움을 줄 수 없다. 소학교는 중학교로, 중학교는 고등전문학교로 이렇게 모든 곳이 준비학교라면 안정되고 법규가 정하듯이 황국신민연성은 어디서 행할 것인가, 교육은 근시안자인 공리주의자에게는 일임할 수 없다. 선인은 교육은 백년지계라고 갈파하고 있다. 사람을 심는다. 즉 교육하는 것의 비유일 것이다.

다음 세대의 일본을 짊어질 국민양성학교가 상급학교 입학률만을 높이는 것과 같은 것은 국가를 위해서 허락하기 어려운 짧은 생각이다. 어린 시절부터 은급의 계산이나 연구에 잡담의 꽃을 피우는 인간을 만들어서는 안 된다. 은급을 받고 무위의 세월을 보내는 것을 가장 좋아하는 것은 프랑스의 청년이었다고 듣고 있다. 오늘날 프랑스는 우연히도 이렇게 된 것은 말할 필요가 없다. 신체제 운동 중에서 가장 중요하고 긴급한 것에 교육만 한 것이 없다. 신체제는 어떤 형태로 나타날지 기이한 느낌을 받을 것이다. 신체제는 진정한 체제이다. 황국의 모습을 의심하지 말고 일본정신으로 돌아가서 행동할 때 신체제 운동은 생겨나는 것이라는 것을 알아야 한다.(끝) 〈24~26쪽〉

미우라 요시토(三浦義人), 「무서운 전염병 페스트라는 것은(상)」, 『조선급만주』(제397호), 1940년 12월.

19세기 중엽 센다이 번에 오노데라 단겐이라는 사람이 있었는데 나가사기의 시볼트 씨에게 화란의학을 배우고, 돌아와서 막부의 번서취조소에서 일을 했는데 나중에 센다이 번원으로 발탁되어 마침내 센다이난학국 총재가 되었다. 단겐의 손에 의해 1854년에 서양서에 의한 페스트론이 번역되었고, 또 페스트의 본성, 진단, 치료 및 그 예방법이 기술된 것이다. 이것이 일본에서 페스트를 논술한 시초인데 이 책이 당시 얼마만큼 실제로 사용되었는가는 판명되지 않았다.

그 후 1875년 가쓰라 모토토시 씨의 의사문답에 의하면 페스트를 노하고 '선철의 설(주, 오노데라 단겐의 백사사론을 말하는가)에 진정한 부패신경열성으로 국부의 염증을 동반한 자로서 사타구니 혹은 겨드랑이 혹은 전신의 근막 여러 부분에 보라색 반점 형태가 생기고 자칫하면 한괴■으로 바뀌고 죽게 된다고 하는 열한다역을 '페치스후호니카' 호흔리에 '코우데페스트'라고 이름 짓고 모든 것을 악성 부패질의 역명이라고 운운한 한 것으로 당시 일반의 의사로서는 이 정도의 식견밖에 없었을 것이다.

1880년 7월 7일 대정관 포고 제34호를 통해 6종의 질병을 기록하고 전염병 예방규칙이 제정되었는데 당시 페스트에 관해서는 아직 아무런 규정도 없었다.

그래서 페스트가 일본에 침입한 것은 1890년 홍콩에서 출발하여 복건성 연안으로 기항하여 나가사키에 들어온 미국 선박에서 1명의 페스트 환자의 사체를 발견하였다. 이것이 일본 연안에 페스트가 침입한 시초인데 이때는 이것에 대해서 별다른 시설은 하지 않고 끝난 것 같다.

시일이 지나서 1894년 홍콩에서 페스트의 유행이 있었기 때문에 일본에서도 기타사토 시바사부로와 아오야마 다네미치 두 사람 일행이 홍콩으로 출장을 가서 구체적으로 그 상태를 조사연구한 결과 에루잔이 임파선에서 발견된 간균이 그 병원인 것을 확인하였다. 이 조사연구는 일본의 일반 의사에게 페스트에 관한 지식과 그 무서운 병상을 알리는데 아주 중요하였다. 이에 기반하여 우리 위생 당국도 페스트에 대한 예방처치를 강구하지 않으면 안 되는 것을 확인하기에 이르렀다.

그러나 당시 일반 의사들 사이에서는 아직 페스트병에 관한 지식에 상세한 자가 많지 않았기 때문에 같은 해 6월에 도쿄의회는 독일 아루베르토 오인브루흐 씨가 저술한 의학사림(1888년 출판)을 번역하고 '아 씨 흑사병론'이라는 제목으로 간행하여 일반에게 이것을 배포하였다. 그리고 이 책에는 병독의 전염이 의심되는 수컷을 완전히 없애는 것 또는 그 병독에 감염된 물품을 은닉해서 없애기 위해서는 국비로 이를 배상하는 방법을 만들 필요가 있다고 하고 독일이 발병지에서 수입을 금지한 것 등의 예를 기술하였다. 유행지와의 교통 및 수입을 엄금할 필요가 있다는 것을 설파하였다.

그리고 페스트 병독에 대한 예방 소독에 대해서는 일정한 방법은 없지만 아류산가스를 사용해야 한다는 설과 강력한 건조에 의한 설이 있는데 요컨대 종래의 병독, (특히 패탈■■독)을 모두 박멸하기 위해서는 일반적으로 시행하는 것보다 열이나 증기를 응용하는 것을 희망하고 예부터 즐겨 이용한 격노아열증법은 그 효과를 기대하기 어렵다고 설명하였다.

최근에 페스트는 전염병 중에 가장 흉맹한 것으로 한 번 이것이 전파하면 더 무서운 결과를 야기하고 또 이것이 예방 치료를 담당하는 자도 극히 위험한 상태가 된다는 것을 겨우 알게 되었기 때문에 의사는 물론 일반 국민도 모두 두려워하고 단지 이에 대한 방벽의 시설을 요망하기에 이르렀다.

여기에서 1894년 7월에 내무성 훈령 제497호 기차검역 주의에 페스트를 콜레라병과 같이 검역하고 적당한 처치를 하도록 명령하였다.

다음다음 해 1896년 5월 1일에 요코하마시의 중국인 병원에서 입원 중에 사망한 중국인 1명이 그 주치의 신고로 이를 검안하였는데 페스트였던 것이 판명되었다. 그 경로를 조사한 바, 이 중국인은 같은 해 3월 21일 홍콩발 상해, 나가사키, 고베를 거쳐 같은 달 29일 요코하마에 입항한 영국 선박 게리츠쿠호로 홍콩에서 승선한 것으로 요코하마 도착 전전 일에 발병했던 것으로 입항과 동시에 입원한 것이다.

이것이 페스트가 일본에 상륙한 시초였던 것이다. 이렇게 해서 1897년 일본에서도 종래의 6종 전염병예방규칙을 개정했을 때 새로이 법정전염병의 일종으로 지정하기 시작해서 그 예방시설이 만들어졌다. 그동안에 많은 의사가 얼마나 많은 위험을 무릅쓰고 얻은 소중한 지식에 근거하여 제정된 것이다.

시일이 지나서 1899년 10월 30일에 대만 기룽을 출반한 근강호에 승선하여 11월 2일에 모지에 상륙하고 또 내항선인 도요오카호로 갈아타고 야마구치현 도쿠야마초에 도착하고, 기차로 히로시마시에 들어가 여관에 투숙한 자가 사망했기 때문에 이를 검안하자 페스트라는 것을 알게 되었다. 그러나 때는 이미 늦고 병독은 즉시 다른 곳으로 전파되어 10월 5일에는 고베시 미곡상 고용인 야마모토 모로부터 발발하여 결국 1901년 4월에 이르기까지 환자는 실로 227명의 다수가 나타났고, 보균쥐는 361마리에 이르렀다. 이것이 일본의 제1차 페스트 유행이었으며, 고베, 오사카는 처음부터, 와카야마현에서 멀리 시즈오카, 도쿄에까지 이른 것이다. 신예방법 발포 후 겨우 2년 만에 이를 활용하지 않으면 안 되는 지경에 이른 것은 실로 예상 밖의 일이었고, 너무나도 유감스러운 일이었다.

1차 유행 방역의 경험으로 페스트병 전파의 매개물은 먼저 발행된 도쿄의회의 흑사병론에도 기술된 것과 같이 단지 쥐 종류, 도마뱀류에 국한하지 않고 헌 옷, 헌 관, 헌 면 등도 병원을 오랫동안 보관하고, 기차나 선박에 의해 멀리 운반된다는 것이 판명되었기 때문에 1899년 11월에는 내무성령 제54호를 통해 페스트 예방을 위한 당분간의 인도, 중국의 여러 항구, 홍콩 및 대만으로부터의 헌 면, 헌 옷류, 헌 가죽류, 헌 양모류, 헌 돗자리류, 헌 마대자루류 등의 수입을 금지한 것이다.

같은 달 18일에는 페스트 예방을 위해 쥐류의 구제가 가장 긴급하고 중요하다고 해서 내무성은 각 부현에 대해 '집쥐는 페스트 병독 전파의 중요한 매개이기 때문에 고베시 그 외 페스트 유행지방과 교통이 빈번한 지방에서는 집쥐를 구제할 방법을 만들도록 훈령하고 1900년 5월에는 페스트 발생지와 관계있는 관사설 철도의 정차장에는 이를 예방하기 위해 전염병예방법에 의해 창고 및 화물차 내의 쥐를 구제하고 또 창고, 화물차, 화차, 객차, 그 외에 일반의 쓰레기를 소각해야 한다는 것을 명한 것이다.

제1차 유행에 이어서 1902년 4월에 고베시 야마노테 도오리에 환자 1명이 발생한 적이 있다. 그 후 같은 해 9월 19일에 요코하마시 해안 도오리에서 환자 1명이 발생하였으며, 12월에는 도쿄에도 이것이 전파되어 합계 14명의 환자가 발생했다. 이것이 일본의 제2차 페스트 유행이었다.

1904년 12월에 다시 고베에서 환자가 1명 발생한 것을 시작으로 1911년까지 실로 6년이라는 오랜 기간에 걸쳐 3부 18현의 넓은 지역에 이르는 공전의 대유행이 나타났는데 사망자 합계 2,215명, 페스트 보균 쥐 21,959마리를 기록하기에 이르렀다.(미완)〈48~49쪽〉

3부
광고에 담긴 의료와 신체 이미지

1. 고통받는 신체

〈그림 1〉 전면광고. 만성 위장병. 『조선일보』
1936년 8월 8일

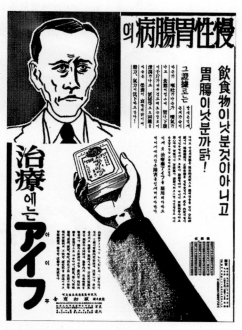

〈그림 2〉 전면광고. 만성 위장병. 『조선일보』
1937년 3월 12일

〈그림 3〉 설사와 복통. 『동아일보』 1937년 7월 23일

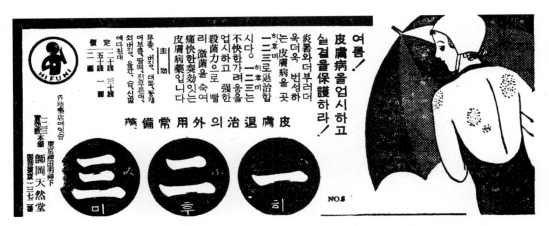

〈그림 4〉 "피부병 퇴치 외용 상비약". 『조선일보』1937년 7월 23일

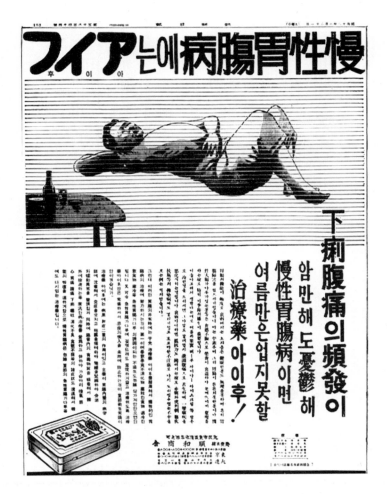

〈그림 5〉 전면광고. 만성 위장병. 『조선일보』1937년 8월 21일

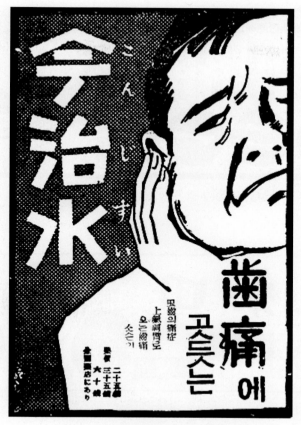

〈그림 6〉 치통. 『조선일보』 1938년 9월 15일

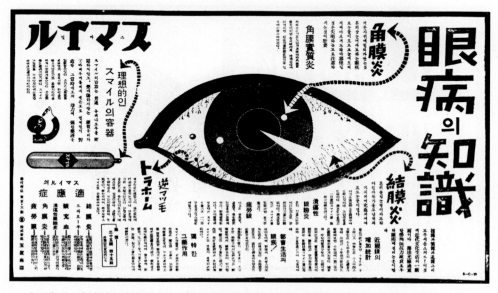

〈그림 7〉 각막염, 결막염, '도라호무'(트라코마: 결막질환). 『조선일보』 1938년 8월 15일

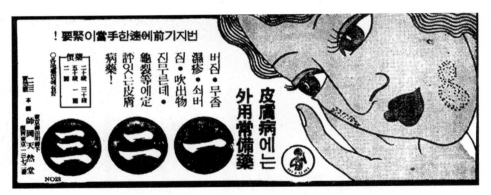

〈그림 8〉 피부병. 『동아일보』 1938년 10월 16일

〈그림 9〉 치통과 두통. 『경성일보』 1939년 2월 12일

〈그림 10〉 두통. 『조선일보』 1939년 3월 10일

〈그림 11〉 치통. 『경성일보』 1939년 3월 11일

〈그림 12〉 "머리를 쓰는 사람이라면". 『경성일보』 1939년 4월 9일

〈그림 13〉 뇌일혈, 협심증. 두뇌의 혹사에서 비롯된 직업병. 『경성일보』 1939년 3월 26일

〈그림 14〉 히스테리.
『경성일보』 1939년 5월 2일

〈그림 15〉 땀과 미균으로부터 화농 악화.
『경성일보』 1939년 5월 17일

〈그림 16〉 머리의 비상시. 『경성일보』 1939년 8월 25일

〈그림 17〉 치통. 『조선일보』 1939년 11월 10일

〈그림 18〉 요양환자. 『경성일보』 1939년 11월 12일

〈그림 19〉 "잎이 질 때면 더 괴로운 치질". 『조선일보』 1939년 11월 22일

〈그림 20〉 위장병 근원치료. 『조선일보』 1939년 12월 21일

〈그림 21〉 체증. 『만선일보』 1940년 5월 25일

〈그림 22〉 치통. 『조선일보』 1940년 6월 15일

〈그림 23〉 무좀, 버짐, 태독. 『동아일보』 1940년 6월 21일

2. 의료기

〈그림 1〉 임질 치료기. 『조선일보』 1936년 10월
27일

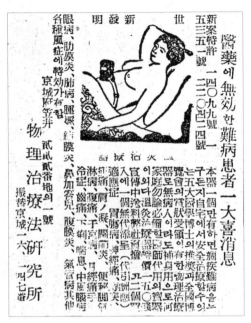

〈그림 2〉 난치병 환자를 위한 '온구 치료기'.
『매일신보』 1936년 11월 24일

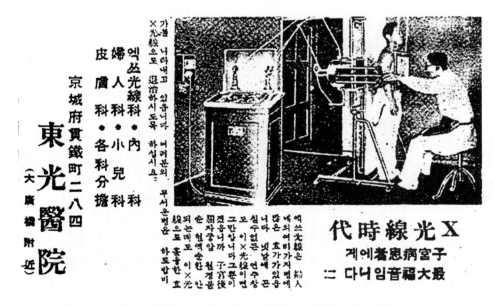

〈그림 3〉 'X광선 시대'. 『여성』 2권 1호. 1937년 1월. 78쪽

〈그림 4〉 태양등. 『경성일보』 1938년 3월 11일

〈그림 5〉 적외선 치료기. 『조선일보』 1939년 3월 19일

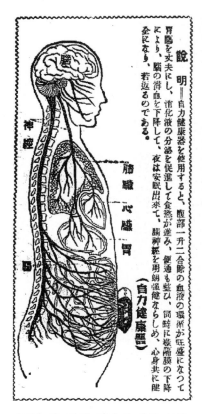

〈그림 7〉 '자력 건강기'. 『조선일보』 1939년 5월 8일

〈그림 6〉 자력 건강기 광고 부분. "자력 건강기를 사용하면, 복부의 혈액순환이 왕성해지면서 위장이 튼튼해지고 소화액 분비를 촉진해서 식욕이 증진하며 변통이 고르게 된다. 횡경막이 하강하면서 뇌의 묵은 피를 내려보내 밤에 숙면할 수 있다. 뇌신경을 명랑 강건하게 해서 몸과 마음이 모두 건강하게 되며 젊어진다". 『경성일보』 1939년 4월 14일

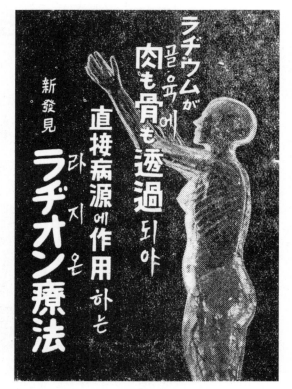

〈그림 8〉 "라디움이 살도 뼈도 투과해서 직접 병원원에 작용하는 신발견 라디온'의 방사선 요법. 『동아일보』 1939년 6월 24일

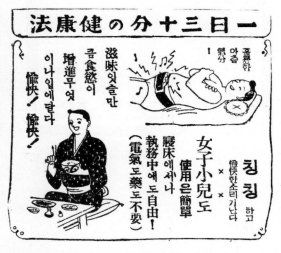

3. 구충·살충제

1) 구충제

〈그림 1〉 "회충은 물론이고 편충, 요충에 잘 듣는
'마구닝'". 『조선일보』 1937년 11월 15일

〈그림 2〉 "나라에 방공(防共), 배에 방충(防虫)".
'일독이 방공협정'에 맞춘 광고. 『경성일보』 1938년
2월 8일

〈그림 3〉 "원수인 충(蟲)을 토벌하라". 회충을
기관총으로 쏜다. 『동아일보』 1938년 3월 9일

〈그림 4〉 "일본의 칼은 강하다".
『동아일보』 1938년 6월 9일

〈그림 5〉 "식인종, 그것이 당신의 배에 있다".
『동아일보』 1938년 7월 21일

〈그림 6〉 회충 퇴치도 총후의 훌륭한 봉공(奉公).
『조선일보』 1938년 8월 7일

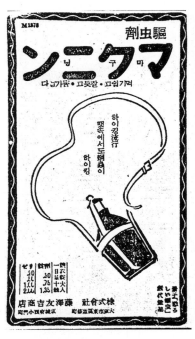

〈그림 7〉 가스 마스크를 쓰고 방공훈련하는 모습.
"회충은 피를 탈취할 뿐 아니라 독을 배출함!".
『동아일보』1938년 9월 4일

〈그림 8〉 "하이킹 유행, 뱃속에서도 회충이 하이
킹". 『매일신보』1938년 11월 4일

〈그림 9〉 "전체주의. 구충도 단체, 정회(町會)에
서". 『조선일보』1938년 12월 5일

〈그림 10〉 가스 마스크. "예비가 있으면 근심이
없다". 『매일신보』1940년 10월 12일

2) 살충제

〈그림 11〉 "파리, 모기, 벼룩, 빈대, 바퀴벌레를 퇴치하라".
『조선일보』 1936년 5월 23일

〈그림 12〉 『조선일보』 1936년 5월 31일

〈그림 13〉 가축용 살충제. 『동아일보』 1936년 7월 9일

〈그림 14〉 "파리, 모기, 벼룩, 빈대, 진드기, 쥐며느리 기타 해충의 성충은 물론이
고 알까지 일순간 살멸". 『매일신보』 1937년 5월 22일

〈그림 15〉 "전국 파리 잡는 날". "파리는 귀찮을 뿐만 아니라 '치프스, 호열자, 역리, 적리, 결핵 등 무서운 전염병을 옮기는 악마이다. 한 마리의 파리가 몸에 수천만의 미균을 붙이고 우리들의 음식물과 입, 수족 그저 아무 데나 염치없이 뿌리고 다닌다, 전염병을 예방하려면 저 파리를 전멸시키자". 『조선일보』 1937년 6월 2일

〈그림 16〉 『동아일보』 1937년 7월 22일

〈그림 17〉 빈대약 광고 가운데 부분. "초가삼간이 다 타도 아깝지
않고 빈대 타 죽는 것이 시원하다". 『조선일보』 1937년 7월 31일

〈그림 18〉 "중국이나 만주로 위문대에". "해충에게 독가스".
『동아일보』 1937년 8월 4일

〈그림 19〉 살충제를 뿌리는 곳을 그렸다. 강력 살충제.
『경성일보』 1938년 7월 29일

〈그림 20〉 "파리와 빈대를 퇴치해서 황군 만세".
"위문대에 최적품". 『조선일보』 1938년 7월 21일

〈그림 21〉 "빈대 때문에 잠을 못 자 낙제하는 아이". 광고 가운데 부분.
『조선일보』 1939년 4월 23일

〈그림 22〉 "통쾌한 분무의 힘, 파리도 모기도 한순간에 절멸". 『경성일보』 1939년 5월 3일

〈그림 23〉 "빈대 격멸에". 『경성일보』 1939년 7월 27일

〈그림 24〉 "대동강 같은 큰물에도 비눗물에 섞어서 풀면 그곳에 있는 물고기는 전멸할 만큼의 독성을 가진 약"이다. 『조선일보』 1939년 8월 11일

〈그림 25〉 모기향. 『조선일보』 1940년 4월 25일

4. 화류병(성병) 약 광고

〈그림 1〉 "병에는 신성당 약이 제일 속하게 잘 났습니다. 땅
에는 속사포가 제일 빠르다". "매독이란 구식 말로 하면 당창
또는 창병이라고 한다". 『동아일보』 1936년 1월 16일

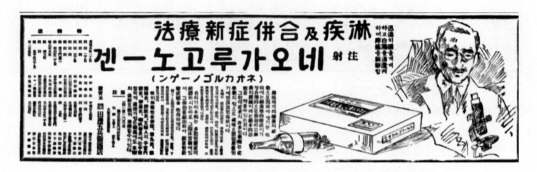

〈그림 2〉 임질과 합병증 신요법. 『조선일보』 1936년 3월 20일

〈그림 3〉 매독으로 고민하면서 유서를 쓰고 있는 남편에게 아내가
'독소한'을 권한다. 『조광』 2권 6호, 1936년 6월, 도판.

〈그림 4〉 『조선일보』 1936년 8월 24일

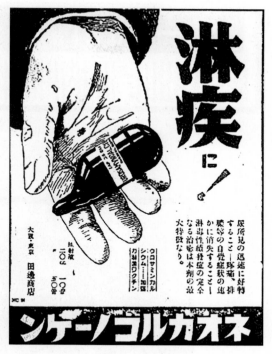

〈그림 5〉 "매독으로 손과 발이 저린 분".
『조광』제3권 11호, 1937년 11월, 도판.

〈그림 6〉 임질에.
『경성일보』1938년 1월 19일

〈그림 7〉 임질에.
『경성일보』1938년 1월 29일

〈그림 8〉 "매독 치료를 그르치면 싸우지 않고도 망함".
광고 부분. 『동아일보』1938년 3월 17일

〈그림 9〉 임질 우수 치료약. 『조선일보』 1938년 9월 15일

〈그림 10〉 임질약. 『경성일보』 1938년 9월 24일

〈그림 11〉 "매독 치료는 속히 이 약으로". 『조선일보』 1938년 10월 1일

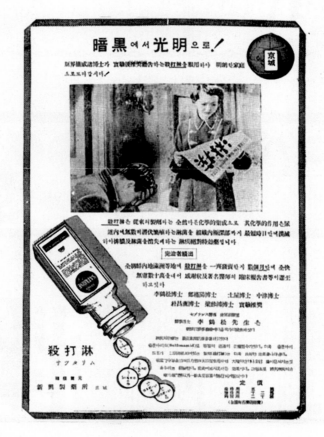

〈그림 12〉 "임질, 암흑에서 광명으로". 『조선일보』 1939년 4월 13일

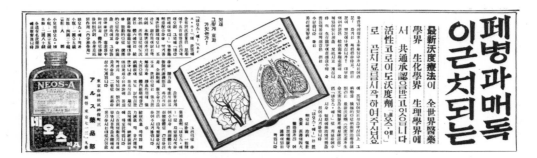

〈그림 13〉 폐병과 매독.『동아일보』1939년 4월 30일

〈그림 14〉 "과학의 진보는 시각을 다툰다! 임질치료 기간 단축에 또 단축".『조선일보』1939년 6월 9일

〈그림 15〉 "주사 대용 내복 살균제".『동아일보』1939년 6월 16일

〈그림 16〉 "606호보다 강한 매독 내복 근치약".『조선일보』1939년 6월 30일

〈그림 17〉 "부부 협력하여 임질을 고칩시다!". 『조선일보』 1939년 9월 27일

〈그림 18〉 매독 광고약 부분. 『조선일보』 1939년 10월 4일

〈그림 19〉 "약품 선택은 문화인의 상식". 『조선일보』 1939년 10월 10일

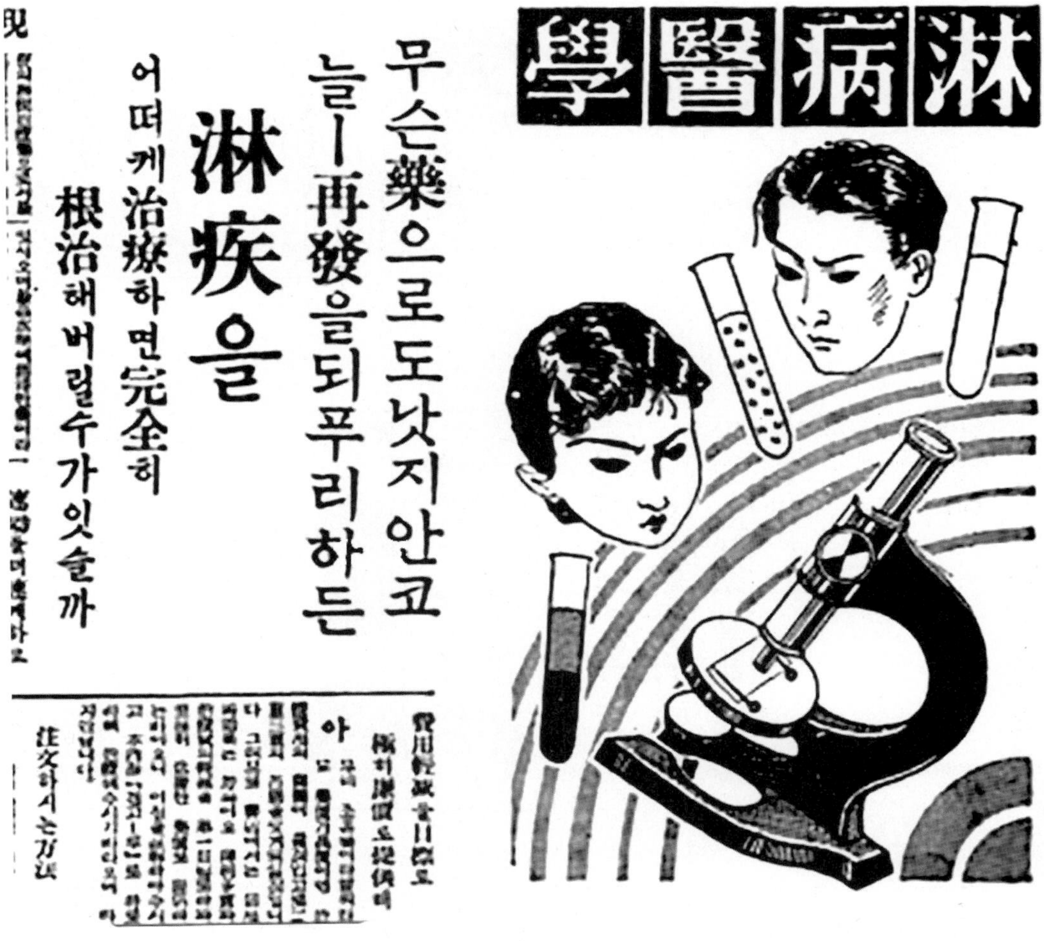

淋病醫學

무슨藥으로도낫지안코
늘ー再發을되푸리하든
淋疾을
어떠케治療하면完全히
根治해버릴수가잇슬까

現

〈그림 20〉 광고 부분. 『조선일보』 1939년 12월 6일

〈그림 21〉 "임질의 단기 내복 충격요법". 『동아일보』 1940년 1월 18일

〈그림 22〉 맨 왼쪽 건강한 백혈구 적혈구가 있다. 두 번째 그림은 임질균이 침투하고 세 번째 그림에
는 임질균이 왕성하게 활동한다. 네 번째 그림에서는 G-U 약이 들어가자 백혈구를 증식하여 살균작
용을 하고 다시 건강한 백혈구와 적혈구로 가득하게 된다. 『조선일보』 1940년 3월 24일

〈그림 23〉 "화학적 임질 치료제". 『동아일보』 1940년 5월 2일

〈그림 24〉 "난공불락 임질". 『조선일보』 1940년 7월 7일

〈그림 25〉 "과학전 시대의 임질약". 『동아일보』 1940년 7월 14일

5. 뇌 건강

〈그림 1〉 "신경쇠약 치료제". 『조선일보』 1936년 1월 17일

〈그림 2〉 "시험공부의 피로회복에". 『동아일보』 1936년 2월 13일

〈그림 3〉 "피로한 뇌에 휴식과 영양". 『조선일보』 1936년 10월 17일

〈그림 4〉 "머리가 무겁다, 신경쇠약 직전". 『조선일보』 1937년 4월 18일

〈그림 5〉 "두뇌를 수호하라". 『조선일보』 1937년 5월 16일

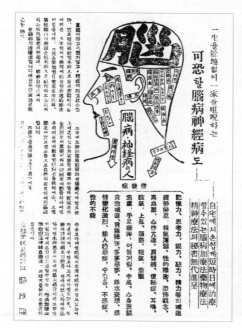

〈그림 6〉 "두뇌를 수호하라". 『조선일보』 1937년 5월 16일

〈그림 7〉 두통약. 『동아일보』 1937년 10월 1일

〈그림 8〉 "두통 변비 불면, 뇌시경 이변의 조짐". 『조선일보』 1937년 10월 9일

〈그림 9〉 "영어, 수학, 국어, 한문, 지리, 역사 공부에". 『동아일보』 1937년 11월 29일

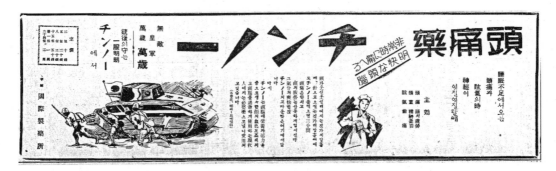

〈그림 10〉 두통약. 『매일신보』 1937년 12월 10일

〈그림 11〉 "두뇌의 피로회복에". 『동아일보』 1938년 1월 28일

〈그림 12〉 "수험전쟁 돌파!". 『경성일보』 1938년 2월 27일

〈그림 13〉 신경쇠약 치료, '아달린'. 『경성일보』 1938년 3월 3일

〈그림 14〉『경성일보』1938년 3월 6일

〈그림 15〉 "시험이다".『동아일보』1938년 3월 15일

〈그림 16〉 "두통, 불면, 권태, 건망".『조선일보』1938년 3월 17일

〈그림 17〉 "전쟁은 지금부터다. 거국, 전진하라! 검이나 펜이나 함마나". 『매일신보』 1938년 5월 12일

〈그림 18〉 "침체한 두뇌를 살려라". 『조선일보』 1938년 6월 11일

〈그림 19〉 "오후 세 시의 권태". 『경성일보』 1938년 6월 14일

〈그림 20〉"강렬한 태양의 직사와 두뇌".『경성일보』1938년 7월 27일

〈그림 21〉"인생의 승리는 두뇌의 문제".『조선일보』1938년 9월 15일

〈그림 22〉"총후 부인과 두뇌. 남자를 대신하는 부인의 훌륭한 활동이 정말로 총후의 수호이다".
『동아일보』1938년 9월 25일

〈그림 23〉"장기전! 두뇌전!".『조선일보』1938년 10월 5일

〈그림 24〉 "시험이 다가왔다". 『경성일보』 1938년 12월 15일

〈그림 25〉 "황군 장사(將士)의 만세를 삼창합시다". 『조선일보』 1939년 1월 1일

〈그림 26〉 "두뇌의 우울을 한꺼번에 없앤다". 『조선일보』 1939년 3월 10일

〈그림 27〉 "수험에 반드시 휴대하라". 『조선일보』 1939년 3월 15일

〈그림 28〉 "야간열차와 두뇌의 피로". 『경성일보』 1939년 7월 5일

〈그림 29〉 "직장을 지켜라!". 『조선일보』 1939년 9월 12일

〈그림 30〉 "두뇌 과로". 『동아일보』 1939년 9월 19일

〈그림 31〉 "시험 때가 되었다". 『조선일보』 1940년 1월 28일

〈그림 32〉 "수험생 반드시 휴대, 두뇌 명쾌!". 『조선일보』 1940년 3월 13일

〈그림 33〉 "머리가 거뜬하다", 『조광』 61호, 1940년 11월, 도판

6. 자양강장제와 신체 이미지

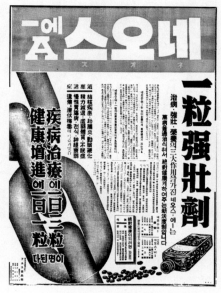

〈그림 1〉 강장제 전면광고.
『동아일보』1936년 5월 27일

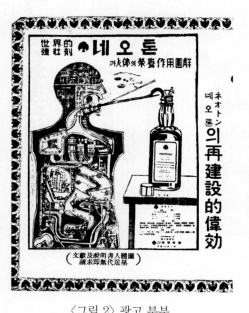

〈그림 2〉 광고 부분.
『조선일보』1937년 5월 9일

〈그림 3〉 "의사 여러분께 감사함". 『조선일보』1937년 8월 5일

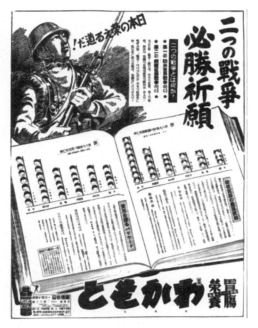

〈그림 4〉 전면광고. 『조선일보』 1937년 12월 18일

〈그림 5〉 "두 개의 전쟁 필승 기원". "일본 영광의 길, 제1의 전쟁은 방공(防共)전쟁이다. 제2의 전쟁은 병마정복전쟁이다". 광고 속 책에는 세계 강대국 폐결핵 사망률과 유유아사망률이 도표로 제시되어 있다. 『동아일보』 1937년 12월 22일

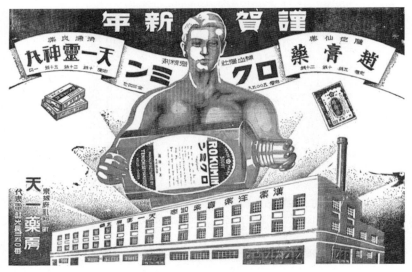

〈그림 6〉 네오톤 광고 표절. 『동아일보』 1938년 1월 1일

〈그림 7〉 승리한 일본군을 배경으로 삼았다. 『경성일보』 1938년 1월 13일

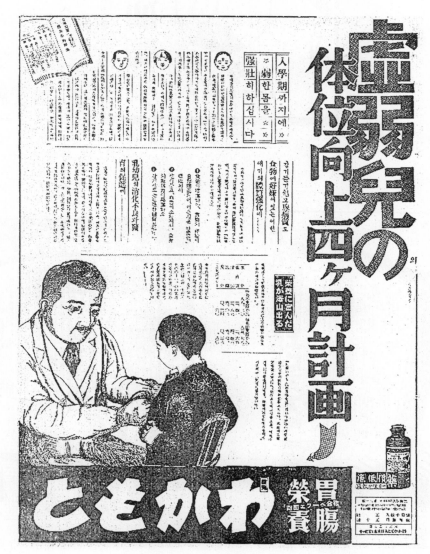

〈그림 8〉 "허약아의 체위향상 4개월 계획". 『매일신보』 1938년 2월 2일

〈그림 9〉 고약과 함께 실린 강장제 광고.
『동아일보』1938년 2월 11일

〈그림 10〉 위장병과 허약체질에 먹는 약,
'각기병의 종합요법약'『경성일보』1938년
2월 25일

〈그림 11〉 경품을 준다는 강장약 광고.
『조선일보』1938년 3월 8일

〈그림 12〉 '쇠약과 허약'을 짓밟는 탱크.
『경성일보』 1938년 3월 24일

〈그림 13〉 "몸을 강하게 한다".
『경성일보』 1938년 3월 30일

〈그림 14〉"피로회복, 정력증진".『경성일보』1938년 4월 23일

〈그림 15〉"정력을 샘솟게 하는 호르몬제".『조선일보』1938년 4월 25일

〈그림 16〉"피로회복과 정력증진에".『경성일보』1938년 6월 1일

〈그림 17〉 "체위향상은 영양에서". 『조선일보』 1938년 8월 25일

〈그림 18〉 "피로는 건강의 적". 『경성일보』 1938년 10월 1일

〈그림 19〉 "체위향상에 국민정신총동원". 『경성일보』 1938년 12월 27일

〈그림 20〉 '하리바'를 먹은 아이는 건강아. 『경성일보』 1939년 3월 12일

〈그림 21〉 『조선일보』 1939년 4월 13일

〈그림 22〉 '정력환'.
『조선일보』 1939년 4월 14일

〈그림 23〉 보혈 강장, 장기건설. 『경성일보』 1939년 4월 15일

〈그림 24〉 "썩은 고목에 꽃이 피게 하는 강력 성호르몬". 『동아일보』 1939년 5월 25일

〈그림 25〉 '체력 증진제'. 『동아일보』 1939년 7월 20일

〈그림 26〉 "체력이 자본". 『경성일보』 1939년 7월 27일

〈그림 27〉 "정력 감퇴에". 『조선일보』 1939년 8월 23일

〈그림 28〉 『조선일보』 1939년 8월 29일

〈그림 29〉 "산업전사의 체력강화에". 『동아일보』 1939년 9월 6일

〈그림 30〉 "국민체력검정 첫 실시가 다가왔다". 『경성일보』 1939년 9월 15일

〈그림 31〉 광고 부분. 『동아일보』 1939년 9월 24일

〈그림 32〉『조선일보』1939년 9월 30일

〈그림 33〉 "위력있는 동물 호르몬의 작용".『조선일보』1939년 10월 31일

〈그림 34〉 "보혈, 강장".『경성일보』1939년 11월 7일

〈그림 35〉 "백만 원보다 귀중한 건강". 『동아일보』 1939년 11월 12일

〈그림 36〉 "체력 증진의 가을". 『조선일보』 1939년 12월 2일

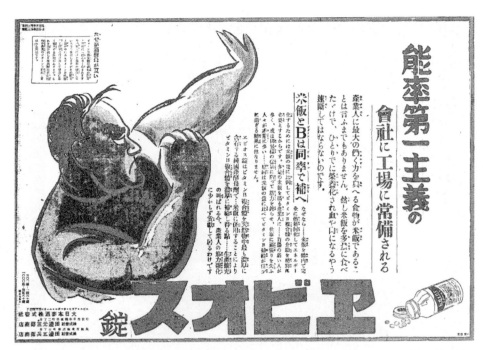

〈그림 37〉 "능력 제일주의의 회사와 공장에 늘 갖추어라". 『경성일보』 1939년 12월 3일

〈그림 38〉 "고속도 보혈 강장제". 『동아일보』 1939년 12월 21일

〈그림 39〉 "어린이가 건강하면 가정은 명랑하다".
『조선일보』1940년 1월 12일

〈그림 40〉 "강장제의 대왕". 『조선일보』1940년 1월 18일

〈그림 41〉 『동아일보』1940년 2월 5일

〈그림 42〉 "인적자원을 보호하라". 『만선일보』 1940년 3월 17일

〈그림 43〉 "정력 보급자원인 활성 호르몬제". 『동아일보』 1940년 4월 12일

〈그림 44〉 저항력 강화. 『동아일보』 1940년 6월 25일.

〈그림 45〉 "체력 신질서". 『만선일보』 1940년 8월 6일

〈그림 46〉 "몸 나는 약, 비만환". 『매일신보』 1940년 9월 7일

7. 전염병

〈그림 1〉 "장마철에 위험한 적리(이질) 예방에". "최근 중국 북부, 만주에 적리가 유행하고 상하이 방면에는 콜레라가 유행합니다. 다 같이 예방에 노력합시다".
『동아일보』 1938년 6월 24일

〈그림 2〉 '입 안 살균제'. 『조선일보』 1938년 8월 3일

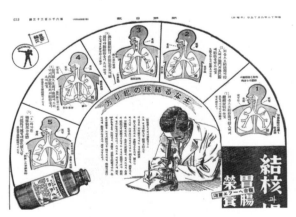

〈그림 3〉 "결핵 발생하는 과정". 광고 부분.
『조선일보』 1938년 9월 12일

〈그림 4〉 "전염병 창궐, 전염병을 예방하라". 『조선일보』 1938년 9월 15일

〈그림 5〉 '구중 살균제' 전면광고.
『동아일보』 1938년 9월 29일

〈그림 6〉 "입으로 들어오는 병균을 막자!".
『동아일보』 1938년 10월 2일

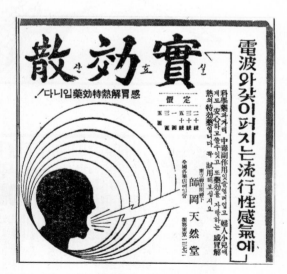

〈그림 7〉 "전파처럼 퍼지는 유행성 감기".
『조선일보』 1938년 10월 13일

〈그림 8〉 "전파처럼 퍼지는 유행성 감기". 『조선일보』 1938년 10월 13일

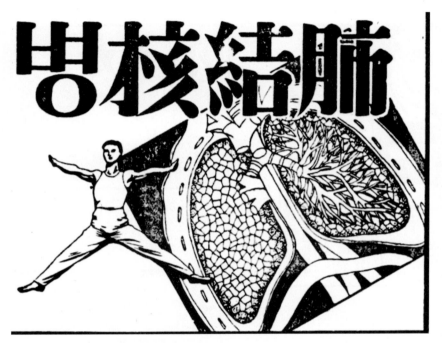

〈그림 9〉 '폐결핵병' 광고 부분. 『동아일보』 1939년 2월 19일

〈그림 10〉 결핵균. 『동아일보』 1939년 2월 26일

〈그림 11〉 "천연두 만연을 경계해야 한다". 『경성일보』 1939년 3월 2일
(이 광고에 실린 그림은 에너워드 제너가 1796년 제임스 핍스에게 우두를 처음 성공했던 것을 나타내
는 상징적인 그림을 변형했다.)

〈그림 12〉 참고. 에너워드 제너가 1796년 제임스 핍스에게
우두를 처음 성공했던 것을 나타내는 상징적인 그림

〈그림 13〉 요양환자를 위한 약. 『조선일보』 1939년 3월 23일

〈그림 14〉 "결핵의 영양에". 『경성일보』 1939년 5월 15일

〈그림 15〉 "방심은 큰 적, 이질이 많다". 『경성일보』 1939년 6월 18일

〈그림 16〉 "전염병 방제에, 라이온 치약".
『동아일보』 1939년 7월 9일

〈그림 17〉 결핵의 예방과 치료. 『매일신보』 1939년 7월 22일

〈그림 18〉 "식욕감퇴, 미열과 식은땀, 신체의 쇠약이 결핵환
자의 3대의 적". 『경성일보』 1939년 8월 30일

〈그림 19〉"결핵을 예방하려면 저항력을 강화해야 한다".『조선일보』1939년 11월 14일

〈그림 20〉" 무서운 결핵병 환자 100만 이상".『조선일보』1939년 11월 16일

〈그림 21〉 폐결핵과 허약체질.『동아일보』1940년 7월 21일

〈그림 22〉 "전염병 시절에 대비하라". 『경성일보』 1940년 7월 21일

〈그림 23〉 "티프스에 대비하라". 티프스와 콜레라 등 예방약. 성벽 위에 기관총을 배치한 그림을
그렸다. 『만선일보』 1940년 8월 9일

8. 위생과 신체

1) 비누와 샴푸

〈그림 1〉 '화왕 비누'.
『조선중앙일보』 1936년 3월 21일

〈그림 3〉 "조선 인삼 고유의 성분을 순화 배합한".
비누. 『조선일보』 1937년 9월 13일

〈그림 2〉 "샴푸로 자주 머리를 빨아야 한다".
『조선일보』 1936년 7월 29일

〈그림 4〉 목욕과 피부의 건강미. 『조선일보』 1938년 12월 20일

〈그림 5〉 "원료와 배합, 공정이 완벽한". 비누. 『경성일보』 1939년 2월 9일

〈그림 6〉 "윤택한 피부". 『조선일보』 1939년 2월 23일

〈그림 7〉 "건강을 위하여, 봄에는 하이킹". 『조선일보』 1939년 5월 24일

〈그림 8〉 "건강은 청결로부터, 매력은 아름다운 살결로부터". 『경성일보』 1939년 7월 9일

〈그림 9〉 "땀과 일광으로 부스러진 머리"에 샴푸.
『조선일보』1939년 9월 27일

〈그림 10〉 "창백한 병적인 미의 시대는 지나갔습니다. 이제 건강미로 나아갑시다. 뺀들뺀들한 짙은 화
장은 무용(無用), 매일 빼지 말고 비누로 닦자".『동아일보』1940년 4월 11일

〈그림 11〉 "샴푸, 남자는 약 3분의 1로 충분합니다".
『조선일보』1940년 6월 13일

2) 치약

〈그림 12〉 "날마다 이를 닦는 사람은 손을 들어보시오". 『조선일보』 1936년 5월 24일

〈그림 13〉 장개석을 그렸다. '잔적 소탕'. "아침저녁으로 이를 닦아 세균을 섬멸하자". 『동아일보』 1938년 3월 17일

〈그림 14〉 이가 깨끗하지 못해 모델로 쓸 수 없다는 내용. 『동아일보』 1938년 4월 11일

〈그림 15〉 "치과의사가 이를 뽑는다". 『경성일보』 1938년 4월 12일

〈그림 16〉 실수로 치약을 그림에 칠했더니 그림 속의 이도 하얗게 되었다는 내용. 『조선일보』 1938년 6월 18일

〈그림 17〉 "입속의 '무시바'(むしば: 충치, 648)를 방치하면 금
방 모든 이에 옮는다". 『동아일보』 1938년 8월 14일

〈그림 18〉 "금강석도 갈지 않으면". 『조선일보』 1938년 8월 31일

〈그림 19〉『조선일보』1938년 9월 16일

〈그림 20〉 "장기건설은 건강으로부터, 라이온 치약".
『경성일보』1938년 11월 10일

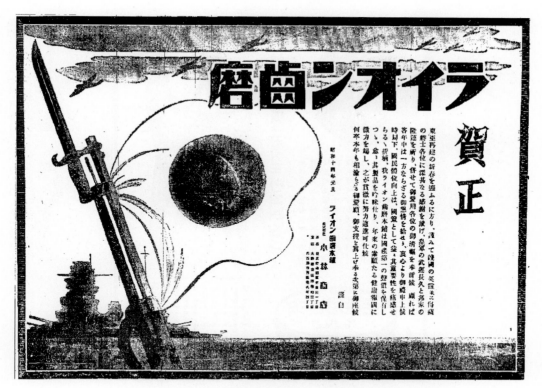

〈그림 21〉 '라이온 치약'. 『경성일보』 1939년 1월 1일

〈그림 22〉 "자기 전에 이 닦기". 『경성일보』 1939년 7월 3일

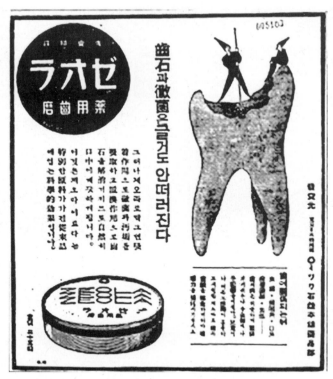

〈그림 23〉 약용 치약. "치석과 세균은 긁어도 안 떨어진다".
『조선일보』 1939년 5월 27일

〈그림 24〉 흰 치아의 자랑. 『만선일보』 1940년 3월 12일

〈그림 25〉 "치료보다 먼저 예방". 『동아일보』 1940년 5월 14일

9. 부인병 의약품

〈그림 1〉 "미용과 건강의 원천". 『동아일보』 1936년 4월 15일

〈그림 2〉 "여성 호르몬이 낳은 위대한 여성미를 보라". 『조선일보』 1936년 5월 14일

〈그림 3〉 "빛나는 건강과 여성미를 창조한다!". 『조선일보』 1937년 4월 16일

〈그림 4〉 자궁병 약.
『조광』 21호, 1937년 7월, 도판.

〈그림 5〉 "총후 여성의 무기는 건강".
『조광』 3권 10호, 1937년 10월, 도판.

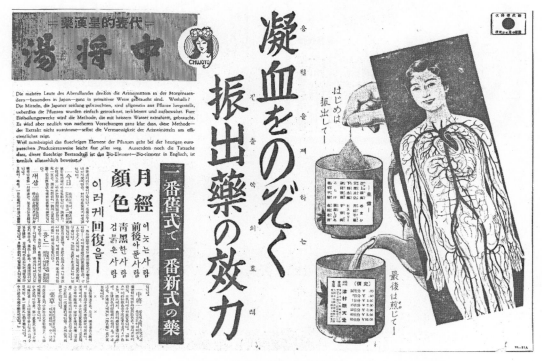

〈그림 6〉 "응혈을 제거하는 약". 『매일신보』 1937년 11월 11일

〈그림 7〉 "산전 산후 체력 강화". 『경성일보』 1938년 1월 22일

〈그림 8〉 '부인 양약'.
『동아일보』 1938년 5월 14일

〈그림 9〉 약에서 아이가 나온다. 불임증을 치유
할 수 있다는 뜻이다.『국민신보』 1939년 4월 9일

〈그림 10〉 "낳아라 불려라. 나라를 위해".
『조선일보』1939년 5월 8일

〈그림 11〉 "부인병에는 일본 한약". 전시 상황을 반영하여 폭격기 그림과 함께 "근원을 폭쇄!"라는 군사용어를 사용했다.『경성일보』1939년 9월 23일

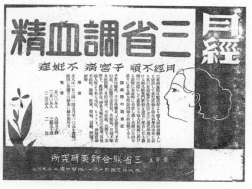

〈그림 12〉 '월경불순, 자궁병, 불임증'.
『국민신보』1939년 6월 25일

〈그림 13〉 '여성 호르몬'.『동아일보』1939년 9월 30일

〈그림 14〉 "체위향상, 낳아라 불려라".『조선일보』1939년 10월 15일

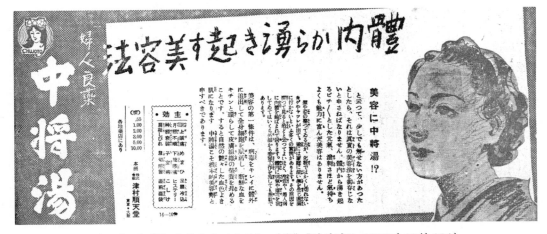

〈그림 15〉 "몸 안에서 솟아오르는 미용".『경성일보』1939년 10월 30일

〈그림 16〉 "여성미의 심볼인 미려한 자태, 부드러운 살결, 유순하고 온화한 지적(知的)미 등등의 여성 독자(獨自)의 특징을 발현시키는 것이 여성 호르몬의 작용".『동아일보』1940년 8월 4일

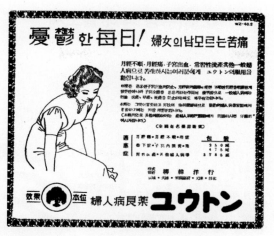

〈그림 17〉 "우울한 매일! 부녀의 남모르는 고통".
『동아일보』 1940년 8월 11일

〈그림 18〉 "부인병 퇴치, 생남(生男) 생녀(生
女)". "부부화합은 만사형통". 『매일신보』 1940년
10월 24일

10. 피부병 약과 발모제

1) 피부병 약

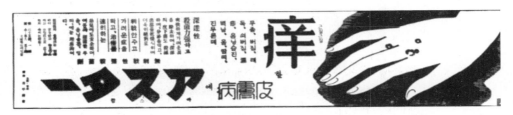

〈그림 1〉 "여러 피부병에".『조선일보』1936년 8월 7일

〈그림 2〉 고약.『동아일보』1937년 8월 3일

〈그림 3〉 "전장에서 총후에서 구급과 피부 보호".『경성일보』1938년 2월 9일

〈그림 4〉 "갑자기 생긴 외상에". 『조선일보』 1938년 3월 19일

〈그림 5〉 "위문대에 넣어도 부피가 없다". 『조선일보』 1938년 7월 13일

〈그림 6〉 "캠핑 때 독충에 물렸을 때". 『조선일보』 1938년 7월 20일

〈그림 7〉 "국책에 따라 구두에서 게다로, 언젠가는 짚신도 부활하겠지요". 전시에 물자가 부족하여 구두를 신지 말고 '게다'와 짚신을 신으라고 한 내용을 담고 있다. 『동아일보』 1938년 9월 12일

〈그림 8〉 "근로봉사를 나가서 서투른 일로 상처를 입거나 벌레에 물렸을 때". 『조선일보』 1938년 9월 16일

〈그림 9〉 어린이의 병정놀이를 그렸다. 『조선일보』 1938년 10월 21일

〈그림 10〉 중국 곳곳에 "황군의 깃발이 휘날린다". 『조선일보』 1938년 11월 16일

〈그림 11〉 "추워진다. 살이 거칠어진다". "위문대에 반드시". 『조선일보』 1938년 12월 8일

〈그림 12〉 "성스러운 전쟁". 『경성일보』 1939년 1월 24일

〈그림 13〉 '황국 위문대 매장' 간판이 보인다. 『경성일보』 1939년 2월 9일

〈그림 14〉 "빈대와 독충에 물리거든". 『동아일보』 1939년 6월 22일

〈그림 15〉 '산업전사'의 실수를 없애고 능률을 높이게 한다. 『조선일보』 1939년 7월 8일

〈그림 16〉"독충에 물린 상처에". "가정의
구급약".『경성일보』1939년 7월 23일

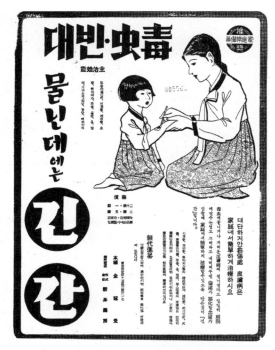

〈그림 18〉"독충과 빈대에 물린 데에는".
『조선일보』1939년 8월 23일

〈그림 17〉 피부병에.『조선일보』1939년 8월 13일

〈그림 19〉 학생들이 '근보봉사'를 나갈 때 이 약을 준비하라는 내용.
『경성일보』1939년 9월 13일

〈그림 20〉 "벌레 물린 데나 예방에". 『만선일보』 1940년 7월 31일

2) 동상과 상처

〈그림 21〉 "동상 예방에". 『경성일보』 1938년 2월 2일

〈그림 22〉 동상 예방과 치료. 『경성일보』 1938년 2월 4일

〈그림 23〉 외상약. 『경성일보』 1938년 2월 20일

〈그림 24〉 "상처와 동상에". 『경성일보』 1939년 1월 6일

〈그림 25〉 "상처의 화농을 방지하는 약". 『경성일보』 1938년 7월 22일

〈그림 26〉 동상과 살이 튼 데에. 『경성일보』 1939년 2월 10일

〈그림 27〉 상처의 소독과 진정 작용. 스포츠의 응급약 또는 가정상비약. 『경성일보』 1939년 3월 15일

〈그림 28〉 "비타민 A와 비타민 D의 외용요법". 『경성일보』 1939년 10월 22일

〈그림 29〉 "통증을 멈추게 한다".
『경성일보』 1939년 11월 12일

3) 땀과 무좀약

〈그림 30〉 "무좀과 버짐에". 『조선일보』 1936년 9월 10일

〈그림 31〉 "발의 무좀과 손의 백선균". 『경성일보』 1938년 7월 21일

〈그림 32〉 "중국의 습지대를 정벌하는 황군 장병의 발을 괴롭히는 것은 대륙 특유의 완고한 무좀이다. 위문대에 무좀약을 보내라". 『경성일보』 1939년 6월 28일

〈그림 33〉 "무좀과 버짐에". 『조선일보』 1938년 9월 17일

〈그림 34〉 "암내(액취증)와 땀 방지에".
『동아일보』 1939년 7월 5일

〈그림 35〉 "무좀은 지금까지는 불치병이라고 할 만큼 완고한 피부병이다".
『경성일보』 1939년 7월 16일

〈그림 36〉 땀띠와 무좀 등에 효력이 있는 '가정온천약'. 『조선일보』1939년 7월 23일

〈그림 37〉 "완고한 무좀의 원인균에 대해 독특한 살균력이 있다". 『조선일보』1939년 7월 30일

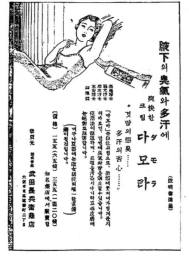

〈그림 38〉 "겨드랑이 악취와 땀이 많이 날 때". 『여성』4권 9호, 1939년 9월호, 27쪽

〈그림 39〉 무좀은 "늦은 봄부터 여름철에 많고, 땀을 많이 흘리고 구두, 고무신, 불결한 버선을 신는 사람 또는 물일을 하는 사람이 많이 걸린다". 『동아일보』1940년 7월 1일

4) 여드름·주근깨

〈그림 40〉 여드름약 '레온' 광고 부분.
『조선일보』1939년 6월 4일

〈그림 41〉 뽀루지와 지방 얼굴.『조선일보』1939년 9월 16일

〈그림 42〉 여드름, 기미, 주근깨.
『조선일보』1939년 9월 25일

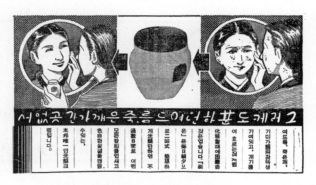

〈그림 43〉 여드름과 주근깨.
『조선일보』1939년 11월 28일

5) 탈모와 발모제

〈그림 44〉 모생 호르몬 콜레스테린 등을 넣었다는 '포마드' 광고. 마치 발모제와
같은 효과가 있는 것처럼 적었다. 『조광』 제3권 9호, 1937년 9월, 도판

〈그림 45〉 "바람과 함께 사라지다". 『경성일보』 1938년 1월 27일

〈그림 46〉 "대머리가 되기 전에 관리하는 것이 중요하다. 비타민 F를 배합했다". 『경성일보』 1938년 1월 31일

〈그림 47〉 '독두(대머리) 연맹 결성'. 『경성일보』 1939년 2월 15일

〈그림 48〉 '독두(대머리) 예방'. 『매일신보』 1939년 3월 17일

〈그림 49〉 대머리 예방, '나의 발모공작'.
『경성일보』1939년 4월 23일

〈그림 50〉 병적인 비듬, 가려움, 탈모를
억제한다. '두발의 양모, 강장, 청정'.『경
성일보』1939년 5월 14일

〈그림 51〉 대머리, 발모, 가려움, 비듬으로 고생하
는 사람에게.『경성일보』1939년 7월 1일

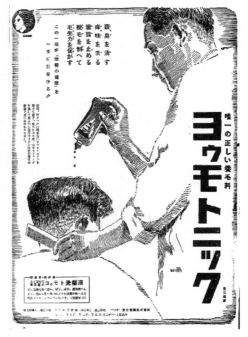

〈그림 52〉 "유일하게 올바른 양모료".
『경성일보』1939년 7월 20일

〈그림 53〉 "왜 이것을 잊었던가". 『경성일보』 1939년 8월 14일

〈그림 54〉 "바로 이발하고 난 듯 경쾌하며, 강력한 양모소
가 함유되어 있으므로 두발의 보건위생에 좋다". 머리에
바르는 화장품인 '포마드'에 '양모소'가 있다고 선전한다.
『조선일보』 1939년 9월 5일

11. 눈병·귓병·콧병

1) 안약

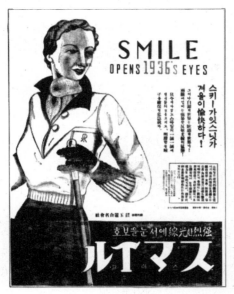

〈그림 1〉 "강렬한 광선에서 눈을 보호".
『조선일보』1936년 1월 24일

〈그림 2〉 "위문대의 안약은 황군
병사의 눈을 수호한다".『조선일보』
1937년 10월 28일

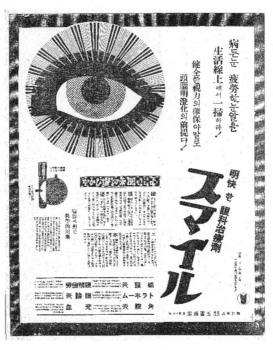

〈그림 3〉 "명쾌한 안과 치료제".
『매일신보』1937년 11월 14일

〈그림 4〉 "자외선의 피해를 대비하라". 스키 장비를 그렸다. 『경성일보』 1938년 1월 14일

〈그림 5〉 "시력감퇴 예방에". 『경성일보』 1938년 1월 21일

〈그림 6〉 "눈은 영양의 창". 『경성일보』 1938년 2월 26일

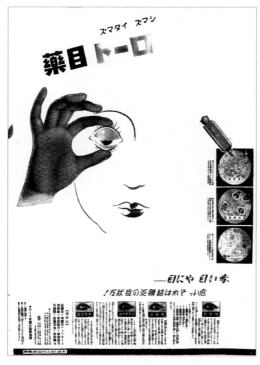

〈그림 7〉 결막염 각막염 등 여러 눈병의 증상과
눈에 들어온 세균을 그렸다. 『경성일보』 1938년
3월 23일

〈그림 8〉 "눈병을 고쳐라". 한복을 입은 여인이
파마를 했다. 『매일신보』 1938년 8월 6일

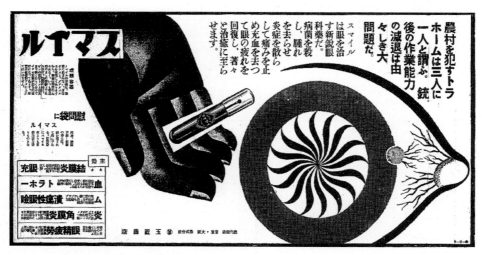

〈그림 9〉 "농촌에는 3명에 1명꼴로 '도라호무'가 있다고 한다. 총후의 작업능력 감퇴는 큰 문제다".
『경성일보』 1938년 11월 12일

〈그림 10〉 눈과 군인. 『경성일보』 1938년 12월 3일

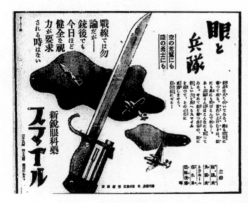

〈그림 11〉 눈과 군인.
『경성일보』 1939년 2월 8일

〈그림 12〉 "세밀한 일을 하시는 분".
『조선일보』 1939년 2월 13일

〈그림 13〉 "산업인의 눈이 피로하기 쉽다!".
『동아일보』 1939년 3월 11일

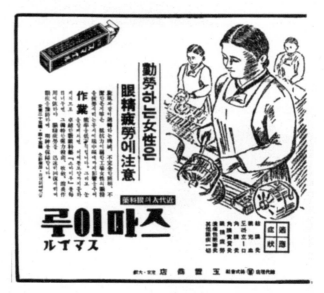

〈그림 14〉 "근로하는 여성은 눈의 피로에 주의".
『조선일보』 1939년 3월 19일

〈그림 15〉 하이킹과 눈약. 『조선일보』 1939년 5월 14일

〈그림 16〉 "일하는 사람들의 눈에!. 공장의 먼지, 탁한 공기, 독한 가스, 강한 인공광선 등
이 눈에 해롭다". 『경성일보』 1939년 6월 2일

〈그림 17〉 "눈을 보호하라". 히틀러를 그렸다.
『경성일보』 1939년 6월 13일

〈그림 18〉 "산업인은 눈을 보호하라". "시력은
생활의 자본". 『조선일보』 1939년 6월 16일

〈그림 19〉 "야맹증은 위험". 『경성일보』 1939년 6월 25일

〈그림 20〉 "농번기 농촌에 안질이 격증한다". 『동아일보』 1939년 7월 15일

〈그림 21〉 "근로자의 눈은 상하기 쉽습니다. 작업능률 저하".
『동아일보』 1939년 7월 19일

〈그림 22〉 "눈을 과로하는 사람들에게!". 『경성일보』 1939년 8월 13일

〈그림 23〉 "산과 바다에서 눈에 해를 끼치는 것에 대비하라". 『경성일보』 1939년 8월 17일

〈그림 24〉 "야근과 독서에 눈을 보호하라". 『경성일보』 1939년 11월 14일

〈그림 25〉 『조선일보』 1939년 11월 16일

〈그림 26〉 『조선일보』 1940년 1월 11일

〈그림 27〉 "명쾌한 시력을 능률을 증진한다".
『동아일보』 1940년 3월 3일

〈그림 28〉 "학교도 사무소도 공장도".『동아일보』 1940년 3월 20일

〈그림 29〉 "병사들은 국가를 보호하고 '로도 안약'은 눈을 보호한다".
『동아일보』 1940년 6월 26일

〈그림 30〉『조선일보』1940년 7월 7일

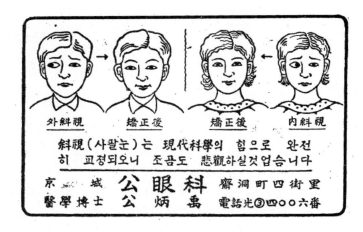

〈그림 31〉 '사시(사팔눈)'. 교정 『조광』60호. 1940년 10월. 139쪽

2) 귓병·콧병

〈그림 32〉 "콧병이 있는 사람은 반드시 두뇌가 나쁘다". 『동아일보』1937년 10월 28일

〈그림 33〉 "두뇌가 나쁜 분은 콧병에 주의하라". 『동아일보』 1938년 3월 13일

〈그림 34〉 『조선일보』 1938년 3월 23일

〈그림 35〉 『경성일보』 1938년 4월 8일

〈그림 36〉 "콧병을 고치는 급소".
『경성일보』 1939년 1월 15일

〈그림 37〉 "조선 사람 3분의 1은 콧병을 앓고 있다". 『조선일보』 1939년 8월 4일

〈그림 38〉 "코가 나쁘면 바보가 된다". 『조선일보』 1939년 11월 25일

〈그림 39〉 '미나도'식 콧병 약 용기는 공기압축기와
분무장치, 유리관으로 되어있다. 『조광』 50호. 1939년
12월, 도판

〈그림 40〉 "코가 나쁘면 꼭 머리를 망친다".
『조선일보』 1940년 3월 3일

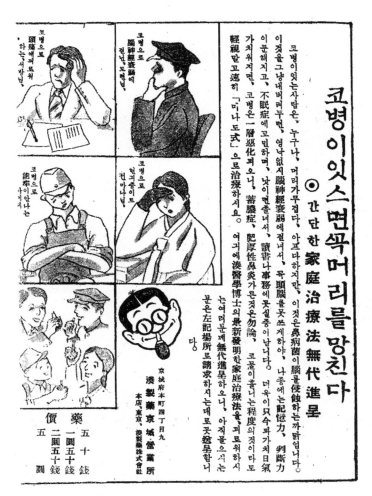

〈그림 41〉『조광』61호. 1940년 11월, 도판

12. 소화기 질병과 의약품

〈그림 1〉 "기분 불쾌한 취한 뒤에".
『신가정』 1936년 1월호. 94쪽

〈그림 2〉 "구급 위장약, 기사회생, 활명
수".『조광』제2권 1호. 1936년 1월. 128쪽

〈그림 3〉 "속병, 체증에".
『동아일보』 1936년 3월 7일

〈그림 4〉 "장님 코끼리 만지듯" 한다. "독단은 금물, 소화불량과 위산과다는 만성위장병 가운데 하나의 증상". "위장병도 만성이 되면 위의 근육이 이완되어 운동이 둔해집니다".『매일신보』 1936년 5월 5일

〈그림 5〉 "풍부한 영양소도 약한 위장이면 그대로". 『동아일보』 1936년 6월 9일

〈그림 6〉 손기정, 남승룡 올림픽 제패 축하.『동아일보』 1936년 8월 26일

〈그림 7〉 손기정, 남승룡 올림픽 제패 축하. 『동아일보』 1936년 8월 26일

〈그림 8〉 『조선일보』 1937년 10월 14일

〈그림 9〉 "위장에 좋은 약". 『매일신보』 1937년 10월 16일

〈그림 10〉 "산업전사에 닥치는 과로와 건강에 조심하지 않은 데서 오는 위장병". 『조선일보』 1937년 11월 9일

〈그림 11〉 위장약 전면광고. 병정놀이하는 어린이를 그렸다. 『조선일보』 1937년 12월 18일

〈그림 12〉 5면과 6면에 걸친 광고다. "횡포한 적군의 응징은 폭탄으로 하지만, 설사와 복통의 폭격은 '헤루푸', 그리고 폭격한 뒤에 복부를 명랑화 하고 위장기능을 강화한다". 『조선일보』 1938년 1월 5일

〈그림 13〉 "위산과다, 위궤양에". 『경성일보』 1938년 1월 18일

〈그림 14〉 "폭음과 폭식은 위장 점막에 염증". 『경성일보』 1938년 2월 9일

〈그림 15〉 "위장병에 광휘있는 명약". 『조선일보』 1938년 9월 15일

〈그림 16〉 호전적인 광고. 『동아일보』 1938년 9월 21일

〈그림 17〉 "총후의 여성은 먼저 건강하라." 여성은 일장기를 들고
대일본부인회 띠를 둘렀다. 전면광고. 『동아일보』 1938년 11월 30일

〈그림 18〉 중일전쟁 승리를 기념한다는 뜻에서
아예 약 이름을 '전공환'이라고 지었다. "빛나는
전공, 빛나는 약효!".『동아일보』1938년 12월
21일

〈그림 19〉"건강하게 일하려면 건강한 위장이
필요하다". 애국부인회 띠를 둘렀다.『경성일보』
1938년 10월 26일

〈그림 20〉"건강의 장기건설". 중국 전방에서 군
인이 총을 들고 있고 일본 후방에서는 '예비 병
사'인 청년이 체력단련을 한다. 전면광고.『조선
일보』1938년 10월 26일

〈그림 21〉"위장 영양, 감기와 배탈을
섬멸". 전면광고.『동아일보』1938년
11월 20일

〈그림 22〉 "농촌에서, 도회에서, 가정에서, 직장에서 올해에도 왕성한 체력이 필요, 강건한 위장이 필요". 전면광고. 『경성일보』 1939년 1월 12일

〈그림 23〉 전면광고. "러시아를 정벌한다".는 뜻을 가진 '정로환'의 호전적인 광고. 『경성일보』 1939년 1월 13일

〈그림 24〉 "수험공부에". "뇌와 장은 서로 연결되어있다". 『경성일보』 1939년 2월 16일

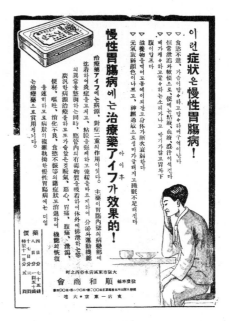

〈그림 25〉 "이런 증상은 만성위장병". 『조광』 41호. 1939년 3월. 도판

〈그림 26〉 "무능한 위장에 활력을". 『경성일보』 1939년 4월 17일

〈그림 27〉 "공장병이라고까지 하던 호흡기질 환을 대신해서 위장을 앓는 이가 최근 급속 하게 늘었습니다. 과로와 잘 먹지 못하는 것 이 위장을 약하게 합니다". 『조선일보』 1939년 5월 14일

〈그림 28〉 "구급 위장약. 활명수". 『국민신보』 1939년 6월 25일

〈그림 29〉 『조선일보』 1939년 7월 15일

〈그림 30〉『조선일보』 1939년 9월 15일

〈그림 31〉 "정로환은 러일전쟁을 기념하기 위하여 창제 발매된 위장, 폐, 늑막 등의 묘약". 『조선일보』 1939년 7월 18일

〈그림 32〉 "망을 넓히는 병마". 『조선일보』 1939년 9월 27일

〈그림 33〉 "위장 전선에 이상 있다". 『경성일보』 1939년 10월 27일

〈그림 34〉 "식후의 신트림과 위통에". 『조선일보』 1939년 11월 15일

〈그림 35〉"국책형 위장을 위해", "절미다! 대용식이다! 혼용식이다!라고 백미 금지령까지 실시해서 전시 하의 국민식량확보에 약기 (躍起)하는 오늘날, 이 중 요한 쌀을 매일매일 헛되 이 버리는 사람이 있다. 만 성의 위장병자가 그것이 다!". 『동아일보』 1939년 12월 24일

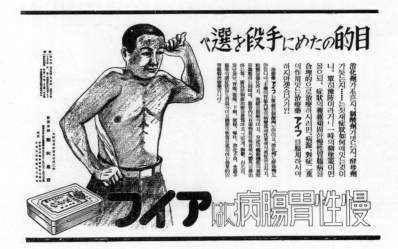

〈그림 36〉 "목적을 위해 수 단을 선택하라". 냉수마찰 은 혈액순환에 좋고 식욕도 증진한다고 알려졌다. 『동 아일보』 1940년 3월 20일

〈그림 37〉『조선일보』1940년 5월 18일

〈그림 38〉 "어린이의 설사와 소화불량에". 『조선일보』1940년 6월 20일

〈그림 39〉『조선일보』1940년 6월 20일

〈그림 40〉『동아일보』1940년 8월 11일

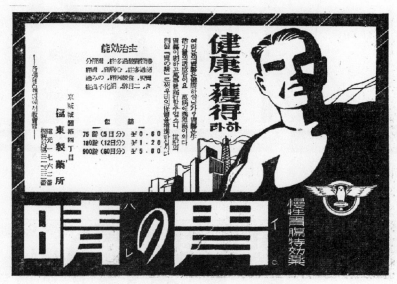

〈그림 41〉『매일신보』1940년 9월 10일

13. 호흡기 질병과 의약품

〈그림 1〉 "유행성 감기, 기침, 천식". 광고 부분. 『동아일보』 1936년 3월 14일

〈그림 2〉 "코감기, 미열도 방심은 금물". 『조선일보』 1937년 10월 12일

〈그림 3〉 "어린이 감기와 열". 『조선일보』
1937년 10월 13일

〈그림 4〉 "백발백중, 기침을 그치게 한다." 『조선일보』 1937년 12월 25일

〈그림 5〉 "감기와 신열에".
『동아일보』 1937년 12월 20일

〈그림 6〉 감기와 기침의 안전지대.
『조선일보』 1938년 1월 5일

〈그림 7〉 "악성 감기를 섬멸하라!". 『조선일보』 1938년 3월 2일

〈그림 8〉 "건강보국, 총후의 수호는 국민이
우선 건강". 『조선일보』 1938년 5월 8일

〈그림 9〉 "총후의 사랑
스런 아이를 보호!".
『동아일보』 1938년 11월
22일

〈그림 10〉 추운 계절이 다가온다. 『조선일보』 1938년 12월 8일

〈그림 11〉 "유행성 독감이 맹위!". 『경성일보』
1939년 2월 19일

〈그림 12〉 중장탕은 부인병 약이다. 모델도 다 여자이다. 그런데 "감기에는 남녀
누구나 좋은 약효를 내는 중장탕".이라면서 남자가 '중장탕'을 먹는 그림을 그려
넣었다. 매우 독특한 광고다. 『동아일보』 1939년 2월 26일

〈그림 13〉 "기침과 천식에". 『조선일보』 1939년 3월 8일

〈그림 14〉 "수염도 여러 가지 약도 여러 가지". 『조선일보』 1939년 3월 13일

〈그림 15〉 "의약계에 '폭탄적' 신발명". 『조선일보』 1939년 10월 12일

〈그림 16〉 "감기 예방". 『동아일보』 1939년 11월 7일

〈그림 17〉 "겨울 병은 감기로부터". 『경성일보』 1939년 12월 28일

〈그림 18〉『조광』 62호. 1940년
12월. 도판

〈그림 19〉 감기와 두통. 『경성로컬』 1940년 9월, 39쪽

14. 신경통과 근육통

〈그림 1〉 "건강을 자랑하려면". 『동아일보』 1936년 2월 16일

〈그림 2〉 "자랑하라 건강". 『동아일보』 1936년 4월 12일

〈그림 3〉 "건강 획득의 길". 『동아일보』 1936년 5월 10일

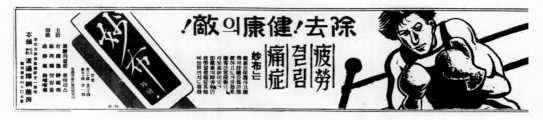

〈그림 4〉 "제거! 건강의 적!". 『동아일보』 1936년 6월 7일

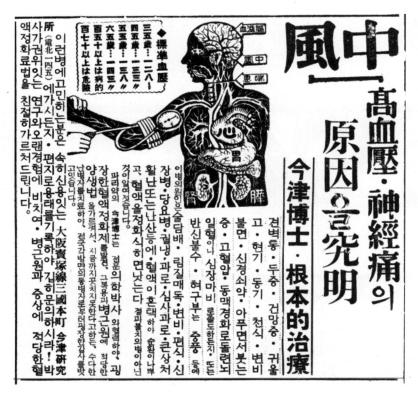

〈그림 5〉 "중풍, 고혈압 신경통의 원인을 구명". 『조선일보』 1936년 6월 22일

〈그림 6〉 "방호는 견고, 총후의 건강". 『동아일보』 1938년 2월 17일

〈그림 7〉 "심한 추위, 신경통과 어깨가 아플 때". 『동아일보』 1938년 2월 22일

〈그림 8〉 "신경통, 류머티즘, 동통에". 『동아일보』 1938년 3월 16일

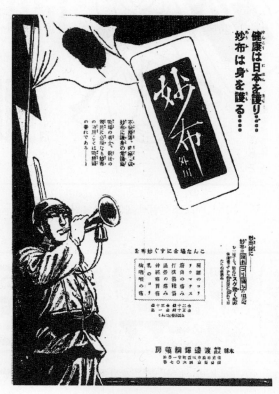

〈그림 9〉 『경성일보』 1938년 4월 1일

〈그림 10〉 신경통, 류머티즘, 타박상, 골절, 유종 등. 『조선일보』 1938년 4월 9일

〈그림 11〉『조선일보』 1938년 4월 20일

〈그림 12〉 "목욕 뒤에 한 장". 『경성일보』 1938년 4월 29일

〈그림 13〉 "스포츠 마사지 약". 『경성일보』 1938년 5월 4일

〈그림 14〉 "비상시에 마땅한 건강체가 되자!". 『조선일보』 1938년 5월 11일

〈그림 15〉 어깨결림, 류머티즘, 신경통, 타박상. "구하라 건강". 『경성일보』 1938년 5월 12일

〈그림 16〉 "스포츠 약". 『경성일보』 1938년 5월 13일

〈그림 17〉 신경통, 견비통. 『조선일보』 1938년 10월 30일

〈그림 18〉 신경통, 류머티즘. 『조선일보』 1938년 11월 30일

〈그림 19〉 "추위에 욱신거린다". 『조선일보』 1939년 2월 9일

〈그림 20〉 견비통, 타박상, 삔 데. 『조선일보』 1939년 2월 22일

〈그림 21〉 신경통, 류머티즘. 『조선일보』 1939년 4월 23일

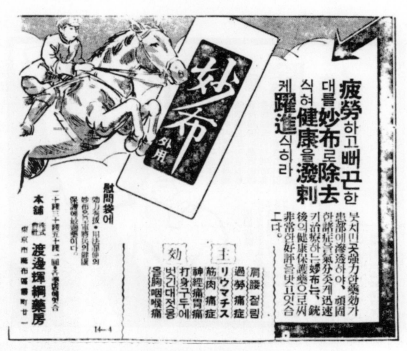

〈그림 22〉 "붙이면 곧 강력한 약효가 환부에 침투하여 완고한 제 증상을 기분 좋게 신속하게 치료". 『동아일보』 1939년 5월 4일

〈그림 23〉 "근육 피로의 원인인 노폐물과 독소를 제거". 『경성일보』 1939년 8월 8일

〈그림 24〉 "건강의 향상은 평상시의 운동으로". 『경성일보』 1939년 9월 10일

〈그림 25〉 "고장을 제거". 『조선일보』 1939년 11월 18일

〈그림 26〉 신경통, 류머티즘. 『만선일보』 1940년 6월 23일

〈그림 27〉 관절통과 근육통. 『조선일보』 1940년 6월 24일

15. 인삼·녹용·웅담

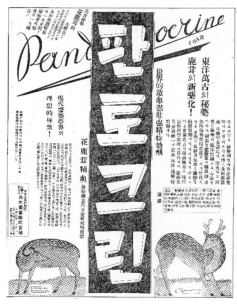

〈그림 1〉 "동양만고의 비약, 녹용의 신약화!".
『매일신보』1937년 2월 20일

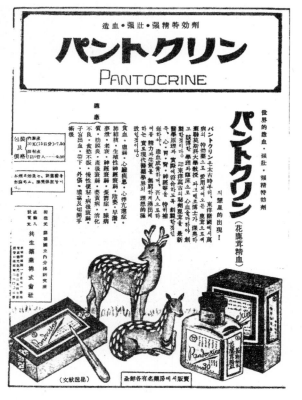

〈그림 2〉 "녹용을 최신의 의학 원리에 따라 실제에 맞
게 만든 것". 『조광』 제3권 7호. 1937년 7월 도판

〈그림 3〉 "인삼과 녹용은 만고불변의 강장제이다".
『조선일보』 1937년 10월 16일

〈그림 4〉 개성 인삼으로 만든 약. 『조선일보』 1938년 3월 8일

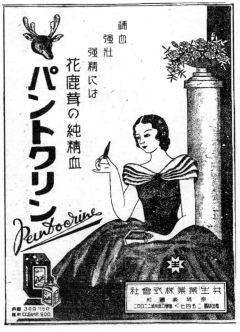

〈그림 5〉 "심장 쇠약, 원기부족 등에 효과".
『조선일보』 1939년 4월 15일

〈그림 6〉 "꽃사슴 녹용의 순정혈".
『국민신보』 1939년 7월 30일

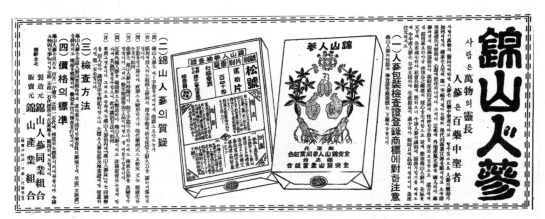

〈그림 7〉 "사람은 만물의 영장, 인삼은 백약 중 성자(聖子), 금산 인삼". 『조선일보』 1939년 9월 29일

〈그림 8〉 "좋은 약은 입에 쓰다는 관념을 타파". 『조선일보』 1939년 11월 24일

〈그림 9〉 '영화 스타 이향란'을 모델로 한 약 광고. 『조선일보』 1939년 12월 11일

〈그림 10〉 "세계적인 영약인 고려인삼 주제품". 『조선일보』 1940년 1월 25일

〈그림 11〉 "인삼과 녹용은 보약계의 쌍벽". 인삼차와 녹용주를 섞은 효과.
『동아일보』1940년 2월 25일

〈그림 12〉 인삼이 원료. "조선총독부 전매국 창조, 건강의 오아시스". 『경성로컬』1940년 9월 호. 17쪽

〈그림 13〉 최승희를 모델로 했다. "일본에 보내는 조선 선물에". 『경성로컬』1940년 9월호, 20쪽